ULRICH SCHILLERT

Gewinne als Quelle der Vermögenspolitik?

Volkswirtschaftliche Schriften

Herausgegeben von Dr. J. Broermann, Berlin

Heft 243

Gewinne als Quelle der Vermögenspolitik?

Die Belastbarkeit der Unternehmensgewinne durch vermögenspolitische Maßnahmen

Von

Dr. Ulrich Schillert

DUNCKER & HUMBLOT / BERLIN

Gedruckt 1976 bei Berliner Buchdruckerei Union GmbH., Berlin 61
Printed in Germany

ISBN 3 428 03546 1

Meiner Mutter

Vorwort

Wer ein Buch schreibt, der hat am Ende vor allem Dank zu sagen. Mein erster Dank gilt meinem Doktorvater, Herrn Prof. Dr. Hans Willgerodt, als dessen Assistent ich die Anregung zum Thema erhielt und der mich in zahllosen Diskussionen auf den Weg brachte. Zu besonderer Dankbarkeit verpflichtet mich sein nimmermüdes Drängen auf Fertigstellung und die kritische Durchsicht des Rohmanuskriptes in Tag- und Nachtschichten bis zur physischen Erschöpfung. Dank schulde ich ferner Herrn Prof. Dr. Rolf Rettig für viele Anregungen und Hinweise. Unvergessen ist mir auch der stetige Zuspruch meines Freundes und Kollegen Dr. Karl Bartel und seine energische Organisationsarbeit bei der Anfertigung der Reinschrift. Mein herzlicher Dank gilt schließlich Frau Gabriele Bartel, Frau Margarete Kreier und Frau Dorothea Hedwig sowie Frau Aretz, Frau Aufderhaar und Fräulein Dennig, die ohne — berechtigte — Klagen auf Freizeit und Schlaf verzichtet und ihre Haushalte über Wochen vernachlässigt haben, um die verschiedenen Versionen in die Reinschrift zu übertragen und eine termingerechte Fertigstellung des Manuskriptes zu ermöglichen. Weiter habe ich Dank zu sagen Herrn Dipl.-Volkswirt Peter Schüller und den übrigen studentischen Hilfskräften des Wirtschaftspolitischen Seminars und des Instituts für Wirtschaftspolitik an der Universität zu Köln für das Korrekturlesen und viele Hilfsdienste. Nicht unerwähnt lassen möchte ich das Entgegenkommen meiner Kollegen an Seminar und Institut bei der Entlastung von dienstlichen Aufgaben. Daß dennoch der Verfasser die alleinige Verantwortung für Fehler trägt, ist selbstverständlich.

Gliederung

Teil A: Das Problem

Teil B: Die Analyse

Tabellen

Tabellenanhang

Teil A. Das Problem

I. Vermögenspolitik aus Unternehmensgewinnen

Mit der Forderung nach Teilhabe der Arbeitnehmer an den Unternehmensgewinnen verbinden sich vielfältige wirtschaftspolitische und gesellschaftspolitische Ziele[1]. In der politischen Diskussion nach 1945 hat lange Zeit das einkommenspolitische Ziel einer Verschiebung der Einkommensverteilung zugunsten der Arbeitnehmer durch die „Beteiligung am Ertrag" im Mittelpunkt gestanden[2], wenn auch stets normative Vorstellungen von „gerechter"[3] Teilhabe an den Gewinnen und gesellschaftspolitische Visionen, wie die einer „Property owning democracy"[4]

---

[1] Zur Frage der Ziele der Vermögenspolitik vgl. u. a.: *Weisser,* Gerhard: Art. „Vermögen und Vermögenspolitik", in: Handwörterbuch der Sozialwissenschaften, Band 11, S. 163 ff., insbes. S. 176 ff. Vgl. auch *Willgerodt*, Hans, *Bartel, Karl* und *Schillert,* Ulrich: Vermögen für alle, Düsseldorf und Wien 1971, S. 13 ff. und die dort angegebene Literatur.

[2] So — unter den politischen Parteien nach dem Zweiten Weltkrieg in Deutschland als erste — die CDU in ihrem „Ahlener Programm" vom Februar 1946. Vgl. Soziale Ordnung, Heft 5/1959, S. 69; in einem kurzen Auszug abgedruckt in: Institut für Städtebau, Wohnungswirtschaft und Bausparwesen e. V. (Hrsg.): Materialien zur Vermögensbildung in Arbeitnehmerhand. Thesen, Pläne, Gesetze. Band 5 der Schriftenreihe dieses Instituts, S. 1 (im folgenden kurz als „Materialien 5" zitiert).

[3] Vgl. beispielhaft: Rat der Evangelischen Kirche in Deutschland (Hrsg.): Eigentumsbildung in sozialer Verantwortung — Eine Denkschrift zur Eigentumsfrage in der Bundesrepublik Deutschland, Hannover-Herrenhausen 1962. Die normativ argumentierenden Autoren gehen meist von der Vorstellung aus, daß der Gewinn zwischen Arbeitnehmern und Kapitaleignern geteilt werden müsse, „weil das von Arbeit und Kapital durch gemeinsames Wirken Errungene beiden Produktionspartnern in Gemeinschaft zusteht". So Hauptvorstand der Deutschen Angestellten-Gewerkschaft (Hrsg.): Miteigentum der Arbeitnehmer. Eine Stellungnahme der Deutschen Angestellten-Gewerkschaft, Hamburg 1955 (zitiert nach „Materialien 5", S. 30). Fast wörtlich gleich: *Krelle,* Wilhelm, *Schunck,* Johann und *Siebke,* Jürgen: Überbetriebliche Ertragsbeteiligung der Arbeitnehmer Band I, Tübingen 1968, S. 41: „... ist eine Gewinnbeteiligung der Arbeitnehmer entsprechend ihrer verantwortlichen Mitwirkung bei der Produktion eine Konsequenz aus dem Gemeinschaftscharakter der Produktion"; und an anderer Stelle (S. 43): „Diese ... Bemerkungen ... waren notwendig, um zu begründen, wieso eine Gewinnbeteiligung der Arbeitnehmer der veränderten Situation der Industriegesellschaft angemessen und gerecht ... ist."

[4] So *Meade,* James E.: Efficiency, Equality and the Ownership of Property, London 1964. Meade geht davon aus, daß der technische Fortschritt eher arbeitssparend als kapitalsparend sein wird. Dem sich daraus ergebenden Schreckbild eines „Brave New Capitalists' Paradise" (S. 33) stellt er die Vision einer nur durch Vermögensbildung der Arbeitnehmer erreichbaren „Property owning democracy" (S. 40 ff.) gegenüber.

oder einer „Gesellschaft von Teilhabern“[5] mitschwangen. Doch betonten vom Beginn der vermögenspolitischen Diskussion in den fünfziger Jahren[6] an Parteien und Gewerkschaften gleichermaßen, daß die „Bildung von Miteigentum ... den Lohnstandard nicht beeinträchtigen (dürfe)“[7], die Beteiligung der Arbeitnehmer vielmehr „zusätzlicher Natur“[8] sein müsse, ja eine „aktive Eigentumspolitik“[9] neben die Barlohnpolitik zu treten habe, zumal die Arbeitnehmer aus den Arbeitseinkommen nicht sparen könnten[10]. Die Gemeinsamkeit von Parteien und Gewerkschaften in der Frage des vermögenspolitischen Ziels ging später in dem Maße verloren, in dem sich die allgemeinen Forderungen nach ‚Zusätzlichkeit‘ der vermögenswirksamen Leistungen für die Arbeitnehmer zu konkreten vermögenspolitischen Plänen verdichteten. Während die CDU-Politiker Arnold (1951), Even (1953) und Häussler (1954/55)[11] mit ihren Vor-

---

[5] So *Engels*, Wolfram: Den Klassenkampf zementieren?, in: Wirtschaftsrat der CDU e. V. (Hrsg.): Zur Zukunft unserer Wirtschaftsordnung. Die Freiheit erhalten! Bonn 1969, S. 167 ff. (Protokolle des Wirtschaftstages der CDU/CSU 1969). Vgl. auch *Klug*, Oskar: Volkskapitalismus durch Eigentumsstreuung. Illusion oder Wirklichkeit, Stuttgart 1962. Kritisch dazu: *Ortlieb*, Heinz-Dietrich: Die Legende vom Volkskapitalismus, in: Hamburger Jahrbuch für Wirtschafts- und Gesellschaftspolitik, 7. Jahr, Tübingen 1962, S. 30 ff.

[6] Die vermögenspolitische Diskussion in Deutschland reicht bis zum Beginn des 19. Jahrhunderts zurück. Vgl. dazu *Scholz*, Joachim: Vorläufer der heutigen Sozialpolitik im deutschen Schrifttum der ersten Hälfte des 19. Jahrhunderts, Kölner Diss. 1970, S. 159 ff.

[7] So die CDU auf ihrem Hamburger Parteitag von 1953. Vgl. Soziale Ordnung, S. 70 f.; zitiert nach „Materialien 5“, S. 2.

[8] So *Hinkel*, Karl: Beteiligung der Arbeitnehmer am Produktionsmitteleigentum, in: Gewerkschaftliche Monatshefte, 7. Jg. (1956), S. 407 ff., zitiert nach „Materialien 5“, S. 36.

[9] So die SPD auf ihrem Dortmunder Parteitag von 1952 und in ihrem „Grundsatzprogramm der Sozialdemokratischen Partei Deutschlands“ (Godesberger Programm), das auf dem „außerordentlichen Parteitag“ in Bad Godesberg 1959 beschlossen wurde. Eine zusammenfassende Wiedergabe der Stellungnahmen der SPD zur Vermögenspolitik in den 50er Jahren findet sich bei: Bundessekretariat der Jungsozialisten (Hrsg.): Programm der deutschen Sozialdemokratie, Bonn 1963, S. 108 ff.; in kurzen Auszügen wiederabgedruckt in: „Materialien 5“, S. 5 f.

[10] So für die 50er Jahre neben anderen die Mitarbeiter des DGB, die eigene Pläne zur Vermögensbeteiligung der Arbeitnehmer vorgelegt haben. *Bachmann*, Herbert: Vermögensstreuung durch Tarifvertrag. Zitiert nach „Materialien 5“, S. 1 ff. und *Büttner*, H. W.: Eigentumsstreuung über Sozialkapital, in: Sozialer Fortschritt, 7. Jg. (1958), Heft 4, S. 77 ff., wiederabgedruckt in: „Materialien 5“, S. 62 ff. Zur Kritik des Planes von Bachmann vgl. *Föhl*, Carl u. a.: Kreislaufanalytische Untersuchung der Vermögensbildung in der Bundesrepublik und der Beeinflußbarkeit ihrer Verteilung. Gutachten erstellt im Auftrage des Bundeswirtschaftsministeriums, Tübingen 1964, S. 127 ff. Zum „Büttner-Plan“ vgl. *Krelle*, Wilhelm u. a.: Überbetriebliche Ertragsbeteiligung ..., S. 275 ff.

[11] *Arnold*, Karl: Die soziale Festigung unseres Volkslebens. Referat gehalten auf dem CDU-Bundesparteitag in Karlsruhe von 1951; zusammengefaßt abgedruckt in: „Materialien 5“, S. 11. *Even*, Johann: Unser Weg zur sozialen Neuordnung — Eigentumsbildung für den Arbeiter, Köln 1963, S. 13 f. (Schrif-

schlägen eines Investivlohns optisch scheinbar in die Nähe eines Zwangssparens aus dem Arbeitseinkommen gerieten, setzten SPD und Gewerkschaften unmittelbar an den Unternehmensgewinnen an und konnten so — zumindest auf den ersten Blick überzeugend — durch eine Umverteilung der Unternehmereinkommen die ‚Zusätzlichkeit' der Leistungen für die Arbeitnehmer garantieren. Bei genauerer Betrachtung der Vorschläge aus diesen Gruppen zeigt sich allerdings, daß ihre Autoren letztlich nicht die Gesamtgröße „Steuerbilanzgewinn", sondern nur Teilgrößen der Unternehmensgewinne treffen wollten. So sah beispielsweise der älteste Gewinnbeteiligungsplan der Nachkriegszeit, der Vorschlag der Deutschen Angestellten-Gewerkschaft (DAG) von 1955[12] vor, daß vom Steuerbilanzgewinn zunächst eine „angemessene" Dividende für die Eigenkapitaleigner abgezogen, der dann verbleibende ausschüttbare Gewinn für „Preissenkungen" verwandt und lediglich „der aus betriebswirtschaftlichen Gründen nicht ausschüttbare Gewinn ... bei billiger Würdigung der unternehmerischen Gesamtleistung"[13] in Form von Anteilsrechten zwischen Arbeitnehmern und Unternehmenseignern geteilt werden sollte. In die gleiche Richtung einer Umverteilung nur der *unverteilten Gewinne* durch Übertragung von Anteilsrechten an dem durch Selbstfinanzierung entstehenden Vermögenszuwachs zielten die Pläne Hinkels (DGB)[14], Bachmanns (DAG)[15], Gleitzes[16], Büttners[17] (beide DGB) und Deists (SPD - MdB)[18] aus den Jahren 1956 bis 1960. Wenn auch in diesen Plänen die Bemessungsgrundlagen der vorgeschlagenen Ab-

tenreihe des Kartellverbandes der Katholischen Arbeiter-Bewegung Deutschlands); *Häussler*, Erwin: Der Arbeitnehmer von morgen — Mit-Eigner und Mit-Träger in der Wirtschaftsgesellschaft, Stuttgart 1955 (Selbstverlag); zur Kritik am „Häussler-Plan" vgl. *Föhl*, Carl u. a.: Kreislaufanalytische Untersuchung ..., S. 121 f.

12 Hauptvorstand der *DAG* (Hrsg.): Miteigentum der Arbeitnehmer, eine Stellungnahme der Deutschen Angestellten-Gewerkschaft, Hamburg 1955; zitiert nach: „Materialien 5", S. 30 ff.

13 Hauptvorstand der *DAG* (Hrsg.): Miteigentum der Arbeitnehmer.

14 *Hinkel*, Karl: Beteiligung der Arbeitnehmer.

15 *Bachmann*, Herbert: Vermögensstreuung durch Tarifvertrag.

16 Zuerst veröffentlicht unter: *Gleitze*, Bruno: Lohnpolitik und Vermögensverteilung, in: Sozialer Fortschritt, 6. Jg. 1957, S. 53 ff.; im zusammenfassenden Überblick, *ders.:* Sozialkapital und Sozialfonds als Mittel der Vermögenspolitik, Köln 1968; vgl. auch die kritischen Darstellungen bei: *Krelle, Wilhelm* u. a.: Überbetriebliche Ertragsbeteiligung ..., S. 267 ff. und *Willgerodt*, Hans u. a.: Vermögen für alle ..., S. 291 ff.

17 *Büttner*, H. W.: Eigentumsstreuung über Sozialkapital.

18 Zuerst veröffentlicht unter *Deist*, Heinrich: Der Weg zu einer gerechten Vermögensbildung, in: Die neue Gesellschaft, Heft 6/1960; vgl. *ders.:* Probleme der Vermögensbildung, München 1961. (Kleine Schriften zur Sozialpolitik und zum Arbeitsrecht. 4. Folge, Heft 4); vgl. auch die kritische Darstellung bei *Krelle*, Wilhelm u. a.: Überbetriebliche Ertragsbeteiligung ..., S. 279 ff.

gaben voneinander abweichen und gelegentlich unklar bleiben[19], so wird doch in allen die Absicht erkennbar, die Selbstfinanzierung insbesondere der Großunternehmen zu treffen.

Gemeinsames Ziel praktisch aller vermögenspolitischen Pläne in den fünfziger Jahren ist eine Veränderung der institutionellen Einkommensverteilung, die an der funktionellen Einkommensteilgröße „*unverteilte Gewinne*" und damit zugleich an der Einkommensverwendung ansetzt[20]. Bestimmend für die Wahl der Bemessungsgrundlage „unverteilte Gewinne" ist zum einen die Vorstellung, daß „die hohe Kapitalakkumulation der Großbetriebe aus in der Regel Differentialgewinnen (entsteht)"[21]. Zum anderen geht Gleitze davon aus, daß eine Umverteilung

---

[19] Durch die gesamte vermögenspolitische Diskussion seit den 50er Jahren zieht sich in der Frage des Gewinnbegriffs eine geradezu babylonische Sprachverwirrung, die bis in die Gegenwart reicht und deren Auflösung einen großen Teil der Kontroversen über die Überwälzbarkeit vermögenspolitischer Lasten der Unternehmen klären könnte. Selbst ein Autor wie beispielsweise v. *Nell-Breuning*, der diesen „Sprachwirrwarr" beklagt, definiert, ohne Bedenken zu äußern, im gleichen Aufsatz Gewinn als „Sachvermögenszuwachs". So *v. Nell-Breuning*, Oswald: Rüstows Differentialgewinntheorie und die Vermögensbildung in Arbeitnehmerhand, in: *Ifo-Institut für Wirtschaftsforschung* (Hrsg.): Gewinnbildung und Globalsteuerung im Wirtschaftswachstum. Zugleich Heft 1/2 (1970) der Ifo-Studien, S. 33.

[20] Die „funktionelle Einkommensverteilung" ist die Aufteilung des Volkseinkommens in „Einkommen aus unselbständiger Arbeit" und „Einkommen aus Unternehmertätigkeit und Vermögen". Unter „institutioneller Einkommensverteilung" wird die Verteilung des Volkseinkommens auf die sozialen Gruppen Arbeitnehmer oder Unselbständige und Selbständige verstanden (Gruppenverteilung). Die Abweichungen beider Konzepte liegen im wesentlichen in den Vermögenseinkünften der Arbeitnehmer beziehungsweise Unselbständigen begründet, das heißt in der sog. „Querverteilung". Zur Abgrenzung und Bedeutung dieser Begriffe vgl. *Kromphardt*, Jürgen: Institutionelle versus „funktionelle" oder „personelle" Einkommensverteilung. Bemerkungen zu H. J. *Krupp:* Funktionelle und personelle Einkommensverteilung, in: Jahrbücher für Nationalökonomie und Statistik, Band 181 (1967), S. 151 ff. Vgl. vor allem zum Begriff der Querverteilung *Stobbe*, Alfred: Untersuchungen zur makroökonomischen Theorie der Einkommensverteilung, Tübingen 1962, S. 4 ff., insbesondere S. 55 ff. Die Begriffe „funktionell" und „institutionell" sind hier allerdings zu modifizieren: Eine gewinnbezogene Abgabe der Unternehmen, die den Lohnbeziehern zufließt, soll im folgenden als Teil der funktionellen Einkommenskategorie „Arbeits- oder Lohneinkommen" angesehen werden. Denn nur mit dieser Abgrenzung können investive Lohnzulagen und Gewinnbeteiligung in ihrem Einfluß auf die Einkommensverteilung verglichen werden.

[21] *Gleitze*, Bruno: Institutionelles Sparen über die Bildung von Sozialkapital. Referat gehalten vor der Evangelischen Akademie in Bad Boll; abgedruckt in: *Spiegelhalter*, Franz: Eigentumsbildung — Pläne und Möglichkeiten. Neuwied 1959; wiederabgedruckt in „Materialien 5", S. 48 ff. Vgl. auch: *Ders.:* Sozialkapital und Sozialfonds ..., S. 22 f. In dieser letzten Veröffentlichung wird deutlich, daß Gleitze unter „Differentialgewinnen" die Gewinnteile versteht, die Großbetriebe gegenüber Klein- und Mittelbetrieben aus kostengünstigeren Produktionsverfahren und der höheren „Intensität des technischen Fortschritts" erzielen. Zu Begriff und Bedeutung der „Differentialgewinne" für die Vermögensbildung vgl. im Überblick die Beiträge von

der Eigentumsrechte am Vermögenszuwachs der Großbetriebe die Investitionsfinanzierung nicht beeinträchtige[22], wenn diese Rechte aus dem „Differentialgewinn" entstehen. Denn die Mittel blieben den Unternehmen ja als Eigenkapital erhalten. Ein Rückgang der Investitionen, der zu einer Verschlechterung der Position der Arbeitnehmer auf dem Arbeitsmarkt und damit zu einer relativen Senkung der realen Barlohneinkommen führen könnte, wäre also nicht zu befürchten. Auf diesen Mechanismus, nach dem ein bloßer Austausch der Eigentümer am Eigenkapitalzuwachs die funktionelle Einkommensverteilung unberührt lasse, vertrauen bis heute alle Vertreter einer überbetrieblichen Gewinnbeteiligung. Die jüngeren Pläne aus dem Bereich der SPD-FDP-Koalition[23] gehen dabei allerdings von der relativ engen Bemessungsgrundlage „unverteilte Gewinne" ab und bemessen die geplanten Abgaben am Steuerbilanzgewinn. Krelle erwog in seinem Gutachten von 1968 sogar eine Einbeziehung der Fremdkapitalzinsen in die Bemessungsgrundlage einer überbetrieblichen Gewinnbeteiligung, um die Neutralität der Abgabe in Bezug auf die Finanzierungsformen sicherzustellen[24]. Die

---

Schreiber, Föhl und *v. Nell-Breuning* in: *Ifo-Institut für Wirtschaftsforschung* (Hrsg.): Gewinnbildung und Globalsteuerung im Wirtschaftswachstum ..., S. 1 - 39.

[22] *Gleitze*, Bruno: Sozialkapital und Sozialfonds, S. 23.

[23] Vgl. „Viererprogramm zur sozial gerechten Vermögensbildung und Sparförderung der Erwerbstätigen". Abgedruckt in: Studiengesellschaft für Eigentumsfragen e. V. (Hrsg.): Eigentumspolitische Beiträge Nr. 7/1970; Autoren dieses Planes waren die vier Staatssekretäre *Dorn, Reischl* (beide FDP), *Rohde* und *Rosenthal* (beide SPD). Vgl. auch die kritische Darstellung in: *Willgerodt*, Hans u. a.: Vermögen für alle ..., S. 289 ff. Dieses Programm liegt auch dem Vermögensbildungsplan zugrunde, den die sog. Wehner-Kommission für den SPD-Parteitag 1973 in Hannover erarbeitet hat. Der „Wehner-Plan" weicht wesentlich in nur zwei Punkten vom „Staatssekretäre-Plan" ab: 1. Die Vermögenserträge der Arbeitnehmerfonds sollen nicht den Arbeitnehmern als Anteilseignern, sondern dem Staat für öffentliche Investitionen zur Verfügung gestellt werden. 2. Die Fondszertifikate können an die Fonds zurückgegeben werden. Vgl. *FAZ* vom 9. 4. 1973, S. 1 und 6. Fast identisch mit dem „Wehner-Plan" (wenn auch weniger eindeutig formuliert) sind die vermögenspolitischen „Grundsätze", die der Bundeshauptausschuß des DGB auf Vorschlag des DGB-Bundesvorstandes am 4. 4. 1973 beschlossen hat, vgl. den ungekürzten — wörtlichen — Abdruck in: *Die Welt:* vom 31. 3. 1975, S. 10. Der Grundsatz „1. Die Unternehmen haben Beteiligungen, die durch Kapitalerhöhung zu schaffen sind, abzuführen. Barleistungen sind ausgeschlossen." läßt allerdings zwei Deutungen zu, nämlich sowohl eine jährliche Kapitalerhöhung aus einer Gewinnabgabe als auch eine einmalige Zwangsbeteiligung auf der Grundlage des vorhandenen Eigenkapitals, deren Vereinbarkeit mit der bestehenden Eigentumsgarantie des Grundgesetzes allerdings zu prüfen wäre. Zur Frage der Verfassungsmäßigkeit einer überbetrieblichen Gewinnbeteiligung vgl. *Scheuner*, Ulrich: Die überbetriebliche Ertragsbeteiligung der Arbeitnehmer und die Verfassungsordnung, Stuttgart, Köln, Berlin, Mainz 1972. (Schriftenreihe des Bundesministers für Arbeit und Sozialordnung, Heft 20.)

[24] Vgl. *Krelle*, Wilhelm u. a.: Überbetriebliche Ertragsbeteiligung ..., S. 125 ff.

Gewinnbeteiligung würde damit auf die gesamten *Besitzeinkommen* im gewerblichen Bereich abzielen.

Die Verfechter von Investivlöhnen und erst recht die Befürworter eines Ausbaus der seit 1948 betriebenen Politik der Sparförderung[25] schienen den Vertretern von Gewinnbeteiligungslösungen in der Diskussion um die verteilungspolitische Durchschlagskraft der Vorschläge unterlegen. Zwar machte der CDU-Bundestagsabgeordnete Even[26] schon 1953 für seinen Plan eines Investivlohns gleichfalls geltend, er bessere die Voraussetzungen des volkswirtschaftlichen Verteilungsvorgangs für die Arbeitnehmer und ein „Schaden für die Währung" werde vermieden — was wohl heißt, daß die Überwälzung in höheren Konsumgüterpreisen unmöglich wird, wenn die höheren Bezüge nicht in bar, sondern in Anteilen am Substanzwert der Betriebe, also schon im Entstehen als „Produktivkapital" angelegt würden. Doch mußte die Überzeugungskraft dieses Arguments hinter der Anschaulichkeit eines unmittelbaren Anknüpfens am Gewinn zumindest solange zurückbleiben, wie der wissenschaftliche Bezug auf Theorien der Einkommensverteilung fehlte. Die verteilungstheoretisch fundierte Begründung dafür, daß durch Beeinflussung der institutionellen Einkommensverwendung, also durch erhöhtes Sparen der Arbeitnehmer, die funktionelle Einkommensverteilung verschoben werden könne, lieferte erstmals v. Nell-Breuning, der mit der prägsamen Formel „Sparen ohne Konsumverzicht"[27] seinen Vorschlag einer Ausweitung der staatlichen Sparförderung begründete. Diese Vorstellung fand ihre Stütze in dem zur gleichen Zeit von Kaldor entwickelten Gleichgewichtsmodell der Einkommensverteilung, das die Verteilungsrelationen allein aus den makroökonomischen Kreislaufgrößen ‚Investition', ‚Sparen aus Lohn und aus Gewinn', also aus der gesamtwirtschaftlichen Einkommensverwendung, erklärt[28]. Aus der Schlaraffenlandthese, die das Kaldor-Modell bei unkritischer Anwendung auf

---

25 Den Beginn der Vermögenspolitik nach dem Ende des Zweiten Weltkrieges kann man mit dem „Gesetz Nr. 64 der Militärregierung über die vorläufige Neuordnung der Steuergesetzgebung vom 22. Juni 1948" ansetzen (Gesetz und Verordnungsblatt des Wirtschaftsrates des Vereinigten Wirtschaftsgebietes Nr. 14 vom 26. Juli 1948, Beilage 4). Zum Überblick über die vermögenspolitischen Maßnahmen in der BRD seit 1948 vgl. *Höhnen*, Wilfried: Die vermögenspolitischen Gesetze und Maßnahmen in der Bundesrepublik Deutschland, Köln 1968; vgl. auch *Willgerodt*, Hans u. a.: Vermögen für alle ..., S. 249 - 287.

26 *Even*, Johann: Unser Weg zur sozialen Neuordnung ...

27 *v. Nell-Breuning*, Oswald: Sparen ohne Konsumverzicht, in: Der Volkswirt. 11. Jg. (1957), S. 2052; vgl. auch *ders.:* Eigentumsbildung in Arbeitnehmerhand, in: Der Arbeitgeber. Heft 15/16 (1955), S. 526 ff.; wieder abgedruckt in: „Materialien 5", S. 22 ff.

28 *Kaldor*, Nicolas: Alternative Theories of Distribution, in: Review of Econ. Studies, Vol. 23 (1955/56), S. 83 ff., insbesondere 94 ff. Zum Kaldor-Modell im einzelnen vgl. Teil B, Abschnitt I, 2.2.

die Probleme der Vermögenspolitik offensichtlich bestätigte, leiteten in den folgenden Jahren auch alle Verfechter von Investivlöhnen die Veränderbarkeit der funktionellen Einkommensverteilung durch vermögenspolitische Maßnahmen zugunsten der Arbeitnehmer ab. Wenn die Lohnempfänger gesetzlich gezwungen würden, die zusätzlich zum bisherigen Barlohn gezahlten Investivlohnbeträgen zu sparen, erhöhe sich die gesamtwirtschaftliche Nachfrage nicht, so daß den Unternehmen eine Abwälzung auf die Konsumenten in höheren Konsumgüterpreisen unmöglich wäre[29]. Die Investitionsneigung und damit die Position der Arbeitnehmer auf dem Arbeitsmarkt bleibe im wesentlichen unbeeinflußt, da die zunächst von den Unternehmen zusätzlich gezahlten investiven Lohnbestandteile über den Kapitalmarkt als Arbeitnehmerkapital in die Unternehmen zurückflössen. Diese These entsprach dem gleichen Gedanken einer ‚Garantie der Liquiditätskonstanz' und damit der Konstanz der Investitionsneigung[30], die viele Gewinnbeteiligungspläne durch einen unmittelbaren Austausch der Eigentümer erreichen wollen, der sich nicht über den Kapitalmarkt vollzieht. Damit stünden, so könnte man meinen, alle unternehmerischen Einkünfte zur Disposition der Arbeitnehmer, sofern diese nur den Hebel „Mehrsparen" betätigen oder durch vermögenspolitische Programme dazu gezwungen werden[31].

Föhl (1960)[32], Oberhauser[33] und Schreiber[34] (beide 1962) weisen allerdings deutlich darauf hin, daß zumindest einer übersteigerten Investivlohnpolitik Grenzen gesetzt sind: Für Schreiber und Oberhauser liegen

---

29 So zum Beispiel *Ehrenberg*, Herbert: Vermögenspolitik für die siebziger Jahre. Stuttgart o. J., S. 68 ff.

30 Vgl. kritisch zum Zusammenhang von Liquidität und Investitionsneigung Teil B, Abschnitt II, 3.2.

31 Vgl. dazu u. a.: *Oberhauser*, Alois: Die wirtschaftlichen Auswirkungen und Grenzen des Investivlohnes, Paderborn, o. J.; *derselbe:* Der Investivlohn als Mittel der Vermögenspolitik, in: *Arndt*, Helmut (Hrsg.): Lohnpolitik und Einkommensverteilung. Verhandlungen auf der Tagung des Vereins für Socialpolitik. Gesellschaft für Wirtschafts- und Sozialwissenschaften in Berlin 1968, Berlin 1969, S. 273 ff. (Schriften des Vereins für Socialpolitik N. F. Band 51); vgl. auch *Ringer*, K. P.: Der Investivlohn, Zürich und St. Gallen 1970.

32 *Föhl*, Carl u. a.: Kreislaufanalytische Untersuchung ..., insbes. S. 110 bis 117.

33 Vgl. Fußnote 31.

34 Wilfrid *Schreiber* hat sich an vielen Stellen als Mitautor und publizistischer Förderer des sog. „Dräger-Schreiber-Plans" zu der Frage der Belastbarkeit der Unternehmensgewinne geäußert. Vgl. insbes. *derselbe:* Soziale Ordnungspolitik heute und morgen. Betrachtungen zum Abschluß der Sozialenquête, Stuttgart usw., S. 100 ff. Vgl. dazu *ders.:* Investieren, Sparen, Wirtschaftswachstum und Eigentumsbildung. Erstmals veröffentlicht in: Jahrbücher für Nationalökonomie und Statistik. Band 171 (1959), S. 251 ff., wieder abgedruckt in: *Ders.:* Sozialpolitische Perspektiven, hrsg. von Heinz *Allekotte*, Köln 1972, S. 147 ff.; und die dort ebenfalls enthaltenen Aufsätze: „Wille zum Vermögen" (S. 91 ff.), „Der Dräger-Plan" (S. 101 ff.), „Sparen aus dem Mehreinkommen" (S. 114 ff.).

sie dort, wo die Investitionsneigung zurückgeht und dadurch die Vollbeschäftigung gefährdet wird, für Föhl letztlich dort, wo „eine Kapitalflucht eintreten würde“[35]. Sie meinen aber — 1960 beziehungsweise 1962 und Oberhauser auch noch 1969[36] —, daß die Unternehmereinkommen ihre Untergrenze noch nicht erreicht hätten. Sie gehen also davon aus, daß die Unternehmenserträge Gewinnteile enthalten, die über eine „normale“ Kapitalrendite und einen „normalen“ Unternehmerlohn hinausgehen. Das heißt: Die tatsächlichen Gewinne übersteigen gesamtwirtschaftlich die Untergrenzen, die mindestens notwendig sind, um die Unternehmerleistung und die Investition auf annähernd der Höhe zu halten, die Vollbeschäftigung garantiert.

Investivlohntheoretiker und Verfechter einer direkten Gewinnbeteiligung unterstellen also gemeinsam das Vorhandensein gleichsam „funktionsloser“ Gewinnteile und verfolgen auf im Grunde ähnlichen Wegen das gleiche einkommenspolitische Ziel: Die Verschiebung der institutionellen Einkommensverteilung zugunsten der Arbeitnehmereinkommen durch Austausch der Eigentümer an dem aus diesen Gewinnteilen gebildeten Kapital. Sie unterscheiden sich nur in der Erklärung der Entstehungsgründe „funktionsloser“ Unternehmensgewinne, aus denen sie dann entsprechende Folgerungen für die Wahl der Bemessungsgrundlage von Abgaben zur Vermögensbildung ableiten[37]:

— Gleitzes Plan einer überbetrieblichen Gewinnbeteiligung zielt auf Monopol- und Oligopolgewinne, sowie auf Kostendifferenzgewinne, die, so vermutet er, Großbetriebe gegenüber Klein- und Mittelbetrieben aus der rascheren Durchsetzung des technischen Fortschritts erzielen. In die Gewinnbeteiligung sollen daher nur die Gewinne der Großbetriebe nach Abzug einer „angemessenen“ Dividendenausschüttung einbezogen werden[38].

---

[35] *Föhl*, Carl u. a.: Kreislaufanalytische Untersuchung ..., S. 152.

[36] *Oberhauser*, Alois: Der Investivlohn als Mittel der Verteilungspolitik, S. 273 ff., insb. die Diskussion S. 306.

[37] In der Ausgestaltung konkreter Pläne kommt allerdings hinzu, daß die Vertreter der Gewinnbeteiligung die Abgaben zur Vermögensbildung im Unternehmenssektor unmittelbar belassen wollen. Die Unternehmen sollen den kollektiven Investmentfonds der Arbeitnehmer in Höhe der Abgabeschuld direkt Anteilsrechte einräumen. (So in jüngster Zeit der Plan der vier Staatssekretäre und die Pläne von SPD und DGB, a.a.O.) Die Investivlohnvorschläge dagegen verbinden die Ausschüttung an die berechtigten Arbeitnehmer mit der gesetzlichen Auflage, sie als individuell verfügbares Vermögen über den Kapitalmarkt in den Unternehmenssektor zurückzuleiten. So beispielsweise *Dräger-Schreiber* und *Burgbacher*, dessen Plan von der CDU-CSU-Bundestagsfraktion als „Entwurf eines Beteiligungslohngesetzes“ 1970 im Deutschen Bundestag eingebracht wurde. Zum „Dräger-Schreiber-Plan“ vgl. *Schreiber*, Wilfrid: Soziale Ordnungspolitik ...; zum „Burgbacher-Plan“ vgl.: *Burgbacher*, Fritz: Produktivkapital für jeden, Köln 1970; zur kritischen Würdigung beider Pläne vgl. *Willgerodt*, Hans u. a.: Vermögen für alle ..., S. 334 ff. (Vgl. auch im folgenden Teil A, Abschnitt II).

— Föhl dagegen, der darin einen Gedanken H.-J. Rüstows aufgreift, sieht in den über eine Mindestkapitalrendite und einen Mindestunternehmerlohn hinausgehenden Gewinnteilen strukturgegebene Differentialgewinne intramarginaler Produzenten, die aus unterschiedlichen Anpassungerfolgen der Unternehmen an die Marktdaten entstehen und von der Barlohnpolitik nicht erreicht werden können; denn im Beschäftigungsgleichgewicht müsse „ein Gesamtgewinn der Unternehmungen von solcher Höhe erzeugt werden, daß der Grenzproduzent ... gerade noch seine Kosten decken kann“[39]. Föhl sieht daher in den Unternehmensgewinnen kaum Polster, aus denen Abgaben zur Vermögensbildung fließen könnten und plädiert wohl deshalb für eine Sparförderung aus Lohn- und Einkommensteuern[40].

— Schreiber bezieht in die beschäftigungspolitisch notwendige Gewinnuntergrenze „Q_{Soll}“, die die Vermögenspolitik nicht angreifen sollte, ebenfalls die strukturbedingten Differentialgewinne in der Abgrenzung Rüstows und Föhls ein. Der von ihm und Dräger vorgeschlagene Investivlohn soll daher konjunkturbedingte„ Kreislaufgewinne“ treffen[41].

— Einige Autoren deuten die vor allem in den fünfziger Jahren in der Bundesrepublik beobachteten hohen Unternehmenserträge aus den Besonderheiten des Wiederaufbaus der westdeutschen Wirtschaft[42].

---

[38] Vgl. *Gleitze*, Bruno: Sozialkapital und Sozialfonds, S. 22 f.

[39] *Föhl*, Carl u. a.: Kreislaufanalytische Untersuchung ..., S. 15; vgl. auch *derselbe:* Rüstows Erlös-Kosten-Diagramm, in: *Ifo-Institut für Wirtschaftsforschung* (Hrsg.): Gewinnbildung und Globalsteuerung ..., S. 19 ff. sowie die Beiträge von Wilfrid *Schreiber* („Der Beitrag H.-J. Rüstows zur ökonomischen Theorie“, S. 1 ff.) und von Oswald *v. Nell-Breuning* („Rüstows Differentialgewinntheorie und die Vermögensbildung in Arbeitnehmerhand“, S. 31 ff.) in diesem Heft. Zu Darstellung und Kritik der Differentialgewinntheoreme vgl. im einzelnen Teil B, Abschnitt II, 3.3.2.

[40] *Föhl*, Carl und *Hennies*, Manfred: Vermögensbildung in Arbeitnehmerhand, Pfullingen 1966, S. 77 ff. (Politik in unserer Zeit Band 2).

[41] *Schreiber*, Wilfrid: Investieren, Sparen, Wirtschaftswachstum und Eigentumsbildung, S. 147 ff. Den hier von ihm verwandten Ausdruck „Kreislaufgewinne“ hielt Schreiber später für unglücklich, da alle Gewinne Ergebnis des Kreislaufprozesses seien. Andererseits wäre m. E. ein Ausdruck wie etwa „Konjunkturgewinne“ zu eng, da unter diesen „Q-Gewinnen“ Schreibers auch säkulare Knappheitsgewinne der Faktoren Unternehmerleistung und Kapital in der ersten Nachkriegszeit zu subsumieren wären. Zur Systematik der Gewinnbegriffe im Rahmen der Kreislauftheorie der Einkommensverteilung vgl. u. a.: *Preiser*, Erich: Multiplikatorprozeß und dynamischer Unternehmergewinn. Zuerst abgedruckt in: Jahrbücher für Nationalökonomie und Statistik. Band 167 (1955), S. 89 ff., wieder abgedruckt in: *Ders.*, Bildung und Verteilung des Volkseinkommens. Gesammelte Aufsätze zur Wirtschaftstheorie und Wirtschaftspolitik, Göttingen 1957, S. 124 ff.

[42] So beispielsweise der Rat der Evangelischen Kirche in Deutschland (Hrsg.): Eigentumsbildung in sozialer Verantwortung ..., Abschnitt IV, Tz. 17 (zitiert nach „Materialien 5“, S. 100); *Gleitze*, Bruno: Sozialkapital und Sozialfonds ..., S. 18 ff. So auch Sachverständigenrat zur Begutachtung der ge-

Sie seien, so Streißler, eine „bloße kurzfristige Störung“, erklärbar vor allem durch „die außerordentliche Produktivität von Ergänzungsinvestitionen halbzerstörter oder erst halbvollendeter Kapitalstrukturen“, während die Ertragssätze in den sechziger Jahren „zur Norm zurückfielen“[43]. Es könnte auch auf die relative Knappheit von Kapital und Unternehmerleistung und die im Vergleich zu den sechziger Jahren höheren Arbeitslosenzahlen verwiesen werden[44]. „Überhöhte“ Unternehmensgewinne wären nach dieser Auffassung eine historisch vorübergehende Erscheinung, die wohl in den fünfziger Jahren vermögenspolitische Programme hätte speisen können, mit der Rückkehr zur Normalität heute aber keine verteilungspolitischen Hoffnungen mehr begründen könnte.

— Auch der Sachverständigenrat zur Begutachtung der gesamtwirtschaftlichen Entwicklung sieht — nach dem Jahresgutachten 1972/73 zu urteilen — offenbar in den Unternehmensgewinnen heute keine funktionslosen Teile mehr, die zur Disposition der Vermögenspolitik stehen. Er deutet in seinem Vorschlag einer „Gewinnbeteiligung bei begrenzter Haftung“ die über eine „normale“ Kapitalverzinsung und einen „normalen“ Unternehmerlohn hinausgehenden Gewinnteile als Risikoprämien, an denen die Arbeitnehmer nur durch teilweise Übernahme unternehmerischer Risiken teilhaben könnten[45]. Dahinter mag auch die Überlegung stehen, daß die Beteiligung an der Risikofunktion des Gewinns zusätzliche Sparmotive schafft[46].

---

samtwirtschaftlichen Entwicklung: Stabilität im Wachstum. Jahresgutachten 1967/68, Stuttgart und Mainz 1967, Tz. 253 f., S. 130 f. Zum Überblick vgl. auch *Preiser*, Erich: Wirtschaftspolitik heute. Grundprobleme der Marktwirtschaft. S. 38 ff., Kapitel „Gefahrenpunkte der deutschen Wirtschaftskonjunktur“).

[43] *Streißler*, Erich: Wandlungen der Einkommensstruktur im Wirtschaftswachstum, in: *Arndt*, Helmut (Hrsg.): Lohnpolitik und Einkommensverteilung ..., S. 212.

[44] Vgl. *Willgerodt*, Hans u. a.: Vermögen für alle ..., S. 283 ff.

[45] Vgl. Sachverständigenrat zur Begutachtung der gesamtwirtschaftlichen Entwicklung: Gleicher Rang für den Geldwert. Jahresgutachten 1972/73, Stuttgart und Mainz 1972, Tz. 501 - 516, S. 162 ff. Obwohl der Text vieldeutig ist, und zum Beispiel auch der Vorschlag eines ‚normalen‘ Investivlohnmodells herausgelesen werden könnte, scheint der Sachverständigenrat auf eine Art Versicherungsvertrag oder Wettspiel zwischen Kapitaleignern und Arbeitnehmern abzuzielen, bei dem sich die Arbeitnehmer am Gewinnrisiko beteiligen und dafür einen Anteil an dem über die „normale“ Kapitalverzinsung und den „normalen“ Unternehmerlohn hinausgehenden Gewinn (= Risikoprämie) erhalten. Vgl. auch die Darstellung bei *Barth*, Hans J.: Gewinnbeteiligung mit begrenzter Haftung, in: Der Arbeitgeber, 25. Jg. (April 1973), Heft 8, S. 352 ff.

[46] Diese Überlegung könnte sich auf Wolfram Engels stützen, der in den Unterschieden der Sparraten zwischen Selbständigen und Unselbständigen den „Ausdruck höherer Unsicherheit der Einkommen der Selbständigen sieht“. Vgl. *Engels*, Wolfram: Unsicherheit, Konsumverhalten und Investitionsver-

Die weitaus meisten Programme zur Vermögenspolitik sollen also durch die im Grunde gleiche Kombination von Abgabeverpflichtungen der Unternehmen — bei allerdings unterschiedlichen Bemessungsgrundlagen — und Sparverpflichtung der Arbeitnehmer unterschiedliche Teile der Unternehmensgewinne treffen, obwohl zweifelhaft ist, ob die Gewinne heute überhaupt noch Teile enthalten, die umverteilt werden können, ohne daß den Unternehmen die Abwälzung der Belastung auf die Arbeitnehmer gelingt.

In der Frage der Abwälzbarkeit vermögenspolitischer Gewinnbelastungen liegt der Ansatzpunkt der vorliegenden Arbeit: Es soll in einer von der Theorie der funktionellen Einkommensverteilung ausgehenden Analyse des Zusammenhangs von Abgabebelastungen, Einkommensverwendung und *funktioneller* Einkommensverteilung geprüft werden, ob vermögenswirksame Leistungen der Unternehmen zugunsten der Arbeitnehmer so zwangsläufig, wie behauptet wird, zu einer Erhöhung des Anteils der Arbeitnehmereinkommen am Volkseinkommen führen, wenn ihr Rückfluß in den Unternehmenssektor durch Anlagezwang oder institutionelle Regelungen sichergestellt wird. Eine Betrachtung der funktionellen Einkommensverteilung scheint auf den ersten Blick aus mancherlei Gründen „veraltet“. Denn:

1. Die Einkommensunterschiede innerhalb der Gruppen von Arbeitnehmer- und Selbständigenhaushalten sind wie eine Untersuchung des Deutschen Instituts für Wirtschaftsforschung (DIW) für 1970 zeigt, kaum geringer als zwischen diesen Gruppen[47];

2. Die Arbeitnehmerhaushalte nehmen in hohem Maß an den Besitzeinkommen teil[48], während den Selbständigenhaushalten auch Einkommen aus abhängiger Beschäftigung von Familienmitgliedern zufließt;

---

halten, in: *Hax*, Herbert (Hrsg.): Entscheidung bei Unsicherheit. Beiträge zur Theorie der Unternehmung, Köln und Opladen 1970, S. 44.

[47] Vgl. *DIW-Deutsches Institut für Wirtschaftsforschung* (Hrsg.): Einkommensschichtung sozialer Gruppen in der Bundesrepublik Deutschland, in: Wochenbericht 34/1973 vom 23. Aug. 1973, S. 299 ff.

[48] An den Zinserträgen auf Spareinlagen, Bauspareinlagen, festverzinslichen Wertpapieren und Lebensversicherungen sowie den Dividendeneinkünften aus Aktien und den Einkünften aus Vermietung und Verpachtung hatten die Unselbständigenhaushalte 1970 einen Anteil von insgesamt 50,4 %. Vgl. *Deutsches Institut für Wirtschaftsforschung* (Hrsg.): Die Vermögenseinkünfte der privaten Haushalte in der Bundesrepublik Deutschland, in: Wochenbericht Nr. 6/1971, S. 35 ff. Die dort ausgewiesenen Vermögenseinkünfte machen allerdings nur einen Teil der in der deutschen Sozialproduktstatistik als Einkünfte aus Unternehmertätigkeit und Vermögen ausgewiesenen Nichtarbeits- oder genauer Nichtlohneinkommen aus. Unberücksichtigt bleiben die unverteilten Gewinne der Einzelunternehmen und Personengesellschaften. Vgl. auch im folgenden Teil B, Abschnitt II, 2.2.

3. Die Verteilungstheorie hat sich seit den sechziger Jahren verstärkt der Analyse der institutionellen und der *personellen* Einkommensverteilung zugewandt[49], um den unter 1. und 2. genannten Gegebenheiten Rechnung zu tragen.

Auf der anderen Seite halten aber Parteien und Gewerkschaften in ihren Vorschlägen zur Vermögenspolitik — wenn auch teilweise gegen die Wirklichkeit — am Modell einer Zwei-Klassen-Gesellschaft fest, in der sich die „Klasse" der nur Arbeitseinkommen beziehenden und weitgehend vermögenslosen Arbeitnehmer und die Klasse der „Unternehmer" mit hohen Besitzeinkommen und Vermögen unversöhnt gegenüberstehen. Zwar verteilen sich, wie die erwähnte Untersuchung des DIW zur „Einkommensschichtung sozialer Gruppen in der Bundesrepublik Deutschland"[50] für das Jahr 1970 ausweist, die Selbständigenhaushalte, nach der Höhe ihres monatlich verfügbaren Einkommens gruppiert, — breitgestreut — überweigend über die gleichen Einkommensklassen, in denen auch die Masse der Arbeitnehmerhaushalte eingeordnet ist. Doch ist das durchschnittliche Monatseinkommen von Selbständigenhaushalten mit DM 3 267,— immer noch doppelt so hoch, wie das Monatseinkommen eines Arbeiterhaushalts (DM 1 519,—). Da die „Einkommens- und Verbrauchsstichprobe" des Statistischen Bundesamtes für das Jahr 1969[51] ergeben hat, daß von den Haushalten der Arbeitnehmer nur 19 % Wertpapiere einschließlich Investmentzertifikate und nur 11,6 % Aktien besaßen und da sicher anzunehmen ist, daß kein nennenswerter Teil dieser Gruppe durch sonstige Beteiligungsformen an den Unternehmensgewinnen der Nicht-Aktiengesellschaften direkt beteiligt war, würde eine erfolgreiche Umverteilung von Teilen der Unternehmensgewinne die personelle Einkommensverteilung immer noch deutlich gleichmäßiger machen. Jedenfalls ist der ‚Einebnungseffekt' von Gewinnlasten sicher größer als — bei gleicher Umverteilungsmasse — die Wirkung anderer Abgaben auf die personelle Einkommensverteilung, weil alle anderen Vermögensformen und damit

---

[49] Vgl. *Krupp*, Hans-Jürgen: „Personelle" und „funktionelle" Einkommensverteilung, in: Jahrbücher für Nationalökonomie und Statistik, Band 180 (1967), S. 1 ff.; *ders.:* Theorie der personellen Einkommensverteilung. Allgemeine Grundzüge und verteilungspolitische Simulationen, Berlin 1968. *Kromphardt*, Jürgen: „Institutionelle" versus „funktionelle" oder „personelle" Einkommensverteilung, und *Gruber*, Utta: Vorüberlegungen zu einer Umverteilungsanalyse. Jahrbücher für Nationalökonomie u. Statistik, Band 185 (1971), S. 130 ff.

[50] *DIW-Deutsches Institut für Wirtschaftsforschung* (Hrsg.): Einkommensschichtung sozialer Gruppen in der Bundesrepublik Deutschland 1950 - 1970.

[51] Vgl. „Wertpapierbestände privater Haushalte am Jahresende 1969. Ergebnis der Einkommens- und Verbrauchsstichprobe 1969, in: Wirtschaft und Statistik. Heft 3/1971, S. 199 ff. und eigene Berechnungen in: *Willgerodt*, Hans; *Bartel*, Karl; *Schillert*, Ulrich: Vermögen für alle, S. 57 ff.

Einkunftsarten, wie die Einkommens- und Verbrauchsstichprobe für 1969 ebenfalls zeigt, wesentlich breiter gestreut sind[52].

Wenn auch heute noch die vermögenspolitischen Vorschläge aller deutschen Parteien und Gewerkschaften an der Finanzierungsquelle ‚Unternehmensgewinne' festhalten, entsprechen sie durchaus auch dem Ziel einer Einebnung der personellen Einkommensverteilung, obwohl natürlich nur der direkte Zugriff auf die personelle Einkommensverteilung, also auf hohe Einkommen — gleich aus welcher Quelle sie stammen — Streuverluste gänzlich vermeiden könnte.

Eine Vermögenspolitik zu Lasten der Gewinneinkommen hat aber nur dann die gewünschte Wirkung auf die institutionelle und personelle Einkommensverteilung, wenn die Unternehmensgewinne auch angreifbar sind, also jene „funktionslosen" Teile tatsächlich enthalten, auf die verteilungstheoretische Vorstellungen Umverteilungshoffnungen gründen. Deshalb soll anschließend an die theoretische Analyse möglicher Abwälzungsprozesse in einer quantitativen Schätzung überprüft werden, ob die Unternehmensgewinne heute überhaupt noch abschöpfbare Teile in dem Umfang enthalten, den die meisten vermögenspolitischen Programme als Aufkommen anstreben[53].

Eine solche Analyse scheint trotz mancher kritischer Stimmen zur Wirkung der Vermögenspolitik auf die Einkommensverteilung auch heute noch wichtig, da die jüngsten Pläne der SPD und des DGB[54], ohne die möglichen Zweifel an der Belastbarkeit der Unternehmensgewinne auch nur zu erwähnen[55], apodiktisch feststellen: Die „Investitionsmög-

---

[52] Vgl. „Ausgewählte Vermögensbestände privater Haushalte am Jahresende 1969. Ergebnis der Einkommens- und Verbrauchsstichprobe 1969, in: Wirtschaft und Statistik Heft 12/1970, S. 605 ff. Allerdings verdeckt das Haushaltskonzept der Einkommens- und Verbrauchsstichprobe die Tatsache, daß bei Umverteilungsversuchen zwischen Kapital- und Arbeitseinkommen die vermutlichen „Klassengegensätze" gelegentlich auch innerhalb der Familien auszutragen wären; denn diese Erhebung klassifiziert die Haushalte allein nach der Tätigkeit des Haushaltsvorstands. Eine weitere Modifizierung würde sich ergeben, wenn man einem für die Vermögenspolitik eigentlich entscheidenden Familienkonzept folgen würde, in dem die Vermögen mehrerer gegenseitig erbberechtigter Generationen addiert werden müßten.

[53] Der „Staatssekretäre-Plan" ging von einem Aufkommen von 4 Mrd. DM jährlich aus; der „Wehner-Plan" strebt 5 Mrd. DM im ersten Jahr an; das „Beteiligungslohngesetz" (Burgbacher Plan) würde bei 20,5 Mill. Arbeitnehmern in der BRD und pro Kopf DM 240,— an investiven Lohnzulagen jährlich etwa 5 Mrd. DM erbringen, zu denen die 30 %ige Sparzulage und gegebenenfalls Sparprämien nach dem Sparprämiengesetz hinzukämen. (Quellen: Siehe Teil A, Abschnitt I, Fußnote 23.)

[54] Vgl. „Viererprogramm zur sozial gerechten Vermögensbildung und Sparförderung der Erwerbstätigen".

[55] Zweifel an der These von der Nichtüberwälzbarkeit vermögenspolitischer Lasten äußerte beispielsweise der *Sachverständigenrat zur Begutachtung der gesamtwirtschaftlichen Entwicklung* bereits 1966 (vgl. *derselbe:* Expansion und Stabilität. Jahresgutachten 1966/67, Stuttgart und Mainz, Tz. 314

lichkeiten, die Wettbewerbsfähigkeit und Steuerkraft der Unternehmen sowie das qualifizierte Wachstum der Volkswirtschaft" würden nicht beeinträchtigt (SPD)[56] beziehungsweise: „Die Vermögensbeteiligung wird also ausschließlich zu Lasten der bisherigen Eigentümer verwirklicht." (DGB)[57].

Selbst wenn sich freilich solche — sicher von politischem Wollen oder unbekümmertem Optimismus nicht unbeeinflußten — Inzidenzhoffnungen nicht erfüllen, brauchte auf vermögenspolitische Korrekturen des volkswirtschaftlichen Verteilungsprozesses nicht verzichtet zu werden. Denn neben dem Ziel einer kurzfristigen Verschiebung der funktionellen Einkommensverteilung verfolgt eine marktwirtschaftliche Vermögenspolitik — von sonstigen gesellschaftspolitischen Absichten abgesehen — auch ein langfristiges einkommenspolitisches Ziel: Die Verbesserung der personellen Einkommensverteilung durch Einebnung der institutionellen Einkommensverteilung auf lange Sicht über eine dauerhafte Verbesserung des Verhältnisses zwischen ertragbringendem Vermögen und Arbeitseinkommen in den Arbeitnehmerhaushalten, ohne daß gesamtwirtschaftlich Leistungs- und Wachstumsimpulse verloren gehen.

Das Ziel einer langfristigen Anhebung des Anteils der Arbeitnehmerhaushalte an den Besitzeinkommen kann für den Bestand einer marktwirtschaftlichen Ordnung mit privater — dezentraler — Verfügung über die Produktionsmittel sogar lebenswichtig sein: Verfestigt sich nämlich der in den letzten Jahren in der Bundesrepublik beobachtete Trend zur Konstanz der „rechnerischen Lohnquote bei konstant gehaltener Beschäftigtenstruktur"[58], so ist eine Verschiebung des Verhältnisses der durchschnittlichen Haushaltseinkommen von Arbeitnehmern

---

bis 321, S. 174 ff.). Unter den kritischen Gutachten zur Vermögenspolitik ist insbesondere zu nennen: *Föhl*, Carl u. a.: Kreislaufanalytische Untersuchung der Vermögenspolitik in der Bundesrepublik Deutschland und der Beeinflußbarkeit ihrer Verteilung. Gutachten erstellt im Auftrage des Bundeswirtschaftsministeriums, Tübingen 1964.

[56] *Frankfurter Allgemeine Zeitung* (im folgenden zitiert unter „*FAZ*") vom 9. 4. 1973, S. 6.

[57] *Die Welt* vom 31. 3. 1973, S. 10.

[58] Diese Lohnquote mißt die Veränderung der Einkommen aus Arbeit pro Kopf der Arbeitnehmer zum Einkommen aus Unternehmertätigkeit und Vermögen pro Kopf der Selbständigen und mithelfenden Familienangehörigen. Sie wurde zuerst vom *Sachverständigenrat zur Begutachtung der gesamtwirtschaftlichen Entwicklung* 1967 berechnet. (Vgl. *ders.*: Expansion und Stabilität, Tabelle 84, S. 353.) Zur Entwicklung der Lohnquoten 1960 - 1972 vgl. *Sachverständigenrat* ...: Gleicher Rang für den Geldwert. Jahresgutachten 1972/73, Stuttgart und Mainz 1972, Tabelle 38, S. 146. Zur langfristigen Entwicklung der funktionellen Einkommensverteilung vgl. *Münnich*, Frank: Die langfristige Entwicklung der funktionalen Einkommensverteilung, Meisenheim am Glan 1966. Vgl. auch *Günthardt*, Walter: Das Problem der Konstanz der Einkommensverteilung, Winterthur 1965.

und Selbständigen zugunsten der Arbeitnehmer nur durch eine gleichgerichtete dauerhafte Verschiebung des Verhältnisses der Sparquoten beider Gruppen, also in erster Linie durch Vermögenspolitik erreichbar[59]. Können die breiten Schichten der Arbeitnehmer nur dann für die Verteidigung der Marktwirtschaft gewonnen werden, wenn diese Ordnung eine Verbesserung der Verteilungsrelationen versprechen kann, dann führt der Weg zur Erhaltung der Marktwirtschaft über die Bildung individuellen Vermögens in Arbeitnehmerhand. Dies gilt verstärkt dann, wenn, wie in seiner Warnung vor einem „Brave new Capitalists Paradise“ Meade[60] unterstellt, auf lange Sicht von arbeitssparendem technischen Fortschritt auszugehen ist, der die rechnerische Lohnquote senken würde. Denn dann könnten die Arbeitnehmer als Gruppe lediglich durch einen hinreichend wachsenden Anteil an der gesamtwirtschaftlichen Vermögensbildung der Verschiebung der institutionellen Einkommensverteilung zu ihren Lasten entgehen. Zwar ist zuzugeben, daß das Einverständnis breiter Schichten mit der Einkommensverteilung und ihrer Entwicklung letztlich mehr davon abhängt, daß der einzelne Arbeitnehmer Chancen zur Positionsverbesserung sieht, die natürlich auch bei konstanter oder sinkender — rechnerischer — Lohnquote noch bestehen können, sofern der einzelne seine Stellung innerhalb der Einkommenshierarchie im Lebenszyklus verbessern kann. Doch zeigt gerade die deutsche vermögenspolitische Diskussion am Beispiel der

---

[59] Die Bedeutung der Sparquoten für die Einkommensverteilung auf lange Sicht ist bisher nur wenig durchdacht worden. Die Diskussion ging aus von Pasinettis Kritik an Kaldors Verteilungsmodell (vgl. *Kaldor,* Nicolas: Alternative Theories of Distribution, in: The Review of Economic Studies. Vol. XXIII (1955/56), S. 83 ff.; *Pasinetti,* L.: Rate of Profit and Income Distribution in Relation to the Rate of Economic Growth, in: The Review of Economic Studies. Vol. XXIX (1962), S. 267 ff.). Vor allem Meade hat auf die Bedeutung der Sparquoten für die Gesellschaftsentwicklung auf lange Sicht hingewiesen. (Vgl. *Meade,* J. E.: Efficiency, Equality and the Ownership of Property.) In der deutschen Literatur ging die Diskussion von Bombach (vgl. *Bombach,* Gottfried: Spekulationen über die Entwicklung der Einkommens- und Vermögensverteilung auf sehr lange Sicht) und Kromphardt aus (vgl. *Kromphardt,* Jürgen: Kapitalbildung in Arbeitnehmerhand und Einkommensverteilung im Gleichgewicht, in: Zeitschrift für die gesamte Staatswissenschaft, Band 122 (1966), S. 247 ff.). Vgl. auch die an Kromphardt anschließende Diskussion: *Neumann,* Manfred: Sparquote der Arbeiter und funktionale Einkommensverteilung. Ein Kommentar, in: Zeitschrift für die gesamte Staatswissenschaft, Band 127 (1971), S. 744.; *Kromphardt,* Jürgen: Bemerkungen zu M. Neumanns Kommentar, ebenda, S. 748 f.; *Mückl,* Wolfgang, J.: Die Gewinnquote im Pasinetti-Modell. Zur Diskussion zwischen J. *Kromphardt* und M. *Neumann,* in: Zeitschrift für die gesamte Staatswissenschaft, Band 128 (1972), S. 525 ff.; *Neumann,* Manfred: Replik, ebenda, S. 533; *Kromphardt,* Jürgen: Sparquote der Arbeitnehmer und funktionelle Einkommensverteilung. Versuch eines abschließenden Beitrags zur Diskussion in dieser Zeitschrift, ebenda, S. 534 ff.; *Mückl,* Wolfgang: Langfristige Probleme der Lohnpolitik und der Vermögensbildung in Arbeitnehmerhand, Tübingen 1971.

[60] *Meade,* James E.: Efficiency, Equality and the Ownership of Property.

nicht immer sachverständigen Verwendung des „Krelle-Gutachtens"[61], wie rasch globale Verteilungsziffern Affekte gegen die Wirtschaftsordnung wecken können.

Wenn wir in dieser Arbeit die Frage untersuchen, ob die Unternehmensgewinne als Finanzierungsquelle für die Vermögenspolitik zur Verfügung stehen oder sich gegen vermögenspolitische Lasten als resistent erweisen, so ist darin kein Urteil über den Sinn vermögenspolitischer Maßnahmen in der Marktwirtschaft zu sehen. Es soll lediglich geprüft werden, ob die Versprechen vieler politischer Gruppen, den ‚Pelz der Unternehmen zu waschen, ohne den der Arbeitnehmer naß zu machen', auf sicherem Boden stehen.

Denn zum einen ist die im ‚Wehner-Plan' für die Vermögensfonds der Arbeitnehmer vorgesehene Finanzierung staatlicher Aufgaben im Infrastrukturbereich aus den Fondserträgen[62] verteilungspolitisch wohl nur zu rechtfertigen, wenn das Fondsvermögen wirklich aus Unternehmungsgewinnen aufgebaut wird, die sonst den Alteignern zugeflossen wären. Zum anderen könnten enttäuschte Erwartungen über die verteilungspolitische Wirksamkeit vermögenspolitischer Maßnahmen leichter in die Ablehnung jeglicher Vermögenspolitik umschlagen als das Wissen um die Unzulänglichkeit des Verteilungsprozesses von Anfang an.

II. Die Verfahren der Vermögenspolitik

Versuchen wir die vermögenspolitischen Instrumente und die aktuellen Pläne zu ihrer Weiterentwicklung in ein einfaches System[63] einzugliedern, so sind zwei *Ansatzpunkte* erkennbar:

— Die Vermögenspolitik setzt einmal bei der *Einkommensentstehung* an und versucht, insbesondere die Unternehmensgewinne zugunsten einer Vermögensbildung in breiten Schichten abzuschöpfen.

---

[61] *Krelle*, Wilhelm; *Schunck*, Johann; *Siebke*, Jürgen: Überbetriebliche Ertragsbeteiligung der Arbeitnehmer. Forschungsauftrag des Bundesministeriums für Arbeit und Sozialordnung, Tübingen 1968, insbes. Band II, S. 379 und 381. Vgl. die ‚Fortschreibung' des Gutachtens durch Siebke (*Siebke*, Jürgen: Die Vermögensbildung der privaten Haushalte in der Bundesrepublik Deutschland. Forschungsauftrag des Bundesministeriums für Arbeit und Sozialordnung. Bonn 1971.). Zur Interpretation der Entwicklung der von Krelle und Siebke berechneten Verteilungsrelationen vgl. *Willgerodt*, Hans; *Bartel*, Karl; Schillert, Ulrich: Vermögen für alle, S. 408 ff.

[62] Vgl. *FAZ* vom 9. 4. 1973, S. 1 und 6; vgl. im übrigen Teil A, Abschnitt I, Anmerkung 23.

[63] Zur Systematik der vermögenspolitischen Verfahren vgl. n. v. a. *Höhnen*, Wilfried: Vermögensbildung in Arbeitnehmerhand — eine systematische Bestandsaufnahme der verschiedenen Möglichkeiten, in: Das Mitbestimmungsgespräch. 15. Jg. (1969), Heft 9 - 12; *Bitz*, Michael: Pläne und Maßnahmen zur Vermögensbildung. Eine Analyse ihrer Ziele und Funktionselemente, Köln usw. 1971.

— Sie beeinflußt zum anderen die *Einkommensverwendung* durch die Gewährung von Prämien, durch die investive Zweckbindung der aufkommenden Beträge und durch meist längere Sperrfristen, um sicherzustellen, daß die Vermögensbildung der Begünstigten auch tatsächlich verstärkt und nicht etwa nur der Konsum angeregt wird.

Die Vielfalt der Vorschläge läßt sich vergröbernd in drei *Grundformen vermögenspolitischer Verfahren* einordnen:

— Die *Sparförderung* durch Steuervergünstigungen oder staatliche Prämienzahlungen;

— die *vermögenswirksame Lohnpolitik* — meist mit den Begriffen ‚Investivlohn' oder ‚investive Lohnzulagen' belegt —, und

— die direkte *vermögenswirksame Gewinnbeteiligung* in den beiden Formen der betrieblichen und der überbetrieblichen Gewinnbeteiligung[64].

Diese Kategorisierung geht von der Bemessungsgrundlage aus, an die eine Prämie oder eine Abgabe anknüpft. Eine weitere Unterscheidung ist innerhalb von Gewinnbeteiligungs- oder Investivlohnsystemen nach der *Rechtsgrundlage* zu treffen, aus der die Unternehmen zu Abgaben verpflichtet werden. Eine solche Verpflichtung kann in einem *Gesetz* verankert sein oder sie kann sich aus einem *Tarifvertrag* oder einer *Betriebsvereinbarung* ergeben. Ein Unternehmen kann aber auch *freiwillig* Zulagen zum normalen Barlohn gewähren, die der Empfänger zum Aufbau privaten Vermögens verwendet.

Die Grenzen zwischen diesen Verfahren sind fließend und Zuordnungen können mitunter willkürlich sein, da — wie gezeigt — für alle drei Verfahren geltend gemacht wird, sie führten direkt oder auf dem Umweg über Kreislaufprozesse zu einer Vermögensbildung der weniger Vermögenden aus den Unternehmensgewinnen. Ferner bringt jedes Verfahren einer Vermögensstreuung auf lange Sicht eine wachsende „Gewinnbeteiligung" breiter Schichten, wenn die Begünstigten im Rahmen der Vermögenspolitik Beteiligungswerte erhalten oder erwerben und zu normalen Teilhabern werden. Vor allem bei den vielfältigen

---

[64] Neben den erwähnten drei Verfahren werden in neuerer Zeit auch Pläne erwogen, die das öffentliche Vermögen, die Steuerpolitik und die Schuldenpolitik der öffentlichen Hand bewußt in den Dienst der Vermögenspolitik stellen wollen. So schlägt Hansmeyer eine Zweckbindung des Aufkommens „vermögensnaher" Steuern wie beispielsweise der Vermögensteuer vor. Vgl. *Hansmeyer,* Karl-Heinrich: Welche Kontroversen zeichnen sich in der Steuerreformdiskussion ab?, in: Die Wirtschaftswoche. 25. Jg. (1971), Heft 15, S. 55. Zu Möglichkeiten und Grenzen einer „vermögenswirksamen Schuldenpolitik" vgl. *Bartel,* Karl: Öffentliche Infrastruktur oder privates Vermögen. Die vermögenswirksame Schuldenpolitik als Mittel zur Lösung eines Zielkonflikts Berlin 1975.

Formen unternehmensinterner vermögenswirksamer Leistungen an die Belegschaft sind die Grenzen zwischen Gewinnbeteiligung und Lohnzulage selten exakt abzustecken: Wenn beispielsweise bei guter Geschäftslage ein zusätzliches Gehalt, eine Prämie oder eine ähnliche Zuwendung gezahlt wird — vielleicht sogar mit dem Anreiz, sie im Unternehmen vermögenswirksam anzulegen —, so läßt sich kaum noch sagen, ob es sich hier um eine Zuwendung aus Gewinn oder eine Zahlung von Lohn handelt, die womöglich schon mit Blick auf einen für das Unternehmen unergiebiger werdenden Arbeitsmarkt geleistet wird.

Neben der Frage, an welcher Bemessungsgrundlage Abgaben anknüpfen sollen und in welcher rechtlichen Gestalt die Unternehmen zur Leistung verpflichtet werden, muß jedes vermögenspolitische Programm klären,

— in welcher Form die Leistungen erbracht werden, und

— ob direkt an die Begünstigten geleistet wird oder ob Institutionen zwischenzuschalten sind.

Als *Arten der Entpflichtung* kommen *Geldzahlungen, Darlehensforderungen* oder *Beteiligungstitel,* die die Unternehmen gegen sich schaffen, in den vielfältigen Formen in Betracht, die Gesellschaftsrecht und Wirtschaftspraxis entwickelt haben.

Werden Barabführungen zugelassen, so muß, um die Investitionsfinanzierung und damit das verteilungspolitische Ziel nicht von vornherein zu gefährden, sichergestellt sein, daß die *gesamtwirtschaftliche Einkommensverwendung* — Investitionsquote und Sparquote — nicht berührt wird, also der Rückfluß des Aufkommens vermögenspolitischer Abgaben in den Unternehmenssektor gewährleistet ist. Sollen die Leistungen der Unternehmen den Destinataren direkt zufließen, so sind zur Sicherung des Rückflusses *Verwendungsauflagen* oder *Verwendungsanreize* nötig, die die Begünstigten zu vermögenswirksamer Anlage verpflichten, sie aber im übrigen auf die bestehenden Institutionen des Kapitalmarktes verweisen. Je nach dem Ziel der Vermögenspolitik können Verwendungsauflagen auch eine bestimmte Anlageform — zum Beispiel Beteiligungswerte — zwingend vorschreiben.

Institutionen, die zwischen die leistenden Unternehmen und die Begünstigten geschaltet werden, dienen ebenfalls der Sicherung einer bestimmten Aufkommensverwendung. Doch geht ihr eigentlicher Zweck darüber hinaus: Sie sind, mindestens in der Form von *Verrechnungsstellen*[65], im Rahmen einer allgemeinen Gewinnbeteiligung dann nötig, wenn alle Begünstigten unabhängig davon, ob sie in einem gewinn-

[65] Reine ‚Verrechnungsstellen' im Rahmen einer überbetrieblichen Gewinnbeteiligung zu schaffen, hat zuerst der heutige Präsident des Deutschen Sparkassen- und Giroverbandes Helmut *Geiger* vorgeschlagen. Vgl. „Vermögens-

starken oder gewinnschwachen Unternehmen beschäftigt sind, nach dem gleichen oder nach einem sozialen Gesichtspunkten Rechnung tragenden Schlüssel am Aufkommen beteiligt werden sollen. Ihre Aufgabe kann sich dann aber auf die einer reinen ‚Clearing-Stelle' beschränken, die das Aufkommen nur sammelt und mit Verwendungsauflagen an die Begünstigten zur ansonsten freien Anlage weitergibt. Eine solche Sammelstelle wird darüber hinaus die Aufgabe eines *Vermögensfonds,* also der mindestens zeitweisen Verwaltung des Aufkommens, übernehmen müssen, wenn auch denjenigen Unternehmen, deren Eigenkapitalanteile keinen Marktpreis haben, erlaubt wird, sich durch Einräumung von Teilhaberrechten zu entpflichten. Für den Fall, daß eine genaue Bewertung der Titel nicht möglich ist, ist sogar ein einziger — „zentraler" — Fonds erforderlich, der Zertifikate über sein Vermögen ausstellt. Es sind aber selbst dann Regelungen zumindest denkbar, die vom faktischen Eigentum der Fonds, an deren Vermögen die Begünstigten zunächst nur ein formelles Obereigentum durch Zertifikate besitzen, zum ‚individuellen' Vermögen und seiner selbstverantwortlichen Verwaltung durch die Destinatare zurückführen: Die Fonds könnten verpflichtet werden, Barbeträge und marktfähige Titel an die Inhaber der Fondszertifikate oder auf dem Kapitalmarkt zu verkaufen. Sie müßten dann die nicht-marktfähigen Titel zunächst fungibel machen, dann veräußern und die Erlöse zur individuellen Anlage — mit investiver Bindung — ausschütten. Auch eine überbetriebliche Gewinnbeteiligung wäre also — mindestens langfristig — mit dem Ziel der ‚individuellen' Vermögensbildung in Form direkter Vermögensansprüche der Begünstigten gegen die Unternehmen oder die privaten Institutionen des Kapitalmarkts vereinbar[66].

Als Vorteil einer Verpflichtung der Unternehmen zur ausschließlichen Leistung in Beteiligungswerten, die nur auf den ersten Blick Fondskonstruktionen unumgänglich macht, wird geltend gemacht, daß sie Abwälzungsversuche verhindert. Auch könnte zunächst vermutet werden, daß nur so die Struktur der gesamtwirtschaftlichen Eigenkapitalversorgung unberührt bleibt, also ausgeschlossen wird, daß die individuelle Anlageentscheidung die Gewinnabgaben der kleineren und mittleren Unternehmen über den Kapitalmarkt in die Investitionsfinanzierung der großen Publikumsaktiengesellschaften leitet.

Die scheinbar ‚geborenen' Fondsaufgaben,

— einen Rückfluß des Aufkommens in den Unternehmenssektor zu sichern,

---

politik. Dokumentation", in: Die Sparkasse. Zeitschrift des Deutschen Sparkassen- und Giroverbandes e. V., Bonn, Heft 9 (1970), S. 279 ff., insbesondere S. 283 f.

[66] Vgl. dazu im einzelnen *Willgerodt,* Hans u. a.: Vermögen für alle, S. 301 ff., insbesondere S. 307 f.

— das Aufkommen nach gewünschten Schlüsseln zu verteilen,

— die Abwälzung zu erschweren und

— die Größenstruktur der Unternehmen nicht anzutasten,

können aber auch von Verwendungsauflagen erfüllt werden, die unter Umständen mit zusätzlichen Verwendungsanreizen (Prämien usw.) zu koppeln sind. Während Investivlohnpläne, wie insbesondere der Burgbacher Plan[67], durchweg Verwendungsauflagen enthalten, gehen die Gewinnbeteiligungspläne fast stets den Weg über Fonds als Dauereinrichtungen. Zwangsläufig ist die Alternative ‚Gewinnabgaben an Fonds oder Lohnzulagen an den einzelnen' jedoch nicht. Denn technisch notwendig sind Fonds bei allgemeinen Gewinnabgaben nur dann, wenn die Unternehmen nicht-marktfähige Titel abtreten — und auch dann nur jeweils als Durchgangsstation zur privaten Vermögensanlage; ihr Wachstum wäre damit begrenzt.

Damit haben wir unser Problem aufgezeigt und die vermögenspolitischen Verfahren vorgestellt, die als Lösungswege gelten. Es kann nun geprüft werden, ob diese Verfahren, die an der funktionellen Einkommensverteilung ansetzen, die institutionelle und personelle Verteilung einebnen können oder schon an der Beharrung der funktionellen Einkommensgrößen scheitern.

[67] Vgl. *Burgbacher*, Fritz: Produktivkapital für Jeden, Köln 1970.

Teil B. Die Analyse

I. Vermögenspolitische Lasten und funktionelle Einkommensverteilung

1. Die Frage

1.1 Die Datenänderungen

Für den Fall des *Investivlohnes* und der *Gewinnbeteiligung* hat die Analyse der Inzidenz vermögenspolitischer Lasten von zwei Datenänderungen auszugehen:

1. Die Unternehmen leisten an die Arbeitnehmer oder ihre Fonds Abgaben. (Zunächst müssen diese Abgaben aus den Erträgen geleistet werden, über die bisher die Alteigentümer verfügten. Ob daraus eine endgültige Traglast wird, ist Problem der Arbeit.)
2. Diese Leistungen werden aufgrund gesetzlicher oder vertraglicher Regelung von den Empfängern gespart. (Die aufkommenden Beträge können als Angebot zur Investitionsfinanzierung auf dem Kapitalmarkt auftreten oder verbleiben als verbriefte Kapitalansprüche im Unternehmen.)

Für den Fall der bloßen staatlichen Sparförderung ist von nur einer Datenänderung auszugehen, nämlich dem Erlaß eines Sparförderungsgesetzes. Falls die angesprochenen Arbeitnehmer nicht lediglich ihre freiwillige Ersparnis entsprechend vermindern[1], geht die Konsumgüternachfrage zurück und die gesamte Ersparnis der Arbeitnehmer steigt. Dieser Sparzuwachs tritt ebenfalls als Angebot am Kapitalmarkt auf.

Es ist zu prüfen, ob diese Datenänderungen zu einer Reduktion der Unternehmensgewinne nach Abgaben oder Nachfrageausfall auf den Konsumgütermärkten führen, das heißt, ob die primäre Belastung von den bisherigen Beziehern der Gewinne auch auf Dauer getragen werden muß oder ob den Unternehmen Anpassungswege offenstehen, die eine Abwälzung der Lasten auf die begünstigten Arbeitnehmer zulassen.

Wir messen den Grad der Abwälzung an dem Anteil der bisherigen Gewinnbezieher am Volkseinkommen, also der ‚Nettogewinnquote' und

---

[1] Zum Problem der Substitution zwischen freiwilligem und administrativem Sparen vgl. im folgenden Teil B, Abschnitt II, 1.3.

sehen, im Anschluß an Bombach[2], eine vollständige Abwälzung dann als gegeben an, wenn die Nettogewinnquote unverändert bleibt.

Betrachten wir zunächst einzelwirtschaftlich, welche Möglichkeiten der Abwälzung zusätzlicher Abgaben ein Unternehmen grundsätzlich hat.

1.2 Die möglichen Reaktionen der Unternehmen auf Belastungen ihrer Gewinne

Alle bisherigen Vorschläge zur Vermögenspolitik lassen die rechtliche Freiheit der Unternehmensleitungen, über ihre Absatz- und Investitionspolitik selbst zu entscheiden, zunächst unangetastet. Da sie auf die Umverteilung des Vermögens*zuwachses* zielen, also zunächst noch die bisherigen Eigentümer im Unternehmen dominieren können, ist ein ausschlaggebender Einfluß der Arbeitnehmer oder ihrer Interessenvertreter auf die Unternehmenspolitik mit dem Ziel, Abwälzungsversuche zu verhindern, auf absehbare Zeit selbst dann nicht zu erwarten, wenn die Arbeitnehmer oder ihre Fonds die Abgaben ausschließlich zum Erwerb von Beteiligungen verwenden oder ihnen zwangsweise Beteiligungen eingeräumt werden müssen. Von möglichen Einflüssen über die paritätische Mitbestimmung sehen wir ab. Eine Unternehmung, die einer zusätzlichen Belastung durch Abgaben an ihre Arbeitnehmer unterworfen ist, ist also durch die Vermögenspolitik auf absehbare Zeit nicht an dem Versuch gehindert, das Gewinniveau anzustreben, das ihre Eigner so stellt wie vor Einführung der Abgabe — und zwar gleichgültig, ob die Leistungspflicht an den Lohn oder an den Gewinn anknüpft.

Prüfen wir zur Kontrolle des späteren Ableitungsgangs zunächst, ob ihr die Abwälzung bloßer Lohnzulagen oder Gewinnabgaben gelingt, wenn wir davon ausgehen, daß diese Leistungen in die freie Verfügung der Arbeitnehmer übergehen und wie normales Einkommen zu einem wesentlich höheren Anteil für Konsumgüterkäufe verwendet werden, als wenn sie den bisherigen Unternehmenseignern verblieben. Diese Betrachtung ist deshalb wichtig, weil nur dann Verwendungsvorschriften, also Zwänge zur vermögenswirksamen Anlage, aus dem verteilungspolitischen Ziel zu rechtfertigen sind, wenn die Arbeitnehmer nicht auch ohne vorherige haftende Kapitaleinlage an den Gewinnen teilhaben können. Denn stünden die Unternehmensgewinne schon der Steuerpolitik oder einer ‚aggressiveren' Tariflohnpolitik offen, so bedürfte es der Beeinflussung der Einkommensverwendung der zu Begünstigenden nicht. Außerdem gelten die für diesen Fall abgeleiteten Ergebnisse auch

---

[2] Vgl. *Bombach*, Gottfried: Das Problem der optimalen internationalen Arbeitsteilung bei unterschiedlicher Struktur der Steuersysteme, Düsseldorf 1962, S. 22 f. (Schriftenreihe der Wirtschaftsvereinigung Eisen und Stahlindustrie zur Wirtschafts- und Industriepolitik).

dann, wenn die Arbeitnehmer den Verwendungsvorschriften dadurch ausweichen, daß sie ihre freiwillige Ersparnis im gleichen Umfang einschränken, in dem ihnen durch die Vermögenspolitik Ersparnisse zugeschwemmt werden[3].

(1) Die Unternehmung kann versuchen, erstens die neue Belastung in Form höherer Preise an ihre Kunden weiterzugeben; diese Reaktion sei im folgenden als *Überwälzung* bezeichnet. Zweitens kann sie versuchen, Produktivitätszuwächse in der nächsten Lohnrunde wegen dieser Belastung nicht voll in Form höherer Löhne weiterzugeben; dieser Fall sei im folgenden als *Rückwälzung* bezeichnet. Gelingt beides nicht oder nur unvollkommen, so wird das Unternehmen seine Investitionspolitik darauf überprüfen müssen, ob sie noch mit den geringeren Gewinnen und Gewinnaussichten ihrer Eigner vereinbar ist oder geändert werden muß.

Für eine einzelne Firma im Konsumgüterbereich ist die Aussicht, Preiserhöhungen ohne wesentliche Beschränkungen ihrer Absatzmenge durchzusetzen, um so größer,

— je unelastischer die Nachfrager reagieren, das heißt, je weniger sie auf Produkte anderer Anbieter ausweichen können, und
— je mehr die Arbeitnehmer, denen die Abgaben der Unternehmen direkt oder indirekt zufließen, zusätzliche Nachfrage nach den Gütern dieses Unternehmens entfalten, so daß deren individuelle Preisabsatzfunktion in einen größeren Mengenbereich auswandert.

Jedoch ist zu beachten, daß die *Konsumgüternachfrage der Haushalte von Unternehmenseignern* zurückgehen kann, wenn sich deren Einkommen durch die Belastung des Unternehmensgewinns verkleinern. Selbst wenn nun die Arbeitnehmerhaushalte ihre Konsumausgaben um den Betrag erhöhen, um den die Nachfrage der Haushalte der Gewinnbezieher zurückgeht — sei es, weil ihnen die Abgaben der Unternehmen zur freien Verfügung direkt zufließen, oder sei es, daß sie wegen der staatlichen Vermögenspolitik ihre freiwillige Ersparnis entsprechend einschränken —, so bleibt die gesamtwirtschaftlich wirksame effektive Nachfrage nach Konsumgütern unverändert. Eine allgemeine Überwälzung in höheren Preisen scheint dann kaum möglich, ohne daß Absatzverluste hingenommen werden müssen.

Allerdings kann sich die *Nachfragestruktur* im Konsumgüterbereich ändern, da die Arbeitnehmer im Durchschnitt nicht die gleichen Güter in den gleichen Mengen zusätzlich nachfragen, die die Gewinnbezieher jetzt weniger kaufen. Daraus können sich für einzelne Unternehmen — je nach dem Unterschied der Einkommenselastizität der Nachfrage der Unternehmerhaushalte zu der Einkommenselastizität der Nachfrage

---

[3] Vgl. dazu im folgenden Teil B, Abschnitt II, 1.3.

der Arbeitnehmer — Überwälzungschancen ergeben; geht nämlich die Unternehmernachfrage weniger zurück, als die Arbeitnehmernachfrage gleichzeitig zunimmt, dann wächst die Gesamtnachfrage nach dem betreffenden Produkt. Demgegenüber müssen diejenigen Anbieter, deren Nachfrage rückläufig ist, mit Absatzrückgang oder sinkenden Abgabepreisen rechnen. Ist die Verschiebung der Struktur der Konsumgüternachfrage durch den Einkommenstransfer von den Gewinnbeziehern zu den Arbeitnehmern dauerhaft, so wird sich der Produktionsapparat darauf einstellen. Unternehmen und Branchen, deren Gesamtnachfrage zurückgeht, werden ihre Produktion einschränken. Die bei — partiell — wachsender Nachfrage expandierenden Unternehmen und Branchen geraten aber mit zunehmender Ausweitung ihrer Produktionsanlagen und dem Eindringen neuer Wettbewerber in ihre Märkte unter wachsenden Konkurrenzdruck, so daß der anfängliche Gewinnzuwachs schließlich wieder verloren geht.

Gehen wir jedoch davon aus, daß die Haushalte der Unternehmenseigner ihre Konsumausgaben im wesentlichen nicht verändern — sei es, weil sie darauf vertrauen, daß ihnen die Abwälzung gelingt, oder sei es, daß sie eher die Investitionen als den Konsum einschränken wollen —, so steigt die gesamtwirtschaftliche Konsumgüternachfrage in dem Maße, in dem die Arbeitnehmerhaushalte mehr konsumieren. In diesem Fall ist für die Konsumgüterproduzenten zunächst die Überwälzung in höheren Preisen möglich, und zwar um so mehr, je höher die Einkommenselastizität der Gesamtnachfrage ist.

Ob damit auch den Investitionsgüterproduzenten eine Überwälzung der sie treffenden Lasten möglich wird, hängt von der Reaktion der Investitionsgüternachfrage ab. Welche Investitionsfunktion auch unterstellt[4] wird, das heißt von welchen gesamtwirtschaftlichen Faktoren — Gewinn, Liquidität, reales Sozialprodukt, Erwartungen — die Höhe der Investitionsausgaben auch immer abhängig gemacht wird, sicher ist, daß eine Erhöhung der Erlöse und Gewinne der Konsumgüterindustrie, die als dauerhaft angesehen wird, auch zu höherer Investitionsgüternachfrage führt, die dann befriedigt wird, wenn das Kreditsystem und die Geldversorgung elastisch reagieren. Werden nicht nur die Konsumgüterproduzenten, sondern auch die Unternehmen des Investitionsgütersektors zu Leistungen an die Arbeitnehmer herangezogen, so steigen die Erlöse in der Konsumgüterindustrie um mehr als den Betrag der Abgabe. Damit steigen auch die Gewinne der Konsumgüterproduzenten. Sieht die Konsumgüterindustrie die Erlössteigerung als dauerhaft an, so wird sie versuchen, ihren Produktionsapparat auszuweiten, also ihre Investitionsausgaben zu erhöhen. Mit höheren Investitionsausgaben der

[4] Zur Investitionsfunktion vgl. im folgenden Teil B, Abschnitt II, 3.

Konsumgüterindustrie würden auch die Erlöse der Investitionsgüterproduzenten wachsen, so daß sich auch ihnen — mindestens teilweise — Spielräume für die Überwälzung in höheren Preisen zu eröffnen scheinen[5].

Ob es aber auf diesem Weg zu einer inflatorischen Erhöhung des gesamten Preisniveaus kommt, die über eine allgemeine Überwälzung zu den früheren Gewinneinkommen der Unternehmenseigner zurückführt, hängt von der *Elastizität des gesamtwirtschaftlichen Kreditsystems* ab. Denn ein höheres Preisniveau bei gleichem Güterberg bedeutet eine höhere Erlössumme der Unternehmen. Sie ergibt sich nur, wenn sie auch finanziert werden kann, das heißt, wenn die Geld- und Kreditmenge vermehrt wird oder schneller umläuft.

Ist das *Kreditsystem elastisch,* so wird der primäre Konsumstoß auch höhere Investitionsausgaben induzieren, die eine allgemeine Überwälzung der Leistungen an die Arbeitnehmer in einem höheren Preisniveau erlauben. Freilich werden von einer Erhöhung des Preisniveaus auch die Haushalte der Kapitaleigner getroffen. Eine vollständige Abwälzung in dem Sinne, daß die Gewinnbezieher ihre früheren Gewinneinkommen real wiedererlangen, setzt also voraus, daß in den Preisen auch die realen Einkommensverluste der Gewinnbezieher aus den höheren Preisen ausgeglichen werden.

Ist das *Kreditsystem unelastisch,* bleiben Geldmenge und Umlaufgeschwindigkeit also konstant, so kann eine allgemeine Überwälzung in höheren Preisen bei unveränderter Gesamtproduktion nicht gelingen. Denn die höhere Erlössumme der Konsumgüterindustrie muß unter dieser Bedingung durch eine geringere Erlössumme der Investitionsgüterindustrie ausgeglichen werden. Wegen der angenommenen konsumtiven Verwendung der Leistungen der Unternehmen sinkt die Summe der freiwilligen Ersparnisse und läßt bei unelastischem Kreditsystem die Investitionsausgaben gesamtwirtschaftlich schrumpfen. Da in der Konkurrenz der Kapitalnachfrager um die knapper gewordenen leihbaren Fonds am Kapitalmarkt die Position der Konsumgüterindustrie mit den primär gestiegenen Erlösen und Gewinnen stärker geworden ist, vollzieht sich der Investitionsrückgang vor allem innerhalb der Investitionsgüterindustrie. Insbesondere werden sich die Produktionsumwege verkürzen. Denn wenn der Akzeleratorprozeß durch die Inflexibilität der Kreditversorgung gebremst wird, nehmen mit zuneh-

[5] Natürlich wird ein solcher Konsumstoß bei Vollbeschäftigung auch neue Lohnforderungen auslösen, die über dadurch weiter erhöhte Konsumausgaben den inflatorischen Aufschwungprozeß verstärken. Andererseits kann der Wettbewerb des Auslands bei festen Wechselkursen preisdämpfend wirken. Ob also eine vollständige Überwälzung in einem inflatorischen Prozeß gelingt, ist keineswegs sicher.

mender Ferne der Produktionsstufen vom Ort des primären Konsumstoßes die zusätzlichen Erlöse relativ ab und übertreffen irgendwo auf den Vorstufen, innerhalb des Investitionsgüterbereichs, den Betrag der Leistungen an die Arbeitnehmer. Auf diesen Stufen stehen dann die Gewerkschaften vor der Alternative, entweder den Beschäftigungsrückgang hinzunehmen oder in der nächsten Lohnrunde auf Barlohnerhöhungen zu verzichten. Sowohl ein Beschäftigungsrückgang wie auch geringere Barlohnzuwächse haben aber einen negativen Einkommenseffekt, drängen also im zweiten Schritt die gesamtwirtschaftliche Konsumgüternachfrage wieder zurück, so daß der ursprüngliche Spielraum der Konsumgüterindustrie für Preiserhöhungen mindestens teilweise wieder verloren geht.

In welchem *Gleichgewicht* insbesondere bei welchen Verteilungsrelationen diese Prozesse zur Ruhe kommen, können nur Gleichgewichtsanalysen zeigen, denen wir uns im folgenden zuwenden wollen. Jedenfalls ist auch bei konsumtiver Verwendung zusätzlicher Leistungen eine dauerhafte Erhöhung des Preisniveaus weitgehend auszuschließen, wenn das Kreditsystem unelastisch ist. Unter dieser Bedingung kommt es trotz des primären Konsumstoßes und zunächst höherer Erlöse und Gewinne in der Konsumgüterindustrie zu einem deflatorischen Rückschwung, der von der Investitionsgüterindustrie ausgeht. Eine begrenzte permanente Preiserhöhung ist nur insoweit denkbar, wie wegen mangelhafter Beweglichkeit der Barlöhne die Kosten nach Einführung der Gewinnbeteiligung nicht auf das alte Niveau absinken, sondern bei gleicher Geldmenge und gleichem nominellen Volkseinkommen wegen verteuerter Produktion das Gesamtangebot an Gütern geringer ist.

Ob eher mit einer inflatorischen Überwälzung oder einer deflatorischen Rückwälzung zu rechnen ist, hängt letztlich von der Elastizität der gewerkschaftlichen Lohnpolitik, von der Bereitschaft der Tarifpartner, der gesamtwirtschaftlichen Beschäftigungslage Rechnung zu tragen und der Einstellung der für die Konjunkturpolitik Verantwortlichen gegenüber den Zielen ‚Preisniveaustabilität' und ‚Vollbeschäftigung' ab. Dominieren in der staatlichen Konjunkturpolitik kurzfristige beschäftigungspolitische Überlegungen, denen die Stabilität des Preisniveaus untergeordnet wird, so ist mit einer geldpolitischen Alimentierung der Überwälzung und ihrer Unterstützung durch expansive Fiskalpolitik zu rechnen. Verringert die Regierung bei Gefahren für die Preisstabilität die Elastizität des Kreditsystems, so werden die Gewerkschaften stärker zu Lohnzugeständnissen gedrängt, die eine Rückwälzung wahrscheinlich machen.

(2) Die bisherige Betrachtung zeigt, daß den Unternehmen eine — mindestens sehr weitgehende — Abwälzung von Abgaben — sei es nach

vorwärts auf die Preise, sei es nach rückwärts auf die Löhne — unabhängig von der Elastizität des Kreditsystems, auf längere Sicht stets gelingen wird, wenn die Abgaben konsumtiv verwendet werden. Eine zusätzliche Gewinnsteuer oder eine Lohnzulage kann also den Anteil der Lohnbezieher am Volkseinkommen auf Dauer selbst dann nicht erhöhen, wenn die Kreditpolitik die Überwälzung zu verhindern sucht.

Die deflatorische Anpassung über die Investitionen und die inflatorische Anpassung über die Konsumgüterpreise werden allenfalls dann vermieden, wenn die Arbeitnehmer die Abgaben, die die Unternehmen zu ihren Gunsten leisten, in der gleichen Weise für Ersparnis und Konsum verwenden, wie es die Gewinnbezieher bisher getan haben, das heißt, wenn gesamtwirtschaftlich die *Konsumquote und die Sparquote* mindestens gleich bleiben. Deshalb muß jede Verteilungspolitik in erster Linie an der Einkommensverwendung ansetzen, also beide eingangs genannten Datenänderungen einbeziehen. Das heißt: Die hier betrachtete Art von Verteilungspolitik ist also nur als Vermögenspolitik sinnvoll.

(3) Die staatliche Sparförderung setzt allein an der Einkommensverwendung an. Während, wie wir bisher gesehen haben, Gewinnbeteiligung und Investivlohn bei Konstanz der gesamtwirtschaftlichen Sparquote eine Änderung der funktionellen Einkommensverteilung versprechen können, hat die Betrachtung möglicher Anpassungsprozesse bei der Sparförderung nur von der Datenänderung ‚Zunahme der Sparsumme der Arbeitnehmer‘ auszugehen. Dabei ist zunächst zu betrachten, ob die Unternehmen der Konsumgüterindustrie ihre Abgabepreise senken oder ob sie die Absatzmenge zurücknehmen. Ein Rückgang der Absatzmenge würde über Beschäftigungsrückgänge die ‚Rückwälzung‘ auf die Arbeitnehmer, also eine Anrechnung der Abgabe auf zukünftige Lohnerhöhungen erlauben. Sinkende Preise reduzieren in jedem Fall zunächst die Gewinne der Konsumgüterproduzenten. Es ist dann zu prüfen, ob die Investitionsausgaben des Konsumgüterbereichs zurückgehen und ob die Investitionsgüterproduzenten einem Nachfragerückgang mit Preissenkungen begegnen werden oder den Absatzrückgang zu Lasten der Beschäftigung hinnehmen. Denn der Angriff auf die gesamtwirtschaftliche Gewinnquote ist nur dann erfolgreich, wenn die Produzenten sinkende Preise hinnehmen, ohne die Beschäftigung zu senken.

Für den Erfolg der drei vermögenspolitischen Verfahren (Gewinnbeteiligung, Investivlohn und staatliche Sparförderung) ist zu prüfen, ob Abwälzungsprozesse ausgelöst werden können, die, auch wenn die Sparquote der Arbeitnehmer steigt, zur früheren Gewinnquote zurückführen. Bei dieser Analyse wollen wir von dem bisherigen Weg einer Verlaufsanalyse abgehen und uns zunächst der gängigen verteilungstheoretischen Gleichgewichtsmodelle bedienen, in die wir die genannten Datenänderungen einfügen. Denn die Verlaufsanalyse zeigt zwar, in welcher Richtung sich die für die Einkommensverteilung entscheidenden makroökonomischen Größen unter alternativen Annahmen verändern. Sie erlaubt aber kaum, die gegenseitigen Abhängigkeiten, also vor allem die Rückkoppelungsprozesse einzufangen. Außerdem macht sie nicht sichtbar, bei welchem Gleichgewicht der Anpassungsprozeß zur Ruhe kommt. Schließlich ist in Verlaufsbetrachtungen auch kaum von konjunkturellen Einflüssen auf den Anpassungsprozeß zu abstrahieren. Da es für die Vermögenspolitik aber darauf ankommt, den Grad der dauerhaften Verschiebung der Einkommensverteilung abzuschätzen, also gleichsam den ‚Gleichgewichtspfad' der Einkommensverteilung in einem von Konjunkturschwankungen überlagerten Wachstumsprozeß zu betrachten, ist die Gleichgewichtsanalyse vorzuziehen. Ihre Ergebnisse müssen natürlich unter zwei Gesichtspunkten eingeschränkt werden:

— Anpassungsprozesse, die sich erst auf sehr lange Sicht vollziehen, bedeuten immerhin eine zeitweilige Verschiebung der Verteilungsrelationen zugunsten der Arbeitnehmer;

— auch ist nicht unproblematisch, daß Gleichgewichtsmodelle gleichsam ‚in Quoten denken'. Denn sie lassen die absolute Höhe des Volkseinkommens außer acht. Es wäre aber ein zweifelhafter ‚Erfolg' der Vermögenspolitik, wenn zwar der Einkommensanteil der Arbeitnehmer stiege, das Volkseinkommen jedoch soweit schrumpfte, daß die Arbeitnehmer sich mit absolut gesunkenen Einkommen zufrieden geben müßten, wenn also die Einebnung der Einkommen zu Lasten ihrer Höhe ginge.

2. Die Antworten aus der Verteilungstheorie[6]

2.1 Die Grenzproduktivitätstheorien und die Machttheorien der Einkommensverteilung

(1) Ältere Verteilungstheorien haben den Eindruck erweckt, daß Löhne und Gewinne determiniert seien und insbesondere von der Einkommensverwendung keine Einflüsse auf die funktionelle Einkommens-

[6] Zu den Aussagen, die die gängigen Modelle der Verteilungstheorie für die Beeinflußbarkeit der Einkommensverteilung durch die Vermögenspolitik enthalten vgl. *Stolberg*, Klaus: Verteilungstheoretische Konzeptionen als Grundlagen und Ansatzpunkte der Vermögensbildungspolitik, Kölner Diss. 1970; *Funk*, Werner: Gewinnbeteiligung und Verteilungstheorie, Diss.: Bochum o. J. Wir wollen uns im folgenden beschränken auf beispielhafte Darstellungen, die die wesentlichen Ansätze der einzelnen Theorierichtungen sichtbar machen.

verteilung ausgingen[7]. So ist nach den älteren Formen der Grenzproduktivitätstheorie[8] in Marktwirtschaften die Verteilung des Volkseinkommens auf die an seiner Erstellung beteiligten Faktoren Arbeit, Boden, Kapital und unternehmerische Leistung allein durch die relative Knappheit der Produktionsfaktoren bestimmt. Lohnsätze, Zins und Grundrente bilden sich im Spiel von Angebot und Nachfrage auf den Faktormärkten. Der Preis jedes Faktors pendelt sich dort ein, wo die Grenzerlösprodukte aus der Verwendung der letzten Einheit jedes Produktionsfaktors mit dem entsprechenden Grenznutzen, den die Anbieter der Faktoren aus alternativen Verwendungen ableiten, übereinstimmen. Dieses aus einer mikroökonomischen Betrachtung von Marktgleichgewichten gewonnene Ergebnis läßt sich auch ableiten, wenn man von der mikroökonomischen Betrachtung des Faktorangebots und der Faktornachfrage abgeht — die das gesamtwirtschaftliche Gleichgewicht nur in einem nicht operationalen walrasianischen Totalmodell bestimmen könnte — und das Grenzproduktivitätsprinzip in ein makroökonomisches Gleichgewichtsmodell einfügt:

Die Grenzproduktivitätstheorien gehen von der Annahme aus, daß die Produktionsfaktoren mindestens gesamtwirtschaftlich substituierbar sind. Diese Annahme läßt sich in der makroökonomisch einfachsten Form durch die Cobb-Douglas-Produktionsfunktion[9] ausdrücken:

---

7 Vgl. insbesondere *Bombach*, Gottfried: Die verschiedenen Ansätze der Verteilungstheorie, in: *Schneider*, Erich (Hrsg.): Einkommensverteilung und technischer Fortschritt, Berlin 1959, S. 95 ff. (Schriften des Vereins für Socialpolitik, N. F. Band 17); *ders.*: Möglichkeiten und Grenzen einer Verteilungspolitik, in: *Arndt*, Helmut (Hrsg.): Lohnpolitik und Einkommensverteilung, S. 809 ff.

8 Vgl. im Überblick: *Krelle*, Wilhelm: Verteilungstheorie, Tübingen 1962, S. 50 ff. Neuere Theorien, die auf dem Grenzproduktivitätsprinzip aufbauen, beziehen auch den makroökonomischen Kreislaufzusammenhang ein. Erste Ansätze in dieser Richtung finden sich — in den fünfziger Jahren — bei *Preiser* („Erkenntniswert und Grenzen der Grenzproduktivitätstheorie", in: Schweiz. Ztschr. f. Volksw. u. Stat., Band 89 (1953), S. 35 f.; wieder abgedruckt in: *Ders.*, Bildung und Verteilung des Volkseinkommens, Göttingen 1957, S. 204 - 206) und *Niehans* („Die Wirkung von Lohnerhöhungen, technischem Fortschritt, Steuern und Spargewohnheiten auf Preise, Produktion und Einkommensverteilung", in: *Schneider*, Erich (Hrsg.): Einkommensverteilung und technischer Fortschritt. S. 9 ff.). Neuere Versuche einer Ergänzung der Grenzproduktivitätstheorie um den gesamtwirtschaftlichen Kreislaufzusammenhang, die schon unter dem Eindruck der ‚Kreislauftheorie' Kaldors („Alternative Theories of Distribution" stehen, finden sich insbesondere bei *Meade* und *Heuß* (vgl. *Meade*, James E.: The Adjustment of Savings to Investment in a Growing Economy, in: Rev. of Econ. Stud. Vol. XXX (1963), S. 151); *Heuß*, Ernst: Die Verbindung von mikroökonomischer und makroökonomischer Verteilungstheorie, Tübingen 1965. (Walter Eucken Institut: Vorträge und Aufsätze, Heft 11.)

9 Vgl. *Cobb and Douglas:* A Theory of Production, in: Am. Econ. Rev., Papers and Proceedings, Vol. 18 (1928), S. 139 ff. Zur eingehenden Darstellung vgl. *Krelle*, Wilhelm: Produktionstheorie, Tübingen 1969, S. 142 ff. und 156 ff.

$$Y = a\, A^m\, K^n \text{ (mit } m + n = 1)$$

Dabei bezeichnet Y das Volkseinkommen, a einen Proportionalitätsfaktor, A die Arbeitsmenge, K den Kapitalstock, sowie m und n die Produktionselastizitäten[10] von Arbeit und Kapital. Bezeichnen wir den Lohnsatz mit l und die gesamtwirtschaftliche Kapitalverzinsung mit r, so gilt:

$$l = m\frac{Y}{A} \quad \text{und} \quad r = n\frac{Y}{K} .$$

Für die Lohnsumme L und die Gewinnsumme G folgt dann:

$$L = l \cdot A = m \cdot Y \text{ bzw. } G = r \cdot K = n \cdot Y .$$

Der Lohnanteil am Volkseinkommen ist also:

$$\frac{L}{Y} = m .$$

Entsprechend gilt für den Anteil der Gewinne am Sozialprodukt:

$$\frac{G}{Y} = n .$$

Die Anteile von Löhnen und Gewinnen am Sozialprodukt sind also ausschließlich durch technische Größen, die Produktionselastizitäten, bestimmt. Das Verhältnis von Lohnsatz zu Realzins

$$\frac{l}{r} = \frac{m}{n} \cdot \frac{K}{A}$$

verändert sich bei gegebenen Produktionselastizitäten nur dann zugunsten des Lohnsatzes, wenn der Kapitalstock — durch positive Nettoinvestitionen beispielsweise aus vermehrter Arbeitnehmerersparnis finanziert — stärker wächst als das Arbeitsangebot. Bei gegebener Arbeitsmenge und gegebenem Produktionsverfahren (Stand des technischen Wissens) ist also das Verhältnis von Lohnsatz zu Realzins und damit die Lohnquote nur durch relatives Wachstum des Kapitalbestandes zugunsten der Lohneinkommen zu verschieben. Daraus folgt für die Vermögenspolitik: Gilt das Grenzproduktivitätsprinzip, kann die Vermögenspolitik den Anteil der Arbeitnehmer am Volkseinkommen nur langfristig erhöhen, indem sie sie zwingt, aus den Arbeitseinkommen mehr zu sparen. Dabei kommen zwei Effekte zum Tragen, die aber erst auf längere Sicht bedeutsam werden:

---

10 Die Produktionselastizität eines Produktionsfaktors ist — vereinfacht ausgedrückt — der Prozentsatz, um den das Endprodukt steigt, wenn die Einsatzmenge des Faktors um 1 % erhöht wird.

1. Die Arbeitnehmer erhöhen ihren Anteil an den Kapitaleinkommen in dem Maße, in dem ihr Anteil am zinstragenden Vermögen wächst.

2. Die Lohnquote steigt, wenn bei gegebenem Stand der Produktionstechnik das Sparen der Arbeitnehmer — in diesen Theorien über den Zinsmechanismus — zu höherer Realkapitalbildung, also zu einer kapitalintensiveren Produktion führt — ein Vorgang, der freilich dann auch die Kapitaleinkommen der Arbeitnehmer beeinträchtigt.

(2) Ist die Einkommensverteilung nach den Grenzproduktivitätstheorien durch die Produktionsbedingungen und die relative Knappheit der Faktoren technisch und ökonomisch vorgegeben, so ist sie nach den Machttheorien[11] durch die Eigentumsverhältnisse an den Produktionsmitteln sozial determiniert. Folgt man den modernen Versionen der Machttheorien und hier insbesondere der Monopolgradtheorie Preisers[12], so sind die Anteile der Lohneinkommens- und der Kapitaleinkommensbezieher bei gegebenen Produktionsbedingungen durch die „Sozialstruktur" bestimmt. Wichtigstes Merkmal der Sozialstruktur ist die Verteilung des Eigentums an den Produktionsmitteln. Bei ungleicher Eigentumsverteilung hätten die Besitzer der Produktionsmittel ein „Klassenmonopol", das ihnen erlaube, die Arbeiter zu besteuern. „Dies gilt ganz unabhängig davon, ob monopolistische Marktformen im Sinne der modernen Theorie bestehen oder nicht[13]." Arbeiter und „Unter-

---

[11] Zur Dogmengeschichte der älteren Machttheorien der Einkommensverteilung vgl. *Krelle*, Wilhelm: Verteilungstheorie, S. 98 ff.

[12] Vgl. *Preiser*, Erich: Wachstum und Einkommensverteilung, Heidelberg 1964. (Sitzungsberichte der Heidelberger Akademie der Wissenschaften. Philosophisch-historische Klasse. Jahrgang 1961/5. Abhandlung.) Preiser integriert hier ‚Monopolgradtheorie' und ‚Kreislauftheorie', indem er den Monopolgrad — Ausdruck der Machtverhältnisse in der Wirtschaft — als langfristig verteilungsbestimmenden Faktor ansieht, während sich aus dem Kreislauf die kurzfristigen Abweichungen ergäben, die aber Anpassungsprozesse in Richtung des bisherigen „Monopolgrads" auslösen. Da uns hier nur die Beeinflußbarkeit des längerfristigen Gleichgewichts interessiert, können wir uns auf die Darstellung dieser einen — das langfristige Gleichgewicht bestimmenden — Seite des Preiser Modells beschränken. Ganz ähnlich wie das Modell Preisers sind auch die Monopolgradtheorien von Kalecki, Mitra und Weintraub aufgebaut, auch wenn sie statt — wie Preiser — von festen Aufschlagbeträgen von Aufschlag(prozent-)sätzen ‚z' ausgehen. Der Monopolgrad hätte unter dieser Annahme die Form $\frac{z}{1+z}$. (Zu den Einzelheiten dieser Theorien vgl. im Überblick: *Scheele*, Erwin: Die makroökonomische Theorie der Einkommensverteilung, in: Jahrbuch für Sozialwissenschaften, Band 13 (1962), S. 333 ff. und Band 14 (1963), S. 141 ff. Zu den originären Quellen vgl. *Kalecki*, Michael: The Distribution of the National Income, in: Readings in the Theory of Income Distribution. Philadelphia u. Toronto 1949, S. 197 ff.; *Mitra*, Ashok: The Share of Wages in National Income, Den Haag 1954; *Weintraub*, Sidney: Theory of the Price Level, Output, Income Distribution and Economic Growth, Philadelphia, New York 1959.

[13] *Preiser*, Erich: Wachstum und Einkommensverteilung, S. 14.

nehmerkapitalist(en)" wünschen einen bestimmten Anteil am Volkseinkommen. Die Arbeiter versuchen, ihre Vorstellung in den Lohnverhandlungen durchzusetzen, die Unternehmer suchen ihren Anteil durch die Gestaltung ihrer Abgabepreise und durch die Festlegung ihrer Investitionen zu realisieren. Das Gleichgewicht kommt dort zustande, wo Lohn- und Gewinnsätze den „strukturellen" Machtverhältnissen entsprechen, das heißt, wo — in Preisers Begriffen — *„faktischer"* und *„struktureller" Monopolgrad* übereinstimmen.

In Preisers Modell wünschen die Kapitalbesitzer eine bestimmte Verzinsung r ihres Kapitals K, die sie in ihrer Preiskalkulation durch Aufschlag eines festen Geldbetrages z auf den Lohnsatz l pro eingesetzter Arbeitseinheit (Arbeitsstunde oder ähnliches) realisieren. Handeln alle Unternehmen nach dieser Regel, so ist die Summe der Besitzeinkommen in der Volkswirtschaft gegeben durch:

$$G = r \cdot K = A \cdot z$$

Das Volkseinkommen Y (Güterberg X bewertet mit dem Preisniveau P) ist dann

$$P \cdot X = Y = A\,(l + z)$$

und der Anteil der Kapitaleinkommen folglich

$$\frac{G}{Y} \frac{z}{l + z} .$$

Diesen Ausdruck bezeichnet Preiser als den strukturellen Monopolgrad, der in seinem Modell allein das *Gleichgewicht der Einkommensverteilung* bestimmt. Da die Unternehmen ihre Zuschläge so berechnen und ihre Investitionspolitik so ausrichten, daß sie den ihrer Machtposition gemäßen Anteil am Sozialprodukt erzielen, kann sich auf Dauer auch durch Belastungen der Unternehmen die funktionelle Einkommensverteilung nicht verschieben, solange sich die „Sozialstruktur" und insbesondere die „Eigentumsverteilung" nicht ändern. Eine Verbesserung ihres Einkommensanteils können die Arbeitnehmer nach den Monopolgradtheorien durch die Vermögenspolitik nur längerfristig erreichen, wenn sie durch Vermögensbildung einen höheren Anteil am Produktionsmitteleigentum erlangen. Dann allerdings kann sich nach Preiser auch die funktionelle Einkommensverteilung ändern. Denn: Vermögen stärkt die Position der Arbeitnehmer auf dem Arbeitsmarkt, da sie bei gedrückten Lohnsätzen ihr Vermögen angreifen können, um Zeiten vorübergehender Arbeitslosigkeit durchzustehen und da sie ihren Arbeitsplatz sorgfältiger aussuchen können. Manche Arbeitnehmer werden darüber hinaus bei niedrigen Lohnangeboten den Sprung in die Selbständigkeit wagen und damit das Arbeitsangebot auf dem Markt für Lohnarbeit verringern, sofern sie Vermögen haben, das als Startkapital eingesetzt werden kann[14].

Die Monopolgradtheorie — in der Form Preisers — führt also, auf die Frage nach der Inzidenz vermögenspolitischer Belastungen der Unternehmen angewendet, zu fast dem gleichen Ergebnis wie die Grenzproduktivitätstheorien: Die funktionelle Einkommensverteilung ist auf kurze Sicht weder durch die Verpflichtung der Unternehmen zu Abgaben noch durch die Verbindung von Abgabe- und Verwendungszwang zugunsten der Arbeitseinkommen zu verschieben. Eine Erhöhung der Lohnquote ist nur langfristig durch höhere Ersparnis der Arbeitnehmer möglich — in der Grenzproduktivitätstheorie durch vermehrtes Kapitalangebot, in der Monopolgradtheorie durch Veränderungen der „Sozialstruktur", also im wesentlichen der „Eigentumsverteilung".

2.2 Die ‚Kreislauftheorie' der Einkommensverteilung

Nach den Grenzproduktivitätstheorien und den Macht- oder Monopolgradtheorien der Einkommensverteilung, können die Arbeitnehmer ihren Anteil am Volkseinkommen nur in einem lang währenden Prozeß durch wachsende Beteiligung an der Bestandsgröße ‚Volksvermögen' erhöhen. Demgegenüber scheinen einzelne Modelle der sogenannten „Kreislauftheorie der Einkommensverteilung"[15] zu zeigen, daß eine höhere Lohnquote auch schon kurzfristig dadurch erreichbar ist, daß die Arbeitnehmer ihren Anteil an der Flußgröße ‚Sparsumme' erhöhen, während ein höherer Anteil der Arbeitnehmer am Vermögen die Lohnquote unter bestimmten Bedingungen auf lange Sicht senken könnte — und zwar in dem Maße, in dem ihr Anteil an den Besitzeinkommen wächst, ohne daß sich ihre Sparquote erhöht[16]. Die Kreislauftheorie geht davon aus, daß die Einkommensverteilung durch die Einkommensverwendung der Gruppen, das heißt durch das Verhältnis der Sparquoten der Arbeitnehmerhaushalte und der Selbständigenhaushalte zueinander bestimmt wird. Sie scheint damit die Hoffnung vieler Ver-

---

[14] Vgl. *Preiser,* Erich: Wirtschaftspolitik heute. Grundprobleme der Marktwirtschaft, 2. Aufl. München 1969, S. 188 ff. *Willgerodt,* Hans: Vermögen und Arbeitsangebot, in: Institut für Wirtschaftspolitik an der Universität zu Köln (Hrsg.): Beiträge zur Wirtschafts- u. Sozialpolitik, Festgabe für Fritz W. Meyer, Köln 1967, S. 267 ff. (Zugleich Wirtschaftspolitische Chronik. Heft 2/3 1967.)

[15] Zur Erklärung der Einkommensverteilung aus dem Kreislaufzusammenhang vgl. n. v. a. *Krelle,* Wilhelm: Verteilungstheorie, S. 72 ff. *Scheele,* Erwin: Theorie der Einkommensverteilung in: *Ehrlicher,* Werner u. a. (Hrsg.): Kompendium der Volkswirtschaftslehre. Band 1, 3. Aufl., 1972, S. 288 ff., hier S. 321 ff.

[16] Vgl. dazu im folgenden Teil B, Abschnitt I, und die dort in Anmerkung 27 angegebene Literatur.

mögenspolitiker zu bestätigen, daß über die genannte zweite Datenänderung, also die Beeinflussung der Einkommensverwendung die funktionelle Einkommensverteilung den Spielraum für die gewünschte Vermögensbildung „ohne Konsumverzicht"[17] frei gibt. Diese Hoffnungen stützen sich vor allem auf das Kreislaufmodell Kaldors[18], das mit Hilfe der Keynesschen Instrumente zur Bestimmung des makroökonomischen Beschäftigungsgleichgewichts die Einkommensverteilung ausschließlich aus der Einkommensverwendung der Lohn- und Gewinneinkommensbezieher erklärt hat. Wir wollen im folgenden zunächst das Modell Kaldors[19] darstellen und dann für die einzelnen vermögenspolitischen Verfahren den formalen Modellzusammenhang um die Datenänderungen erweitern, durch die wir die Vermögenspolitik gekennzeichnet haben. Durch den Vergleich der sich jeweils ergebenden Lohn- und Gewinnquoten mit den Quoten des Kaldor-Modells soll dann geprüft werden, ob — wie auf den ersten Blick zu vermuten wäre — die Verfahren die Gewinneinkommen unterschiedlich treffen, so daß unter verteilungspolitischen Gesichtspunkten zum Beispiel die Gewinnbeteiligung der Sparförderung vorzuziehen wäre.

2.2.1 Das Grundmodell

Kaldor geht von drei Definitionsgleichungen aus,

— den Grundgleichungen des Keynesschen Systems:

$$Y = C + I,$$

$$Y = C + S, \text{ folglich}$$

$$I = S,$$

— die wir aber als ex-ante geplante Größen auffassen, so daß $I = S$ als Gleichgewichtsbedingung in das Modell eingeht[20], sowie

[17] Zum Ziel einer Vermögensbildung — eines „Sparens" — „ohne Konsumverzicht" vgl. Teil A, Abschnitt I.

[18] *Kaldor,* Nicolas: Alternative Theories of Distribution.

[19] Die Symbole weichen zum Teil von denen Kaldors ab, um im folgenden einheitliche Bezeichnungen zu erhalten.

[20] Kaldor verstand $I = S$ als Identität im Sinne der Verwendung durch Keynes in der „General Theory" (vgl. *Keynes,* John M.: General Theory of Employment, Interest and Money). Zur Erläuterung der Definition vgl. *Hansen,* Alvin: Keynes' Ökonomische Lehren. Ein Führer durch sein Hauptwerk, Stuttgart und Düsseldorf 1959, S. 56 ff. (Am. Original: A Guide to Keynes, New York 1953.) Wir definieren I und S in Anlehnung an die übliche Verwendung des Kaldor-Modells in der Verteilungstheorie (vgl. beispielsweise *Kromphardt,* Jürgen: Kapitalbildung in Arbeitnehmerhand und Einkommensverteilung im Gleichgewicht, in: Zeitschrift für die gesamte Staatswissenschaft, 122. Band (1966), S. 248) als ex-ante geplante Größen, so daß $I = S$ hier eine Bedingung für ein gesamtwirtschaftliches Gleichgewicht bei Vollbeschäftigung darstellt.

— einer Definitionsgleichung der Einkommensverteilung:

$$Y = L + G\ .$$

Kaldor unterstellt also eine geschlossene Wirtschaft ohne staatliche Tätigkeit. Es gibt in diesem Modell nur zwei Einkommensarten: die Lohneinkommen und die Gewinneinkommen, die zwei abgrenzbaren sozioökonomischen Gruppen, den Gewinnbeziehern und den Lohnbeziehern jeweils ausschließlich zufließen. Beide Gruppen sparen von ihrem jeweiligen Einkommen einen festen Prozentsatz s_L beziehungsweise s_G, der gruppenspezifisch[21] ist und sich mit schwankenden Einkommen nicht verändert; marginale und durchschnittliche Sparquoten sind also gleich. Die Sparquote der Lohnbezieher soll kleiner sein als die der Gewinnbezieher ($s_L < s_G$). Die Unternehmen realisieren eine bestimmte — ‚autonome' — Investition I; I ist also exogen vorgegebene Variable des Modells. Im Gleichgewicht ($I_{\text{gepl.}} = S_{\text{gepl.}}$) gilt:

$$S = s_L\, L + s_G\, G = I,$$

folglich

$$\frac{I}{Y} = s_L\left(1 - \frac{G}{Y}\right) + s_G\,\frac{G}{Y}.$$

Durch Umformen erhalten wir den Anteil der Gewinne am Volkseinkommen:

(1) $$\frac{G}{Y} = \frac{\frac{I}{Y} - s_L}{s_G - s_L}$$

Für die Lohnquote erhalten wir auf gleichem Wege:

(1a) $$\frac{L}{Y} = \frac{s_G - \frac{I}{Y}}{s_G - s_L}\ .$$

[21] Kaldors Modell ist also ein Modell für die funktionelle und die institutionelle Einkommensverteilung. Denn nur wenn die Sparquoten als Verhaltensgrößen aufgefaßt werden, können sie als konstant — genauer: als unabhängig von der Verteilung des Volkseinkommens auf Löhne und Gewinn — angenommen werden. Damit ist aber auch Pasinettis Kritik berechtigt, daß Kaldors Analyse, genaugenommen, nur für eine gedachte erste Periode gilt, in der die Lohnbezieher, die vorher kein zinstragendes Vermögen haben, mit dem Sparen beginnen. Denn für die folgenden Perioden müßte berücksichtigt werden, daß die Lohnempfänger auch Gewinneinkommen beziehen und daraus — wie Pasinetti annimmt — den gleichen Anteil s_L sparen wie vorher aus Lohn. (Vgl. *Pasinetti*, Luigi: The Rate of Profit and Income Distribution in Relation to the Rate of Economic Growth, in: Rev. of Econ. Studies, Vol. 29 (1962/63), S. 270 f.; vgl. die in Anmerkung 59, Teil A, Abschnitt I angegebene Literatur.)

Dieses Ergebnis enthält für eine Politik der Einkommensumverteilung zwei Konsequenzen:

1. Die Gewinnquote ist linear abhängig von der Investitionsquote. Damit Vollbeschäftigung ($I_{gepl.} = S_{gepl.}$) herrscht, muß bei gegebener Investitionsquote eine bestimmte Gewinnquote erzeugt werden, die allein von den Sparquoten der Lohnempfänger und der Gewinnbezieher abhängt.
2. Die Gewinnbezieher können ihren Anteil am Volkseinkommen durch Steigerung der Investitionsausgaben und durch Verringerung ihrer Spartätigkeit erhöhen. Die Lohnbezieher erreichen nur durch eine höhere Sparquote einen wachsenden Anteil der Arbeitseinkommen am Sozialprodukt. Steigt die Sparquote s_L der Lohnbezieher, so muß die Gewinnquote $\frac{G}{Y}$ sinken, da laut Modellannahme $s_G > \frac{I}{Y} > s_L$ und natürlich $\frac{G}{Y}$ kleiner als eins ist.

Damit scheint erwiesen, daß nur durch eine Änderung der Einkommensverwendung der Arbeitnehmerhaushalte die funktionelle Einkommensverteilung zugunsten der Arbeitnehmer verschoben werden kann. Sowohl eine aggressive, auf Umverteilung abzielende gewerkschaftliche Barlohnpolitik, wie auch jede direkte Gewinnbeteiligung der Arbeitnehmer, die nicht mit der Verpflichtung zu investiver Verwendung gewährt wird, wäre damit verfehlt und müßte zugunsten einer verstärkten Vermögenspolitik aufgegeben werden[22].

Wir wollen zunächst prüfen, ob das Modell für die Untersuchung unserer Frage — Vermögenspolitik und funktionelle Einkommensverteilung — geeignet ist und es dann entsprechend erweitern.

Die Kritik derjenigen, die den Ansatz des Kaldor-Modells grundsätzlich anerkannten und in eigenen Modellen weiterentwickelten, richtete sich vor allem gegen die von Kaldor gewählte Aggregation. So wandten zum Beispiel Weintraub[23] und Bombach[24] ein, daß die Gewinngröße G

---

[22] Eine allgemeine Lohnerhöhung um L' würde bei freier Verwendung durch die Arbeitnehmer (konstante Sparquote s_L) über die Sparfunktion $S = s_L (L + L') + s_G G$ im Gleichgewicht $I_{gepl.} = S_{gepl.}$ nach einigen Umformungen zur Gleichung (1) zurückführen. Ebenso erhalten wir für den Fall einer Beteiligung der Arbeitnehmer mit dem Prozentsatz w an den Gewinnen über die Sparfunktion

$$S = s_L (L + wG) + s_G (G - wG)$$

im Gleichgewicht $I_{gepl.} = S_{gepl.}$ für die Nettogewinnquote $\frac{G^N}{Y} = (1 - w) \frac{G}{Y}$ nach entsprechenden Umformungen wieder den rechten Ausdruck der Gleichung (1).

[23] Vgl. *Weintraub*, Sidney: An Approach to a Theory of Income Distribution, Philadelphia 1958, S. 107.

auch die unverteilten Gewinne enthalte, die gar nicht in die Verwendungsentscheidungen der Haushalte eingingen, während doch bei Kaldor die auf G bezogene Sparquote s_G aus dem gruppenspezifischen Verhalten der Haushalte der Gewinnbezieher interpretiert wird. Ob die unverteilten Gewinne wirklich keinen Einfluß auf die Sparentscheidungen derjenigen Haushalte haben, denen sie letztlich eigentumsmäßig zuzurechnen sind, wird später noch geprüft[25].

Die Eignung des Kaldor-Modells für Aussagen über die Wirkungen vermögenspolitischer Maßnahmen könnte auch mit dem Hinweis in Zweifel gezogen werden, daß ja die „Gewinnquote" $\frac{G}{Y}$ — in den Abgrenzungen der deutschen Sozialproduktstatistik — sinnvoll nur als Anteil der gesamten „Einkünfte aus Unternehmertätigkeit und Vermögen", also der Summe aus kontraktbestimmten und residualbestimmten ‚Kapital'einkommen interpretiert werden kann, wogegen die Vermögenspolitik nur auf einen Teil dieser Einkommen, die eigentlichen Unternehmensgewinne abzielt. Dieser Einwand ist allerdings heilbar. Denn auf längere Sicht würden die Kapitaleigner die vermögenspolitisch belastete Anlageform des Beteiligungskapitals meiden und andere Vermögenswerte stärker nachfragen. Dadurch würden die Verkehrswerte dieser Formen — zum Beispiel die Kurse festverzinslicher Wertpapiere — steigen und die der Beteiligungstitel — insbesondere die Aktienkurse — entsprechend fallen. Es käme so zu einem Anpassungsprozeß von Zinsen und Renditen, der tendenziell zur früheren Zins- und Renditestruktur zurückführen könnte. Die Belastung der eigentlichen Unternehmensgewinne würde damit — mindestens teilweise — zu einer Belastung der gesamten Besitzeinkommen führen. Wir werden allerdings im folgenden darlegen, daß die Renditen der einzelnen Anlageformen bei international offenen Kapitalmärkten unterschiedlich starken Preiskontakt haben können und daß deshalb eine Parallelverschiebung der Zins- und Renditestruktur nicht sicher anzunehmen ist[26]. Doch welche Annahmen wir über die Interdependenz der Renditen auch machen, die Aussage des Modells, daß die ‚Gewinnquote' insgesamt durch mehr Sparen der Arbeitnehmer gesenkt werden kann, wird dadurch nicht berührt, so

---

24 Vgl. *Bombach*, Gottfried: Die verschiedenen Ansätze der Verteilungstheorie, S. 137. Bombach hat in einem eigenen Modell, auf das er an dieser Stelle verweist, die unverteilten Gewinne — sowie den Sektor „Staat" als selbständige Kreislaufgrößen in ein Kreislaufmodell der Einkommensverteilung eingefügt (vgl. Preisstabilität, wirtschaftliches Wachstum und Einkommensverteilung, in: Schweizerische Zeitschrift für Volkswirtschaft und Statistik, 95. Jg. (1959), S. 16 ff.).

25 Vgl. im folgenden Teil B, Abschnitt II, 2.3.

26 Vgl. Teil B, Abschnitt II, 2.1.

daß wir insoweit die Aggregation des Kaldor-Modells zunächst noch beibehalten können.

Gewichtiger scheint der Einwand Pasinettis, daß die ‚Gewinneinkommen' der Arbeitnehmer als eigenes Aggregat berücksichtigt werden müssen[27]. Dieser Einwand wird auch durch die bekannten Daten über die Vermögensverteilung in der Bundesrepublik und damit die Verteilung der Besitzeinkommen gerechtfertigt: Denn wenn, wie Schlesinger[28] berechnet hat, die Unselbständigenhaushalte rund zwei Drittel des gesamten Geldvermögens der privaten Haushalte besitzen (1970) und nach der schon genannten Untersuchung des DIW[29] an den Erträgen des Geldvermögens mit 50,4 % beteiligt waren, ist es nicht unproblematisch, die Sparquote der Selbständigen auf die gesamte ‚Gewinnquote' zu beziehen und damit alle Nicht-Lohneinkommen der Einkommenssphäre der Selbständigen zuzurechnen. Prüfen wir daher, inwieweit die Differenzierung Pasinettis die für unsere Untersuchung relevanten Aussagen des Kaldor-Modells verändert:

Wir behalten den obigen Ansatz bei und gliedern lediglich die Gewinneinkommen G in die Gewinneinkommen G_U der Selbständigen und G_L der Arbeitnehmer, also der Bezieher von Lohneinkommen. Weiter geht Pasinetti davon aus, daß die Arbeitnehmer die ihnen zufließenden Gewinneinkommen in der gleichen Weise auf Konsum und Sparen verteilen wie ihre Lohneinkommen. In einer geschlossenen Wirtschaft ohne staatliche Aktivität gilt dann die Definitionsgleichung für die Einkommensverteilung:

$$Y = L + G_A + G_U$$

und die Sparfunktion:

$$S = s_L (L + G_A) + s_G G_U$$

Im Gleichgewicht von Investition[30] und Sparen gilt — da

$$(L + G_A) = (Y - G_U) - :$$

[27] *Pasinetti*, Luigi: Rate of Profit and Income Distribution ... a.a.O., insbesondere S. 270: „The authors (gemeint ist insbesondere Kaldor, d. Verf.) have neglected the important fact that, in any type of society, when any individual saves of his income, he must also be allowed to own it, otherwise he would not save at all. This means that the stock of capital which exists in the system is owned by those people (capitalists or workers) who in the past made the corresponding savings."

[28] Vgl. *Schlesinger*, Helmut: Geldvermögen und Geldschulden von privaten und öffentlichen Haushalten sowie Unternehmen in der Gesamtwirtschaft, in: Allgemeines Statistisches Archiv, 56. Band (1972), Heft 1, S. 69 f.

[29] Vgl. *DIW — Deutsches Institut für Wirtschaftsforschung* (Berlin): Die Vermögenseinkünfte der privaten Haushalte.

[30] $\frac{I}{Y}$ ist wie bei Kaldor exogene Variable des Modells.

$$\frac{I}{Y} = s_L\left(1 - \frac{G_U}{Y}\right) + s_G\frac{G_U}{Y}$$

sowie nach einigen Umformungen:

(2)
$$\frac{G_U}{Y} = \frac{\frac{I}{Y} - s_L}{s_G - s_L}$$

Als Anteil der Selbständigen am Volkseinkommen erhalten wir also die identische Beziehung wie — Gleichung (1) — für den Anteil der Gewinne am Volkseinkommen. Aus der Definitionsgleichung der Einkommensverteilung und der Gleichung (2) läßt sich nun auch unmittelbar die Lohnquote (ohne Besitzeinkommen der Arbeitnehmer) ableiten:

(2a)
$$\frac{L}{Y} = 1 - \frac{G_U}{Y} - \frac{G_A}{Y} = \frac{s_G - \frac{I}{Y}}{s_G - s_L} - \frac{G_A}{Y} .$$

Diese Beziehung gibt eine der wesentlichen Aussagen des Pasinetti-Modells wieder: In dem Maße wie der Anteil der Arbeitnehmer an den Besitzeinkommen $\left(\frac{G_A}{Y}\right)$ steigt, sinkt die Lohnquote. Das heißt: Auch dann, wenn die Arbeitnehmer durch Kapitalbesitz, der aus eigenen Ersparnissen geschaffen wurde, an den Gewinneinkommen verstärkt teilhaben, können sie den Anteil ihrer gesamten Einkommen — Besitz- und Arbeitseinkommen — am Volkseinkommen nicht steigern, solange sie nicht mehr sparen. Denn das, was sie an Besitzeinkommen gewinnen, geht ihnen an Lohneinkommen wieder verloren. Dagegen können sie durch eine dauerhafte Erhöhung ihrer Sparquote sowohl einen höheren Anteil an den Besitzeinkommen, wie auch eine höhere Lohnquote erlangen[31].

---

[31] Diese Folgerung widerspricht nicht dem Ergebnis Pasinettis, daß die funktionelle Einkommensverteilung *auf lange Sicht* nur von der Sparquote s_G der Selbständigen und der Investitionsquote abhängt — mit unseren Symbolen:

$$\frac{G}{Y} = \frac{1}{s_G} \cdot \frac{I}{Y} .$$

Denn diese Beziehung ist unter der Bedingung abgeleitet, daß nicht nur Volkseinkommen, Kapitalstock, gesamtwirtschaftliche Sparsumme und Investitionsausgaben, sondern auch die Vermögen und die Sparsummen der Arbeitnehmer und der Selbständigen mit der gleichen Rate wachsen. Auf die Bedeutung dieser Annahme für das Ergebnis hat nachdrücklich P. P. Chang hingewiesen (vgl. *Cang,* P. P.: Rate of profit and income distribution in relation to the rate of economic growth: A comment, in: The Rev. of Econ. Studies, Vol. XXXI (1964), S. 103 ff.). Zur Analyse der Einkommensvertei-

Auch die Modellerweiterung um die Besitzeinkommen der Lohneinkommensbezieher bestätigt also die für unsere Untersuchung relevanten Ergebnisse des Kaldor-Modells[32], daß die funktionelle Einkommensverteilung allein durch die Änderung der Einkommensverwendung zugunsten der Arbeitnehmerhaushalte verschoben werden kann. Sofern wir die dem Kaldor-Modell und dem Pasinetti-Modell gemeinsame Annahme einer — ohne Vermögenspolitik — konstanten Sparquote der Arbeitnehmer, bezogen auf deren Gesamteinkünfte, vorläufig akzeptieren, bleibt es daher für die weitere Analyse gleich, ob wir — gegen die Wirklichkeit in der Bundesrepublik Deutschland — annehmen, daß die Arbeitnehmer bisher kein Vermögen besitzen, oder ob wir uns ihre derzeitigen Vermögenseinkünfte in die Lohneinkommen L eingerechnet denken. Sofern wir uns außerdem bewußt bleiben, daß die Arbeitnehmer in dem Maße, in dem sie schon Beteiligungstitel besitzen, von einer Gewinnbelastung zu ihren Gunsten auch getroffen werden[33], verliert die folgende Analyse weniger an Genauigkeit, wenn wir uns die Gewinngröße G als im wesentlichen identisch mit den Gewinneinkommen der Selbständigen vorstellen, als wir an Übersichtlichkeit der Ableitungen gewinnen, wenn wir G_A als eigenen Parameter einführen.

Bevor wir die Prämissen des Kaldor-Modells — zu der Sparfunktion, der Investitionsfunktion und dem Anbieterverhalten — weiter auf ihre Wirklichkeitsnähe und ihre Beeinflußbarkeit durch die Vermögenspolitik prüfen, wollen wir das Modell so erweitern, daß zunächst innerhalb dieses Ansatzes die Wirkungen der einzelnen vermögenspolitischen Verfahren auf die Einkommensverteilung miteinander verglichen werden können. Denn zum einen scheint sich der tagespolitische Streit in der Vermögenspolitik[34] immer noch mehr an der Frage der Bemessungsgrundlage — Unternehmensgewinne oder Beschäftigtenzahl und Lohnsumme — zu entzünden als an den für den Weg der Wirtschaftsordnung weitaus entscheidenderen institutionellen Regeln[35] für die Wiederanlage der Mittel. Zum anderen erscheint es zunächst fragwürdig, die Wirkungen unterschiedlicher vermögenspolitischer Aufbringungsverfahren — einer Gewinnbeteiligung, einer allgemeinen Verpflichtung zu investiven Lohnzulagen, oder einer allgemeinen Sparförderung — in gleicher

---

lung auf lange Sicht in Kreislaufmodellen des Kaldor-Pasinetti-Typus vgl. *Kowalski*, Leo: Einkommensverwendung, Einkommensverteilung und Vermögensverteilung, Tübingen 1967, S. 158 ff. und die in Anmerkung 59, Teil A, Abschnitt *I* angegebene Literatur.)

[32] Vgl. Teil B, Abschnitt II, 3.1.1.

[33] Zum Einfluß der „Querverteilung" auf das verteilungspolitische Ziel der Vermögenspolitik vgl. Teil A. I.

[34] Vgl. dazu Teil A, Abschnitt I.

[35] Vgl. dazu Teil A, Abschnitt II.

Weise an der Folge nur einer Datenänderung, nämlich der Erhöhung der durchschnittlichen Sparquote der Arbeitnehmer abzulesen. Dieses Vorgehen leuchtet unmittelbar nur für die Sparförderung ein. Bei Gewinnbeteiligung und Investivlohn dagegen steht ja am Anfang der Kausalkette die Leistungspflicht der Unternehmen und erst in einem zweiten Schritt ist zu prüfen, ob die primäre Zahllast der Unternehmen zu einer endgültigen Traglast wird, wenn das Kapitalangebot durch Mehrsparen in Höhe der Abgabe wächst, folglich die Konsumausgaben der Arbeitnehmer konstant bleiben. Daher soll im folgenden das Kaldor-Modell um die Kreislaufgrößen erweitert werden, durch die die einzelnen vermögenspolitischen Verfahren gekennzeichnet sind.

Die Ergebnisse, die wir aus dieser Erweiterung ableiten, müssen dabei stets auf dem Hintergrund der Prämissen gesehen werden, die sich aus der Anwendung des Kaldor-Modells auf die Analyse der vermögenspolitischen Verfahren ergeben:

— Der Anteil der freiwilligen Ersparnis der Arbeitnehmer an ihren jeweils sich im Modell ergebenden Barlohneinkommen darf durch die administrierte Vermögensbildung nicht berührt werden. Wie wir nämlich später zeigen werden, bleiben alle drei vermögenspolitischen Verfahren ohne jede Wirkung, wenn die Arbeitnehmer ihr freiwilliges Sparen in dem Umfang einschränken, wie ihnen durch die Vermögenspolitik Vermögen zufällt[36].

— Der *Anteil* der Ersparnis aus Gewinn an den jeweiligen Gewinneinkommen darf ebenfalls nicht schrumpfen. Denn auch eine höhere Konsumquote der bisherigen Gewinnbezieher, die sich etwa dadurch ergeben kann, daß die Gewinnbezieher ihr Kapitalangebot in dem Umfang einschränken, in dem die Vermögenspolitik das der Arbeitnehmer erweitert, öffnet Spielräume für höhere Abgabepreise, also zur Überwälzung vermögenspolitisch bedingter Gewinnlasten[37].

— Die Annahme Kaldors, daß die Investitionsquote exogen gegeben ist, also die Unternehmen weder bei rückläufigen Gewinnen der Alteigner, noch wegen des zunächst erhöhten Kapitalangebots ihre Investitionspläne revidieren, wird hier ebenfalls beibehalten. Andere Investitions‚funktionen' und ihre Bedeutung für unsere Ergebnisse werden später geprüft[38].

— Die Unternehmen reagieren auf Gewinneinbußen nicht mit Verringerung ihrer Absatzmenge. Auch diese Annahme und die damit ver-

[36] Vgl. dazu Teil B, Abschnitt II, 1.3.
[37] Vgl. dazu Teil B, Abschnitt II, 2.
[38] Vgl. dazu Teil B, Abschnitt II, 3.

bundenen kosten- und markttheoretischen Prämissen sind später zu untersuchen[39].

Obwohl schon diese Prämissen Zweifel an der Wirklichkeitsnähe unserer Modellerweiterung nahelegen, soll zunächst in möglichst enger Anlehnung an die Grundannahmen des Kaldor-Modells, aber differenziert nach den vermögenspolitischen Verfahren untersucht werden, ob es zu einer Verschiebung der funktionellen Einkommensverteilung kommt.

2.2.2 Die Sparförderung

Wir betrachten nun eine allgemeine Sparförderung für Arbeitnehmer, die dazu führt, daß jeder Arbeitnehmer einen gleichen Prozentsatz seines Einkommens — zusätzlich zum *bisherigen* freiwilligen Sparen — spart[40]. Von Sparprämien, die als Anreiz nötig sind, sehen wir hier der Einfachheit halber ab[41].

Wir gehen wieder davon aus, daß das Volkseinkommen nur in Lohn- und Gewinneinkommen zerfällt:

$$Y = L + G$$

Bezeichnet man die durch die Sparförderung hervorgerufene zusätzliche Sparquote der Arbeinehmer mit s_v, so ist die Gesamtsumme der Ersparnisse S:

$$S = s_L L + s_v L + s_G G$$

Ist wie im Kaldor-Modell die Investition I exogen gegeben, so gilt im Vollbeschäftigungsgleichgewicht ($I_{\text{gepl.}} = S_{\text{gepl.}}$):

$$\frac{I}{Y} = (s_L + s_v) \frac{L}{Y} + s_G \frac{G}{Y}$$

---

39 Vgl. dazu Teil B, Abschnitt II, 4.

40 Wir stellen also die Sparförderung vereinfachend durch einen allgemeinen Sparzwang dar. Für die Betrachtung der Wirkung auf die personelle Einkommensverteilung ist natürlich zu beachten, daß staatliche Sparanreize nur die Haushalte erfassen, die sparfähig und sparwillig sind. Wenn die Sparanreize von den besser verdienenden Arbeitnehmern aufgenommen werden, so ist der Egalisierungseffekt auf die personelle Einkommensverteilung natürlich geringer als bei Investivlohn- oder Gewinnbeteiligungssystemen. Dagegen ist es für die Wirkung der Sparförderung auf die funktionelle Einkommensverteilung gleich, von welchen Haushalten das zusätzliche Sparen getragen wird, sofern nur ein bestimmtes Verhältnis von zusätzlicher Sparsumme und Lohneinkommen erreicht wird. Zur Beurteilung von Sparprämien vgl. im einzelnen: *Bitz,* Michael: Pläne und Maßnahmen zur Vermögensbildung, Köln u.a.O. 1971, S. 129 ff.

41 Die Ergebnisse wären unter dem Gesichtspunkt der Steuerinzidenz der Mittel, die als Sparprämien gezahlt werden müssen, weiter zu modifizieren. Zur Steuerinzidenz vgl. n.v.a. *Recktenwald,* Horst C.: Steuerüberwälzungslehre, 2. Aufl. Berlin 1966; *Haller,* Heinz: Die Steuern, 2. Aufl. Tübingen 1971 und die dort angegebene Literatur.

Die Gewinnquote ist dann:

(3) $$\frac{G}{Y} = \frac{\frac{I}{Y} - s_L - s_v}{s_G - s_L - s_v} \qquad (\text{für } s_G \neq s_L + s_v)$$

Entsprechend gilt für die Lohnquote

(3a) $$\frac{L}{Y} = 1 - \frac{G}{Y} = \frac{s_G - \frac{I}{Y}}{s_G - s_L - s_v}$$

Der Vergleich der Relationen (3) und (3a) mit (1) und (1a) zeigt: Jedes positive s_v, also jede staatliche Sparförderung, führt zu einer Senkung der Gewinnquote und einer entsprechenden Erhöhung der Lohnquote. Dieses Ergebnis kommt natürlich nur dadurch zustande, daß insbesondere unterstellt wird, das zusätzliche Zwangssparen habe keine nachteiligen Rückwirkungen auf das bisherige freiwillige Arbeitnehmersparen S_L. Ob diese Annahme realistisch ist, hängt unter anderem davon ab, ob die Arbeitnehmer das zwangsweise gebildete Vermögen als ausreichenden Ersatz für das bisher freiwillig gebildete Vermögen ansehen.

Verdeutlichen wir diese Beziehungen an einem Zahlenbeispiel: Im Ausgangsgleichgewicht — Gleichungen (1) und (1a) — soll gelten:

$$\frac{G}{Y} = 0{,}4$$

$$\frac{L}{Y} = 0{,}6$$

$$\frac{I}{Y} = 0{,}22$$

$$s_G = 0{,}4$$

$$s_L = 0{,}1$$

so daß

$$\frac{G}{Y} = \frac{\frac{I}{Y} - s_L}{s_G - s_L} = \frac{0{,}22 - 0{,}1}{0{,}4 - 0{,}1} = 0{,}4\ .$$

Wird nun durch Sparförderung die Sparquote der Arbeitnehmer um eine zusätzliche Quote s_v der Barlöhne erhöht, die wir mit

$$s_v = 0{,}04286$$ [42]

[42] s_v ist unter dem Gesichtspunkt der Vergleichbarkeit der Ergebnisse mit $\frac{3}{70} = 0{,}04286$ gewählt.

annehmen wollen, so sinkt die Gewinnquote im neuen Gleichgewicht nach Gleichung (2):

$$\frac{G}{L} = \frac{0{,}22 - 0{,}1 - 0{,}04286}{0{,}4 - 0{,}1 - 0{,}04286}$$

$$\approx 0{,}3$$

Entsprechend steigt die Lohnquote auf:

$$\frac{L}{Y} = \frac{0{,}4 - 0{,}22}{0{,}4 - 0{,}1 - 0{,}04286}$$

$$\approx 0{,}7$$

2.2.3 Der Investivlohn

Die Wirkungen investiver Lohnzulagen sollen unter der Annahme untersucht werden, daß alle Arbeitgeber Abgaben zur investiven Verwendung an alle Lohneinkommensbezieher *proportional* zur Lohnsumme leisten[43]. Bezeichnen wir mit v den Abgabesatz des Zusatzlohns vom Barlohn L_b und mit G_b die Bruttogewinnsumme der Unternehmen vor Abzug des Zusatzlohns, so erweitern sich die Definitionsgleichung des Volkseinkommens und die Sparfunktion um die Größe vL_b des Aufkommens an investiven Lohnzulagen:

$$Y = (L_b + vL_b) + (G_b - vL_b)$$

$$S = s_L L_b + vL_b + s_G (G_b - vL_b)$$

Bei wiederum exogen gegebener Investition I gilt im Gleichgewicht ($I_{\text{gepl.}} = S_{\text{gepl.}}$):

$$\frac{I}{Y} = s_L + (s_G - s_L) \frac{G_b}{Y} + v(1 - s_G)\left(1 - \frac{G_b}{Y}\right)$$

Folglich ist der Anteil der Bruttogewinne am Volkseinkommen vor Abführung des Investivlohns:

$$(4) \qquad \frac{G_b}{Y} = \frac{\frac{I}{Y} - s_L - v(1 - s_G)}{s_G - s_L - v(1 - s_G)} \quad (\text{für } s_G \neq s_L + v(1 - s_G))$$

Entsprechend gilt für die Barlohnquote $\frac{L_b}{Y}$, also den Anteil der *Barlöhne* am Volkseinkommen:

---

[43] Die folgenden Ableitungen gelten auch für den Fall eines gleichen Pro-Kopf-Betrages für jeden Arbeitnehmer. Der Belastungssatz v gibt dann das Verhältnis der Summe der Zusatzlöhne zur bisherigen Lohnsumme an.

(4a) $$\frac{L_b}{Y} = 1 - \frac{G_b}{Y} = \frac{s_G - \frac{I}{Y}}{s_G - s_L - v\,(1 - s_G)}$$

Da der den Unternehmenseignern nach Abführung der Abgaben verbleibende Nettogewinn:

$$G = G_b - v\,L_b$$

ist, gilt:

(4b) $$\frac{G}{Y} = \underbrace{\frac{\frac{I}{Y} - s_L - v\,(1 - s_G)}{s_G - s_L - v\,(1 - s_G)}}_{(1)} - v \underbrace{\frac{s_G - \frac{I}{Y}}{s_G - s_L - v\,(1 - s_G)}}_{(2)}$$

An dieser Gleichung läßt sich der Einfluß der beiden Datenänderungen, der Belastung der Unternehmen und der Erhöhung der gesamtwirtschaftlichen Sparquote durch das zusätzliche Sparen der Arbeitnehmer unmittelbar ablesen:

— Schon allein die Mehrersparnis der Lohnbezieher in Höhe von vL_b führt zum Sinken des Anteils der Bruttogewinne am Volkseinkommen; denn der Summand (1) verringert sich, da im Zähler und Nenner der Ausdruck $v\,(1 - s_G)$ abgezogen wird und der Summand kleiner ist als eins.

— Entsprechend erhöht sich nicht nur die gesamte Lohnquote (einschließlich Investivlohn), sondern auch die Barlohnquote $\frac{L_b}{Y}$. Die Erklärung für das Steigen der Barlohnquote (und das entsprechende Sinken der *Brutto*gewinnquote) liegt in der primären Erhöhung der gesamtwirtschaftlichen Sparsumme.

— Die Nettogewinnquote $\frac{G}{Y}$ (nach Abführung der investiven Lohnzulagen) ist die Diferenz aus der durch das Mehrsparen schon verminderten Bruttogewinnquote — Summand (1) in Gleichung (4b) — und der mit dem Abgabesatz der investiven Lohnzulagen multiplizierten Barlohnquote, die sich durch die zusätzliche Arbeitnehmerersparnis entsprechend erhöht hat — Summand (2) der Gleichung (4b). Die Verminderung des ersten Summanden könnte man daher als Ausdruck eines ‚Spareffektes', den zweiten Summanden als Ausdruck eines ‚Belastungseffektes' bezeichnen.

Verdeutlichen wir auch diese Ergebnisse am bisherigen Zahlenbeispiel, wobei $v = 0{,}05$ sein soll, so gilt gemäß Gleichung (4a):

— für die Barlohnquote

$$\frac{L_b}{Y} = \frac{0{,}4 - 0{,}22}{0{,}4 - 0{,}1 - 0{,}05\,(1 - 0{,}4)}$$

$$= \frac{2}{8} \text{ und}$$

— für die Nettogewinnquote

$$\frac{G}{Y} = \frac{0{,}22 - 0{,}1 - 0{,}05\,(1 - 0{,}4)}{0{,}4 \;\; - 0{,}1 - 0{,}05\,(1 - 0{,}4)} - 0{,}05\,\frac{0{,}4 - 0{,}22}{0{,}4 - 0{,}1 - 0{,}05\,(1 - 0{,}4)}$$

$$= \frac{1}{3} - 0{,}05 \cdot \frac{2}{3} = 0{,}3\ .$$

Es zeigt sich also, daß im neuen Gleichgewicht nicht nur die Bruttolohnquote (einschließlich der vermögenswirksamen Leistungen) — wie erwartet — steigt. Vielmehr wächst in diesem Modell auch die Barlohnquote (in unserem Beispiel von 60 % auf 66⅔ %).

Dieses auf den ersten Blick überraschende Ergebnis unterstellt allerdings bestimmte gleichgewichtig verlaufende oder zum Vollbeschäftigungsgleichgewicht hinführende Anpassungsprozesse an die Erhöhung der Sparsumme der Lohnbezieher:

Die Einführung investiver Lohnzulagen bedeutet, daß die gesamtwirtschaftliche Ersparnis zunächst wächst, da die Gewinnbezieher nur einen Teil — $s_G\, vL_b$ — der Beträge, die sie nun als Lohnzulagen abführen müssen, gespart hätten[44]. Höheres Sparen führt aber zu einem Ausfall von — nominellen — Konsumausgaben. Die Last der Konsumeinschränkung tragen hier die Gewinnbezieher. Denn die investiven Lohnzulagen mindern die Nettogewinne. Bei unterstellter Konstanz der Sparquote s_G aus Gewinn bedeuten geringere Nettogewinne geringere Konsumausgaben der Gewinnbezieher, während die nominalen Konsumausgaben der Lohnbezieher unverändert bleiben. Aus der Annahme einer exogen vorgegebenen — und damit hier konstanten — Investitionsquote folgt, daß die Unternehmen das Mehrangebot an Ersparnis nicht zu vermehrten Investitionen verwenden, so daß die Minderung der Konsumgüternachfrage nicht durch eine höhere Nachfrage nach Investitionsgütern ausgeglichen wird. Die gesamtwirtschaftlich wirksame

[44] Denn durch die Belastung der Gewinneinkommen mit investiven Lohnzulagen würde bei gleichbleibender Gewinnquote die Sparsumme der Gewinnbezieher nur um $s_G\, vL_b$ gemindert, die der Arbeitnehmer aber durch die investive Bindung um den vollen Betrag der Lohnzulagen vL_b erhöht. Die gesamtwirtschaftliche Ersparnis stiege also bei gleichbleibender Gewinnquote um: $vL_b - s_G\, vL_b = v\,(1 - s_G)\, L_b$. Daraus erklärt sich, daß $v\,(1 - s_G)$ im Nenner des Bruchs, der den Anteil der Bruttolohnsumme angibt, als Abzugsposten erscheint.

Nachfrage muß also zunächst — mindestens nominell — zurückgehen. Reagieren nun die Konsumgüterpreise hinreichend elastisch, so steigen bei gleicher nomineller Barlohnsumme die Reallöhne der Arbeitnehmer, während die Gewinne den Erlöseinbußen entsprechend zurückgehen. Dieser Prozeß erreicht dann wieder ein Gleichgewicht, wenn die Gewinne und — bei gleicher Sparquote s_G — die laufenden Ersparnisse der Gewinnbezieher so weit zurückgegangen sind, daß die Ersparnis aus dem verbleibenden Gewinn zusammen mit der — administrativ vermehrten — Gesamtersparnis der Lohnbezieher gerade ausreicht, die — exogenen — Investitionsausgaben zu finanzieren[45].

2.2.4 Die vermögenswirksame Gewinnbeteiligung

Aus den schon genannten Gründen[46] verzichten wir auf die Spaltung der ‚Gewinnquote' unseres Modells in kontraktbestimmte und residualbestimmte Kapitaleinkommen, sowie auf eine Trennung in Kapitaleinkommen der Arbeitnehmer und der Selbständigen. Wir betrachten also vereinfachend hier zunächst den Fall einer proportionalen vermögenswirksamen Abgabe auf alle Kapitaleinkommen oder — wenn wir die Vermögenseinkünfte der Unselbständigen als Bestandteil der Lohneinkommen ansehen — eine Abgabe auf alle Kapitaleinkommen der Selbständigen. Auch sehen wir von den in den Plänen zur überbetrieblichen Gewinnbeteiligung meist vorgesehenen Freigrenzen und Freibeträgen ab.

Bezeichnet man mit w den Abgabesatz einer allgemeinen Gewinnbeteiligung vom Unternehmensgewinn, so setzt sich das Einkommen der Arbeitnehmer nach Einführung der Gewinnbeteiligung aus der Barlohnsumme L_b und dem Betrag der — vermögenswirksam anzulegenden — Gewinnbeteiligung wG_b zusammen; den bisherigen Beziehern der Gewinneinkommen verbleibt dann als Nettogewinn G die bisherige Bruttogewinnsumme G_b abzüglich der Leistung wG_b an die Arbeitnehmer. Also gilt für die Verteilung des Volkseinkommens:

$$Y = (L_b + wG_b) + (1 - w)\, G_b \; .$$

[45] Da das Modell nur zwei Gleichgewichtszustände komparativ-statisch vergleicht, schließt es auch andere Anpassungsprozesse als die hier angenommenen Preisänderungen, vor allem Beschäftigungsschwankungen und damit zeitweise Minderungen des realen Volkseinkommens im Prinzip nicht aus. Es müssen dann aber weitere Annahmen über automatisch wirkende Gleichgewichtsstabilisatoren oder über die konjunkturpolitische Steuerung gemacht werden, damit der Prozeß in ein Vollbeschäftigungsgleichgewicht bei gesunkener Gewinnquote mündet. Zur Kritik an den hier gemachten Annahmen über die möglichen Anpassungsprozesse vgl. im folgenden Teil B, Abschnitt II.

[46] Vgl. S. 50 ff. und die dort angegebene Literatur. Zum Einfluß der Querverteilung auf die Einkommensverteilung vgl. S. 25 ff. und die dort angegebene Literatur.

Sofern die Zuflüsse aus der Gewinnbeteiligung vollständig gespart werden, hat die Sparfunktion die Gestalt:

$$S = (s_L L + wG_b) + s_G (1 - w) G_b$$

Im Gleichgewicht ($I_{\text{gepl.}} = S_{\text{gepl.}}$) gilt dann

$$\frac{I}{Y} = s_L \left(1 - \frac{G_b}{Y}\right) + s_G \frac{G_b}{Y} + w (1 - s_G) \frac{G_b}{Y}$$

Folglich ist die Bruttogewinnquote vor Abzug der Gewinnabgabe:

$$(5) \qquad \frac{G_b}{Y} = \frac{\frac{I}{Y} - s_L}{s_G - s_L + w (1 - s_G)} \qquad (\text{für } s_G \neq s_L + w (1 - s_G))$$

und die Barlohnquote

$$(5a) \qquad \frac{L_b}{Y} = 1 - \frac{G_b}{Y} = \frac{s_G - \frac{I}{Y} + w (1 - s_G)}{s_G - s_L + w (1 - s_G)}$$

Auch hier zeigt der Vergleich mit Relation (1), daß bei der Gewinnbeteiligung die Bruttogewinnquote allein schon durch die Erhöhung der gesamtwirtschaftlichen Sparquote sinkt. Der den Unternehmenseignern verbleibende Anteil der Nettogewinne am Volkseinkommen

$$\frac{G}{Y} = (1 - w) \frac{G_b}{Y}$$

ist dann:

$$(5b) \qquad \frac{G}{Y} = \frac{\frac{I}{Y} - s_L}{s_G - s_L + w (1 - s_G)} - w \frac{\frac{I}{Y} - s_L}{s_G - s_L + w (1 - s_G)}$$

Ebenso wie beim Investivlohn senkt also auch bei der Gewinnbeteiligung allein schon der ‚Spareffekt' die Bruttogewinnquote — Summand (1) der Gleichung (5b). Die Nettogewinnquote erhält man dann durch Abzug des ‚Belastungseffektes' — Summand (2) —, der gleich $w \frac{G_b}{Y}$ ist, von der Bruttogewinnquote.

Nimmt man im bisherigen Zahlenspiel ‚w' mit 0,1 an, so sinkt die Bruttogewinnquote $\frac{G_b}{Y}$ — Gleichung (5) — auf:

$$\frac{G_b}{Y} = \frac{0{,}22 - 0{,}1}{0{,}4 - 0{,}1 + 0{,}1 (1 - 0{,}4)} = \frac{1}{3}$$

und die Nettogewinnquote (nach Gewinnbeteiligung) auf

$$\frac{G}{Y} = \frac{0{,}22 - 0{,}1}{0{,}4 - 0{,}1 + 0{,}1\,(1 - 0{,}4)} - 0{,}1\,\frac{0{,}22 - 0{,}1}{0{,}4 - 0{,}1 + 0{,}1\,(1 - 0{,}4)} = 0{,}3$$

Damit das neue Gleichgewicht bei niedrigeren Brutto- und Nettogewinnen erreicht wird, müssen sich die gleichen Anpassungsprozesse vollziehen, wie sie für die Einführung investiver Lohnzulagen geschildert wurden: Bei zunächst kontraktbestimmt festliegenden Nominallöhnen sinken die Nettogewinne und damit — bei unterstellt gleichbleibender Spar- und Konsumquote aus Gewinn — die nominellen Konsumausgaben der Gewinnbezieher. Soll die Vollbeschäftigung erhalten bleiben, so muß auch hier wieder angenommen werden, daß die Unternehmen dem Ausfall an nomineller Konsumgüternachfrage ausschließlich mit Preissenkungen begegnen, so daß die Gewinnbezieher selbst den Rückgang ihrer Gewinne verursachen. Das neue Gleichgewicht wird wiederum dort erreicht, wo der Gewinnrückgang die Ersparnis aus Gewinn um den Betrag mindert, um den die Gesamtersparnis der Lohnbezieher (einschließlich der Gewinnbeteiligung) steigt und damit die geplanten Ersparnisse wieder den geplanten Investitionen entsprechen.

2.2.5 Ein Vergleich der Wirkungen der Verfahren auf die funktionelle Einkommensverteilung

Die tagespolitische Diskussion erweckt meist den Eindruck, als ob die Wirkung der einzelnen vermögenspolitischen Verfahren höchst unterschiedlich sei und daß nur die direkte Gewinnbeteiligung den Zugriff auf die Unternehmensgewinne erlaube, obwohl zumindest auch investive Lohnzulagen zunächst von den Unternehmen aufgebracht werden müssen. Wir wollen daher die Wirkungen der einzelnen Verfahren auf die Nettogewinnquote vergleichen, indem wir die jeweiligen Ausdrücke für die Nettogewinnquoten gleichsetzen.

(1) Wir vergleichen zunächst Investivlohn und Gewinnbeteiligung:

Setzen wir die rechten Ausdrücke der Gleichungen (4b) und (5b) gleich, so ergibt sich die Bedingung, unter der in diesen Modellen Investivlohn und Gewinnbeteiligung die gleiche Wirkung auf die funktionelle Einkommensverteilung haben. Wir erhalten nach einigen Umformungen die einfache Beziehung: $vL_b = wG_b$, wobei vL_b und wG_b das jeweilige Aufkommen der vermögenswirksamen Leistungen bezeichnen.

Das bedeutet:

1. Vermögenswirksame Gewinnbeteiligung und Investivlohn verschieben die Nettogewinnquote zugunsten der Gesamtlohnquote (Bar-

löhne + Investivlöhne) um den gleichen Prozentsatz des Volkseinkommens, sofern das gleiche Aufkommen angestrebt und die den Arbeitnehmern zufließenden Beträge bei beiden Verfahren vollständig zusätzlich gespart werden.

Dies zeigen auch die bisherigen Zahlenbeispiele, in denen v und w so gewählt wurden, daß sie der Bedingung

$$v \frac{L_b}{Y} = w \frac{L_b}{Y}$$

genügen, das heißt zum gleichen Aufkommen an zusätzlicher Vermögensbildung bei den Arbeitnehmern führen. In beiden Beispielen ergibt sich für sonst gleiche und im Anpassungsprozeß *gleichbleibende* Werte $s_G, s_L, \frac{I}{Y}$ die gleiche Nettogewinnquote.

2. Da wir das gleiche Ergebnis erhalten, wenn wir die rechten Ausdrücke der jeweiligen Bestimmungsgleichungen (4a) und (5a) für die Barlohnquoten gleichsetzen, gilt auch:

   Beide Verfahren erhöhen, sofern das gleiche Aufkommen an vermögenswirksamen Leistungen erzielt wird, die Barlohnquote um den gleichen Wert. Unter den Bedingungen dieses Modells verbessern also die Arbeitnehmer ihren Anteil am Volkseinkommen nicht nur um die vermögenswirksamen Leistungen der Arbeitgeber, sondern die Vermögenspolitik führt auch zu höheren Barlöhnen, so daß ebenso das freiwillige Sparen zunimmt. Dieses Ergebnis zeigt ferner, daß unter den hier gesetzten Bedingungen ein etwa in Aussicht genommenes Aufkommen an vermögenswirksamen Leistungen im neuen Gleichgewicht von Lohnquote und Gewinnquote beim Investivlohn überschritten und bei der Gewinnbeteiligung nicht erreicht würde, wenn die Abgabesätze auf dieses gewünschte Aufkommen hin an der früheren Lohn-Gewinn-Relation bemessen würden.

   In unserem Beispiel führt nämlich ein Abgabesatz v der investiven Lohnzulagen von 5 % der bisherigen Lohnquote von 0,6 (= 3 % des Volkseinkommens) zu einem tatsächlichen Anteil der vermögenswirksamen Leistungen am Volkseinkommen von $3\,^1/_3$ %.

3. Da sich bei beiden Verfahren — Investivlohn und Gewinnbeteiligung — die Barlohnquote erhöht, wächst die Summe der gesamten Vermögensbildung der Arbeitnehmer von $s_L L$ auf $(s_L + v) L_b$ beim Investivlohn, beziehungsweise auf $(s_L L_b + wG_b)$ bei der Gewinnbeteiligung — in unserem Beispiel also für beide Verfahren von 6 % auf 10 % des Volkseinkommens.

(2) Da Investivlohn und Gewinnbeteiligung die funktionelle Einkommensverteilung in diesem Modell in gleichem Maße verschieben, erlaubt

der nun anschließende Vergleich von Investivlohn und Sparförderung auch analoge Schlüsse auf den Vergleich von Sparförderung und Gewinnbeteiligung.

Der Vergleich zwischen Investivlohn und Sparförderung führt zu Ergebnissen, die zunächst überraschen mögen. Auf den ersten Blick wäre zu vermuten, daß der Investivlohn, der einen Sparzwang mit einer direkten Abgabepflicht für die Unternehmen verbindet, die funktionelle Einkommensverteilung stärker beeinflußt, als es die Sparförderung kann, und daß daher der Abgabesatz v kleiner gewählt werden könnte als die Zusatzsparquote s_v, wenn die gleiche Wirkung auf die funktionelle Einkommensverteilung erzielt werden soll. Die Zahlenbeispiele zu beiden Verfahren zeigen dagegen, daß sich die gleiche Nettogewinnquote von 30 % ergibt, wenn s_v mit rund 4,3 % kleiner gewählt wird als $v = 5$ % (jeweils bezogen auf die Lohneinkommen). Dieses Ergebnis läßt sich auch allgemein ableiten, indem wir die Werte der Gewinnquoten der Gleichungen (3) und (4b) gleichsetzen: Aus

$$\frac{\frac{I}{Y} - s_L - s_v}{s_G - s_L - s_v} = \frac{\frac{I}{Y} - s_L - v\,(1 - s_G)}{s_G - s_L - v\,(1 - s_G)} - v\,\frac{s_G - \frac{I}{Y}}{s_G - s_L - v\,(1 - s_G)}$$

erhält man nach einigen Umformungen:

$$v = \frac{s_v}{1 - s_L - s_v}$$

beziehungsweise

$$s_v = v\,\frac{1 - s_L}{1 + v}$$

Diese Gleichungen geben also die Bedingungen an, unter denen Sparförderung und Investivlohn die Nettogewinnquote um den gleichen Wert verschieben. Da der Ausdruck $\frac{1 - s_L}{1 + v}$ stets kleiner als eins ist, gilt, daß v größer als s_v sein muß.

Prüfen wir ferner, in welchem Verhältnis s_v und v zueinander stehen müssen, wenn die gesamte Ersparnis der Arbeitnehmer durch beide Verfahren um den gleichen Betrag zunehmen soll:

Die gesamte Ersparnis — freiwilliges Sparen und durch die Vermögenspolitik angeregtes Sparen — ist dann bei der Sparförderung $(s_L + s_v)\,\frac{L_b}{Y}$ (Sparförderung) — Gleichung (3a) — und bei investiven Lohnzulagen $(s_L + s_v)\,\frac{L_b}{Y}$ (Investivlohn) — Gleichung (4a). Setzen wir beide Ausdrücke gleich, so erhalten wir aus

$$(s_L + v) \frac{s_G - \frac{I}{Y}}{s_G - s_L - v\,(1 - s_G)} = (s_L + s_v) \frac{s_G - \frac{I}{Y}}{s_G - s_L - s_v}$$

nach einigen Umformungen ebenfalls wieder:

$$v = \frac{s_v}{1 - s_L - s_v}$$

beziehungsweise

$$s_v = v \frac{1 - s_L}{1 + v}$$

also die gleiche Bedingung, die wir oben erhielten, als wir fragten, für welches Verhältnis von s_v und v sich die Nettogewinne um den gleichen Prozentsatz verschiebt.

Das heißt: Sparförderung und Investivlohn führen dann zur gleichen Erhöhung der Gesamtersparnis der Arbeitnehmer und zur gleichen Erhöhung des Anteils der Arbeitnehmer am Volkseinkommen, wenn der Anteil der investiven Lohnzulagen an der Lohnsumme, also der Abgabesatz v höher festgesetzt wird als der Anteil der durch die Sparförderung angeregten zusätzlichen Ersparnis s_v an den Lohneinkommen[47].

Die Erklärung für dieses Ergebnis liegt in der Struktur des Kaldor-Modells: Bei Kaldor hängt die Einkommensverteilung allein von dem Verhältnis der Sparquoten der beiden Gruppen — und der Investitionsquote — ab. Da die Barlohnquote, auf die s_v und v bezogen sind, bei der Sparförderung stärker steigt als beim Investivlohn — vgl. Gleichungen (3a) und (4a) — kann unter den Bedingungen unserer Modelle s_v kleiner sein, wenn die gleiche Umverteilungsmasse erreicht werden soll.

Das Ergebnis gibt natürlich nur Gleichgewichtsbedingungen an. Das heißt, es zeigt lediglich, daß bei der Sparförderung eine relativ kleinere Veränderung der gesamtwirtschaftlichen Einkommensverwendung die funktionelle Einkommensverteilung im gewünschten Umfang verändert, als bei Einsatz von Investivlohn oder Gewinnbeteiligung nötig ist. Etwaige Folgerungen für die Vermögenspolitik — etwa die, daß die Sparförderung oder ein allgemeiner Sparzwang den unmittelbar bei den Unternehmen zugreifenden Verfahren vorzuziehen wäre — können daraus nur dann gezogen werden, wenn die Anpassungsprozesse, die bei den einzelnen Verfahren zu den abgeleiteten Gleichgewichten führen,

---

[47] In dieser strengen Form gilt das Ergebnis natürlich nur, wenn die Sparförderung — wie hier angenommen — als Sparzwang dargestellt wird. Prämiensysteme müßten unter dem Gesichtspunkt der Einnahmeninzidenz des Staatshaushaltes geprüft werden.

gleich wahrscheinlich sind. Daß sich das durch unser Modell angegebene neue Gleichgewicht der funktionellen Einkommensverteilung bei Einsatz der Sparförderung ebenso leicht durchsetzt wie bei Einsatz der übrigen Verfahren, ist aber weniger wahrscheinlich.

Als Anpassungsmechanismus für die Barlohnquote ist bei allen Verfahren nur eine allgemeine Senkung der Konsumgüterpreise vorstellbar. Denn der Weg zum neuen Gleichgewicht kann nur über steigende Reallöhne führen. Doch geht bei Einsatz der Sparförderung der Anpassungsprozeß von der primären Einschränkung der nominellen Konsumausgaben der Lohnbezieher aus. Bei den anderen beiden Verfahren steht dagegen die Belastung der Gewinne am Beginn des Anpassungsprozesses. Und die Last der primären Konsumeinschränkung wird hier unmittelbar den Gewinnbeziehern aufgeladen, also denen, die die Einkommenseinbuße auch endgültig tragen sollen. Bei Sparförderung müssen also die Arbeitnehmer ihren Konsum eine gewisse Zeit real einschränken, falls sich auf unvollkommenen Märkten die niedrigeren Gleichgewichtspreise erst verzögert durchsetzen. Da bei der Sparförderung die Umverteilung zwischen Lohn- und Gewinneinkommen sich ausschließlich über Preissenkungen (= Reallohnzuwächse) vollzieht, kann dieses Instrument auch stärker durch Marktunvollkommenheiten gefährdet werden als die investive Gewinnbeteiligung oder ein Investivlohn. Die spätere Betrachtung des Anbieterverhaltens der Unternehmen[48] wird freilich zeigen, daß der Preismechanismus, auf den das vermögenspolitische ‚Schlaraffenland' des ‚Sparens ohne Konsumverzicht' gebaut ist, kaum markt- und kostentheoretisch realistische Annahmen enthält. Bei relativer Starrheit der Preise nach unten führt er jedenfalls in die Unterbeschäftigung, die dann eine Rückwälzung auf die sonst im Produktivitätsfortschritt möglichen Barlohnzuwächse erlaubt.

Immerhin bleibt festzuhalten, daß unter den Bedingungen dieses Modells durch alle drei vermögenspolitischen Verfahren — Sparförderung, investive Lohnzulagen und eine allgemeine Gewinnbeteiligung — die Vermögensbildung der Arbeitnehmer und ihr Anteil am Volkseinkommen in gleichem Umfang gesteigert werden kann, die erhoffte ‚Vermögensbildung ohne Konsumverzicht' also möglich scheint. Wirtschaftspolitische Folgerungen können hieraus allerdings erst dann gezogen werden, wenn die Wirklichkeitsnähe der Modellannahmen im folgenden geprüft ist.

---

[48] Vgl. im folgenden Teil B, Abschnitt II, 4.

II. Die Funktionsbedingungen für eine Vermögensbildung der Arbeitnehmer aus Unternehmensgewinnen in einfachen Kreislaufmodellen der Einkommensverteilung

Die bisher untersuchten einfachen Kreislaufmodelle haben zu dem Ergebnis geführt, daß die angestrebte Verschiebung der funktionellen Einkommensverteilung zugunsten der Arbeitnehmer durch die Vermögenspolitik unter den Prämissen dieser Modelle gelingt. Durch alle drei vermögenspolitischen Verfahren können die Arbeitnehmer an den Unternehmensgewinnen teilhaben, sofern unsere Modelle die Wirklichkeit richtig beschreiben. Die Prämissen der Modelle geben damit gleichsam einen Katalog der Funktionsbedingungen für eine erfolgreiche ‚Vermögensstreuung aus Unternehmensgewinnen'. Unsere Ergebnisse beruhen insbesondere auf folgenden Prämissen:

1. Die Arbeitnehmer müssen die ihnen aus Investivlohn oder Gewinnbeteiligung zufließenden Beträge *zusätzlich* sparen, das heißt sie müssen gleichzeitig den Anteil ihrer freiwilligen Ersparnisse an den Barlöhnen s_L unverändert beibehalten. Ebenso darf die Sparförderung nicht zu einer Umschichtung bestehender oder ohnehin geplanter Ersparnisse der Arbeitnehmer führen.

2. Das freiwillige Sparen der bisherigen Bezieher von Gewinneinkommen darf von der Umverteilung nicht berührt werden; genauer die Sparquote s_G aus Gewinn, bezogen auf die jeweils verbleibenden Gewinneinkomen der bisherigen Gewinnbezieher, darf nicht schrumpfen.

3. Als Investitionsfunktion haben wir in unseren bisherigen Modellen im Anschluß an Kaldor eine exogen gegebene Investitionsquote angenommen; das heißt: Die Investitionsquote wird weder von Veränderungen der Nettogewinnquote noch von Erhöhungen oder Senkungen des gesamtwirtschaftlichen Sparens und auch nicht von Verschiebungen in der sozialen Struktur der Ersparnis, also dem Verhältnis der Sparquoten aus Arbeitnehmereinkommen und Selbständigeneinkommen, berührt. Diese Annahme Kaldors impliziert eine einseitige Anpassung der gesamtwirtschaftlichen Sparquote an die — gegebene — Investitionsquote: Ungleichgewichte zwischen geplanten Investitionen und geplanten Ersparnissen, also deflatorische oder inflatorische Lücken werden ausschließlich dadurch abgebaut, daß sich im gesamtwirtschaftlichen Kreislaufprozeß — bei gegebenen Sparquoten aus Lohn- und Gewinneinkommen — Lohnquote und Gewinnquote so weit verschieben, bis die Summe der Ersparnisse der Summe der geplanten Investitionen entspricht[1].

---

[1] Denn Kaldors Modell beruht auf der Vorstellung, daß jede Investition sich über Inflations- oder Deflationsprozesse ihre Ersparnis schafft, das frei-

4. Damit die von uns abgeleiteten Ergebnisse zustandekommen, muß ferner ein bestimmtes Anbieterverhalten unterstellt werden: Die Unternehmen müssen auf einen Rückgang der Nachfrage ausschließlich mit Preissenkungen reagieren. Denn nähmen sie statt dessen einen Rückgang der Absatzmenge hin, so würde die Beschäftigung sinken und Rückwälzungsprozesse auf die sonst möglichen Barlohnzuwächse zulassen.

Diese aus dem formalen Modellzusammenhang abgeleiteten Prämissen sollen nun im folgenden jeweils auf ihre Realitätsnähe, auf die dahinter stehenden Implikationen und auf ihre gegenseitige logische Vereinbarkeit geprüft werden. Betrachten wir zunächst die Sparneigung der Arbeitnehmer unter dem Blickwinkel einer möglichen Abhängigkeit von freiwilligem Sparen und einer zusätzlich administrierten Vermögensbildung der Arbeitnehmer.

1. Die Reaktion des freiwilligen Sparens der Arbeitnehmer auf vermögenspolitische Maßnahmen

Vordergründige Vermutungen und die Betrachtung der hier um die vermögenspolitisch bedingten Datenänderungen erweiterten Kreislaufmodelle könnten den Schluß nahelegen, daß die Gewinnquote auch dann gesenkt wird, wenn die Arbeitnehmer nur einen Teil der ihnen zufallenden Abgaben der Unternehmen zur Vermögensbildung und den Rest zur Erhöhung ihrer Konsumausgaben verwenden. Geht man etwa davon aus, daß sie die vermögenspolitisch bedingten Leistungen der Unternehmen als zusätzliches Einkommen betrachten und daraus nur den gleichen Prozentsatz s_L sparen wie aus dem bisherigen Lohneinkommen, so zeigt sich jedoch, daß in den bisherigen Modellen die gleiche Gewinnquote erzeugt wird wie in dem durch die Grundgleichung (1) gegebenen Ausgangsgleichgewicht ohne Vermögenspolitik[2].

---

willige Sparen aber die Investitionsentscheidungen nicht beeinflußt. Vgl. dazu im folgenden Teil B, Abschnitt II, 3.1.

[2] Für die Sparförderung ist dies unmittelbar einsichtig, denn wenn in Gleichung (3) s_L im gleichen Maße sinkt wie s_v steigt, bleibt die Gewinnquote unverändert; es fällt dann keine Konsumgüternachfrage aus, so daß auch die Preispolitik der Unternehmen nicht berührt wird.

— Für den *Investivlohn* würde wiederum die Definitionsgleichung für das Volkseinkommen:

$$Y = L + vL + G_b - vL$$

gelten. Die Sparfunktion würde nunmehr lauten:

$$S = s_L (L + vL) + s_G (G_b - vL)$$

— Für die *Gewinnbeteiligung* gilt in diesem Fall entsprechend:

$$Y = L + wG_b + G_b - wG_b \text{ und } S = s_L (L + wG_b) + s_G (1 - w) G_b$$

Das heißt: Eine Politik der Umverteilung bleibt völlig wirkungslos, solange sich die durchschnittliche Sparquote der Arbeitnehmer aus ihrem Gesamteinkommen einschließlich vermögenswirksamer Zuwendungen nicht erhöht. Die Unternehmen können dann nämlich eine Belastung so vollständig abwälzen, daß die Gewinnbezieher den gleichen Anteil am Volkseinkommen erhalten wie ohne die Belastung. Es bleibt dann nicht nur die erhoffte Veränderung der Gewinn-Lohn-Relation aus; auch das Ziel der Dekonzentration des Vermögens wird nicht erreicht.

1.1 Entsparprozesse nach Ablauf von Sperrfristen

Alle Programme zur Vermögenspolitik glauben die Gefahr der Überwälzung vermögenspolitischer Belastungen auf die Arbeitnehmer als Konsumenten hinreichend dadurch bannen zu können, daß sie durch Verwendungsauflagen oder institutionelle Regelungen zur Sicherung der Wiederanlage der aufkommenden Mittel sowie insbesondere durch Sperrfristen für die Begünstigten den Abfluß aller durch die Vermögenspolitik aufgebrachten Beträge in den Konsum unmöglich machen. Als Problem wird offenbar nur das Verhalten der Arbeitnehmer nach dem Ablauf der Sperrfristen angesehen: Kein Vermögensbildungsmodell kann eine Begünstigung der Arbeitnehmer politisch glaubhaft machen, wenn es nicht die angesparten Guthaben irgendwann in die Verfügungsgewalt der Begünstigten entläßt. Haben die Arbeitnehmer als Gruppe dann nicht den Willen, am angesparten Vermögen festzuhalten, so würde die Gesamtwirtschaft zu diesem Zeitpunkt mit einem Konsumstoß konfrontiert, den sie nicht ohne empfindliche Preiserhöhungen hinnähme. Damit aber würde die Überwälzung verspätet doch gelingen — wenn auch auf einen unter Umständen ferneren Zeitpunkt verschoben. Diese generelle Überwälzungsvermutung ist allerdings unter zwei Gesichtspunkten zu modifizieren:

— erstens nach der Anlageform und

— zweitens danach, ob die Guthaben, die während der Sperrfrist angesammelt wurden, in einem Betrag oder sukzessive freigegeben werden[3].

Auch für diese beiden Verfahren entsteht nach einigen Umformungen aber

$$\frac{G}{Y} = \frac{\frac{I}{Y} - s_L}{s_G - s_L},$$

also die Gleichgewichtsgewinnquote unseres Grundmodells.

[3] Es könnte bei beispielsweise siebenjähriger Sperrfrist vorgesehen sein, daß die Guthaben des ersten Jahres im achten Jahr, die des zweiten im neunten usw. in die freie Verfügung der Arbeitnehmer entlassen werden.

Der größte Konsumstoß wäre wahrscheinlich dann zu erwarten, wenn die Guthaben in der Form von Sparkonten gehalten würden, die nach Freigabe ohne Wertverlust aufgelöst werden können. Würden dagegen Vermögenstitel angesammelt, wie beispielsweise Wertpapiere, die erst durch Verkauf in Bargeld umwandelbar sind, so könnten die zu erwartenden Kursverluste die Arbeitnehmer zumindest zu einer zeitlichen Streckung der Verkäufe veranlassen. Daß der mögliche Konsumstoß erheblich sein kann, zeigt folgendes Rechenbeispiel:

Angenommen ab 1971 würden in der Bundesrepublik Deutschland jährlich 4 Mrd. DM an zusätzlichem Vermögen bei den Arbeitnehmern gebildet. Das wären 1,1 % des privaten Verbrauchs von 409,61 Mrd. DM in 1971[4]. Wachsen privater Verbrauch und jährliche Vermögensbildungsabgabe in den folgenden Jahren um jährlich 4 %, und verzinsen sich die Guthaben der Arbeitnehmer mit jährlich 6 %, so würden nach Ablauf einer siebenjährigen Sperrfrist im Jahre 1978 39,78 Mrd. DM freigegeben; das wären 7,1 % des privaten Verbrauchs des Jahres 1979 von — angenommen — 560,58 Mrd. DM. Nach zehnjähriger Sperrfrist — 1981 — würden 10,4 % der privaten Verbrauchsausgaben dieses Jahres frei.

Geht man unter den gleichen Annahmen über die Verzinsung der Guthaben und das Wachstum des privaten Verbrauchs von einer sukzessiven Freigabe der Guthaben aus, so würden im 8. Jahr 6,01 Mrd. DM frei; das wären 1,1 % des — angenommenen — privaten Verbrauchs des Jahres 1979 — ein Prozentsatz, der sich mit längeren Sperrfristen im Maße der Differenz aus der Verzinsung des Vermögens und der Wachstumsrate des privaten Verbrauchs — geringfügig — erhöht. Auch diese — gemessen an den gesamten Verbrauchsausgaben — geringfügige Zusatznachfrage würde allerdings am Markt merklich und damit zu Preiserhöhungen führen, da sie sich wahrscheinlich auf die wenigen Bereiche der Produktion langlebiger Konsumgüter konzentrieren dürfte.

Beide Verfahren der Freigabe unterscheiden sich also tendenziell in ihrer Wirkung auf die Gewinnquote, sofern — grob vereinfachend — angenommen wird, daß eine große Zahl von Arbeitnehmern die jeweiligen Freigabetermine zur Auflösung ihrer Guthaben verwenden: Bei einmaliger Freigabe des gesamten angesammelten Vermögens entstünde etwa im Rhythmus der Sperrfrist alle acht oder elf Jahre ein Konsumstoß, der den Gewinnbeziehern die nachträgliche Korrektur der Gewinnquote erlaubt, ohne daß dauerhaftes Vermögen bei den Arbeitnehmern verbleibt. Bei sukzessiver Freigabe würde die Gewinnquote unter den Bedingungen unserer Modelle in der Anlaufphase zunächst gemindert und erreichte nach dem Ablauf der ersten Sperrfrist wieder ihren früheren Stand, da dann in jedem Jahr der neuen Ersparnis aus dem Weiterlaufen des Vermögensbildungsprogramms ein nicht wesentlich niedrigeres Entsparen aus den freigegebenen Guthaben gegenübersteht, ein gleichsam revolvierender Bestand an Vermögen aber verbleibt.

---

[4] Vgl. *Statistisches Jahrbuch* für die Bundesrepublik Deutschland 1973, S. 528.

Die mögliche Gefahr einer Auflösung des Vermögens bei Ablauf der Sperrfristen wird in der vermögenspolitischen Diskussion durchaus gesehen. Viele glauben aber für diesen Zeitpunkt auf eine Art ‚Gravitationsgesetz' des Vermögensbestandes vertrauen zu können, nach dem bei hinreichender Höhe des vorhandenen Bestandes der Wunsch der Haushalte wächst, nicht nur am Vermögen festzuhalten, sondern auch die freiwillige Ersparnis zu verstärken. Es müsse, so Schreiber, ein „Schwellenwert auf dem Weg von Nichts zu Etwas" überwunden werden. Er vertraut damit auf einen Prozeß der Gewöhnung an Vermögensbesitz, der im übrigen durch institutionelle Regelungen für eine Übergangszeit nach Ablauf der Sperrfrist verstärkt werden könnte[5]. Diese Vermutung, daß mit wachsendem Vermögensbestand die Bereitschaft zum Festhalten wächst, wird auch durch empirische Untersuchungen in den USA[6] gestützt, nach denen

— die subjektive Unzufriedenheit eines Wirtschaftssubjektes mit der Höhe seines Vermögensbestandes bei wachsender Höhe des Vermögens nicht abnimmt und

— innerhalb der mittleren und hohen Einkommensgruppen Besitzer geringer Vermögensbestände eine geringe Sparneigung haben, bei Besitzern großer Bestände dagegen hohe wie auch geringe Sparneigungen beobachtet wurden.

Auch eine Repräsentativerhebung des Deutschen Sparkassen- und Giroverbandes[7] für das Jahr 1966 über die Verwendung prämienbegünstigter Sparverträge nach Ablauf von Sperrfristen zeigt (Tabelle 1), daß innerhalb der ersten sechs Monate nach Fälligkeit

— nur knapp 30 % der Guthaben bar abgehoben oder auf Girokonten überwiesen wurden, während

[5] Diese Hoffnung gründet auf dem „Gesetz" nach dem akkumuliertes Vermögen, sobald es eine bestimmte Höhe erreicht habe, eine gewisse Eigendynamik entwickele. So *Schreiber*, Wilfrid: Das Auseinanderfallen von ordnungspolitischer Wünschbarkeit und persönlicher Motivation der Vermögensbildung, in: *Stiller*, Ekkehard (Hrsg.): Lohnpolitik und Vermögensbildung. Frankfurter Gespräch der List Gesellschaft. 29. - 30. Nov. 1963, Basel und Tübingen 1964, S. 54 ff. Der Verfasser dieser Studie hat mit anderen eine an die Sperrfrist anschließende Übergangszeit vorgeschlagen, in der die Arbeitnehmer die Vermögenserträge konsumieren dürfen — und sollen —, der Bestand aber noch nicht aufgelöst werden darf. Dahinter stand die Überlegung, daß in der Übergangszeit die Vermögenserträge zu einem unverzichtbaren Bestandteil des Haushaltseinkommens werden, so daß der Bestand auch später gehalten wird, um die Erträge nicht zu verlieren. (Vgl. *Willgerodt*, Hans u. a.: Vermögen für alle, S. 401 ff.)

[6] Vgl. dazu *Katona*, George: On the so-called Wealth Effect, in: Review of Economics and Statistics. Bd. 43 (1961), S. 59 f.

[7] Vgl. *Deutscher Sparkassen- und Giroverband* e. V. (Hrsg.): Mitteilung v. 11. 4. 1967, S. 3.

— knapp zwei Drittel auf bestehende Sparkonten flossen oder auf den bisher begünstigten Sparkonten verblieben.

— Bei nur 2,2 % lag allerdings der für Wertpapierkäufe oder Schuldentilgung — also mit großer Wahrscheinlichkeit zur längerfristigen Vermögensbildung — verwandte Betrag. Doch darf vermutet werden, daß ein großer Teil der auf Sparkonten übertragenen oder weiterhin gehaltenen Beträge ebenfalls als längerfristige Sparanlage gedacht war.

Tabelle 1

Die Verwendung prämienbegünstigter Sparverträge nach Ablauf der Sperrfrist am 1. 7. 1966 innerhalb der nächsten sechs Monate

(Ergebnis einer Erhebung des Deutschen Sparkassen- und Giroverbandes e. V.)

Verfügungsart	Anteile der Verwendungsarten an der gesamten Fälligkeitssumme von: Allgemeinen Sparverträgen		Raten-sparverträgen		Gesamt	
	in Mill. DM	in v. H.	in Mill. DM	in v. H.	in Mill. DM	in v. H.
Barabhebung und Übertrag auf Girokonto ...	5,7	28,3	13,2	29,8	11,9	29,3
Übertrag oder Verbleib auf Sparkonto	13,6	67,9	28,0	63,1	41,5	64,6
(darunter prämienbegünstigtes Sparkonto)	(1,6)	(11,6)	(0,3)	(1,2)	(1,9)	(3,0)
Wertpapierkauf	0,05	0,2	0,2	0,5	0,3	0,4
Schuldentilgung	0,1	0,7	1,0	2,3	1,1	1,8
sonstige Verwendung ..	0,6	2,9	1,9	4,3	2,5	3,9
Gesamt	20,0	100	44,3	100	64,3	100

Quelle: Deutscher Sparkassen- und Giroverband e. V. (Hrsg.): Mitteilung v. 11. 4. 1967, S. 3. Es handelt sich dabei um eine Repräsentativerhebung, die 7,9 % (= 64,4 Mill. DM) der insgesamt DM 815,2 Mill. am 1. 6. 1966 durch Vertragsabschluß fällig gewordenen prämienbegünstigte Sparverträge erfaßte.

Auf ein die gesamte Arbeitnehmerschaft erfassendes Vermögensbildungsmodell sind diese Ergebnisse allerdings nur bedingt übertragbar. Denn

— diese Erhebung weist nur die Verwendung innerhalb der ersten sechs Monate nach Fälligkeit aus und berücksichtigt auch beispielsweise spätere Abhebungen von den Sparkonten nicht, auf die die Guthaben zunächst übertragen wurden.

— An der freiwilligen Sparförderung nach dem Sparprämiengesetz haben sich, wie der „Bericht der Bundesregierung über die Auswirkungen der Sparförderung" von 1972[8] anhand der Ergebnisse der Einkommens- und Verbrauchsstichprobe 1969[9] nachweist, die Bezieher höherer Einkommen stärker beteiligt als die Bezieher mittlerer und kleinerer Einkommen, so daß sich das Bild bei gleichmäßiger Beteiligung aller Arbeitnehmer wandeln könnte.

Immerhin zeigen diese Daten, daß nicht von vornherein mit einem allgemeinen Rückfluß in den Konsum für den Zeitpunkt gerechnet werden kann, in dem Sperrfristen ablaufen. Außerdem wäre zu berücksichtigen, daß bei höheren Beträgen, als sie nach dem Sparprämiengesetz angesammelt werden konnten, und längeren Sperrfristen die Bereitschaft zum Festhalten am Vermögen sicher eher wachsen als schrumpfen wird, zumal wenn die Zinserträge einen spürbaren Beitrag zum Haushaltseinkommen leisten und folglich die konsumtive Verwendung des Vermögens mit merklichen Einkommenseinbußen bezahlt werden muß.

Diese Abhängigkeit der Verwendungsstruktur eines den Haushalten außerhalb ihres normalen Einkommens zufließenden Betrages von der Höhe des Betrages zeigt auch eine Befragung des EMNID-Instituts, Bielefeld, aus dem Jahre 1971[10]. Auf die Frage nach der Verwendung einer unverhofften Einnahme von DM 1 000,— wurden — wie Tabelle 2 zeigt — nahezu gleich häufig konsumtive wie vermögenswirksame Verwendungen genannt. Bei einem Betrag von angenommen DM 25 000,— machen die Nennungen von vermögenswirksamen Verwendungen dagegen zwei Drittel aller Nennungen aus.

1.2 Möglichkeiten zur Substitution zwischen freiwilligem und administriertem Sparen

Während die Gefährdung des verteilungspolitischen Ziels der Vermögenspolitik durch Entsparen nach Ablauf eventueller Sperrfristen im allgemeinen gesehen wird, wird in keinem der Pläne oder Gutachten zur Vermögenspolitik die Möglichkeit erwogen, daß allgemeine investive Lohnzulagen oder eine gesetzliche Gewinnbeteiligung bisherige freiwillige Ersparnis der Arbeitnehmer verdrängen könnten, obwohl

---

[8] Vgl. *Deutscher Bundestag:* Drucksache VI/3186, S. 11.

[9] Wirtschaft und Statistik: Heft 12 (1970), Heft 1 - 4 (1971).

[10] Vgl. *EMNID-Institut,* Bielefeld: Einstellung, Meinungsbild und Verhaltenstendenzen der Bevölkerung zur vermögenspolitischen Auseinandersetzung, Bielefeld 1971, Bd. 3, Tabellen 7 und 8.

Tabelle 2

Die Verwendung einer unverhofften Einnahme von DM 1 000,— und von DM 25 000,— (z. B. aus Lotto-/Totogewinnen)

Ergebnis einer Befragung des EMNID-Instituts, Bielefeld von April/Mai 1971

DM 1 000,— wollten die Befragten verwenden für (Zahl der Nennung in v. H. der Gesamtheit)[a]		DM 25 000,— wollten die Befragten verwenden für	
Reise, Urlaub	17	Weltreise	8
Möbel, langlebige Konsumgüter	9		
Kleidung	5		
Auto	4		
Anschaffungen	11		
„auf den Kopf hauen“	3	Eine Zeitlang gut leben	6
		Teils „auf den Kopf hauen“, teils sparen	8
		Sicher anlegen und im Laufe der Jahre verbrauchen	13
Konsumtive Verwendung (Summe)	49	Konsumtive Verwendung (Summe)	35
Sparen	31	Bausparen	16
		Aktien und Wertpapiere kaufen	8
		Zinsgünstig anlegen	20
		Sicher anlegen für Notfälle	17
		Altersversorgung	13
Schuldentilgung	5	Schuldentilgung	13
Investition im eigenen Unternehmen	2	Unternehmen aufbauen	3
Hausbau und Renovierung	6	Hausbesitz, Grundbesitz oder Sachwerte	49
Vermögenswirksame Anlage (Summe)	44	Vermögenswirksame Anlage (Summe)	139
Schenkung	3	Ausbildung der Kinder	10
		Studium, Weiterbildung	4
Sonstiges	2	Sonstiges	4
Keine Antwort	7	Keine Antwort	2
Nicht eindeutig einzuordnen	12	Nicht eindeutig einzuordnen	20
Gesamtzahl der Nennungen[a]	105	Gesamtzahl der Nennungen[a]	194

a) Es waren Mehrfachnennungen möglich.

Quelle: EMNID-Institut: Einstellung, Meinungsbild und Verhaltenstendenzen der Bevölkerung zur vermögenspolitischen Auseinandersetzung. Ergebnis einer Befragung von 2 000 privaten Haushalten April/Mai 1971. Bielefeld 1971, Band 2, S. 23 ff. (Tabellen 7 und 8).

diese Möglichkeit jede Hoffnung auf eine kurzfristige wie langfristige Beeinflußbarkeit der funktionellen wie der institutionellen Einkommensverteilung durch Vermögenspolitik bereits im Ansatz zerstören würde. Denn schränken die Arbeitnehmer ihr sonstiges Sparen in dem Maße ein, wie sie durch staatliche Eingriffe Vermögen erhalten, so bleibt nach unseren bisherigen Kreislaufmodellen die gesamtwirtschaftliche Gewinnquote konstant. Der Belastung der Unternehmen stehen dann vermehrte Konsumausgaben der Arbeitnehmer gegenüber, die eine Überwälzung in höheren Konsumgüterpreisen erlauben. Ebenso wird dann das Ziel der Dekonzentration des Vermögens verfehlt.

Falls die Arbeitnehmer die bisherigen Relationen zwischen Konsum und Sparen sowie zwischen Einkommen und Vermögensbestand beibehalten wollen[11], stehen ihnen zwei Wege offen, um das politisch gewünschte Mehrsparen zu umgehen:

1. Sie schränken ihr freiwilliges Sparen aus dem laufenden Einkommen ein.
2. Sie verringern ihre bereits vorhandenen Vermögensbestände.

Daß Substitutionen zwischen prämienbegünstigtem Sparen, investiven Lohnzulagen, Zuflüssen aus einer Gewinnbeteiligung und dem bisherigen freiwilligen Sparen in den vermögenspolitischen Programmen der fünfziger und frühen sechziger Jahren nicht erwogen wurden, mag ein Reflex der für damals vermuteten niedrigen Sparquoten der Arbeitnehmer sein[12]. Denn ganz sicher ist eine Erhöhung der Konsumnachfrage natürlich nur in dem Maße auszuschließen, in dem Schichten begünstigt werden, die bisher überhaupt nicht sparen. Schon für 1959 galt dies aber nur für wenig mehr als die Hälfte aller Arbeitnehmer:

Wie eine Umfrage des Instituts für Demoskopie (Allensbach)[13] zeigt, betrug 1959 der Anteil der Sparer unter den Angestellten und Beamten 48,6 %. Die Sparquote lag bei Angestellten und Beamten je nach Einkommensschicht

---

[11] Zum Zusammenhang von Vermögensbestand, Einkommen und Sparverhalten vgl. *Rudloff*, Hartmut: Vermögensbestand, Sparverhalten und Wirtschaftswachstum. Ein Beitrag zur Theorie der Spar-Vermögen-Relation des privaten Haushalts, Berlin 1969 (Untersuchungen über das Spar-, Giro- und Kreditwesen, Bd. 47).

[12] Zur Entwicklung der Sparquoten der Arbeitnehmerhaushalte in den fünfziger Jahren vgl. *Kaiser*, Walter; *Zerwas*, Arnold: Die Struktur des Sparens in der Bundesrepublik Deutschland von 1950 bis 1967, Berlin 1970, insbes. Tab. 25 (S. 101). (Untersuchungen über das Spar-, Giro- und Kreditwesen, Bd. 50.)

[13] Vgl. *Fricke*, Dieter: Das Sparverhalten der privaten Haushalte in der Bundesrepublik Deutschland, Berlin 1972, S. 112 f. (Beiträge zur Verhaltensforschung, Heft 14). Fricke gibt hier (Tab. 18) die Ergebnisse einer Bevölkerungsumfrage des Allensbacher Instituts unter dem Titel „Über den Umgang mit Geld" wieder.

zwischen 9,9 % und 14,9 %, bei den Arbeitern, zwischen 4,6 % und 8,7 %, jeweils bezogen auf das monatliche Nettoeinkommen[14].

Gilt also die Vermutung fehlender Sparfähigkeit oder Sparwilligkeit[15] schon zu Ende der fünfziger Jahre nur noch für gut die Hälfte der Arbeitnehmer, so ist 1969 der Anteil der Nichtsparer verschwindend gering:

Nach der Einkommens- und Verbrauchsstichprobe zu Ende 1969[16] erklärten 93 % der befragten Haushalte, 1969 gespart zu haben. Leider hat das Statistische Bundesamt diese Zahl nicht nach sozialen Gruppen, Einkommensklassen oder Altersgruppen aufgeschlüsselt. Doch selbst wenn sich die Nichtsparer ausschließlich unter den Unselbständigen befunden hätten, so hätten bei einem Anteil von 88,2 % der Unselbständigenhaushalte an der Gesamtzahl aller Haushalte (1969) mindestens 81,2 % der Unselbständigenhaushalte 1969 Ersparnisse gebildet.

Dieser Anteil stimmt auch mit dem Ergebnis einer Repräsentativumfrage im Auftrag des Bundesministeriums für Arbeit und Sozialordnung[17] überein, nach der im Juni 1970 81 % der Arbeitnehmer sich zu den Sparern rechneten, wobei weitere 20 % der Nicht-Sparer, also rund 4 % der Arbeitnehmer als Grund des Nichtsparens „Schuldentilgung“[18] angaben, im weiteren Sinne also den Sparern zugerechnet werden können.

Auch bei den Haushalten der Unselbständigen, die sparen, könnte allerdings das freiwillige Sparen durch gesetzliche Vermögensbildung höchstens insoweit verdrängt werden, wie bisher schon freiwillig höhere Beträge gespart wurden als die, die in den gegenwärtig geplanten Programmen angestrebt werden (DM 200,— bis DM 300,—). Wir wollen da-

---

[14] Vgl. ebenda, S. 113 Tab. 19 und eigene Berechnungen.

[15] Zu den Begriffen Sparfähigkeit und Sparwilligkeit vgl. *Huhle*, Fritz: Sparwille und Sparfähigkeit als Komponenten der Spartätigkeit, in: *Voigt*, Fritz u. a. (Hrsg.): Beiträge zur Theorie des Sparens und der wirtschaftlichen Entwicklung, Berlin 1958, S. 85 ff. (Untersuchungen über das Spar-, Giro- und Kreditwesen, Bd. 1).

[16] Vgl. *Euler*, Manfred: Sparmotive, Sparziele und Sparneigung privater Haushalte. Ergebnis der Einkommens- und Verbrauchsstichprobe 1969, in: Wirtschaft und Statistik, Heft 2 (1971), S. 138. Auch die zur gleichen Zeit mit ähnlichem Fragenprogramm durchgeführte Befragung des Deutschen Sparkassen- und Giroverbandes bestätigt, daß nur ein kleiner Teil aller privaten Haushalte — hier 6 % — überhaupt nicht spart. (Vgl. Deutscher Sparkassen- und Giroverband Bonn (Hrsg.): Materialien zur Vermögensbildung, Bonn 1971, S. 52.)

[17] Vgl. *Brandt*, Franz; *Peter*, Rudi; *Werth*, Manfred: Das Sparverhalten der Arbeitnehmer im Rahmen des Vermögensbildungsgesetzes. Eine empirisch-soziologische Studie im Auftrag des Bundesministers für Arbeit und Sozialordnung, Stuttgart usw. 1972, S. 28, Tab. S 4.

[18] Die Autoren rechnen Beträge, die zur Schuldentilgung verwendet werden, selbst dann nicht zum Sparen, wenn es sich um die „Entschuldung eines Eigenheimes“ handelt. Denn: „Faktisch handelt es sich um einen Prozeß des Entsparens, der die aktuelle Sparfähigkeit weiter herabmindert. Alle anderen Faktoren treten demgegenüber weitgehend in den Hintergrund“. (Sic! Diese Zuordnung steht in der uns bekannten Literatur wohl zu Recht alleine.) Vgl. *Brandt*, Franz u. a.: Das Sparverhalten ..., S. 35.

her nun abschätzen, wieviel Haushalte von der Höhe ihrer derzeitigen freiwilligen Ersparnis die Möglichkeit hätten, freiwilliges Sparen durch administratives Sparen zu substituieren.

Über laufende Ersparnis der Arbeitnehmerhaushalte liegen weder in der Einkommens- und Verbraucherstichprobe 1969 noch in der Stichprobenerhebung des Deutschen Sparkassen- und Giroverbandes und auch nicht in der Stichprobenerhebung im Auftrag des Bundesarbeitsministeriums Daten vor, die die Haushalte nach der Höhe der Beträge gruppieren. Wir gehen daher indirekt vor:

Zunächst kann hilfsweise die durchschnittliche Sparquote aller Arbeitnehmerhaushalte herangezogen werden. Sie wird von Kaiser und Zerwas[19] für das Jahr 1967 — dem jüngsten Jahr dieser Erhebung — mit 11 % angegeben. Im Jahre 1969 erreichte sie, von Engels[20] nach der gleichen Methode fortgerechnet, die Kaiser und Zerwas anwandten, 12 % und unter Berücksichtigung einer notwendigen Korrektur[21] 12,5 %.

Jedoch sagt die durchschnittliche Sparquote aller Arbeitnehmerhaushalte wenig über Substitutionsmöglichkeiten zwischen freiwilligem und administriertem Sparen aus. Denn der Durchschnitt könnte von einer kleinen Gruppe fleißiger Sparer beeinflußt sein, während ein großer Teil der Arbeitnehmer nur ganz geringe Beträge gespart haben könnte. Diese Vermutung hält aber der empirischen Überprüfung nicht stand:

Die schon genannte Untersuchung im Auftrag des Bundesministeriums für Arbeit- und Sozialordnung[22] zeigt nämlich in einer Aufgliederung der nichtsparenden Arbeitnehmer nach den verschiedensten Kriterien — „Geschlecht", „Alter", „Familienstand", „Ortgrößenklasse", „Stellung im Beruf", „Bruttomonatseinkommen", „Wirtschaftszweig", „Gewerkschaftszugehörigkeit" und „Parteipräferenz" — lediglich für die Merkmale „Stellung im Beruf", „Bruttoeinkommen" und „Wirtschaftszweig" die vage Möglichkeit eines *statistischen* Zusammenhangs mit dem Merkmal „Anteil der Nichtsparer an der Gesamtzahl der Arbeitnehmer". Doch machen die Nichtsparer bei keinem der genannten Merkmale mehr als 29 % der Gesamtzahl aus[23].

---

[19] Vgl. *Kaiser*, Walter; *Zerwas*, Arnold: Die Struktur des Sparens ..., S. 101.

[20] Vgl. *Engels*, Wolfram; *Sablotny*, Herbert; *Zickler*, Dieter: Bildung und Verteilung des Volksvermögens in der Bundesrepublik Deutschland 1950 bis 1970. Vorbericht über die Ergebnisse eines laufenden Forschungsvorhabens. Vervielfältigtes Manuskript o. J., S. 17.

[21] Kaiser und Zerwas rechnen die nicht entnommenen Gewinne der Unternehmen ohne eigene Rechtspersönlichkeit ganz den Selbständigenhaushalten zu, während nach Engels 20 % auf die Arbeitnehmerhaushalte entfallen.

[22] Vgl. *Brandt*, Franz u. a.: Das Sparverhalten ..., S. 34 f.

[23] In der Aufgliederung
— nach monatlichen Bruttoeinkommen sinkt der Anteil der Nichtsparer von 29 % in der untersten Einkommensschicht (unter DM 600,—) bis auf 8 % in der obersten Schicht (Bruttoeinkommen über DM 1 500,—);
— nach Stellung im Beruf liegt er bei den Hilfsarbeitern mit 27 % am höchsten und bei den Beamten mit 11 % am niedrigsten; und

Die von Fricke ausgewertete Umfrage des Instituts für Demoskopie (Allensbach) aus dem Jahre 1959 zeigt außerdem, daß die Sparquote derjenigen Arbeitnehmer, die überhaupt sparen, mit steigendem Einkommen nicht eindeutig steigt[24]. Sie lag vielmehr in der untersten und in der obersten Einkommensschicht über dem Durchschnitt der Gesamtheit aller sparenden Arbeitnehmer und in den mittleren Einkommensklassen darunter; bei den Arbeitern sank sie sogar mit steigendem Einkommen kontinuierlich ab.

Wir gehen deshalb vereinfachend davon aus, daß die Sparquote der sparenden Arbeitnehmer in allen Einkommensschichten etwa gleich ist.

Da 1969 rund 80 % aller Arbeitnehmerhaushalte sparten, bedeutet eine Sparquote aller Arbeitnehmerhaushalte von 12,5 % bezogen auf die sparenden Arbeitnehmer eine Quote von 15,7 %. Da ferner 98 % aller Arbeitnehmerhaushalte über monatliche Haushaltsnettoeinkommen von mehr als DM 500,— verfügten, hätten auch ungefähr 80 % aller westdeutschen Arbeitnehmerhaushalte folglich 1969 monatlich mehr als DM 78,— gespart.

Somit hätten vier Fünftel grundsätzlich die Möglichkeit, bisheriges Sparen in dem Maße einzuschränken, in dem ihnen durch investiv gebundene Zuwendungen Vermögen zufließt.

Davon müssen nun noch diejenigen Ersparnisse abgezogen werden, die aus tarifvertraglich vereinbarten Leistungen des Arbeitgebers gespeist werden oder zu denen sich Arbeitnehmer durch Lebensversicherungsverträge, Bauspar- oder Ratensparverträge verpflichtet haben, da diese Verpflichtungen auf kurze Frist nur unter Verlusten eingeschränkt werden könnten und auch auf längere Sicht die Zins- und Prämienvorteile einen Abbau wohl ganz überwiegend verhindern würden.

Über die Aufteilung der laufenden Ersparnisse der Arbeitnehmer auf begünstigte oder vertraglich gebundene und sonstige Ersparnisse geben die genannten Untersuchungen keine Aufschlüsse. Aus der Verteilung der Sparkonten nach prämienbegünstigten und sonstigen Konten, die die Untersuchung des Sparkassen- und Giroverbandes[25] ausweist, lassen sich aber die Anteile derjenigen Haushalte ermitteln, die 1969 nur ‚prämienbegünstigte', ‚prämienbegünstigte *und* sonstige' sowie ‚sonstige' oder ‚keine Sparbücher' besaßen:

Wie Tabelle 3 zeigt, hatten 1969 lediglich 3 % der Arbeitnehmer ausschließlich prämienbegünstigte Sparkonten und 17 % kein Sparkonto[26].

— nach Wirtschaftszweigen ergibt sich der höchste Anteil der Nichtsparer in der Landwirtschaft mit 26 % und der geringste mit 13 % im Dienstleistungsgewerbe („Sonstige").

24 Vgl. *Fricke*, Dieter: Das Sparverhalten ..., S. 113.

25 Vgl. *Deutscher Sparkassen- und Giroverband:* Materialien ..., S. 27 (Tab. 14). Zur Entwicklung der Einkommensschichtung innerhalb der sozialen Gruppen vgl.: *DIW — Deutsches Institut für Wirtschaftsforschung* (Hrsg.): Einkommensschichtung sozialer Gruppen in der Bundesrepublik Deutschland 1950 bis 1970, in: Wochenbericht 34/1973 v. 23. August 1973, S. 299 ff.

26 Vgl. *Deutscher Sparkassen- und Giroverband:* Materialien ..., S. 46 (Tab. 27).

Tabelle 3

Haushalte mit prämienbegünstigten und sonstigen Sparkonten im Jahre 1969 nach der sozialen Stellung des Haushaltsvorstands[a])

Soziale Stellung des Haushaltsvorstands	Anteil an der Gesamtzahl der Haushalte	Haushalte mit Sparkonten				Haushalte ohne Sparkonten
		gesamt	nur prämienbegünstigt	prämienbegünstigte und andere	nur andere	
Arbeiter	26	79	3	16	51	21
Angestellter	20	87	4	32	45	13
Beamter	7	89	4	33	47	11
Arbeitnehmer	53	83	3	25	48	17
Nichterwerbstätiger	34	81	2	12	48	29
Selbständiger	87	78	3	20	48	22
Unselbständiger ..	13	86	3	21	56	14
Gesamt	100	79	3	20	49	21

Quelle: Eigene Berechnungen auf der Grundlage: Deutscher Sparkassen- und Giroverband (Hrsg.), Materialien zur Vermögensbildung. Ergebnisse einer Untersuchung des Deutschen Sparkassen- und Giroverbandes, Bonn 1971, S. 45 sowie 27 und 32 (S. 46 und 53).

a) Zu den Sparkonten rechnen hier — abweichend vom Ausgangsmaterial der Untersuchung des Deutschen Sparkassen- und Giroverbandes auch Postsparbücher. Da diese Untersuchung Angaben über die Merkmalkombinationen „Besitz nur prämienbegünstigter Sparkonten", „Besitz prämienbegünstigter und anderer Sparkonten" usw. mit dem Merkmal „Besitz von Postsparbüchern" für die Gesamtzahl der Haushalte enthält, ist hier angenommen, daß innerhalb der sozialen Gruppen diese Merkmalkombinationen mit der gleichen Häufigkeit auftreten wie in der Gesamtzahl der Haushalte. Die Daten sind in Anpassung an das Ausgangsmaterial auf volle Prozentsätze gerundet.

Mindestens 80 % der Arbeitnehmerhaushalte könnten also angesichts eines zusätzlichen Vermögensbildungsprogramms Sparbeträge auf frei verfügbaren Sparkonten auflösen, ohne auf Prämien verzichten zu müssen[27].

Dieses Ergebnis wird auch durch die Daten der Einkommens- und Verbrauchsstichprobe 1969 über die in den Arbeitnehmerhaushalten vorhandenen Vermögensbestände bestätigt, auch wenn sich aus den Unterschieden der Erhebungstechnik und des Stichprobenumfangs erhebliche Differenzen zwischen den Daten beider Untersuchungen ergeben. (Vgl. Tabelle 4.)

Bis hierher kann deshalb zusammenfassend festgestellt werden:

---

[27] Damit ist die Substitution von administriertem Sparen und schon bestehenden — frei verfügbaren — Kontenbeständen gemeint.

Der weitaus größte Teil der Arbeitnehmer hätte, falls eine weitere Vermögenszuwendung zusätzlich zur bisherigen Förderung der Vermögensbildung eingeführt würde, die *Möglichkeit*, geplante freiwillige Ersparnis oder freiverfügbare Sparguthaben abzubauen, um auf diesem Wege einen Zwang zur vermögenswirksamen Anlage indirekt zu umgehen.

Tabelle 4

Formen der Vermögensbildung der Haushalte mit Arbeitnehmern als Haushaltsvorständen am 31. 12. 1969. Ergebnisse der Einkommens- und Verbrauchsstichprobe 1969

Von 100 Arbeitnehmerhaushalten verfügten über:		(jeweils in v. H. *aller* Arbeitnehmerhaushalte)			
		mit Guthaben von DM ...... bis DM			
		unter 1 000	1 000 - 5 000	über 5 000	keine
Sparbücher	92,3	27,0	40,2	25,1	7,7
		mit *Vertragssummen* von DM ...... bis DM			
		unter 10 000	10 000 - 30 000	über 30 000	keine
Bausparverträge	26,7	6,0	14,2	6,4	73,3
		mit Guthaben von DM ...... bis DM			
		unter 2 000	2 000 - 10 000	über 10 000	
		8,2	14,3	4,2	
		mit Vertragssummen von DM ...... bis DM			
		unter 3 000	3 000 - 10 000	über 10 000	keine
Lebensversicherungsverträge	82,0	25,1	31,1	25,7	18,0
		mit Tageswerten von DM ...... bis DM			
		unter 2 000	2 000 - 10 000	über 10 000	keine
Wertpapiere	19,0	9,2	7,5	2,3	81,0
		mit Guthaben von DM ...... bis DM			
		unter 1 000	1 000 - 5 000	über 5 000	keine
Prämienbegünstigte Sparbücher	46,1	13,9	25,5	6,7	53,9
		mit Einheitswerten von DM ...... bis DM			
		unter 2 000	2 000 - 10 000	über 10 000	kein
Grundvermögen	36,2	9,4	17,7	8,9	63,8

Quelle: Euler, Manfred: Ausgewählte Vermögensbestände privater Haushalte am Jahresende 1969. Ergebnis der Einkommens- und Verbrauchsstichprobe 1969, in: Wirtschaft und Statistik, Heft 12 (1970), S. 605 ff.; eigene Berechnungen.

1.3 Die Neigung zur Substitution zwischen freiwilligem und administriertem Sparen

Es ist nun zu prüfen, ob die Arbeitnehmerhaushalte angesichts zusätzlicher vermögenswirksamer Zuwendungen die Möglichkeit, ihre freiwillige Ersparnis einzuschränken und so den Verwendungszwang zu umgehen, auch tatsächlich nutzen werden, so daß die funktionelle Einkommensverteilung auf den früheren Stand zurückfällt. Es sind deshalb im folgenden Überlegungen zum wahrscheinlichen Verhalten derjenigen Arbeitnehmerhaushalte anzustellen, die in der Lage sind, vorhandene Guthaben oder laufende freiwillige Ersparnisse zu substituieren. Die Reaktion dieser Haushalte auf zusätzliche Vermögenszuwendungen hängt davon ab,

(1) ob sie diese administrierten Vermögenszuwächse zu dem bisherigen Einkommen hinzurechnen und ihre Sparpläne an dieser Gesamt-Einkommenssumme ausrichten oder ob sie ihnen eine besondere Qualität als gleichsam außerhalb ihrer Einkommenssphäre liegende Zuflüsse beimessen, die die Entscheidungen über die Verwendung ihres Normaleinkommens nicht berühren;

(2) ob sie überhaupt ein bestimmtes Verhältnis zwischen Einkommen und Sparen oder Einkommen und Vermögensbestand einhalten wollen und diese gewünschte Einkommens-Vermögensrelation schon erreicht haben; und schließlich

(3) ob das neu zugeschwemmte Vermögen nach Anlageform und Fristigkeit die Motive befriedigt, die bisher das freiwillige Sparen bestimmt haben.

Befragungen im Rahmen der Einkommens- und Verbrauchsstichprobe 1969 und die Reaktionen der meisten Arbeitnehmer auf die Einführung tarifvertraglicher Leistungen der Arbeitgeber im Rahmen des Zweiten Vermögensbildungsgesetzes (312,— DM-Gesetz)[28] legen die Vermutung nahe, daß die Mehrheit der Arbeitnehmer bei zusätzlichen vermögenswirksamen Zuwendungen ihre bisherigen Sparpläne nicht ändern wird:

Denn auf die im Rahmen des Schlußinterviews der Einkommens- und Verbrauchsstichprobe 1969 gestellte Frage[29] „Wenn ihr monatliches Haushaltseinkommen vom nächsten Monat ab um 10 % erhöht würde, wieviel würden Sie von dem zusätzlichen Geld zusätzlich sparen?“ gaben, wie Tabelle 5 zeigt, gut ein Viertel aller befragten Arbeitnehmerhaushalte an, sie würden das gesamte zusätzliche Einkommen sparen, rund 30 % wollten „die Hälfte bis drei Viertel“ und weitere 11 % etwa ein Viertel sparen, während das verbleibende Drittel der Arbeitnehmerhaushalte eine geringere Sparquote bezogen auf ein fiktives Zusatzeinkommen plante.

---

[28] Vgl. im folgenden.

[29] Vgl. *Euler*, Manfred: Sparmotive, Sparziele ..., S. 141 (Tab. 5).

Zusammen mit früheren Daten läßt sich aus Zahlen der Tabelle 5 für diejenigen Arbeitnehmerhaushalte, die bisher schon gespart haben (80 % aller Arbeitnehmerhaushalte) eine marginale Sparquote von etwa 45 % errechnen[30]. Den restlichen 20 % kann für den Fall zusätzlicher vermögenswirksamer Zuwendungen eine marginale Sparquote von eins zugerechnet werden, da, wie oben gezeigt, etwa 20 % aller Arbeitnehmerhaushalte[31] keine genügenden freiwilligen Ersparnisse haben — oder laufend ansammeln, um durch vermögenswirksame Zuwendungen freiwillige Ersparnisse substituieren zu können. Bezogen auf die Gesamtheit aller Arbeitnehmerhaushalte ergäbe sich aus diesen Daten nach Einführung einer vermögenswirksamen Leistung und unter Berücksichtigung der Entscheidungen über das freiwillige Sparen eine marginale Sparquote von rund 65 %.

Konfrontiert man diese verteilungspolitisch positiven Ergebnisse allerdings mit dem gezeigten Sparverhalten der Arbeitnehmer in den sechziger Jahren, so zeigt sich eine erhebliche Diskrepanz zwischen der Planung eines Haushalts in einer hypothetischen Situation und dem wirklichen Verhalten. Um die tatsächlichen Sparentscheidungen bei wachsendem Einkommen in der Vergangenheit sichtbar zu machen, müssen die vorhandenen Daten zur Spartätigkeit der Arbeitnehmer freilich für das Ziel unserer Überlegungen ergänzt werden:

Denn es erscheint sinnvoll, die marginale Sparquote aus inflationsbereinigten Zuwächsen der Ersparnis zu berechnen und sie auf das Gesamteinkommen pro Haushalt (einschließlich der Vermögenseinkünfte der Arbeitnehmer) zu beziehen:

Die Ersparnis der Arbeitnehmerhaushalte ist von Kaiser und Zerwas auf der Grundlage der Finanzierungsrechnung der Deutschen Bundesbank und verschiedener Bankenstatistiken nur bis 1967[32] ermittelt worden. Engels hat diese Daten bis 1970 fortgerechnet[33]. Danach ist die Ersparnis der Arbeitneh-

[30] Zwei Drittel aller Arbeitnehmerhaushalte (67,1 %) würden aus zusätzlichem Einkommen ein Viertel und mehr sparen. Da — wie früher gezeigt — mindestens 80 % der Arbeitnehmerhaushalte überhaupt sparen, müssen weitere 13 % der Arbeitnehmerhaushalte bis zu einem Viertel des zusätzlichen Einkommens sparen. Die marginale Sparquote von 45,1 % ergibt sich durch folgende angenommene Gewichtung: denjenigen, die die Hälfte bis drei Viertel sparen wollen, ordnen wir eine marginale Sparquote von 0,5 zu; denen, die etwa ein Viertel sparen wollen, ordnen wir 0,25 zu; und den *sparenden* Haushalten (= 80 %) mit weniger als ein Viertel (= 12,9 %) ordnen wir 0,1 zu.

[31] Zu ähnlichen Ergebnissen kommt die schon erwähnte Umfrage im Auftrage des Bundesarbeitsministeriums (vgl. *Brandt*, Franz u. a.: Das Sparverhalten ..., S. 53, (Tab. V 3); diese Ergebnisse sind in Tab. 5 a des Anhanges wiedergegeben.

[32] Vgl. *Kaiser*, Walter; *Zerwas*, Arnold: Die Struktur des Sparens....

[33] Vgl. *Engels*, Wolfram u. a.: Bildung und Verteilung des Volksvermögens....

Tabelle 5: **Die Bereitschaft der privaten Haushalte, aus zusätzlichem Einkommen zu sparen**
Schätzung auf der Grundlage der Ergebnisse im Rahmen der „Einkommens- und Verbrauchsstichprobe 1969"

Soziale Stellung des Haushaltsvorstands	Aus einer Erhöhung des Einkommens um 10 % wollen sparen ... (in v. H. der Zahl der jeweiligen Haushalte)				Marginale Sparquoten unter der Annahme (in v. H.)		Bevorzugte Anlageformen der Sparwilligen (in v. H. der Sparwilligen)				
	alles	die Hälfte bis drei Viertel	etwa ein Viertel	gesamt (4) = (1) + (2) + (3)			Einzahlung auf Sparkonten	Versicherungssparen	Wertpapiere und Betriebsinvestitionen	Sonstige Sparleistungen und Sparkombinationen	Keine Vorstellung
	(1)	(2)	(3)	(4)	a)	b)					
Arbeiter	25,3	27,2	10,8	63,3	43,3	(63)	73,1	8,4	4,5	13,1	0,9
Angestellter	27,3	33,9	10,3	71,5	47,7	(68)	57,1	11,8	11,3	19,3	0,5
Beamter	23,7	37,1	13,2	74,0	46,2	(66)	57,8	15,6	7,7	18,4	0,5
Arbeitnehmer	25,8	30,5	10,9	67,1	45,1	(65)	66,3	10,3	7,0	15,7	0,7
Nichterwerbstätiger .	20,5	18,7	9,1	48,3	32,1	(52)	79,5	2,8	4,5	12,0	1,2
Unselbständiger	23,8	26,0	10,2	59,9	41,4	(61)	71,3	7,4	6,1	14,3	0,9
Selbständiger[c]	28,4	25,3	7,1	60,8	44,7	(65)	43,0	10,2	24,2	21,5	1,0
Alle Haushalte	24,3	25,9	9,8	60,0	41,7	(62)	66,7	8,3	8,5	15,5	0,9

Quelle: Euler, Manfred: Sparmotive, Sparziele und Sparneigung privater Haushalte. Ergebnis der Einkommens- und Verbrauchsstichprobe 1969, in: Wirtschaft und Statistik, Heft 2 (1971), S 141 (Tabelle 5); eigene Berechnungen.

a) Unter der Annahme, daß diejenigen, die „die Hälfte bis drei Viertel" angaben, 50 v.H. sparen wollen, und daß weitere Haushalte bis jeweils 80 v.H. von dem zusätzlichen Einkommen 10 v.H. sparen wollen. — b) Unter der Annahme eines administrierten Sparens, dem sich 80 v.H. durch Senkung der freiwilligen Ersparnis entziehen können; daher wie Annahme a) zuzüglich einer marginalen Sparquote vom Wert ‚eins derjenigen 20 v.H., die nicht sparen wollen. — c) Selbständige einschließlich Landwirte.

merhaushalte zwischen 1960 und 1970 von 7,7 Mrd. DM (1960) auf 31,6 Mrd. DM (1970) angestiegen. Um das gesamte verfügbare Einkommen der privaten Haushalte in diesem Zeitraum zu ermitteln, schlagen wir den aus der Volkswirtschaftlichen Gesamtrechnung bekannten „Netto-Einkommen aus unselbständiger Arbeit" die vom DIW geschätzten Vermögenseinkünfte der Arbeitnehmer zu[34].

Bezieht man die jährlichen Zuwächse der laufenden Gesamtersparnis aller Arbeitnehmerhaushalte auf die entsprechenden Zuwächse der verfügbaren Einkommen (einschließlich Vermögenseinkünfte), so ergibt sich — wie Tabelle 6 zeigt — vor Inflationsbereinigung eine marginale Sparquote für die Arbeitnehmer als Gruppe, die zwischen ./. 0,9 % (1966) und + 45,5 % (1968) schwankt, im Durchschnitt der Jahre 1960 bis 1970 einen Wert von 16,7 % erreicht und im Konjunkturzyklus von 1966 bis 1970 bei durchschnittlich 18,6 % lag.

Da es uns aber auf das Verhalten des einzelnen Arbeitnehmers im realen Einkommenswachstum ankommt, ermitteln wir das verfügbare Einkommen, die Ersparnis und die nominalen Konsumausgaben *pro Arbeitnehmer* und bereinigen diese Größen um die Inflationskomponente:

In Tabelle 6 haben wir den jährlichen Zuwachs des durchschnittlichen verfügbaren Einkommens pro Arbeitnehmer aufgeteilt

— in den Teil, der zur Aufrechterhaltung des jeweils vorjährigen Konsumstandards (gemessen am Zuwachs des Preisindex für die Lebenshaltung eines 4-Personen-Arbeitnehmerhaushalts mit mittlerem Einkommen) benötigt wird,

— in den Teil des Konsumausgabenzuwachses, der zur Erhöhung des Konsumstandards verwendet wurde (nominell) und

— in den Zuwachs der laufenden Ersparnis (ebenfalls nominell).

Bezieht man nun den jeweiligen nominellen Zuwachs der Konsumausgaben nach Abzug des Inflationsausgleichs auf den nominellen Einkommenszuwachs pro Haushalt, so ergibt sich eine inflationsbedingte marginale Konsumquote und — als Differenz zu eins — eine entsprechende marginale Sparquote.

---

[34] *DIW*-Wochenbericht, Nr. 6 (1971). Da diese Untersuchung die Vermögenseinkommen nur für 1960, 1964, 1968 und 1970 ausweist, sind die Werte für die dazwischen liegenden Jahre durch Fortschreibung mit

— der ‚jährlichen Wachstumsrate der Vermögenseinkünfte aller privaten Haushalte'

jeweilig multipliziert mit dem Verhältnis

— des ‚durchschnittlichen Zuwachses der Vermögenseinkünfte der Arbeitnehmerhaushalte zwischen den Jahren, für die Vermögenseinkünfte der Arbeitnehmerhaushalte ausgewiesen sind', zu

— dem ‚durchschnittlichen Zuwachs der Vermögenseinkünfte aller privaten Haushalte'

ermittelt.

Die Richtigkeit dieser Fortschreibung wird dadurch bestätigt, daß auf diese Weise auch die vom DIW ausgewiesenen Daten aus dem jeweils vorigen ausgewiesenen Wert für die Vermögenseinkommen der Arbeitnehmer mit einer Abweichung von jeweils weniger als 0,1 Mrd. DM prognostiziert werden konnten.

Tabelle 6 **Die Verwendung der Einkommenszuwächse der Arbeitnehmer**

	Nettoeinkommen aus unselbständiger Arbeit	Vermögenseinkommen der Arbeitnehmer[a)]	Verfügbare Einkommen der Arbeitnehmer	Ersparnis der Arbeitnehmer	Durchschnittl. Sparquote (in Klammern: marginale Sparquote[b)])	Zahl der Arbeitnehmer
	in Mrd. DM	in Mrd. DM	Mrd. DM	in Mrd. DM	in v. H.	in Mill
	(1)	(2)	(3) = (1) + (2)	(4)	(5) = (4) : (3) bzw. b)	(6)
1960	107,25 (—)	2,0 (—)	109,25 (—)	7,7 (—)	7,0 (—)	20,252
1961	119,92	2,6	122,52	9,0	7,3 (9,8)	20,730
1962	132,04	2,9	134,94	10,2	7,6 (9,7)	21,053
1963	140,97	3,3	144,27	12,9	8,9 (28,9)	21,303
1964	154,19	3,9	158,09	16,1	10,2 (23,2)	21,547
1965	171,56	4,5	176,06	19,5	11,1 (18,9)	21,841
1966	181,65	5,6	187,25	19,4	10,4 (– 0,9)	21,870
1967	180,78	6,5	187,28	20,3	10,8 (7,1)[f)]	21,180
1968	190,76	7,3	198,06	25,2	12,7 (45,5)	21,330
1969	210,52	8,5	219,02	26,3	12,0 (5,2)	21,752
1970	241,65	11,0	252,65	31,6	12,5 (15,8)	22,246
Durchschnitt 1966 - 1970[g)]					(18,6)	
Durchschnitt 1960 - 1970[g)]					(16,7)	

a) Für die Jahre 1961 bis 1963, 1965 bis 1967 und 1969 sind die Werte durch Fortschreibung mit
— der ‚jährlichen Wachstumsrate der Vermögenseinkünfte aller privaten Haushalte', jeweils multipliziert mit dem Verhältnis
— des ‚durchschnittlichen Zuwachses der Vermögenseinkünfte der Arbeitnehmerhaushalte zwischen 1960 und 1964, 1964 und 1968 beziehungsweise 1968 und 1970' zu
— dem ‚durchschnittlichen Zuwachs der Vermögenseinkünfte aller privaten Haushalte'
ermittelt, da die Quelle (DIW-Wochenbericht) nur Werte für 1960, 1964, 1968 und 1970 ausweist.

b) Zuwächse der laufenden Ersparnis bezogen auf die Zuwächse des verfügbaren Einkommens (einschließlich Vermögenseinkünfte).

c) Geldentwertungsrate = prozentuale Veränderung des Preisindex für die Lebenshaltung eines 4-Personenarbeitnehmerhaushalts mit mittlerem Einkommen.

d) ‚Inflationsausgleich beim Konsum' = Geldentwertungsrate jeweils multipliziert mit den Konsumausgaben des Vorjahres; dieser Betrag soll anzeigen, wieviel die Haushalte von ihrem Einkommenzuwachs aufwenden müssen, um den jeweils vorjährigen Konsumstandard zu erhalten.

1961 bis 1970. Marginale Sparquoten und Konsumquoten

Verfügbare Einkommen pro Kopf (in Klammern: Zuwachs geg. Vorjahr)	Konsumausgaben pro Kopf (in Klammern: Zuwachs geg. Vorjahr)	Ersparnis pro Kopf (in Klammern: Zuwachs geg. Vorjahr)	Geldentwertungsrate c)	Inflationsausgleich beim Konsum d)	Inflationsbereinigte marginale Konsumquote	marginale Sparquote
in DM	in DM	in DM	in v. H.	in DM	in v. H.	in v. H.
(7) = (3) : (6)	(8) = (3) − (4) (6)	(9) = (4) : (6)	(10)	(11) d)	(12) e)	(13) = 1 − (12)
5 395 (—)	5 015 (—)	380 (—)	—	—	—	—
5 910 (515)	5 476 (461)	434 (54)	2,3	115	86,5	13,5
6 410 (500)	5 925 (449)	485 (51)	3,0	164	84,8	15,2
6 772 (362)	6 166 (241)	606 (121)	3,0	178	34,2	65,8
7 337 (565)	6 590 (424)	747 (141)	2,3	142	66,7	33,3
8 061 (724)	7 168 (578)	893 (146)	3,4	224	70,8	29,2
8 562 (501)	7 675 (507)	887 (− 6)	3,5	251	102,4	− 2,4
8 842 (280)	7 884 (209)	958 (71)	1,4	107	59,0	41,0
9 285 (443)	8 104 (220)	1 181 (223)	1,5	118	31,4	68,6
10 069 (784)	8 860 (756)	1 209 (28)	2,8	227	95,0	5,0
11 357 (1 288)	9 937 (1 077)	1 420 (211)	3,7	328	78,2	21,8
(2 795)	(2 262)	(533)	—	1 031	69,8	30,2
(5 962)	(4 922)	(1 040)	—	1 854	74,7	25,3

e) Inflationsbereinigte marginale Konsumquote =

$$\frac{\text{Zuwachs der Konsumausgaben} - \text{Inflationsausgleich d)}}{\text{Zuwachs der verfügbaren Einkommen} - \text{Inflationsausgleich d)}}$$

f) Marginale Sparquote aus den Zuwächsen der *beiden* Jahre 1966 und 1967 gegenüber 1965, da die Rechnung auf der Basis 1967 gegenüber 1966 wegen des geringen Einkommenswachstums den abnormen Wert von 3 000 v.H. ergäbe.

g) Nach dem gleichen Verfahren wie unter b) und e) angegeben, aus den absoluten Zuwächsen berechnet, wobei als ‚Inflationsausgleich' die jeweiligen Summen der jährlichenWerte eingesetzt wurden.

Quellen: DIW-Deutsches Institut für Wirtschaftsforschung: Die Vermögenseinkünfte der Privaten Haushalte in der Bundesrepublik Deutschland, in: Wochenbericht 6 (1971) v. 4. 2. 1971, S. 35 ff.; Engels, Wolfram; Sablotny, Herbert; Zickler, Dieter: Bildung und Verteilung des Volksvermögens in der Bundesrepublik Deutschland 1950 - 1970. Vorbericht über die Ergebnisse eines laufenden Forschunsvorhabens. Vervielfältigtes Manuskript, Frankfurt o. J., S. 17; Kaiser, Walter; Zerwas, Arnold: Die Struktur des Sparens in der Bundesrepublik Deutschland von 1950 bis 1967. Statistisches Material und methodische Erläuterungen, Berlin 1970 (Untersuchungen über das Spar-, Giro- und Kreditwesen, Band 50); Statistisches Bundesamt (Hrsg.): Statistische Jahrbücher 1970 und 1973 sowie Fachserie N, Reihe 3: „Revidierte Reihen ab 1950".

Wie Tabelle 6, Spalte (13) zeigt, schwankte die ‚inflationsbereinigte marginale Sparquote' im Zeitraum von 1961 bis 1970 zwischen ⁒ 2,4 % (1966) und + 68,6 % (1968). Im Durchschnitt der Jahre 1966 bis 1970 lag sie bei rund 30,2 % und im gesamten Zeitraum 1961 bis 1970 bei durchschnittlich 25,3 %.

Verglichen mit den ‚geplanten' marginalen Sparquoten, die die Arbeitnehmerhaushalte in den Befragungen angaben, lagen also die tatsächlichen marginalen Sparquoten auch nach Abzug der nur inflationsbedingten Konsumausgaben weitaus niedriger. Selbst auf das Jahr 1970 allein bezogen, für das die Befragung galt, wird eine ‚inflationsbereinigte marginale Sparquote' von 21,8 % bei einem realen Einkommenszuwachs von 9,1 % erreicht, während sich aus der Befragung im Rahmen der Einkommens- und Verbrauchsstichprobe 1969 eine Grenzrate — für die schon Sparenden — von rund 45 % ergeben müßte[35].

Stellt man die marginalen Sparquoten der Arbeitnehmerhaushalte, die wir aus den Ergebnissen der Befragungen abgeleitet haben, dem soeben ermittelten tatsächlichen Sparverhalten dieser Gruppe zwischen 1960 und 1970 gegenüber, so könnte folgende Überlegung angestellt werden:

In den erwähnten Befragungen wurden die Haushalte nach der Verwendung eines zusätzlichen Einkommensteils gefragt, der ihnen als einmalig und als außerhalb der Einkommenszuwächse liegend erscheinen mußte, die sie im Wirtschaftswachstum ohnehin erwarten. Die Frage im Schlußinterview der Einkommens- und Verbrauchsstichprobe 1969 nach der Verwendung eines Einkommenszuwachses von 10 % des bisherigen Einkommens bezog sich also auf ein — in der Terminologie der Spartheorie Friedmans[36] — typisch „transistorisches Einkommen". Es kommt noch hinzu, daß die Formulierung der Frage den Eindruck vermittelte, als ob nur der Befragte ein höheres Einkommen erreichte, nicht aber seine soziale Umgebung, also alle übrigen Arbeitnehmer, von deren Konsumverhalten — folgt man Duesenberry[37] —

---

[35] Der tatsächliche reale Einkommenszuwachs entspricht mit 10,6 % beinahe genau dem im Interview angegebenen hypothetischen Einkommenszuwachs.

[36] Nach der sogenannten „permanent income hypothesis" Friedmans sparen die Haushalte den Teil ihres jeweiligen Einkommens, den sie als vorübergehend ansehen — bestimmt von Faktoren, die nicht auf Dauer wirken („transistorisches" Einkommen) — und konsumieren das Einkommen, das sie dauerhaft haben („permanentes" Einkommen). Vgl. *Friedman,* Milton: A Theory of the Consumption Function, Princeton 1957. Zum empirischen Gehalt — auf deutsche Verhältnisse bezogen — vgl. *Peddinghaus,* C. U.: Das Sparverhalten in der Bundesrepublik Deutschland 1960/61 im Lichte neuerer Verhaltenshypothesen, Diss. Basel 1964.

[37] Nach der „relative income hypothesis" Duesenberrys orientiert ein Haushalt sein Konsumverhalten am Verhalten anderer Haushalte der gleichen und der nächst höheren sozialen Schicht in seiner Umgebung. Vgl. dazu *Duesenberry,* James S.: Income-consumption relations and their implications, in: Income, employment and public policy. Essays in honor of Alvin Hansen, New York 1948, S. 54 ff. (deutsche Übersetzung: Die Beziehungen zwischen Einkommen und Konsum und ihre Folgen, in: *Streißler,* Erich und Monika:

sein Sparverhalten beeinflußt werden könnte. Das von uns ermittelte tatsächliche Sparverhalten in den sechziger Jahren bezieht sich dagegen auf Einkommenszuwächse, die die Arbeitnehmer als „Dauereinkommen" — wiederum im Sinne Friedmans — ansehen mußten und über die sie auch unter dem Einfluß des Konsumverhaltens ihrer sozialen Schicht verfügt haben.

Im Lichte dieser Interpretation kann aus dem Vergleich von ‚geplanter' und ‚realisierter' Sparquote folgende Hypothese über die möglichen Reaktionen der Arbeitnehmerhaushalte auf einen administrierten Vermögenszufluß abgeleitet werden:

— Wenn die Haushalte einen Vermögenszufluß als *außerhalb ihrer Einkommenssphäre* anfallend ansehen, kann mit einer marginalen Sparquote — vermögenswirksame Zuwendung und freiwilliges Sparen zusammengenommen bezogen auf den Betrag der vermögenswirksamen Zuwendung — von über 60 % gerechnet werden.

— Treffen dagegen die Haushalte ihre Sparentscheidungen unter *Einrechnung dieser Zuflüsse* in ihr laufendes Einkommen, so wird mit einer marginalen Sparquote von nicht mehr als 25 % bis 30 % zu rechnen sein.

Die erste Annahme dürfte für den Zeitpunkt der Einführung neuer vermögenspolitischer Maßnahmen wohl nicht unrealistisch sein. Dagegen könnte in den Folgeperioden die Betrachtung der administrierten Vermögenszuflüsse als Einkommen beherrschender werden und damit könnte die — auf den Zufluß bezogene — marginale Sparquote relativ sinken. Dieses Absinken kann sich dann sogar kumulativ verstärken, da die Zunahme der Konsumnachfrage das Preisniveau anhebt und damit auch die Haushalte zu verstärkten Konsumausgaben „zwingt", die ihr freiwilliges Sparen bisher nicht eingeschränkt haben.

Da die Kernfrage für die Beurteilung der Wirkung einer „zusätzlichen" vermögenswirksamen Leistung auf die funktionelle Einkommensverteilung — folgt man unserem Kreislaufmodell — darin besteht, wie weit schließlich die marginale Sparquote[38] sinkt und ob sie sich der durchschnittlichen Sparquote nähert, ist zu prüfen, ob eine positive Differenz zwischen beiden Größen bleibt und auf welchem Niveau sich die marginale Sparquote — bezogen auf die administrierte Vermögensbildung — auf längere Sicht einpendelt. Die Höhe der marginalen Sparquote hängt letztlich davon ab, ob die Haushalte fest vorgegebene Rela-

---

Konsum und Nachfrage, Köln 1966, S. 277 ff.); *Duesenberry*, James S.: The Determinants of Savings Behavior: A Summary, in: *Heller*, Walter W. u. a. (Eds.): Savings in the Modern Economy. A Symposium Minneapolis 1953, S. 195 ff.; vgl. auch *Duesenberry*, James S.: Income, Saving and the Theory of Consumer Behavior, 4. Neudr., Cambridge 1962.

[38] Marginale Sparquote hier verstanden: ‚zusätzliche Gesamtersparnis dividiert durch zusätzliche vermögenswirksame Leistung'.

tionen zwischen Einkommen, Sparen und Vermögensbestand anstreben und ob sie das gewünschte Verhältnis zwischen diesen Größen schon erreicht haben. Zur Theorie der Sparfunktion[39], insbesondere zur hier interessierenden Abhängigkeit des Sparens vom Einkommen, sind eine Reihe von — teilweise konkurrierenden — Hypothesen entwickelt worden, die im folgenden daraufhin geprüft werden sollen, wie sie die Frage nach der Reaktion der Ersparnis auf Einkommenserhöhungen, die mit Sparzwang verbunden sind, und damit auch die Frage der Überwälzbarkeit vermögenswirksamer Leistungen in den Konsumgüterpreisen entscheiden.

Weder aus neoklassischen Vorstellungen, die das Sparen — positiv — mit der Höhe des Kapitalmarktzinses korreliert sehen[40], noch aus Überlegungen der Grenznutzenschule, die das Sparverhalten aus der Zeitpräferenz der Sparer erklären[41], kann ein wesentliches Abweichen der marginalen Sparquote von der durchschnittlichen Sparquote abgeleitet werden. Aus der Vermutung schwankender Sparfähigkeit und Sparwilligkeit der Wirtschaftssubjekte innerhalb ihres Lebenszyklus[42] läßt

---

[39] Zu den für die Vermögenspolitik bedeutsamen Sparhypothesen vgl. *Willgerodt,* Hans u. a.: Vermögen für alle, S. 172 ff.; zur Theorie der Sparfunktion vgl. *Rudloff,* Hartmut: Vermögensbestand, Sparverhalten ... und die dort angegebene Literatur.

[40] Zur Darstellung vgl. u. a. *Fricke,* Dieter: Das Sparverhalten ..., S. 10 ff.: („Die Zinsabhängigkeit des Sparens in der älteren ökonomischen Theorie").

[41] Vgl. *Fisher,* Irving: The Nature of Capital and Income, New York 1906; sowie *ders.:* Die Zinstheorie, Jena 1932; v. *Böhm-Bawerk,* Eugen: Kapital und Kapitalzins. 2. Abteilung. Positive Theorie des Kapitals, 3. Aufl., Innsbruck 1909, S. 426 ff.; vgl. auch die kritische Auseinandersetzung mit dem Konzept der ‚Gegenwartsvorliebe' bei *Preiser,* Erich: Konsumtivzins und Minderschätzung künftiger Bedürfnisse, in Kyklos. Vol. II (1948), S. 160 ff., wiederabgedr. in ders.: Bildung und Verteilung des Volkseinkommens, Göttingen 1961, S. 262 ff. Die „Zeitpräferenz"-Hypothese der Grenznutzenschule sieht den Wert des Sparens und des Vermögens in der Möglichkeit, Zinseinkommen zu erzielen und, bei über die Zeit schwankendem Einkommen, schwankende marginale Konsumquoten auszugleichen. Pigou hat diese Vorstellung erweitert, indem er der Vermögenshaltung einen eigenen Nutzen („Liquiditätsnutzen" und „Akkumulationsnutzen") zusprach, und hat damit den Weg für die ‚moderne' Theorie der Konsum- und Sparfunktion im Rahmen der makroökonomischen Gleichgewichtstheorie geebnet. (Vgl. *Pigou,* Arthur C.: Economic Progress in a Stable Environment. (1947), wiederabgedruckt in: Readings in Monetary Theory. London 1962, S. 241 ff.)

[42] Nach der „Life cycle hypothesis" versuchen die Wirtschaftssubjekte durch Sparen und Entsparen die unregelmäßigen Ströme ihrer Einnahmen und Ausgaben über den gesamten Lebenszeitraum hinweg in einen regelmäßigen Ausgabenstrom zu transformieren, der ihren zeitlichen Konsumpräferenzen entspricht. (Vgl. *Modigliani,* Franco; *Brumberg,* Richard: Utility Analysis and the Consumption Function: An Interpretation of Cross-Section Data, in: *Kurihara,* Kenneth K. (Ed.): Post-Keynesian Economics. 2. Aufl. 1962, S. 388 ff.; deutsche — gekürzte — Übersetzung: Nutzenanalyse und Konsumfunktion, in: *Streissler,* Erich und Monika: Konsum und Nachfrage, S. 319 ff.; *Ando,* Albert; *Modigliani,* Franco: The „Life Cycle" hypothesis of Saving: Aggregate Implications and Tests, in: Am. Econ. Rev. Vol. 53 (1963),

sich zwar erklären, daß einzelne Altersjahrgänge wenig oder gar nicht sparen und daher einem Zwangssparen durch Reduktion der freiwilligen Ersparnis nicht ausweichen können. Doch zeigt ein Blick auf die Ergebnisse der Einkommens- und Verbrauchsstichprobe 1969, daß auch in den Altersgruppen mit im Vergleich zum Durchschnittslebenseinkommen geringeren Einkommen und weit höherer Beanspruchung des Einkommens durch Anschaffungen, Unterhalt, Ausbildung der Kinder usw. im Regelfall erheblich, wenn auch in geringerer Ausgabenbelastung und höheren Durchschnittseinkommen[43]. Auch aus Friedmans Hypothese, daß nur die „transitorischen" Teile des Einkommens gespart werden[44], ließe sich nur dann eine marginale Sparquote von eins, bezogen auf zusätzliche Vermögenszuflüsse, ableiten, wenn die Zuwendungen von den Destinataren als vorübergehende Zuflüsse angesehen würden und die Vermögenspolitik diese Einschätzung auch vermitteln könnte.

Die Annahme einer wesentlich höheren marginalen als durchschnittlichen Sparquote findet dagegen in den folgenden zwei Sparhypothesen Rückhalt:

— Nach Duesenberry wird das Ausgabeverhalten und damit das Sparverhalten durch das Verhalten der übrigen Mitglieder der sozialen Gruppe oder Einkommensschicht bestimmt, der das Wirtschaftssubjekt angehört[45]. Ferner sei jeder Haushalt darauf bedacht, bei Einkommensänderungen seine Konsumausgaben so zu gestalten, daß der Abstand zu den Mitgliedern der nächst höheren Schicht oder Gruppe erhalten bleibt. Sofern diese Hypothese auf das Verhalten der Arbeitnehmer und Gewinnbezieher, jeweils als einheitliche Gruppe betrachtet, übertragbar ist, das heißt, wenn die individuellen Spar- und Konsumentscheidungen unter der von Duesenberry vermuteten Maxime fallen, den Platz in der Konsumhierarchie zu *halten*, dann kann sich im jeweiligen Durchschnitt ergeben, daß die Arbeitnehmer

S. 55 - 84.) Ansätze zur empirischen Erforschung des Lebenseinkommenszyklus zuerst bei: *Rowntree*, Seebohm B.: Poverty. A Study of Town Life, London 1903; vgl. auch: *Lydall*, Harold: The life cycle in income, saving and asset ownership, in: Econometrica, Band 23 (1955), S. 144 ff., deutsche — ausschnittsweise Übersetzung: „Altersbedingte Veränderungen der Sparneigung, in: *Streissler*, Erich und Monika (Hrsg.): Konsum und Nachfrage, S. 414 ff. Für die deutschen Verhältnisse vgl. *Schmucker*, Helga: Der Lebenszyklus in Erwerbstätigkeit, Einkommensbildung und Einkommensverwendung, in: Allg. Stat. Archiv Band 40 (1956), S. 8 ff. Vgl. auch: *Liefmann-Keil*, Elisabeth: Ökonomische Theorie der Sozialpolitik, Berlin, 1961, S. 68 ff.

[43] Vgl. die Angaben zur Beteiligung der Haushalte an den jeweiligen Sparformen in Abhängigkeit von der Altersgrenze des Haushaltungsvorstands in: Wirtschaft und Statistik, Heft 12 (1970) ff.

[44] Vgl. Anmerkung 36, Teil B, Abschnitt II, 1.3.

[45] Vgl. Anmerkung 37, Teil B, Abschnitt II, 1.3.

ihre Konsumausgaben nicht ausdehnen, wenn sie vermögenswirksame Zuwendungen erhalten. Wir dürften also mit einer marginalen Sparquote von eins rechnen. Dies würde unabhängig vom Konsumverhalten der Gewinnbezieher gelten. Denn selbst dann, wenn die Gewinnbezieher eine primäre Belastung durch vermögenspolitische Maßnahmen ausschließlich aus ihrer bisherigen Ersparnis trügen, könnten die Arbeitnehmer zusätzliche Zuflüsse vollständig sparen, ohne den Abstand ihrer Konsumstandards zu denen der Gewinnbezieher zu vergrößern. Könnten wir davon ausgehen, daß die Gewinnbezieher ihren Konsum angesichts der Belastung durch die Vermögenspolitik einschränken, so ergäbe sich sogar eine marginale Sparquote von größer als eins, das heißt, es würde auch die freiwillige Ersparnis der Arbeitnehmer zunehmen. Das verteilungspolitische Ziel, die Reduktion der Gewinnquote, wäre dann nach unseren Kreislaufmodellen über beide Parameter ‚s_L' und ‚s_G' erreicht. Allerdings kann sich unsere Übertragung der „relative income hypothesis" nicht ganz auf Duesenberry stützen, da sie von Duesenberry für den Fall einer Einkommensminderung und nicht einer Einkommensmehrung konzipiert ist. Es wäre deshalb empirisch zu prüfen, ob die Wirtschaftssubjekte im Durchschnitt der Gruppen den Abstand der Konsumstandards nach oben und unten erhalten wollen oder in der Vermögenspolitik die Chance der Positionsverbesserung aus bisherigem freiwilligen Sparen sehen.

— Hoffnungen auf eine marginale Sparquote von mindestens nahe eins, das heißt auf die Neutralität des freiwilligen Sparens gegenüber vermögenspolitischen Zuwendungen könnten sich auch auf neuere Überlegungen in der Spartheorie stützen, die von dynamischen Präferenzsystemen ausgehen[46]. Im Gegensatz zur neoklassischen Annahme eines stationären langfristigen Gleichgewichts der Vermögens-Konsumrelation könnte nämlich angenommen werden, daß die Präferenz für die Vermögenshaltung mit wachsendem Vermögensbestand zunimmt[47]. Eine teilweise Stütze dieser These böte die erwähnte empirische Untersuchung Katonas, nach der die subjektive

[46] Zur Möglichkeit einer Dynamisierung der Konsum- und Sparfunktion vgl. *Bössmann*, Eva: Probleme einer dynamischen Theorie der Konsumfunktion, Berlin 1957.

[47] Vgl. *Tobin*, James: Asset Holdings and Spending Decisions, in: Am. Econ. Review, Papers and Proceedings, Vol. 42 (1952), S. 109 ff. *Duesenberry*, James: The Determinants ..., S. 198; *Morgan*, James: Factors related to Consumer Saving when it is defined as a Net-worth Concept, in: *Klein*, Lawrence (Ed.): Contributions of Survey Methods to Economics, New York 1954, S. 9 ff. sowie *ders.:* Analysis of Residuals from „Normal Regressions", ebenda S. 157 ff.; *Thore*, Sten: Household Saving and the Price Level, Stockholm 1961; einen knappen Überblick gibt: *Rudloff*, Hartmut: Vermögensbestand, Sparverhalten und Wirtschaftswachstum, S. 118 ff.

Unzufriedenheit mit der Höhe des vorhandenen Vermögens nicht abnimmt, da die Wirtschaftssubjekte während des Prozesses der Vermögensbildung ständig höher gesteckte Sparziele anvisieren[48]. Hätte diese Befragung in der Bundesrepublik stattgefunden, so könnte eingewandt werden, daß die unteren Einkommensschichten in Deutschland einen Nachholbedarf an Vermögensbildung haben, da zwei Inflationen in diesem Jahrhundert die kleinen — vorwiegend in Geldforderungen angelegten — Vermögen vernichtet haben. Die Vermögenspolitik könnte folglich nur solange verteilungswirksam sein, wie bei ihren Destinataren noch eine positive Differenz zwischen vorhandenem und gewünschtem Vermögen besteht. Daß Katona in den USA, in denen keine großen Vermögensvernichtungen stattgefunden haben, zu dem genannten Ergebnis kam, spricht aber mehr dafür, daß der Wunsch nach einer höheren Einkommens-Vermögensrelation unabhängig von der Höhe des jeweils erreichten Vermögens auch unter den deutschen Arbeitnehmern mindestens latent vorhanden ist. Die deutsche Vermögenspolitik könnte also von dieser Untersuchung her darauf vertrauen, daß die Sparquote steigt, wenn es gelingt Sparmotive anzusprechen, die bisher nicht befriedigt wurden, weil sie noch nicht kräftig genug waren oder für unerfüllbar galten.

Damit allerdings die gewünschte ‚Vermögensbildung der Arbeitnehmer aus den Unternehmensgewinnen' gelingt, muß die Ansprache neuer Sparmotive in den Haushalten, die freiwillige Ersparnis abbauen könnten, zum gleichen Zeitpunkt erfolgreich sein, zu dem ein vermögenspolitisches Programm eingeführt wird. Es reicht also nicht aus, auf einen kontinuierlichen „Lernprozeß" zu vertrauen, in dem die Präferenz für Vermögenshaltung nur parallel zum wachsenden Vermögensbestand wächst, sondern die Motivation muß in einem Zug ansteigen. Ein solcher für das verteilungspolitische Ziel nötige ‚Sprung' in der Motivation der Arbeitnehmer wird aber wohl allenfalls dann ausgelöst, wenn ein neues vermögenspolitisches Programm neue Motive für die Vermögensbildung ansprechen kann, denen die bestehende freiwillige Vermögensbildung noch *nicht* entspricht. Die sich aus dieser Forderung ergebenden Konsequenzen für die Gestaltung des neuen Programms wollen wir im folgenden betrachten.

Während wir bisher untersucht haben, ob sich aus der Höhe zusätzlicher vermögenswirksamer Zuflüsse an die Arbeitnehmer ein Konkurrenzverhältnis zum freiwilligen Sparen und den vorhandenen frei verfügbaren Vermögensbeständen ergibt, wollen wir nun prüfen, ob die Qualität dieser Zuflüsse — das heißt Frist und Anlageform — die

---

48 *Katona*, George: On the So-Called Wealth Effect, S. 59 f.

Verringerung freiwilliger Ersparnis ausschließt. Wir haben also nach den Motiven für das bisherige freiwillige Sparen zu fragen:

In der Befragung im Auftrage des Bundesarbeitsministers[49] (vgl. Tabelle 7), nannten 29 % der befragten Arbeitnehmer auf die Frage nach den Vorstellungen über die Verwendung ihres Ersparten ‚Anschaffungen und Urlaub', 20 % ‚Ausbildung, Altersversorgung', ‚Anlage in Sparverträgen oder Wertpapieren' und die Schaffung einer ‚Reserve für Notfälle' als Ziel; 26 % gaben als Ziel den geplanten ‚Erwerb eines Eigenheimes oder Grundstücks' an, während 25 % keines dieser im Interview vorgegebenen Ziele ankreuzen wollten. Schlüsselt man die Gesamtheit der befragten sparenden Arbeitnehmer nach denen, die auch nach dem Vermögensbildungsgesetz sparen, und nach den Haushalten auf, die nicht nach diesem Gesetz sparen, so ergeben sich keine sehr bedeutsamen Unterschiede der Sparquoten in beiden Gruppen: Diejenigen Arbeitnehmer, die nicht nach dem Vermögensbildungsgesetz sparen, nennen etwas häufiger als die nach dem Vermögensbildungsgesetz sparenden Haushalte das kurzfristige Sparziel ‚Anschaffung und Urlaub' (33 %) und deutlich seltener das Ziel ‚Eigenheim und Grundstück', das in der Regel einen länger währenden Ansparprozeß erfordert (18 % gegenüber 26 % bei den Sparern nach dem Vermögensbildungsgesetz)[50]. Sehr grob geschätzt scheinen sich die genannten Ziele etwa gleichmäßig auf kurzfristige und langfristige Sparzwecke zu verteilen.

Gehen wir von der Annahme aus, daß die Sparziele der Gruppe, die nicht nach dem Vermögensbildungsgesetz spart, den Zielen entsprechen, die die Gesamtheit der Arbeitnehmer ihrer freiwilligen Ersparnis zugrunde legen, so ist zu vermuten, daß ein neues vermögenspolitisches Programm, das Sperrfristen vorsieht, etwa die Hälfte des freiwilligen Sparens nicht verdrängen kann, da es kurzfristigen Zielen dient.

Es ist allerdings auch hier zu berücksichtigen, daß Befragungsergebnisse nur ein sehr ungefähres Bild geben. Denn die Befragten dürften in Interviews häufig zur nachträglichen Rationalisierung ihrer Sparentscheidungen gegenüber dem Interviewer neigen und die in ihren Augen gewünschten oder von gesellschaftlichen Konventionen geprägten Sparziele häufiger nennen, als es ihrem Verhalten entspricht.

Daß einige Haushalte ohne vorab festliegende Ziele sparen, läßt sich auch aus der Befragung über Sparziele im Rahmen der Einkommens- und Verbrauchsstichprope 1969[51] ablesen: Der Anteil derer, die aus einer Liste von

---

[49] Vgl. *Brandt*, Franz; *Peter*, Rudi; *Werth*, Manfred: Das Sparverhalten der Arbeitnehmer ..., S. 13 (Tabelle V 20).

[50] Allerdings zeigt die Befragung der Sparer, die nach dem Vermögensbildungsgesetz sparen (vgl. Tabelle 7), daß auch hier rund ein Viertel der Befragten ‚Anschaffungen und Urlaub' als Sparzweck nennt, obwohl das Vermögensbildungsgesetz eine siebenjährige Sperrfrist vorsieht. Daraus könnte geschlossen werden, daß auch Sparen innerhalb längerer Sperrfristen in den Augen der Arbeitnehmer noch der Finanzierung zukünftigen Konsums dienen kann, so daß selbst die Sperrfristen dieser Länge keinen Schutz gegen die Verringerung der freiwilligen Ersparnis gewährleisten.

[51] Vgl. *Euler*, Manfred: Sparmotive, Sparziele und Sparneigung privater Haushalte, S. 140.

Tabelle 7

Sparziele und Sparmotive der Arbeitnehmer im Juni 1970

Ergebnis einer Umfrage des Instituts für Sozialforschung und Sozialwirtschaft im Auftrag des Bundesministers für Arbeit und Sozialordnung[a])

Sparziele	Sparer insgesamt	Sparer nach dem VermbG	Sparer, die vermw. Leistungen des Arbeitgebers erhalten	Sparer — ausgenommen VermbG-Sparer
	in v. H.			
Anschaffungen, Urlaub	29	25	26	33
Eigenheim und Grundstück	26	35	32	18
Ausbildung und Altersversorgung	10	9	9	12
Anlage in Sparverträgen oder Wertpapieren ...	3	3	1	3
Reserve für Notfälle	7	5	6	9
Sonstige Ziele und „ohne klare Vorstellung"	25	23	26	25

a) Antworten bei einer Stichprobenerhebung dieses Instituts unter 1 990 Arbeitnehmern im Mai/Juni 1970. Die Frage lautete: „Haben Sie schon feste Vorstellungen darüber, wozu Sie das ersparte Geld verwenden werden? Wenn ja, was werden Sie damit machen?"

Quelle: Brandt, Franz; Peter, Rudi; Werth, Manfred: Das Sparverhalten der Arbeitnehmer im Rahmen des Vermögensbildungsgesetzes. Eine empirisch-soziologische Studie im Auftrag des Bundesministers für Arbeit und Sozialordnung, Köln 1971, S. 83 (Tabelle V 20). (Schriftenreihe des Bundesministers für Arbeit und Sozialordnung, Heft 19.)

elf Sparzielen keines angeben konnten, lag hier innerhalb der Altersgruppen ‚25 bis 55 Jahren' bei 10 %, bei den Haushalten mit Haushaltsvorständen, die über 65 Jahre alt waren, dagegen bei 21,5 %.

Das deutet darauf hin, daß zumindest nicht allein konkrete Sparziele das Sparen bestimmen, sondern daß in erheblichem Umfang ohne genaue Vorstellungen gespart wird und erst eine Befragung im Nachhinein die Angabe von Zielen fördert. Oder krass gesagt: Vielfach wird gespart um des Sparens willen. Ob sich damit schon ein Umschlag von der von F. W. Meyer[52] aus der Erfahrung der fünfziger Jahre abgeleiteten Dominanz des Zwecksparens wieder hin zum Sparen als eigenständigem Wert andeutet und ob damit das verteilungspolitische Ziel der Vermögenspolitik gestützt wird, bleibt abzuwarten.

[52] Vgl. *Meyer,* Fritz W.: Von der Tugend des Sparens, in: Festschrift zum zehnjährigen Bestehen der Mittelrheinischen Kundenkreditbank Dr. Horbach & Co. KG., Neuwied 1960, S. 69 ff.

Aus der — geschätzten — Fristigkeit der Sparziele, die in den Befragungen genannt wurden, ist also kaum ein Hinweis darauf abzuleiten, wieviel freiwillige Ersparnis der Arbeitnehmer von zusätzlichen vermögenswirksamen Zuwendungen, die längeren Sperrfristen unterliegen, verdrängt würde.

Ein anderes Hemmnis gegen einen Rückgang der freiwilligen Ersparnis angesichts zusätzlicher vermögenswirksamer Leistungen könnte in der Anlageform dieser Leistungen liegen. Denn eine, wie in den derzeit politisch beherrschenden Investivlohn- und Gewinnbeteiligungsplänen vorgesehen, erzwungene Beteiligung am gewerblichen Eigenkapital tritt dann kaum in Konkurrenz zum freiwilligen Sparen, wenn die Anleger diese Form des Vermögensbesitzes nicht als ihren Vorstellungen entsprechend ansehen.

Folgt man den Ergebnissen der EMNID-Befragung[53], so deutet sich an, daß die Hälfte aller Haushalte „wenn sie genügend Geld hätten"..., „das Geld zur Sparkasse bringen" würden, statt Aktien zu kaufen, und daß der gleiche Prozentsatz im Sparkonto „auf längere Sicht gesehen" eine bessere Anlage sieht als in Aktien[54], während 28 % aller Haushalte die Aktie als Anlageform bevorzugen würden; in den Arbeitnehmerhaushalten alleine dürfte diese Vorliebe für das Sparkonto wohl noch größer sein. Dieses Ergebnis wird auch durch die tatsächliche Anlagestruktur der Arbeitnehmerhaushalte bestätigt: Nach den Ergebnissen der Einkommens- und Verbrauchsstichprobe 1969[55] besitzen nur 10 % der Arbeitnehmerhaushalte Aktien — größtenteils Volksaktien.

Falls die Arbeitnehmer überwiegend eine bestimmte Struktur ihres Vermögensbesitzes einhalten wollen und Zuflüsse oder den zwangsweisen Erwerb von Beteiligungswerten nicht zum Anlaß nehmen, andere Vermögenformen abzubauen oder mit weniger freiwilligen Ersparnissen zu dotieren, so würden also höchstens 10 % aller Arbeitnehmerhaushalte vorhandene Bestände abbauen. Es ergäbe sich dann das verteilungspolitisch gewünschte, von der Interessenlage der Adressaten der Vermögenspolitik her gesehen freilich paradoxe Ergebnis, daß die Belastung der Gewinneinkommen gerade deshalb gelingt, weil die Arbeitnehmer das neue Vermögen nicht schätzen. Dies könnte vor allem für die von SPD und DGB vorgeschlagene Form der überbetrieblichen Gewinnbeteiligung[56] mit Zertifikaten gelten, deren Einlösbarkeit nach

---

[53] Vgl. *EMNID-Institut:* Einstellung, Meinungsbild und Verhaltenstendenzen der Bevölkerung zur vermögenspolitischen Auseinandersetzung, Bielefeld 1971, Band 2, S. 86 (Tabelle 34).

[54] Ebenda, S. 85 (Tabelle 33).

[55] Vgl. *Euler,* Manfred: Wertpapierbestände privater Haushalte am Jahresende 1969. Ergebnis der Einkommens- und Verbrauchsstichprobe 1969, in: Wirtschaft und Statistik, Heft 3 1971, S. 201 und eigene Berechnungen.

[56] Vgl. Anmerkung 23, Teil A, Abschnitt I.

Ablauf der Sperrfristen „völlig ungeklärt" (ist)[57] und die privatwirtschaftlich Non-Valeurs darstellen, falls, wie geplant, die Vermögenserträge der Finanzierung staatlicher Infrastrukturaufgaben dienen sollen. Doch wird man vermuten dürfen, daß die Arbeitnehmer auf das neue Vermögen keine ,Abschreibungen auf Null', sondern nur ,Abschreibungen' auf einen Teilwert vornehmen werden, die eine teilweise Substitution bestehender Vermögensbestände insbesondere dann nicht ganz ausschließen, wenn diese Programme dem Einzelnen doch noch durch Zinsversprechen politisch ,schmackhaft' gemacht werden müssen.

Wird dagegen die individuelle Vermögensbildung gefördert, so ist die Substitutionsgefahr — abgestuft nach der Länge der Sperrfristen und dem Freiheitsgrad in der Wahl der Anlageform — im allgemeinen größer, so daß diese Programme der Motivationsansprache stärkere Beachtung schenken müssen.

2. Die Reaktion des freiwilligen ,Sparens aus Gewinn'

Die Überlegungen zur Reaktion der freiwilligen Ersparnis der Arbeitnehmer haben gezeigt, daß für die Annahme, die freiwillige Ersparnis der Arbeitnehmer bleibe von einer administrierten Vermögensbildung unberührt, kaum ein theoretisch ausreichender und empirisch gesicherter Unterbau vorhanden ist, ja, daß die freiwillige Ersparnis als ,Störvariable' der Vermögenspolitik bisher nicht einmal hinreichend genau betrachtet wird. Dieser Mangel unzureichender Analyse besteht in noch stärkerem Maße für den Parameter „Sparen aus Gewinn".

Zwar wird in der verteilungstheoretischen Diskussion anhand des Kaldor-Modells gesehen, daß ebenso wie eine höhere Sparquote der Lohnempfänger auch ein Anstieg der Sparquote aus Gewinn den Anteil der Gewinneinkommen am Volkseinkommen senkt. So weist Oberhauser[1] darauf hin, daß „bezogen auf die Einkommensverteilung ... eine Erhöhung des Sparens der Unternehmerhaushalte in die gleiche Richtung (wirkt) wie eine Zunahme des Arbeitnehmersparens. Für eine (unmittelbare) Förderung der Vermögensbildung der Arbeitnehmer kommt aber nur das letztere in Betracht", da zwar eine höhere Lohnquote auch das Sparen der Arbeitnehmer erhöhe, dieser Effekt quantitativ aber kaum von Bedeutung sei. Wenn Oberhauser dann aber nur die Sparquote der Arbeitnehmer als verteilungsändernden Faktor näher

---

[57] So der „Referent für Vermögens-Fragen beim Vorstand der IG-Metall" Karl-Heinz *Pitz*. (Vgl. „Vom Vermögen und vom Unvermögen. Die verteilungspolitische Diskussion in der SPD", in: Die Wirtschaftswoche, 27. Jg. Nr. 48, S. 73.)

[1] Vgl. *Oberhauser*, Alois: Der Investivlohn als Mittel der Verteilungspolitik, S. 278.

betrachtet, scheint er wohl das Erstere, das Sparverhalten der Gewinnbezieher, als kaum problematisch, jedenfalls nicht als gegenläufige Variable anzusehen.

Auch andere Autoren, die den Einfluß der Vermögenspolitik auf die Einkommensverteilung untersucht haben[2] — und wie beispielsweise Föhl oder Schreiber von Kreislaufansätzen der Verteilungstheorie ausgehen — vernachlässigen die Möglichkeit, daß durch die Erhöhung der Arbeitnehmerersparnis und die daraus nach dem Kaldor-Modell sich ergebende Senkung der Gewinnquote auch die Sparquote aus Gewinn beeinflußt werden könnte. Sie müssen vielmehr, wenn sie aus reinen Kreislaufmodellen der Einkommensverteilung[3] eine Reduktion der Gewinnquote durch eine höhere Sparquote der Lohnbezieher ableiten, die Konstanz der übrigen Größen des Kaldor-Modells implizit unterstellen. Damit müssen sie auch voraussetzen, daß die durchschnittliche Spar*quote* aus Gewinn weder von Veränderungen der Gewinnquote noch vom Wachsen des Kapitalangebots der Arbeitnehmer beeinflußt werden kann.

---

[2] Vgl. *Föhl*, Carl u. a.: Kreislaufanalytische Untersuchung der Vermögensbildung in der Bundesrepublik Deutschland und der Beeinflußbarkeit ihrer Verteilung, S. 31 f. und S. 89 f. Föhl betrachtet zwar in seinem Gutachten zu den Kreislaufwirkungen der Vermögenspolitik die Ersparnis der Selbständigen als Kreislaufgröße, sieht sie aber als reine Restgröße an, die nach Abzug des ‚standesgemäßen' Konsums „automatisch" anfällt (S. 31: „Mehr als hundertausend DM im Jahr kann man kaum noch mit Anstand ausgeben"). Es ist aus dieser Vorstellung heraus konsequent, wenn Föhl im folgenden die Verbrauchs- bzw. Sparneigung der Selbständigen mehr unter dem gesellschaftspolitischen Ziel „eines in angemessener Weise abgestuften Lebensstandards der sozio-ökonomischen Gruppen (S. 89) als unter Kreislaufaspekten sieht. Auch Monographien, die den „volkswirtschaftlichen Auswirkungen von Vermögensbildungsplänen" sonst breiten Raum geben, erwähnen das ‚Sparen aus Gewinn' nicht als Problem (vgl. beispielsweise *Bohlen*, Waltraud: Die volkswirtschaftlichen Auswirkungen von Vermögensbildungsplänen, Hannover 1969. Schriftenreihe des Forschungsinstituts der Friedrich-Ebert-Stiftung); vgl. ebenso *Ringer*, Klaus Peter: Der Investivlohn, Zürich und St. Gallen 1970. Auch ein Autor wie Schreiber, der in der Analyse der Verteilungswirkungen der Vermögensbildung meist vom Kaldor-Modell ausgeht, betrachtet das ‚Sparen der Unternehmer' nicht als ‚Störvariable'. Vgl. *Schreiber*, Wilfrid: Soziale Ordnungspolitik heute. Betrachtungen nach Abschluß der Sozialenquête, Stuttgart u. a. O. 1968, S. 10 ff. (5. Kapitel: Vermögensbildung in breiten Schichten); *ders.:* Investieren, Sparen, Wirtschaftswachstum und Eigentumsbildung, in: Jahrbücher für Nationalökonomie und Statistik, Band 171, Heft 4 (1959), S. 251 ff., (wiederabgedruckt in: derselbe, Sozialpolitische Perspektiven. Aufsatzsammlung hrsg. v. Heinz Allekotte, Köln 1972, S. 147 ff.).

[3] Modellen also, die weder machttheoretische noch grenzproduktivitätstheoretische Ansätze mitenthalten, sondern — wie Kaldor und Pasinetti — die Einkommensverteilung *allein* aus gesamtwirtschaftlichen Kreislaufgrößen der Einkommensverwendung erklären, ohne daß diese Größen auf (Verhaltens-) Parameter der Einkommensentstehung zurückgeführt werden. Diese Definition schließt also beispielsweise nicht die Differentialgewinntheorie Föhls ein, die den Kreislaufansatz mit angebotstheoretischen Überlegungen verbindet.

Deutlicher noch wird diese Annahme in Krelles Gutachten zu den gesamtwirtschaftlichen Wirkungen einer überbetrieblichen Gewinnbeteiligung[4], das allerdings mehr auf die möglichen Reaktionen der Wachstumsrate als auf die Betrachtung der Einkommensverteilung abgestellt ist. Denn die Konsumfunktion des hier verwendeten „mittelfristigen Prognosemodells“[5] ist *additiv* aus einer autonomen Komponente, den zusätzlichen Konsumausgaben der Lohnbezieher und den zusätzlichen Konsumausgaben der Gewinnbezieher zusammengesetzt, die jeweils als Produkt aus konstanter marginaler Konsumquote der Lohn- beziehungsweise Gewinnbezieher und dem Zuwachs der Lohn- und Gewinneinkommen erscheinen. Krelle geht folglich von konstanten und — wegen der additiven Verknüpfung — auch voneinander unabhängigen marginalen Sparquoten aus, deren Werte ökonometrisch aus Vergangenheitsdaten bestimmt sind. Auch Krelle schließt damit offenbar aus, daß ‚mittelfristig‘ die Sparpläne der Gewinnbezieher — genauer: die Sparquote aus Gewinn — durch die ‚Ertragsbeteiligung‘ beeinflußt werden können.

Dieser Verzicht auf die Betrachtung der Sparquote aus Gewinn in Kreislaufmodellen und in Erwägungen, die an Kaldor anschließen, ist eigentlich unverständlich, da in der theoretischen Diskussion um die Implikationen des Kaldor-Modells der Parameter s_G von Anfang an als problematisch empfunden wurde[6]. Allerdings richtet sich diese Kritik dagegen, daß die Sparquote aus Gewinn bei Kaldor als verhaltensbestimmt angenommen wird, obwohl die Gewinnquote auch die unverteilten Gewinne enthält. Wir wollen diesen Hinweis in einem späteren Punkt berücksichtigen[7], in dem wir die unverteilten Gewinne in unsere Modelle explizit einführen und die Bedeutung dieser Modellerweiterung für die bisherigen Ergebnisse prüfen.

Als offenbar nicht strittig wird dagegen die in Kaldors Sparfunktion durch additive Verknüpfung der Sparsummen von Lohn- und Gewinneinkommensbeziehern[8] implizit enthaltene Annahme angesehen, daß die Sparquoten der beiden Gruppen voneinander unabhängig sind, obwohl diese Prämisse, insbesondere für die vermögenspolitischen Über-

[4] Vgl. *Krelle*, Wilhelm u. a.: Überbetriebliche Ertragsbeteiligung der Arbeitnehmer.

[5] Vgl. ebenda, S. 81, Anmerkung 1.

[6] Vgl. *Weintraub*, Sidney: An Approach to the Theory of Income Distribution, Philadelphia 1958, S. 107; *Bombach*, Gottfried: Preisstabilität, wirtschaftliches Wachstum und Einkommensverteilung, in: Schweizerische Zeitschrift für Volkswirtschaft und Statistik, 95. Jg. (1959), S. 16 ff.; vgl. im Überblick auch *Küster*, Georg H.: Untersuchungen zur Einkommensverteilung im Wirtschaftswachstum, Berlin 1969, S. 141 ff.; sowie *Kowalski*, Leo: Einkommensverwendung, Einkommensverteilung und Vermögensverteilung, S. 70.

[7] Vgl. im folgenden Teil B, Abschnitt II, 2.3.

[8] Vgl. im vorhergehenden Teil B, Abschnitt I, 2.2.1.

legungen, weitreichende Annahmen über das Finanzierungsverhalten der Unternehmen einschließt: Denn in diesem Modell ersetzt das zusätzliche Kapitalangebot der Arbeitnehmer das durch die geringere Gewinnquote geschrumpfte Kapitalangebot der bisherigen Gewinnbezieher ohne jegliche Reibungen, Widerstände und Versickerungen. Dort wo Gewinnbezieher und Unternehmenseigner identische Personen sind, bestimmt aber das Verhältnis der Sparquoten aus Lohn und aus Gewinn auf lange Sicht die ‚Machtverteilung' in den Unternehmen, falls das Kapitalangebot der Arbeitnehmer als neues Eigenkapital in die Unternehmen fließt oder die Unternehmen zur Aufnahme der Arbeitnehmer als Teilhaber gezwungen werden. Angesichts des breiten Raums, den Betrachtungen zur „Auswirkung der Ertragsbeteiligung auf die Verteilung des „Eigenkapitals" und ... auf die Führungsmacht in der Wirtschaft"[9] in der vermögenspolitischen Diskussion einnehmen, muß es überraschen, daß die Rückkopplung zum primären Problem der Abwälzbarkeit beispielsweise gewinnbezogener vermögenspolitischer Abgaben nicht versucht wird. Denn, wie wir gesehen haben, können im Kaldor-Modell die Gewinnbezieher als Gruppe ihren Anteil am Volkseinkommen durch Senkung ihrer Sparquote kurzfristig und dauerhaft erhöhen. Wenn aber das Sparen aus Gewinn die funktionelle Einkommensverteilung mit beeinflußt, dann muß auch der Zusammenhang zwischen Vermögenspolitik und funktioneller Einkommensverteilung unter dem Gesichtspunkt beleuchtet werden, ob und gegebenenfalls in welcher Richtung ein vermögenspolitischer Eingriff die Spar*quote* aus Gewinn verschieben kann oder ob plausbile Annahmen für ihre Unabhängigkeit von den Instrumenten der Vermögenspolitik sprechen.

Dabei ist auch ein möglicher Einfluß der Gewinnquote auf die Spar*quote* aus Gewinn zu betrachten. Zugunsten einer Unabhängigkeit beider Parameter wird im allgemeinen auf den Residualcharakter der Gewinneinkommen hingewiesen[10]. Dies mag für die kurzfristige Analyse der Einkommensverteilung im Konjunkturverlauf vertretbar sein, ist aber für Fragen nach der Verteilungswirkung einer auf dauerhafte Verteilungsverschiebung angelegten Vermögenspolitik nicht ohne weiteres hinzunehmen. Denn die Wirkung solcher langfristig angelegten Maßnahmen ist zumindest im Trend abschätzbar und kann daher die längerfristigen Sparentscheidungen und Finanzpläne der Unternehmen durchaus beeinflussen.

Da auf den ersten Blick Reaktionen der Sparquote aus Gewinn auf den Einsatz vermögenspolitischer Instrumente kaum weniger plausibel

---

[9] Vgl. *Krelle*, Wilhelm: Überbetriebliche Ertragsbeteiligung der Arbeitnehmer, S. 150 ff. und S. 164 ff.

[10] So *Kowalski*, Leo: Einkommenverwendung, Einkommensverteilung und Vermögensverteilung, S. 70 f.

erscheinen als die Konstanz dieser Quote, wollen wir im folgenden zunächst prüfen, wie steigende oder sinkende Sparquoten aus Gewinn die These von der ,Zusätzlichkeit' vermögenswirksamer Zuflüsse an die Arbeitnehmer — die ja durch unsere Kreislaufmodelle für alle drei vermögenspolitischen Verfahren bestätigt wurde — revidieren. Anschließend wird geprüft, ob empirische Daten über die Struktur des Sparens in der Bundesrepublik Vermutungen über die Richtung möglicher Revisionen in den Sparplänen der bisherigen Gewinnbezieher und den Finanzplänen der Unternehmen als Reaktion auf zusätzliche vermögenspolitisch bedingte Gewinnlasten nahelegen. Wir werden dann betrachten, welche Änderungen unsere Ergebnisse erfahren, wenn die unverteilten Gewinne explizit berücksichtigt werden, und ob eine solche Modellerweiterung so sinnvoll ist, wie sie vordergründig zu sein scheint. Dabei halten wir auch weiterhin an der Annahme des Kaldor-Modells fest, die Investitionsausgaben seien exogen gegeben[11].

2.1 Das Sparen der privaten Haushalte aus Gewinn als mögliche ,Störvariable'

Wir prüfen nun am Modell, wie die funktionale Einkommensverteilung reagiert, wenn die Sparquote aus Gewinn mit der Sparquote der Arbeitnehmer verknüpft wird, das heißt, wenn unterschiedliche Annahmen über mögliche Änderungen des Sparverhaltens der Gewinnbezieher im Gefolge einer staatlichen Sparförderung, einer gesetzlichen investiven Lohnzulage oder einer allgemeinen investiven Gewinnbeteiligung in unsere Modelle eingeführt werden.

(1) Unter der Annahme einer exogen gegebenen Investitionsquote $\frac{I}{Y}$ und einer *unveränderten durchschnittlichen Sparquote* s_G der Gewinnbezieher nimmt, wie gezeigt, die Gewinnquote, die nach Kaldor im Ausgangsgleichgewicht — Gleichung (1) — durch

$$\frac{G}{Y} = \frac{\frac{I}{Y} - s_L}{s_G - s_L}$$

gegeben ist, bei Einsatz der jeweiligen vermögenspolitischen Verfahren die Werte der Relationen (3), (4b) beziehungsweise (5b) an[12].

---

[11] Diese „Investitionsfunktion" wird im folgenden Kapitel eingehend betrachtet (Teil B, Abschnitt 3.1.1.). Sie impliziert für die Überlegungen in diesem Abschnitt die Prämisse, daß das gesamtwirtschaftliche Kreditsystem elastisch ist. Denn bei unelastischem Kreditsystem wäre eine exogen vorgegebene Erhöhung der Investitionsquote bei Konstanz der Sparquoten und bestehender — gleichgewichtiger — Einkommensverteilung nicht zu finanzieren.

[12] Vgl. Teil B, Abschnitt I, 2.2.2/3/4.

Für die Sparförderung zeigt sich, daß die Gewinnquote um den zusätzlichen Anteil der Ersparnis der Arbeitnehmer am Volkseinkommen zurückgeht, so daß der anfängliche Konsumverzicht durch das Wachsen der Reallohnquote zu Lasten des realen Einkommensanteils der Gewinnbezieher ausgeglichen wird. Denn die Differenz der Gewinnquote im Ausgangsgleichgewicht — Gleichung (1)[13] — und der Gewinnquote nach Einsatz der Sparförderung ergibt:

$$s_v \frac{s_G - \frac{I}{Y}}{s_G - s_L - s_v}$$

also das Produkt aus neuer Lohnquote — Gleichung (3a)[14] — und der zusätzlichen Sparquote s_v.

Für *Investivlohn* und *Gewinnbeteiligung* zeigte sich, daß die Gewinnquote im Umfang der jeweiligen Zunahme des Anteils der Gesamtersparnis der Arbeitnehmer am Volkseinkommen[15], die durch die Vermögenspolitik ‚erzwungen' wird, einbricht und daß die Lohnempfänger im neuen Gleichgewicht den vollen Anteil der Abgabe $v\frac{L}{Y}$ (Investivlohn) oder $w\frac{G}{Y}$ (Gewinnbeteiligung) am Volkseinkommen zur — erhöhten — Barlohnquote erhalten.

Ob die so entstandenen Gewinn- und Lohnquoten gleichgewichtig sind, hängt davon ab, ob die Gewinnbezieher ihre Sparquote bei niedrigeren Gewinneinkommen und höheren Sparbeträgen der Arbeitnehmer unverändert beibehalten oder revidieren. Zunächst rein formal kann eine Sparquote aus Gewinn s'_G abgeleitet werden, die den Anteil der Gewinnbezieher am Volkseinkommen zum früheren Gleichgewichtswert vor Einführung der vermögenspolitischen Maßnahmen zurückführen würde. Zu diesem Zweck setzen wir die Werte der Gewinnquote, die wir für die einzelnen Verfahren erhalten haben[16], gleich der Gewinnquote im Ausgangsgleichgewicht — Gleichung (1), wobei wir statt s_G den zu ermittelnden Parameter s'_G einsetzen:

— Für die *Sparförderung* ergibt sich aus

$$\frac{\frac{I}{Y} - s_L - s_v}{s'_G - s_L - s_v} = \frac{\frac{I}{Y} - s_L}{s_G - s_L}$$

[13] Vgl. Teil B, Abschnitt I, 2.2.1.

[14] Vgl. Teil B, Abschnitt I, 2.2.2.

[15] Vgl. Teil B, Abschnitt I, 2.2.3.

[16] Vgl. Teil B, Abschnitt I, 2.2.2/3/4.

Die Sparquote s'_G :

(6)
$$s'_G = \frac{s_G\left(\frac{I}{Y} - s_L - s_v\right) + s_v \frac{I}{Y}}{\frac{I}{Y} - s_L}$$

Im vorgegebenen Zahlenbeispiel wäre $s'_G = 0{,}336$, während wir s_G im Ausgangsgleichgewicht mit 0,4 angenommen haben.

Durch entsprechende Umformung der Gleichung (6) erhält man

$$\left(s_G - s'_G\right)\left(\frac{I}{Y} - s_L\right) = s_v\left(s_G - \frac{I}{Y}\right)$$

Da im Ausgangsgleichgewicht die Lohnquote und die Gewinnquote bestimmt waren durch — Gleichungen (1a) und (1)

$$\frac{L}{Y} = \frac{s_G - \frac{I}{Y}}{s_G - s_L}$$

$$\frac{G}{Y} = \frac{\frac{I}{Y} - s_L}{s_G - s_L},$$

kommen wir zu dem Ergebnis:

$$\left(s_G - s'_G\right)\frac{G}{Y} = s_v \frac{L}{Y}$$

Damit zeigt sich, daß die Gewinnquote dann durch die Sparförderung unberührt bleibt, wenn die Mehrersparnis der Arbeitnehmer durch eine gleich große Minderung der Ersparnis der Gewinnbezieher ausgeglichen wird, die gesamtwirtschaftliche Sparquote also unverändert bleibt.

— Für *investive Lohnzulagen* ergibt sich aus

$$\frac{\frac{I}{Y} - s_L - v\,(1 - s'_G)}{\left(s'_G - s_L - v\,(1 - s'_G\right)} - v\,\frac{s'_G - \frac{I}{Y}}{s'_G - s_L - v\,(1 - s'_G)} = \frac{\frac{I}{Y} - s_L}{s_G - s_L}$$

der Ausdruck

(7)
$$s'_G = \frac{s_G\left(\frac{I}{Y} - s_L - v\left(1 - \frac{I}{Y}\right)\right) + (1 - s_L)\frac{I}{Y}}{(1 + v)\left(\frac{I}{Y} - s_L\right)}.$$

Im bisherigen Zahlenbeispiel müßte — wie sich aus dieser Relation errechnen läßt — die Sparquote der Gewinnbezieher von 0,4 auf 0,33 sinken.

Der Ausdruck (7) läßt sich umformen zu:

$$s_G \frac{G}{Y} - s'_G \frac{G'}{Y} = (s_L + v) \frac{L'}{Y} - s_L \frac{L}{Y}$$

wobei $\frac{L'}{Y}$ die Barlohnquote nach Einführung investiver Lohnzulagen — Gleichung (4a)[17] — und $\frac{G'}{Y}$ die Nettogewinnquote — Gleichung (4b)[18] — bezeichnen.

Auch nach Einführung investiver Lohnzulagen können also die Gewinnbezieher ihren früheren Anteil am Volkseinkommen zurückerobern, wenn sie die Sparquote soweit senken, daß die Mehrersparnis der Arbeitnehmer[19] genau durch die geringere Ersparnis der Gewinnbezieher ausgeglichen wird.

— Für die *Gewinnbeteiligung* erhält man durch Gleichsetzen von (5b) und (1), also

$$\frac{\left(\frac{I}{Y} - s_L\right)(1 - w)}{s'_G - s_L + w\,(1 - s'_G)} = \frac{\frac{I}{Y} - s_L}{s_G - s_L},$$

für die Sparquote s'_G den Wert

(8) $$s'_G = s_G - \frac{w}{1 - w}(1 - s_L) .$$

Im bisherigen Zahlenbeispiel müßte s'_G den Wert 0,3 annehmen, damit die Gewinnquote wieder auf den früheren Wert von 0,4 ansteigt.

Setzen wir in den Wert der Nettogewinnquote nach Einführung der Gewinnbeteiligung — Gleichung (5b)[20] — den s'_G-Wert aus Gleichung (8) ein und bilden wir die Differenz der jeweiligen Anteile des Sparens der Gewinnbezieher am Volkseinkommen im Ausgangsgleichgewicht und im neuen Gleichgewicht nach Einführung der Gewinnbeteiligung, so ergibt sich nach einigen Umformungen

$$s_G \frac{G}{Y} - s'_G \frac{G'}{Y} = s_L \frac{L'}{Y} + w \frac{G'_b}{Y} - s_L \frac{L}{Y} ,$$

[17] Vgl. Teil B, Abschnitt I, 2.2.3.

[18] Ebenda.

[19] Einschließlich der höheren freiwilligen Ersparnis, die aus dem Steigen der Barlohnquote bei konstanter Sparquote s_L aus Lohneinkommen resultiert.

[20] Vgl. Teil B, Abschnitt I, 2.2.4.

wobei $\frac{G'}{Y}, \frac{L'}{Y}$ und $\frac{G'_b}{Y}$ Nettogewinnquote, Barlohnquote und Bruttogewinnquote nach Einführung der Gewinnbeteiligung bezeichnen und durch die zugehörigen Werte der Gleichungen (5), (5a) und (5b) ersetzt werden könnten[21].

Auch hier erfüllt also die Sparquote s'_G, die wir aus der Forderung abgeleitet haben, daß der Anteil der früheren Gewinnbezieher am Volkseinkommen nach Einführung der Gewinnbeteiligung wiederhergestellt wird, die Bedingung ‚Mindereresparnis der Gewinnbezieher‘ gleich ‚Mehrersparnis der Lohnbezieher‘.

Diese Ableitungen zeigen, daß die Gewinnbezieher bei allen drei Verfahren der Vermögenspolitik durch eine Zurücknahme ihrer Sparsummen[22] um genau den Betrag, um den die Vermögensbildung der Arbeitnehmer zunimmt, die vorher bestehende funktionelle Einkommensverteilung wiederherstellen können und damit ihren früheren Anteil am Volkseinkommen zurückgewinnen können. Es muß nun geprüft werden, ob Verhaltensweisen der Gewinnbezieher vorstellbar sind, die zu einem entsprechenden Rückgang der Sparquote aus Gewinn führen könnten.

(2) Es wäre zunächst daran zu denken, die Zurücknahme der Sparquote aus Gewinn als kollektives Verhalten der Gewinnbezieher zu erklären. Eine solche Vorstellung ist aber wenig plausibel, da die Gruppe der Bezieher von Kapitaleinkommen zu wenig homogen ist. Dagegen ist näher zu prüfen, ob die Zurücknahme der Sparquote s_G aus individuellen Revisionen der Sparpläne dieser Gruppe resultieren kann.

Auch wenn wir, um innerhalb unserer Prämissen zu bleiben, von einer — exogen gegebenen Investitionsquote ausgehen, die nicht von Veränderungen der Gewinnquote berührt wird, sind zwei Erklärungen für eine Senkung von s_G denkbar, die die Gewinnquote zum früheren Gleichgewicht zurückführt:

1. Wäre von klassischen Vorstellungen einer Zinsabhängigkeit des Sparens oder von der Zinstheorie der Grenznutzenschule[23] auszugehen, so würden die Gewinnbezieher auf das Sinken des Zinses, das aus einer

---

21 Vgl. Teil B, Abschnitt I, 2.2.4.

22 Die obenstehenden Ergebnisse sind jeweils für Anteile am Volkseinkommen abgeleitet, gelten aber selbstverständlich ebenso für die entsprechenden Summen, da Y gekürzt werden kann. Ausgeklammert bleiben allerdings alle Einflüsse, die von Veränderungen der Nachfragestruktur ausgehen (vgl. dazu Teil B, Abschnitt I, 1.2.).

23 Vgl. Teil B, Abschnitt II, 1.3., Anmerkung 41; Zur Zinstheorie vgl. *Lutz*, Friedrich, A.: Zinstheorie, 2. Aufl., Tübingen 1967.

Zunahme der Gesamtersparnis durch die administrierte Vermögensbildung der Arbeitnehmer folgen würde, mit höherem Gegenwartskonsum reagieren, da ihnen bei gegebener Gegenwartsvorliebe ein geringerer Zins aus kleinerer Gewinnquote die Zurückhaltung beim Konsum weniger lohnend macht. Sie würden sich dann in Keynesianischen Kreislaufmodellen der Einkommensverteilung, wie sie unseren Überlegungen bisher zugrunde liegen, in jenes Märchenbild vom Krug der Witwe versetzt finden, der gefüllt bleibt, wieviel daraus auch zum Konsum entnommen wird, sofern nur die Mehrersparnis der Arbeitnehmer jeweils genau durch Mehrkonsum der Gewinnbezieher ausgeglichen wird[24].

Nun ist eine ‚Flucht in den Konsum' gewiß nicht sehr wahrscheinlich. Völlig undenkbar ist aber nicht, daß eine hart zugreifende Gewinnabgabe, die zudem mit der Verpflichtung zur Eigenkapitalhergabe verbunden ist, resignative Reaktionen bei Unternehmenseignern fördern könnte. Fühlen sich etwa die Eigner von zwei Seiten — von einer Mitbestimmungsparität zwischen Kapital und Arbeit und zusätzlich auf ihrer Seite, der Kapitalseite, durch die Arbeitnehmerfonds als Teilhaber — in die Minderheit gedrängt, so werden sie wohl kaum bereit sein, dem Unternehmen neue Mittel — zumindest nicht ohne Renditengarantie — zur Verfügung zu stellen. Sie könnten dann auch teilweise ihren Konsum steigern wollen, da ihnen der Unternehmerberuf so viel weniger attraktiv erscheint, daß beispielsweise das Sparmotiv, das Unternehmen für die Nachkommen zu erhalten[25], an Bedeutung verliert. Dennoch bleibt der Einsatz der Waffe ‚Luxuskonsum' in einem Umfang, der gesamtwirtschaftlich bedeutsam ist, sehr fraglich.

2. Selbst wenn die Sparquote aus Gewinn bei sinkenden Nettoeigenkapitalrenditen konstant bleibt, können die Gewinnbezieher in einer offenen Volkswirtschaft mit freiem internationalen Kapitalverkehr allein durch eine Änderung ihres *Anlage*verhaltens, das heißt ohne Änderung ihres *Spar*verhaltens, ihren Anteil am Volkseinkommen — mindestens

---

[24] Mit diesem Bild hat schon Keynes den Zusammenhang von Unternehmerkonsum und Unternehmereinkommen charakterisiert: „Thus however much of their profits entrepreneurs spend on consumption, the increment of wealth belonging to entrepreneurs remains the same as before. Thus profits, as a source of capital increment for entrepreneurs, are a widow's cruse which remains undepleted however much of them may be devoted to riotous living. (Vgl. *Keynes*, John M.: A Treatise on Money. Vol. I. The Pure Theory of Money, London 1930, S. 139.)

[25] Dieses Motiv findet sich beispielsweise auch in der Wachstumstheorie zur Formulierung einer Sparfunktion. So unterscheidet Harrod zwei Sparmotive: 1. Sparen für das Alter (diese Kurve hat für das einzelne Wirtschaftssubjekt über den Lebenszeitraum — wegen des Entsparens im Alter — die Gestalt eines Höckers; daher: „hump saving"). 2. Sparen für die Nachkommen (dieses Sparen setzt Harrod zum Bevölkerungswachstum in Beziehung). Vgl. *Harrod*, Roy F.: Towards a Dynamic Economics — Some Recent Developments of Economic Theory and their Application to Policy. 8. Aufl., London 1963, S. 25 ff.

teilweise — gegen die Vermögenspolitik verteidigen: Falls sie bei sinkenden Nettokapitalrenditen ihre Ersparnisse im Durchschnitt weniger als bisher im eigenen Unternehmen oder in Beteiligungstiteln anlegen und statt dessen mehr auf andere Teilmärkte des inländischen Kapitalmarkts, insbesondere auf die Märkte für langfristige festverzinsliche Finanzanlagen, leiten, werden sie in der Regel dort einen Zins- und Renditendruck auslösen. Die Renditen für langfristige festverzinsliche Kapitalanlagen und korrespondierend die Kreditzinsen würden allenfalls dann auf dem bisherigen Stand bleiben, wenn auch die Investoren bisherige Eigenkapitalfinanzierung in gleichem Maße durch Fremdfinanzierung substituieren, wie nunmehr anlagesuchendes Kapital von den Märkten für Beteiligungskapital auf die Kreditmärkte strömt, und wenn die Investoren trotz höherer Gewinnbelastung die gleichen Kreditzinsen zu zahlen bereit und in der Lage wären, die vorher galten. Diese Bedingung kann aber nur in dem — im folgenden noch betrachteten[26] — Fall gelten, daß die Unternehmensgewinne vor Einführung zusätzlicher vermögenspolitischer Lasten um mehr als eine übliche Risikoprämie über den Kreditzinsen liegen. Falls die Gewinne solche ‚funktionslosen‘ Gewinnteile bisher schon nicht enthielten, werden die Investoren die — in unseren Modellen exogen gegebene — Höhe ihrer Realinvestitionen nur aufrechterhalten können und die dazu erforderlichen Kredite nachfragen, wenn die zukünftigen Gläubiger mit geringeren Kreditzinsen einverstanden sind und damit auch die Renditen auf den Finanzmärkten sinken. Ein Druck auf die Renditen langfristiger festverzinslicher Finanzanlagen breitet sich in einer geschlossenen Volkswirtschaft je nach der Zinselastizität der Kapitalnachfrage auf einzelnen Teilmärkten für lang-, mittel- und kurzfristiges Kapital und je nach der Wanderungsfähigkeit der Kapitalanbieter und Kapitalnachfrager zwischen diesen Märkten über den gesamten Kapitalmarkt aus.

Der Übertragung einer von der Vermögenspolitik ausgelösten Senkung der Nettorenditen des Eigenkapitals auf die übrigen Zinssätze und Renditen sind in einer Wirtschaft mit zum Ausland offenen Kapitalmärkten jedoch Grenzen gesetzt. Denn vor allem die Märkte für kurzfristige Geldanlagen haben bei freiem Kapitalverkehr mit dem Ausland engen internationalen Preiskontakt, so daß schon kleine Zinstreppen zwischen Inland und Ausland Kapitalexporte auslösen.

Bei unelastischem Kreditsystem würde der monetäre Kapitalstrom in dem Maße zu einer Einschränkung inländischer Realinvestitionen führen, wie die Investitionsgüterproduzenten sich nicht mit sinkenden Investitionsgüterpreisen an die Minderung der zur inländischen Investitionsfinanzierung zur Verfügung stehenden Finanzierungsmittel anpas-

[26] Vgl. dazu auch Teil B, Abschnitt II, 3.4.

sen[27]. Die damit verbundenen Beschäftigungseinbrüche, die vom Investitionsgütersektor ausgehend über (Einkommens-)Multiplikatorprozesse auch den Konsumgütersektor erfassen dürften, würden Rückwälzungsprozesse auf die Barlöhne auslösen, an denen die Forderung nach „Zusätzlichkeit" der Vermögensbildung der Arbeitnehmer scheitern müßte. Erst geringere Barlöhne würden dann den Finanzierungsspielraum für die beschäftigungspolitisch notwendige Höhe der Realinvestitionen wieder schaffen.

Bei elastischem Kreditsystem und/oder vollständiger Preiselastizität des Investitionsgüterangebots könnten die Unternehmen ihre Investitionspläne zwar durchsetzen, so daß von einem monetären Kapitalexport allein kein Einfluß auf die Nettogewinnquote ausginge. Doch wirkt der monetäre Kapitaltransfer unter der Annahme einer langfristigen Gleichgewichtstendenz der Zahlungsbilanz bei Vollbeschäftigung wie eine Zusatzinvestition im Inland, die den Anteil der Gewinnbezieher am Volkseinkommen in Richtung ihres früheren Standes wieder anhebt[28]:

— Bei flexiblen Wechselkursen muß der reale Transfer dem monetären Transfer unmittelbar folgen. Das bedeutet, daß die im Inland wirksame Güternachfrage ceteris paribus genau um den Betrag des aus dem Nettokapitalexport resultierenden Aktivsaldos der Leistungsbilanz steigt. In dem Maße, wie der Leistungsbilanzüberschuß den durch die Vermögenspolitik im Inland hervorgerufenen Nachfrageausfall ersetzt, bleiben Preissenkungen und/oder Absatzeinbußen aus, so daß die Nettogewinnquote nicht oder nur weniger als in der geschlossenen Wirtschaft einbricht. Die erhoffte Vermögensbildung „ohne Konsumverzicht" degeneriert dann zum Zwangssparen der inländischen Konsumenten zugunsten der ausländischen Nachfrager.

— Bei starren Wechselkursen und Vollbeschäftigung gelingt die Vermögensbildung der Arbeitnehmer aus „zusätzlichem" Einkommen vollständig nur in dem extremen Fall, in dem der Kapitalexport keine Veränderung der Leistungsbilanz hervorruft; denn in diesem Fall werden lediglich Devisenbestände, das heißt Forderungen der Notenbank gegen ausländische Volkswirtschaften in Vermögensanlagen inländischer privater Sektoren im Ausland umgewandelt,

---

[27] Zu der wahrscheinlichen Richtung der Anpassung (Mengen- oder Preisanpassung) und den zugrundeliegenden Annahmen über Kostenverläufe und Marktverhalten vgl. im folgenden Teil B, Abschnitt II, 4.

[28] Vgl. zum folgenden *Heidhues*, Franz: Zur Theorie der internationalen Kapitalbewegungen. Eine kritische Untersuchung unter besonderer Berücksichtigung der Direktinvestitionen, Tübingen 1969, S. 17 ff.; *Willgerodt*, Hans: Kapitalbilanz und Devisenströme, in: *Greiß*, Franz; *Meyer*, Fritz W. (Hrsg.): Wirtschaft, Gesellschaft und Kultur. Festschrift für Alfred Müller-Armack, Berlin 1961, S. 455 ff., hier S. 465.

so daß kein Nettokapitalexport, sondern nur ein Gläubigerwechsel stattfindet[29]. Doch beschreibt dieser Fall kein langfristiges Gleichgewicht[30]; auch ist zu beachten, daß unter diesen Bedingungen nur ein vorheriges Zwangssparen der Konsumenten nachträglich konsolidiert wird und daß auf diese Weise außerdem der Spielraum einer sonst möglichen Aufwertung eingeschränkt wird, die den inländischen Konsumenten — also vorwiegend den Arbeitnehmern — eine höhere Absorption erlauben würde. In allen anderen Fällen dagegen können die Gewinnbezieher ihren Anteil am Volkseinkommen in dem Maße verteidigen, in dem der monetäre Kapitaltransfer die ausländische Nachfrage nach Gütern des kapitalexportierenden Landes anregt, da der reale Transfer im Inland die gleichen Kreislaufprozesse auslöst wie eine Zusatzinvestition, die nach der Mechanik unserer — an Kaldor angelehnten — Modelle die Gewinnquote erhöhen würde[31].

— Für den Fall der Unterbeschäftigung ist — in beiden Wechselkurssystemen — das Ergebnis nicht so eindeutig: Zwar kommt es bei einer langfristigen Gleichgewichtstendenz der Zahlungsbilanz auch in diesem Fall zu einer Erhöhung der im Inland wirksamen Güternachfrage, die wie eine Zusatzinvestition wirkt, doch können die Gewinnbezieher dabei nicht notwendig ihren bisherigen *Anteil* am Volkseinkommen wiedererlangen. Denn bei Unterbeschäftigung erhöht der Realtransfer auch das reale Volkseinkommen Y, so daß die Nettogewinnquote die durch die Gleichungen (3), (4b) und (5b)[32] gegebenen Werte nur in dem Maße übersteigen kann, in dem der Zuwachs des realen Volkseinkommens hinter der Summe aus Inlandsinvestitionen und realem Gütertransfer in das Ausland zurückbleibt, der Exportmultiplikator also hinreichend hoch ist.

Bestehen keine wesentlichen Wanderungsschranken für Kapital, so kann also unter realistischen Annahmen der Anteil der Gewinnbezieher am Volkseinkommen allein durch Wandlungen des Anlageverhaltens und die Wanderung von *Finanz*investitionen in das Ausland gegen vermögenspolitische Belastungen weitgehend immun sein, selbst wenn ein Rückgang inländischer Realinvestitionen im Gefolge vermögenspoliti-

---

[29] Vgl. dazu *Willgerodt*, Hans: Kapitalbilanz und Devisenströme.

[30] Es ist hier noch einmal darauf hinzuweisen, daß in dieser Arbeit langfristige Veränderungen des Gleichgewichts der funktionellen Einkommensverteilung betrachtet werden. Das bedeutet, daß langfristige Änderungen der ‚Flußgrößen‘ betrachtet werden, nicht aber Veränderungen der ‚Bestandsgrößen‘ — also die Änderung der Vermögensverteilung — und auch nicht die Einflüsse, die von Veränderungen der ‚Bestandsgrößen‘ auf die ‚Flußgrößen‘ ausgehen.

[31] Vgl. dazu Teil B, Abschnitt II, 3.

[32] Vgl. Teil B, Abschnitt I, 2.2.2 bis 2.2.4.

scher Gewinnlasten oder eine Verlagerung von *Direkt*investitionen[33] weitgehend auszuschließen sein sollte[34].

Funktionsbedingung eines solchen Prozesses ist allerdings, daß ein hinreichend großer Teil der Gewinnbezieher auf Verschiebungen in der Struktur der Nettorenditen verschiedener Anlageformen mit Änderungen seiner Anlagepolitik reagiert. Ob eine mögliche Fluchtbewegung aus dem Eigenkapital jene Breite erlangt, die bis auf jene Kapital(teil)-märkte ausstrahlt, die internationalen Preiskontakt haben, und ob auf diesem Weg die Nettogewinnquote und die Eigenkapitalrenditen annähernd zum früheren Niveau zurückfinden, hängt vom Verhältnis der Eigenkapitalrenditen zu den Fremdkapitalrenditen ab. Sind in den Eigenkapitalrenditen noch Spielräume der Belastbarkeit vorhanden, liegen also die Eigenkapitalrenditen[35] in allen Bereichen der privaten Wirtschaft noch so wesentlich über den Renditen insbesondere festverzinslicher Anlagen, daß selbst nach vermögenspolitischer Belastung den bisherigen Unternehmenseignern ein Festhalten am haftenden Eigenkapital lohnend erscheint, so ist die beschriebene Wanderung in andere Teilmärkte des inländischen Kapitalmarkts nicht zu erwarten. Liegen

---

[33] Dieser möglichen Ausweichreaktion wird im folgenden im Zusammenhang mit der Betrachtung der Investitionsneigung noch weiter nachgegangen. (Vgl. im folgenden Teil B, Abschnitt II, 3.2.)

[34] Obwohl Föhl schon 1964 auf die Gefahr der Kapitalflucht bei Einführung vermögenspolitischer Belastungen hingewiesen hat, ist dieses Argument in der tagespolitischen Diskussion wenig beachtet worden, da man sich offenbar nur einen Exodus von Direktinvestitionen vorstellte, der in der Tat als Massenerscheinung weniger glaubhaft ist. Dabei wird aber kaum beachtet, daß Zinsen und Renditen auf den einzelnen Teilmärkten des inländischen Kapitalmarktes interdependent sind und insbesondere auf den Märkten für kurzfristiges Kapital, den Geldmärkten, engen internationalen Preiskontakt haben. Um eine ‚Kapitalflucht' auszulösen, reicht es daher aus, wenn bisheriges Eigenkapital — teilweise — auf den Markt für langfristiges Fremdkapital wandert, dort Kapital auf den Markt für mittel- und kurzfristige Kapitalanlagen abdrängt usw., so daß schließlich der internationale Zinszusammenhang auf den Geldmärkten einen Kapitalabstrom auslöst. In welchem Maße sich ein primärer Kapitalzustrom auf einen Teilmarkt (z. B. für langfristiges Fremdkapital) bis auf jene (Kapital-)Teilmärkte weiterwälzt, die internationalen Preiskontakt haben, hängt natürlich von der Flexibilität der Zinsstruktur und der Zinselastizität der inländischen Kapitalnachfrage auf den Märkten ab, die den Angebotsstrom zuerst aufnehmen und keinen Preiskontakt — genauer: Renditenkontakt — zu ausländischen Kapitalmärkten haben. Zur Theorie der Zinsstruktur vgl. *Claassen*, Emile: Ein Beitrag zur Theorie der Zinsstruktur, Diss. Köln 1963; *König*, Heinz; *Wolters*, Jürgen: Über den Zusammenhang von kurz- und langfristigem Zinssatz: Eine Spektralanalyse der westdeutschen Zinsstruktur, Zürich 1969; für die amerikanische Diskussion vgl. im Überblick: *Guttentag*, Jack M.; *Cagan*, Phillip (Ed.): Essays on Interest Rates. Vol. I, New York 1969 und *Guttentag*, Jack M. (Ed.): Essays on Interest Rates. Vol. II, New York 1971.

[35] Einschließlich von Wertsteigerungen in der Höhe, in der sie von den Anlegern vermutet werden und einschließlich solcher Risikoprämien, die die Risikoeinschätzung und Risikobereitschaft der Anleger übersteigen.

Eigenkapital- und Fremdkapitalrenditen aber heute schon in der Bundesrepublik so nahe beieinander, daß eine verbleibende Differenz der Renditen gerade der Untergrenze einer von den Anlegern geforderten Risikoprämie für haftendes Kapital entspricht[36], dann wird eine Flucht aus dem Eigenkapital in die festverzinsliche Geldanlage über den Transformator einer nicht beliebig wandelbaren Zinsstruktur einen Kapitalexport über jene Teilmärkte des inländischen Kapitalmarkts auslösen, die den engsten internationalen Preiskontakt haben. Der beschriebene Zahlungsbilanzprozeß löst dann den Wiederanstieg der Nettogewinnquote aus.

Folgen wir diesen Überlegungen, so ist der Spielraum der Einkommensverteilung in einer offenen Wirtschaft wesentlich durch die Differenz zwischen Eigenkapitalrendite und den Renditen festverzinslicher Anlagen bestimmt. Die Größe dieses Spielraums werden wir später empirisch zu schätzen versuchen, nachdem wir einen ähnlichen Zusammenhang für die Investitionsneigung, also die inländische Kapitalnachfrage untersucht haben[37].

3. Gegen die Stichhaltigkeit des gerade skizzierten Zusammenhangs zwischen renditeorientiertem Anlageverhalten der Gewinnbezieher und ihrem Anteil am Volkseinkommen, könnte nun eingewandt werden, daß ihm eine Prämisse über das Anlageverhalten zugrunde liegt, die allenfalls für Kleinaktionäre bei Publikumsgesellschaften, kaum aber für Eigner oder Teilhaber personenbezogener Unternehmen gelten kann. In der Tat ist wohl für diese Unternehmensformen von einer stärkeren Bindung an das ‚eigene‘ Unternehmen auszugehen. Zudem besteht für die meisten tätigen Unternehmenseigner ein Komplementaritätsverhältnis zwischen der Möglichkeit, selbständiger Unternehmer zu bleiben, und der Notwendigkeit, das eigene Unternehmen mindestens soweit mit Eigenkapital zu versorgen, daß es wettbewerbsfähig bleibt. Doch ist zu prüfen, ob nicht die durch die Vermögenspolitik induzierten Datenänderungen den persönlich tätigen Unternehmensinhabern sogar nahelegen, die Anlage ihrer laufenden Ersparnis im eigenen Unternehmen zu verringern und die Anlage am Kapitalmarkt zu verstärken.

Wir hatten abgeleitet, daß unter den Bedingungen unserer Kreislaufmodelle, insbesondere unter der — hier noch vorläufig beibehaltenen — Annahme einer exogen gegebenen Investitionsquote, der Anteil der bisherigen Gewinnbezieher am Volkseinkommen bei jedem vermögenspolitischen Verfahren genau gleich bleibt, wenn die Zunahme der Arbeitnehmerersparnis durch eine gleichgroße Abnahme der Sparsumme

---

[36] Ferner ist ein gegebenenfalls unterschliedlicher Grad der Fungibilität der Titel einzubeziehen.

[37] Vgl. im folgenden Teil B, Abschnitt II, 3.2 und 3.4.

aus Gewinn ausgeglichen wird[38]. Übertragen wir diese Bedingung im Lichte der unter (2) angestellten Überlegungen auf eine offene Wirtschaft mit mindestens partiell international verflochtenen Kapitalmärkten, so läßt sie sich verengen zu:

> Die Verteilung des Volkseinkommens zwischen den bisherigen Gewinnbeziehern und den Arbeitnehmern bleibt dann von Versuchen vermögenspolitischer Korrekturen der funktionellen Einkommensverteilung[39] unbeeinflußt, wenn die inländische Kapitalversorgung aus *freiwilliger* Ersparnis, insbesondere aus der der Gewinnbezieher im gleichen Maße abnimmt, wie sie aus der Vermögensbildung der Arbeitnehmer zunimmt und trotzdem die Inlandsinvestition unverändert bleiben soll.

Übertragen wir diese Bedingung auf eine einzelne personenbezogene Unternehmung und gehen wir auch für das einzelne Unternehmen von einer exogen gegebenen Investitionsquote aus, so zeigt sich: Eine autonome Investitionsquote bedeutet, als mikroökonomische Investitionsfunktion interpretiert, daß die Unternehmer ihre Investitionsausgaben unabhängig von der Höhe ihrer Gewinne stets in einem festen Verhältnis zum Umsatz halten. Erhöht unter diesen Bedingungen die Vermögenspolitik die Ersparnis der Arbeitnehmer, so stehen die Unternehmer vor der Wahl, entweder die — vorgegebene — Investition weiterhin selbst zu finanzieren oder die — freiwillige und administrierte — Ersparnis der Arbeitnehmer zur Investitionsfinanzierung einzusetzen. Nehmen sie das Arbeitnehmerkapital auf oder werden sie dazu gezwungen, so wird bei gegebenen Investitionsausgaben und Gewinnen in zunächst noch alter Höhe Ersparnis der Unternehmer frei, die dann Anlage auf dem Kapitalmarkt suchen muß. Gerade bei gesamtwirtschaftlich konstanter Investitionsquote und damit konstanter Kapitalnachfrage aber wird sie in einer Wirtschaft mit offenen Kapitalmärkten durch den Transformator der Zins- und Renditeninterdependenz der inländischen und ausländischen Kapital(teil)märkte mindestens teilweise in monetären Kapitaltransfer umgewandelt und löst über die — relative — Aktivierung der Leistungsbilanz den Wiederanstieg der Nettogewinnquote aus.

Daß diese Ergebnisse unseren früheren, aus erweiterten Kaldor-Modellen abgeleiteten Aussagen scheinbar vollständig widersprechen, er-

---

[38] Vgl. die Relationen (6), (7) und (8), Teil B, Abschnitt II, 2.1.

[39] Daß trotzdem längerfristig die institutionelle Einkommensverteilung durch Vermögenspolitik verschoben wird, bleibt von dieser Aussage unberührt (vgl. Teil A, Abschnitt I); denn hier geht es um die Frage der „Zusätzlichkeit", das heißt um die Chancen einer Vermögensbildung ‚ohne Konsumverzicht der Arbeitnehmer'.

klärt sich aus der Erweiterung des bisherigen Erklärungszusammenhangs um die Außenbeziehungen, die das Kaldor-Modell nicht enthält:

Im Kaldor-Modell, das zumindest formal eine geschlossene Volkswirtschaft unterstellt, paßt sich, wie gezeigt, die Einkommensverteilung so an die gegebene Investitionsquote an, daß die gesamtwirtschaftliche Sparsumme der Summe der Investitionsausgaben entspricht. Eine höhere Sparquote aus Lohn senkt folglich jene Einkommen, auf die die höchste Sparquote entfällt. Da dies in allen Marktwirtschaften die Gewinneinkommen sind, senkt also der Transformator der Gleichgewichtsbedingung $I_{gepl.} = S_{gepl.}$ die Sparsumme aus Gewinn und — da die Sparquote aus Gewinn als konstant angenommen wird — die Gewinnsumme. Dieses Ergebnis ist dann auch leicht mit dem Residualcharakter der Gewinneinkommen erklärbar. Eröffnen wir aus der Annahme einer offenen Volkswirtschaft mit freiem Kapitalverkehr der bei Einsatz der Vermögenspolitik zunächst insgesamt höheren Sparsumme den Ausweg des Kapitaltransfers, so erzwingt schon rein formal die gegebene Investitionsquote[40] nicht mehr den Ausgleich über eine geringere Gewinnquote. Vielmehr kommt es dann mindestens zur *Konkurrenz zweier Anpassungsmechanismen*, des *Verteilungsmechanismus* und des (Kapital-)-*Transfermechanismus*. In dem Maße, wie der Transfermechanismus inländische Ersparnis abströmen läßt und in Güternachfrage des Auslands nach inländischen Produkten verwandelt, bleibt dann die Einkommensverteilung konstant. In dem Maße, wie die inländische Ersparnis in der inländischen Investitionsfinanzierung gebunden bleibt, diese dabei aber überragt, führt der Verteilungsmechanismus des Kaldor-Modells zu sinkenden Nettogewinnen.

Auf dem Hintergrund dieser Überlegungen wird ein scheinbar paradoxer Zusammenhang deutlich:

Gerade dann, wenn die Gewinnbezieher der Vermögenspolitik den geringsten Widerstand entgegensetzen, indem sie auf ein höheres Kapitalangebot der Arbeitnehmer mit geringeren eigenen Sparanstrengungen reagieren und wenn sie als Unternehmer das Arbeitnehmerkapital aufnehmen, um eigene Mittel stärker zum Konsum oder zur anonymen Kapitalanlage (bei hoher internationaler Kapitalmobilität) zu verwenden, gerade wenn also das Wachstum des Anteils der Lohnbezieher an

---

[40] Diese Annahme scheint unseres Erachtens der Absicht Kaldors, mit seinem Modell eine Bedingung für das Gleichgewicht der Einkommensverteilung in einer wachsenden Wirtschaft zu formulieren, besser zu entsprechen, als wenn die Bedingung ‚exogene Investitionsquote‘ als exogen gegebener Anteil der Gesamtinvestition aufgefaßt würde. Denn Wachstumsmodelle führen wohl nur dann zu politisch verwendbaren Ergebnissen auf der Basis statistisch meßbarer Größen, wenn in ihren Parametern — wie beispielsweise Bevölkerungswachstum, marginaler Kapitalkoeffizient usw. — die Verhältnisse einer einzelnen Volkswirtschaft eingefangen werden.

der gesamtwirtschaftlichen Vermögensbildung scheinbar zusätzlich durch eine sinkende Sparquote der Gewinnbezieher unterstützt wird, dann entwickelt sich die funktionelle, wenn auch nicht die personelle, Einkommensverteilung zum alten Gleichgewicht zurück.

(3) Betrachten wir nun den Fall einer steigenden Sparquote aus Gewinn:

Falls die Gewinnbezieher den Verfall der Gewinnquote und damit der Kapitalrendite mit einer steigenden Sparquote aus ihren Gewinneinkommen beantworten, so verschlechtert sich in einer Volkswirtschaft ohne Kapitalverkehr mit dem Ausland die funktionelle Einkommensverteilung weiter zu ihren Lasten. Denn aus der ‚Mechanik' des Kaldor-Modells ergibt sich, daß bei gegebener Investitionsquote mit der Zunahme von s_G — als Antwort auf eine größere Vermögensbildung der Arbeitnehmer — die Nettogewinnquote so lange weiter sinkt, bis die frühere — durch die Investitionsquote vorgegebene gesamtwirtschaftliche Sparquote wieder erreicht wird und damit das Gleichgewicht bei Vollbeschäftigung wiederhergestellt ist. Dies gilt allerdings wiederum in einer offenen Volkswirtschaft in dem Maße nicht, in dem zusätzliche Ersparnis in das Ausland abfließt und eine — relative — Aktivierung der Leistungsbilanz hervorruft.

Obwohl also die Gewinnbezieher als Gruppe gegen ihre Einkommensinteressen verstießen, wenn sie vermögenspolitische Belastungen der Gewinne mit steigenden Sparquoten beantworten, sind steigende Sparquoten aus Gewinn denkbar, da sie sich aus voneinander unabhängigen individuellen Entscheidungen ergeben können:

1. Die Gewinnbezieher könnten versuchen, die sinkende Rendite ihrer Vermögensanlagen durch höhere Sparanstrengungen wettzumachen, um langfristig durch mehr Vermögensbesitz das frühere Kapitaleinkommen wieder zu erreichen. Das heißt, sie könnten versuchen, den Verlust aus der Verschiebung der funktionellen Einkommensverteilung zu ihren Lasten in der institutionellen Einkommensverteilung langfristig dadurch auszugleichen, daß sie ihren Anteil an der laufenden gesamtwirtschaftlichen Vermögensbildung wiederherstellen oder gar erhöhen, um wenigstens längerfristig ihren Platz in der Einkommenshierarchie zurückzuerobern.

2. Für die Eigner personenbezogener Unternehmen wäre ein solches Verhalten auch interpretierbar als Versuch, die Herrschaft über das eigene Unternehmen möglichst ungeschmälert zu erhalten. Insbesondere bei den von SPD und DGB vorgesehenen zwangsweisen Beteiligungen von Vermögensfonds der Arbeitnehmer am Eigenkapital der Unternehmen[41] können die Eigner auf sehr lange Sicht einem Verlust der Kapital-

mehrheit und damit ihrer unternehmerischen Selbständigkeit und der Verfügungsgewalt über das Unternehmen nur entgehen, wenn sie aus den ihnen verbleibenden Gewinnen mehr im Unternehmen als Eigenkapital belassen, als den Fonds aus der Gewinnbeteiligung zufließt[42].

Wenn auch diese Reaktionen für die Gewinnbezieher als Gruppe betrachtet nach Keynes[43] dem Versuch glichen, das Faß der Danaiden zu füllen, das sich — in der Sage — leert, so wie es gefüllt wird, so wird ein aus solchem ‚Gegensparen‘ der Gewinnbezieher resultierender kumulativer Abschwungprozeß der Gewinnquote aufgefangen[44]. Auch kann dann nicht mehr an der Annahme einer konstanten — inländischen — Investitionsquote festgehalten werden. Immerhin bleibt festzustellen, daß eine steigende Sparquote aus Gewinn nach allen bisherigen Überlegungen ebensowenig zum früheren Stand der funktionellen Einkommensverteilung zurückführt wie die Konstanz von s_G. Es ist daher zu prüfen, ob aus den empirischen Daten über das bisher in der Bundesrepublik beobachtete Sparverhalten der Bezieher von Gewinnquoten und das Finanzierungsverhalten der Unternehmen Voraussagen

41 Vgl. Teil A, Abschnitt I, Anmerkung 23.

42 Denn vernachlässigen wir für eine Betrachtung der Eigenkapitalverteilung zwischen Alteignern und Fonds auf sehr lange Sicht einmal das zu Anfang vorhandene Kapital, so bestimmen sich die Beteiligungsverhältnisse nach dem Verhältnis des aus der Gewinnbeteiligung entstehenden Fondsbesitzes zu dem aus den Zuführungen der Eigner entstehenden Eigenkapital. Bei einer Bruttoeigenkapitalrendite vor Steuern und Abgaben von beispielsweise 20 v. H. entfällt auf die Arbeitnehmerfonds aus einer Gewinnbeteiligung von 10 v. H. ein Kapitalanteil von jährlich 2 v. H. des jeweiligen Eigenkapitals. Lassen sich die Fonds die auf ihren wachsenden Kapitalbesitz jährlich entfallenden Zinsanteile bar auszahlen, so müssen die Alteigner jährlich 6 v. H. des Eigenkapitals im Unternehmen belassen, um eine Sperrminorität der Fonds zu verhindern. Bei einem Steuersatz der Einkommen- oder Körperschaftsteuern von beispielsweise 50 v. H. könnten sie dann noch eine Rendite von 4 v. H. auf das Eigenkapital entnehmen. Für andere Bruttorenditen und andere Ausschüttungswünsche der Fonds lassen sich entsprechende Beispiele bilden.

43 Vgl. *Keynes*, John M.: A Treatise on Money. Vol. I, S. 139: „When on the other hand, entrepreneurs are making losses, and seek to recoup these losses by curtailing their normal expenditure on consumption, i. e. by saving more, the cruse becomes a Danaid jar which can never be filled up; for the effect of this reduced expenditure is to inflict on the producers of consumption-goods a loss of an equal amount“.

44 Denn sofern der Marktwert des bei den Gewinnbeziehern vorhandenen Vermögensbestands nicht parallel zur Gewinnquote und damit zur Kapitalrendite verfällt, wird bei sinkenden Gewinneinkommen sowohl die Spar-Vermögensrelation wie auch die Einkommens-Vermögensrelation günstiger, so daß der Konsum angeregt wird und den Abschwung stoppt. Jedenfalls ist eine Parallelentwicklung zwischen Gewinnquote und Wert des Vermögensbestands zumindest dann nicht anzunehmen, wenn ein Teil des Vermögens in liquider Form gehalten wird, also keinem Wertverfall unterliegt. Zur Spar-Vermögens- und Spar-Einkommensrelation vgl. im Überblick *Rudloff*, Hartmut: Vermögensbestand, Sparverhalten und Wirtschaftswachstum, S. 69 ff. und S. 88 ff.

über die Reaktion der Sparquote aus Gewinn auf zusätzliche vermögenspolitische Maßnahmen abgeleitet werden können.

2.2 Die Entwicklung des Sparens der Privaten aus Gewinn seit 1950

Über die Frage, ob nun angesichts zusätzlicher vermögenspolitischer Belastungen der Unternehmen mit einer im Durchschnitt steigenden oder mit einer sinkenden Sparquote aus Gewinn zu rechnen ist, sind methodisch befriedigende und durch gezielte empirische Erhebungen abgesicherte Prognosen nur sehr schwer möglich. Einen vagen Hinweis könnten Ergebnisse von Befragungen zum Finanzierungsverhalten kleiner und mittlerer Unternehmen geben[45]:

Sie zeigen, daß etwa zwei Drittel der befragten Unternehmer der Aufnahme stiller oder tätiger Teilhaber, aber auch der Aufnahme einer Kapitalbeteiligungsgesellschaft als Teilhaber ablehnend gegenüberstehen und lieber andere Wege der Investitionsfinanzierung ausschöpfen würden oder (39 %) sogar lieber die Investitionen einschränken würden. Das könnte bedeuten, daß diese Gruppe, die etwa 50 000 Unternehmen repräsentiert, soweit als möglich versuchen wird, einen Liquiditätsverlust aus vermögenspolitischen Abgaben durch Mehrsparen oder gegebenenfalls durch Reduktion eventuell vorhandener oder geplanter Kapitalanlagen außerhalb des eigenen Unternehmens zugunsten der Selbstfinanzierung zu vermindern. Nach den Motiven ihrer Ablehnung einer Kapitalbeteiligungsgesellschaft oder der Arbeitnehmer als Teilhaber befragt, verwiesen gut 60 v. H. der ablehnenden Befragten auf die Furcht vor einer „Einschränkung der unternehmerischen Freiheit“ und auf ihr Mißtrauen gegenüber den Gewerkschaften und den Arbeitnehmern als Teilhaber.

Obwohl diese Ergebnisse zu zeigen scheinen, daß mit einem freiwilligen Ersatz des Sparens aus Gewinn durch Arbeitnehmerkapital kaum zu rechnen ist, können sie nur mit großen Einschränkungen auf unser Problem übertragen werden. Denn die meisten Befragten dürften wegen der bisher geringen Verbreitung der Eigenfinanzierung über Kapitalbeteiligungsgesellschaften oder über die direkten Beteiligungen der Arbeitnehmer an ‚ihren‘ Unternehmen kaum hinreichende Kenntnisse oder gar praktische Erfahrungen mit diesen Finanzierungsformen besitzen. Deshalb ist anzunehmen, daß sich auch die Antworten im Interview in erheblichem Umfang nicht auf eingehend durchdachte Überlegungen gestützt haben. Ein weiteres Ergebnis dieser Befragung, daß

[45] Vgl. *Tiepelmann*, Klaus: Vermögenspolitik und Unternehmenskonzentration. Ein Beitrag zur Entdeckung wirtschaftspolitischer Antinomien, Tübingen 1972, S. 178 ff. Die empirische Grundlage dieses Teils der Arbeit von Tiepelman beruht auf Befragungen, die Klaus Oelschläger für das Institut für Mittelstandsforschung, Köln, durchgeführt hat (vgl. *Oelschläger*, Klaus: Das Finanzierungsverhalten in der Klein- und Mittelindustrie. Eine empirische Analyse, Köln 1971); kritisch dazu *Molsberger*, Josef und *Schillert*, Ulrich: Die Eigenkapitalversorgung kleinerer und mittlerer Unternehmen im Rahmen der Vermögenspolitik, Köln 1975.

innerhalb der Befragten die Bereitschaft zur Aufnahme neuer Teilhaber mit höheren Fremdkapitalanteilen erheblich wuchs[46], könnte zumindest darauf hindeuten, daß sich bei Verlust an Finanzierungsmitteln durch vermögenspolitische Lasten auch die Bereitschaft zur Außenfinanzierung erhöht.

Wir wollen nun prüfen, ob sich aus der Entwicklung der gesamtwirtschaftlichen Ersparnis in der Bundesrepublik Deutschland seit 1950 und ihrer Verteilung auf Selbständige und Unselbständige sowie auf Unternehmen und private Haushalte Vermutungen darüber ableiten lassen, wie die Selbständigen, denen der weitaus überwiegende Teil der Gewinneinkommen zufließt und in deren Händen die Investitions- und Finanzierungsentscheidungen liegen, und wie die Unternehmen auf eine verstärkte Vermögensbildung der Arbeitnehmer reagieren werden. Wir gehen dabei von folgender Überlegung aus: Für die Vermutung, daß die ‚Sparquote aus Gewinn‘ im Gefolge vermögenspolitischer Belastungen der Gewinneinkommen steigen wird, können zwei Gründe sprechen:

1. Die *Selbständigen* versuchen, ihren Platz in der Vermögenshierarchie zu halten, indem sie sinkende Anteile an der privaten Vermögensbildung mit steigenden Sparquoten beantworten.
2. Die *Unternehmen* reagieren auf steigende Anteile der Arbeitnehmer an der privaten Ersparnis mit steigenden ‚Sparquoten‘ aus Gewinn, das heißt mit wachsenden Anteilen der unverteilten Gewinne an den gesamten Gewinnen.

Dies würde bedeuten, daß steigende Sparquoten der Selbständigen und steigende Anteile der unverteilten Gewinne an den gesamten Unternehmensgewinnen bei sinkenden Anteilen der Selbständigen und der Unternehmen an der gesamten privaten Ersparnis auf Einholungsversuche hindeuten, die dann auch für den Fall einer vermögenspolitischen Belastung der Gewinneinkommen zu erwarten sind. Umgekehrt können sinkende Anteile der Selbständigen und der Unternehmen an der gesamten privaten Ersparnis bei nicht eindeutig steigenden Sparquoten anzeigen, daß die Unternehmen zur Verstärkung der Außenfinanzierung auch dann bereit sind, wenn es der Vermögenspolitik gelingt, den Anteil der Arbeitnehmer an der privaten Vermögensbildung zu erhöhen. Im ersten Fall würde bei unveränderter Investition ein kumulativer Abschwungprozeß der Gewinnquote ausgelöst. Im zweiten Fall würde die funktionelle Einkommensverteilung tendenziell zum früheren Stand zurückkehren.

[46] Vgl. *Tiepelmann,* Klaus: Vermögenspolitik und Unternehmenskonzentration, S. 184.

Zur Entwicklung der sozialen Struktur des Sparens der privaten Haushalte von 1950 bis heute liegt unseres Wissens bisher nur die Untersuchung von Kaiser und Zerwas aus dem Jahre 1970 vor, deren Daten bis 1967 reichen[47]. Engels hat in einem „Vorbericht über ein laufendes Forschungsvorhaben"[48] die Berechnungen von Kaiser und Zerwas zu den Sparquoten der Selbständigen und der Arbeitnehmer bis 1970 weitergeführt, aber bisher nur die Werte dieser beiden Sparquoten veröffentlicht. Die Berechnungen von Kaiser und Zerwas sind aber wegen der Revision der Volkswirtschaftlichen Gesamtrechnungen aus dem Jahre 1970[49] gerade für die hier interessierende Frage nach dem Sparen aus Gewinn weitgehend überholt. Denn die Änderung der Volkswirtschaftlichen Gesamtrechnung hat vor allem zu wesentlich höheren Ansätzen der unverteilten Gewinne für die Jahre 1950 bis 1970 geführt: So nahmen beispielsweise Kaiser und Zerwas — im Anschluß an die Daten der Volkswirtschaftlichen Gesamtrechnung vor der Revision — die unverteilten Gewinne der privaten Unternehmen mit eigener Rechtspersönlichkeit für das Jahr 1967 mit 3,3 Mrd. DM an, während sie nun in den „revidierten Reihen" für 1967 mit 7,3 Mrd. DM angegeben werden[50]. Wir haben daher in Tabelle 8 sowie den zugehörigen Tabellen 8 A bis 8 C des Anhangs eine Neuberechnung der hier interessierenden Kennzahlen von Kaiser und Zerwas zur Struktur des Sparens[51] vorgenommen. Dabei haben wir die Werte zur laufenden Ersparnis der Selbständigen- und Unselbständigenhaushalte aus verfügbarem Einkommen von Kaiser und Zerwas benutzt und an die Stelle der Daten, die Kaiser und Zerwas aus der Volkswirtschaftlichen Gesamtrechnung übernommen hatten, die ‚revidierten' Zahlen gesetzt. Auch ist der Anteil des staatlichen Sektors an den in der Volkswirtschaftlichen Gesamtrechnung ausgewiesenen unverteilten Gewinnen der „privaten" Unternehmen mit eigener Rechtspersönlichkeit wie bei Kaiser und Zerwas in unserer Berechnung mit 18 v. H. für die Jahre 1950 bis 1960 und mit 15 v. H. für 1960 bis 1970 angenommen[52]. Die von Engels für die Jahre 1968 bis 1970 ermittelten Sparquoten der Selbständigen (aus verfügbarem Einkommen einschließlich der „nichtent-

---

[47] Vgl. *Kaiser*, Walter; *Zerwas*, Arnold: Die Struktur des Sparens.

[48] Vgl. *Engels*, Wolfram; *Sablotny*, Herbert; *Zickler*, Dieter: Bildung und Verteilung des Volksvermögens....

[49] Vgl. *Hamer*, Günter: Revision der Volkswirtschaftlichen Gesamtrechnungen, in: Wirtschaft und Statistik, Heft 2 (1970), S. 57 ff.

[50] Vgl. *Statistisches Bundesamt* (Hrsg.): Revidierte Reihen ab 1950, in: Fachserie N, Reihe 3. Wie die im folgenden dargestellten Ergebnisse unserer Berechnungen zeigen, muß damit auch der vor der ‚Revision' der Volkswirtschaftlichen Gesamtrechnung eindeutig abzulesende Trend, daß der Anteil der unverteilten Gewinne an den Unternehmensgewinnen ständig und erheblich zurückgeht, ‚revidiert' werden (vgl. Tabelle 9).

[51] Unsere Neuberechnung betrifft die Tabellen 21 bis 25 der Untersuchung von *Kaiser* und *Zerwas* (Die Struktur des Sparens..., S. 95 ff.).

[52] Vgl. ebenda, S. 40 f.; diese Korrektur der Daten der Volkswirtschaftlichen Gesamtrechnung ist notwendig, da dort diejenigen öffentlichen Unternehmen, auf die die Definition „Unternehmen" zutrifft, grundsätzlich zum „privaten" Sektor gerechnet werden. Das gilt nicht nur für Bundesbahn und Bundespost sowie Aktiengesellschaften im Besitz der öffentlichen Hände, sondern auch für alle Betriebe der öffentlichen Hand, deren Einnahmen und Ausgaben *nicht* brutto in den Haushalten gebucht werden. Kaiser und Zerwas begründen die Setzung des Anteils der öffentlichen Hände an den unverteilten Gewinnen der Unternehmen mit eigener Rechtspersönlichkeit mit dem Hinweis (ebenda, S. 41) auf Schätzungen des Statistischen Bundesamtes über den „Anteil der öffentlichen Hand am Kapital der deutschen Aktiengesell-

nommenen Gewinne der Einzelunternehmen u. ä.")[53] erlaubten durch entsprechende ‚Querrechnungen' die Fortführung der Berechnung bis 1970, wobei sich die Daten über das Sparen der Rentner und Pensionäre als Restgrößen ergaben.

Prüfen wir zunächst, ob die Verteilung der jährlichen Ersparnis auf die sozialen Gruppen seit 1950 Aufschlüsse über das wahrscheinliche Sparverhalten der Selbständigen gibt:

Die laufende Ersparnis des privaten Sektors ist, wie Tabelle 8 zeigt, von 8,2 Mrd. DM im Jahre 1950 auf 82,3 Mrd. DM im Jahre 1970, also auf das Zehnfache des Wertes von 1950, gestiegen. Die Ersparnis der Unselbständigen aus verfügbarem Einkommen stieg im gleichen Zeitraum prozentual stärker, nämlich von 1,1 Mrd. DM auf 41,2 Mrd. DM. Entsprechend wuchs der Anteil der Unselbständigenhaushalte an der privaten Ersparnis von 13,4 v. H. im Jahre 1950 über 26,3 v. H. (1960) auf 50,1 v. H. (1970) und hat sich damit in jedem der beiden Zehnjahreszeiträume knapp verdoppelt. Diese Entwicklung war das Ergebnis steigender Einkommen und, wie Tabelle 8 ebenfalls zeigt, einer von konjunkturell bedingten Einbrüchen abgesehen kontinuierlich steigenden Sparquote der Unselbständigen.

Betrachten wir zum Vergleich das Sparen der Selbständigen, so zeigt sich, daß auch diese Gruppe trotz steigender Anteile der Unselbständigen am privaten Sparen den Anteil ihres nicht-unternehmensbezogenen Sparens[54] an der gesamten privaten Ersparnis behaupten konnte, ohne daß in den sechziger Jahren ein so deutlich aufsteigender Trend der Sparquote erkennbar ist, wie bei den Unselbständigen. Dieses Ergebnis überrascht vor allem deshalb, weil im gleichen Zeitraum von 1950 bis 1970 der Anteil der Selbständigen und mithelfenden Familienangehörigen von knapp einem Drittel im Jahre 1950 kontinuierlich auf weniger als ein Fünftel (1970) zurückgefallen ist.

Da somit ein im Durchschnitt etwa gleicher Anteil an der gesamten Ersparnis auf eine relativ und absolut kleinere Zahl von Selbständigen entfällt, hat sich die Position der einzelnen Selbständigenhaushalte in der Vermögenshierarchie offensichtlich verbessert, wenn man einmal die Ersparnis im eigenen Unternehmen zunächst außer Betracht läßt. Betrachten wir allerdings die Ersparnis der Selbständigen einschließlich der nicht-entnommenen Gewinne der Einzelunternehmen und ähnlicher

---

schaften" (vgl. Wirtschaft und Statistik 1961, S. 282 ff. und 1966, S. 94 ff.), dürften ihn damit also tendenziell unterschätzen.

[53] Vgl. *Engels*, Wolfram u. a.: Bildung und Verteilung des Volksvermögens, S. 17.

[54] Ersparnis der Selbständigen (ohne unverteilte Gewinne der Einzelunternehmen und Personengesellschaften) bezogen auf die ‚verfügbaren' Einkommen der Selbständigen (= Entnahmen aus den Gewinnen der Einzelunternehmen und Personengesellschaften + sonstige Vermögenseinkünfte). Die Aufgliederung der Größe „Nettoeinkommen und Vermögen", die in der Volkswirtschaftlichen Gesamtrechnung aufgewiesen wird, in Gewinne und ‚sonstige Vermögenseinkünfte' und ihre Verteilung auf die sozialen Gruppen ist auf Grund der Untersuchungen des Deutschen Instituts für Wirtschaftsforschung möglich geworden; vgl. *DIW — Deutsches Institut für Wirtschaftsforschung:* Die Vermögenseinkünfte ..., S. 35 ff.

Tabelle 8: **Die Struktur des privaten Sparens in der Bundesrepublik Deutschland 1950 bis 1970 nach sozialen Gruppen**

	Private Ersparnis insgesamt[a)] in Mrd. DM	Ersparnis der Unselbständigen aus verfügbarem Einkommen[b)]			Ersparnis der Selbständigen aus verfügbarem Einkommen[c)]			Nicht-entn. Gewinne d. Einzelunternehmen u. ä. in Mrd. DM	Ersparnis der Selbständigen aus verfügbarem Einkommen und nichtentnommenen Gewinnen d. Einzelunternehmen u. ä.[d)]			Unverteilte Gewinne der Unternehmen mit eigener Rechtspersönlichkeit (ohne Staatsanteil)	
		in Mrd. DM	in v. H. der Gesamtersparnis	Sparquote in v. H. des verfügb. Einkommens[e)]	in Mrd. DM	(in v. H. der Gesamtersparnis)	Sparquote in v. H. des verfügb. Einkommens[f)]		in Mrd. DM	(in v. H. der Gesamtersparnis)	Sparquote in v. H. d. verfügb. Einkommens[g)]	in Mrd. DM	(in v. H. der Gesamtersparnis)
	(1)	(2)	(3) = (2) : (1)	(4)	(5)	(6) = (5) : (1)	(7)	(8)	(9) = (5) + (8)	(10 = (9) : (1)	(11)	(12)	(13) = (12) : (1)
1950[h)]	8,2	1,1	(13,4)	2,3	0,7	(8,5)	4,0	4,7	5,4	(65,9)	24,2	1,7	(20,7)
1954[h)]	15,1	4,3	(28,5)	5,7	2,9	(19,2)	11,0	5,0	7,9	(52,3)	25,2	2,9	(19,2)
1955[h)]	20,8	4,4	(21,2)	5,1	3,1	(14,9)	11,1	9,1	12,2	(58,6)	32,9	4,2	(20,2)
1958	28,9	8,1	(28,0)	6,9	4,9	(17,0)	13,8	11,3	16,2	(56,1)	34,6	4,6	(15,9)
1960	36,5	9,6	(26,3)	6,6	5,7	(15,6)	12,9	14,2	19,9	(54,5)	34,1	7,0	(19,2)
1961	36,7	11,1	(30,3)	6,8	6,6	(18,0)	14,1	12,7	19,3	(52,5)	32,5	6,3	(17,2)
1962	35,3	12,0	(34,0)	6,7	6,9	(19,5)	14,1	11,0	17,9	(50,7)	29,8	5,4	(15,3)
1963	37,6	15,5	(41,2)	8,1	7,3	(19,4)	13,5	9,3	16,6	(44,2)	26,1	5,5	(14,6)
1964	46,8	19,0	(40,6)	9,1	9,4	(20,1)	16,0	11,9	21,3	(45,5)	30,2	6,5	(13,9)
1965	54,7	23,8	(43,5)	10,2	11,2	(20,5)	17,1	13,3	24,5	(44,8)	31,1	6,4	(11,7)
1966	53,5	23,0	(43,0)	9,2	11,2	(20,9)	16,5	12,7	23,9	(44,7)	29,7	6,6	(12,3)
1967	51,2	23,7	(46,3)	9,2	11,0	(21,5)	16,0	10,3	21,3	(41,6)	27,0	6,2	(12,1)
1968[i)]	67,6	29,0	(42,9)	10,7	12,1	(17,9)	15,8	16,9	29,0	(42,9)	31,0	9,6	(14,2)
1969[i)]	66,5	33,7	(50,7)	11,3	14,1	(21,2)	15,9	9,9	24,0	(36,1)	24,4	8,8	(13,2)
1970[i)]	82,3	41,2	(50,1)	12,2	12,4	(15,0)	13,5	18,9	31,3	(38,0)	28,3	9,8	(11,9)

personengebundener Unternehmen, so zeigt sich, daß der Anteil dieser Gesamtersparnis der Selbständigen (unter Einschluß der nicht-entnommenen Gewinne) an der privaten Ersparnis deutlich gesunken ist von 65,9 v. H. (1950) auf 38 v. H. (1970). Unter der Annahme, daß der Finanzierungsbedarf der personengebundenen Unternehmen sich in etwa gleichlaufend mit der Kapitalnachfrage der übrigen Sektoren (Staat, Ausland und Unternehmen mit eigener Rechtspersönlichkeit) entwickelt hat, kann das Sinken des Anteils der Ersparnis der Selbständigen aus verfügbarem Einkommen einschließlich der nicht-entnommenen Gewinne der personenbezogenen Unternehmen zweierlei bedeuten: Entweder waren die Selbständigen *bereit*, die Außenfinanzierung ‚ihrer‘ Unternehmen zu Lasten der Selbstfinanzierung zu verstärken, oder sie waren zu diesem Wandel ihres Finanzierungsverhaltens *gezwungen*. Die

---

Anmerkungen zu Tabelle 8:

a) Ohne die unverteilten Gewinne der Unternehmen mit eigener Rechtspersönlichkeit, die dem staatlichen Sektor zuzurechnen sind. Sie sind für 1950 bis 1958 mit 18 v. H. und für 1960 bis 1970 mit 15 v. H. der in der Volkswirtschaftlichen Gesamtrechnung ausgewiesenen unverteilten Gewinne angenommen. (So auch Kaiser, Walter; Zerwas, Arnold: Die Struktur des Sparens in der Bundesrepublik Deutschland von 1950 bis 1967. Statistisches Material und methodische Erläuterungen, Berlin 1970, S. 40 f.)

b) Zur Berechnung vgl. Tabelle 8 A (Anhang), Spalten (12), (13).

c) Ohne nicht-entnommene Gewinne der Einzelunternehmen u. ä. Zur Berechnung vgl. Tabelle 8 B (Anhang), Spalten (18), (19).

d) Die Gewinne der Einzelunternehmen u. ä. sind hier in Anlehnung an Kaiser und Zerwas ganz den Selbständigen zugerechnet, da wir vermuten, daß das Sparverhalten derjenigen Unselbständigen, die an Einzelunternehmen und Personengesellschaften beteiligt sind, eher dem der Selbständigen entspricht. Engels schätzt den Anteil der Unselbständigen an den Gewinnen der Einzelunternehmen u. ä. auf 20 v. H.; für Aussagen über Einkommensverteilung und die soziale Struktur der Vermögensbildung wäre dies zu berücksichtigen. Andererseits sind die Renteneinkommen und das Sparen der Nichterwerbstätigen ganz den Unselbständigen zugerechnet, da wir für das Sparen aus Renteneinkommen Verhaltensweisen vermuten, die eher denen der Unselbständigen als denen der Selbständigen entsprechen.

e) Zur Berechnung vgl. Tabelle 8 A (Anhang), Spalte (13).

f) Zur Berechnung vgl. Tabelle 8 B (Anhang), Spalte (19).

g) Zur Berechnung vgl. Tabelle 8 B (Anhang), Spalte (23).

h) Ohne Saarland und West-Berlin.

i) Berechnet auf der Grundlage der von Engels und Mitarbeitern geschätzten Sparquoten der Arbeitnehmer und der Selbständigen (bezogen auf die verfügbaren Einkommen zuzüglich der nicht-entnommenen Gewinne der Einzelunternehmen u. ä.); vgl. Tabelle 8 B (Anhang), Spalte (23).

Quellen: Eigene Berechnungen auf der Grundlage: Kaiser, Walter; Zerwas, Arnold: Die Struktur des Sparens in der Bundesrepublik Deutschland von 1950 bis 1967. Statistisches Material und methodische Erläuterungen, Berlin 1970. Die Ergebnisse von Kaiser und Zerwas wurden auf der Grundlage der „Revidierten Reihen“ der Volkswirtschaftlichen Gesamtrechnung neu berechnet. Diese Revision hat vor allem zu wesentlich höheren Ausweisen der nicht-entnommenen Gewinne geführt; so kommen Kaiser und Zerwas auf der Grundlage der früheren Volkswirtschaftlichen Gesamtrechnung für die unverteilten Gewinne der privaten Unternehmen mit eigener Rechtspersönlichkeit für 1967 auf 2,8 Mrd. DM, wir — unter den gleichen Annahmen — auf der Grundlage der „Revidierten Reihen“ zu 6,2 Mrd. DM. (Vgl. Hamer, Günter: Revision der Volkswirtschaftlichen Gesamtrechnung, in: Wirtschaft und Statistik, Heft 2 (1970), S. 57 ff.); Engels, Wolfram; Sablotny, Herbert; Zickler, Dieter: Bildung und Verteilung des Volksvermögens in der Bundesrepublik Deutschland 1950 - 1970. Vorbericht über die Ergebnisse eines laufenden Forschungsvorhabens. Vervielfältigtes Manuskript, Frankfurt o. J.; DIW-Deutsches Institut für Wirtschaftsforschung: Die Vermögenseinkünfte der privaten Haushalte in der Bundesrepublik Deutschland, in: Wochenbericht 6/1971 v. 4. 2. 1971, S. 35 ff.; Statistisches Bundesamt (Hrsg.): Revidierte Reihen ab 1950, in: Fachserie N, Reihe 3; Statistische Jahrbücher 1958, 1961, 1968, 1973; Wirtschaft und Statistik: Zahlenteil 1958, 1961, 1962, 1967, 1968, 1972; Bretschneider, Joachim; Husmann, Jürgen; Schnabel, Fritz: Handbuch einkommens-, vermögens- und sozialpolitischer Daten. Tabellen und Kommentare, Köln 1970 ff.

Entscheidung dieser Frage kann die Betrachtung des Selbständigensparens aus verfügbarem Einkommen (ohne die nicht-entnommenen Gewinn) liefern. Der Anteil dieses Haushaltssparens an der gesamten privaten Ersparnis ist — wie Tabelle 8 zeigt — nicht gesunken und die Sparquote aus verfügbarem Einkommen zeigt eher eine leicht steigende Tendenz. Das aber bedeutet, daß die Selbständigen ihre Kapitalanlagen außerhalb des eigenen Unternehmens — finanziert aus Entnahmen — relativ verstärkt und dafür innerhalb ihrer Unternehmen Selbstfinanzierung durch Außenfinanzierung ersetzt haben müssen. Sie waren also zumindest in der Vergangenheit *bereit*, mehr Mittel Dritter zur Investitionsfinanzierung aufzunehmen. Dieses Verhalten der Selbständigen könnte als Testfall für die Situation angesehen werden, in der in Zukunft der Anteil der Unselbständigen an der Gesamtersparnis durch den Einsatz vermögenspolitischer Verfahren weiter erhöht wird: Die Selbständigen könnten wie bisher ihre Innenfinanzierung aus nicht-entnommenen Gewinnen zurücknehmen und die Kapitalnachfrage bei den Arbeitnehmerhaushalten verstärken, wobei sie gleichzeitig ihre Entnahmen verstärkt am Kapitalmarkt anlegen.

Auf die Möglichkeit des unternehmerischen ‚Gegensparens' im eigenen Unternehmen deutet also das bisherige Finanzierungs- und Anlageverhalten der Selbständigen nicht hin.

Allerdings gilt dieses Ergebnis nur mit Einschränkungen: Die Außenfinanzierung dürfte in der Vergangenheit hauptsächlich Fremdfinanzierung gewesen sein[55]. Da dieser Weg an Verschuldungsgrenzen stoßen kann, könnte heute oder in naher Zukunft ein Punkt erreicht sein, an dem die Selbständigen eine höhere Kapitalaufnahme bei den Arbeitnehmern mit wieder steigender Innenfinanzierung begleiten müssen und ihre anonymen Kapitalanlagen nicht weiter verstärken können. Dann würde auch die Möglichkeit verbaut, daß der internationale Renditenzusammenhang zu einem Kapitalabstrom — alimentiert aus dem nicht-unternehmensbezogenen Teil der Selbständigenersparnis — führt, der die genannten Zahlungsbilanzprozesse auslöst und damit den Wiederanstieg der Gewinnquote ermöglicht, oder die Selbständigen müssen Beteiligungskapital bei den Arbeitnehmern aufnehmen[56]. Welchen dieser beiden Wege die Selbständigen einschlagen werden, ist aus unseren Ergebnissen nicht abzuleiten. Die Ersparnis aus verfügbarem Einkom-

---

[55] Vgl. von *Torklus*, Rüdiger: Analyse der Kapitalausstattung der deutschen Unternehmen auf der Grundlage der Einheitswertstatistik, Berlin 1969. (DIW-Beiträge zur Strukturforschung, Heft 8.)

[56] Unsere Ergebnisse widersprechen also insofern nicht der von Tiepelmann aus Befragungen abgeleiteten Befürchtung, daß die personenbezogenen Unternehmen hier kein Beteiligungskapital von den Arbeitnehmern aufnehmen werden. Vgl. *Tiepelmann*, Klaus: Vermögenspolitik und Unternehmenskonzentration.

men der Selbständigen als Gruppe böte zwar noch Spielraum für geringere Entnahmen und verstärkte Innenfinanzierung. Selbst bei Beachtung dieser Grenzen bleibt aber ein ‚Gegensparen‘ der Selbständigen gegen die Vermögensbildung der Arbeitnehmer unwahrscheinlich.

Diese bisher abgeleiteten Vermutungen über die Reaktion des Sparens aus Gewinn, soweit es durch die Selbständigen getragen wird, werden auch durch den Vergleich der Entwicklung des Sparens aus verfügbarem Einkommen aller privaten Haushalte und des ‚Sparens aus Gewinn‘ der Unternehmen bestätigt:

Wie Tabelle 9 zeigt, ist der Anteil der nicht-entnommenen und unverteilten Gewinne aller privaten Unternehmen an der laufenden privaten Ersparnis von 78,1 v. H. (1950) über Werte zwischen 50 v. H. und 60 v. H. zu Ende der fünfziger Jahre auf 34,1 v. H. im Durchschnitt des Konjunkturzyklus 1966 bis 1970 gesunken. Zwar zeigt auch die ‚Sparquote aus Gewinn‘, also der Anteil der im Unternehmen verbleibenden Gewinne an den gesamten Gewinnen eine leicht fallende Tendenz, so daß auch für die Unternehmen insgesamt mit der Bereitschaft zum Ersatz der Selbstfinanzierung durch Außenfinanzierung gerechnet werden könnte. Doch ist dieser Trend wenig ausgeprägt, zudem bei großen Schwankungen der ‚Sparquote‘. Die Erklärung könnte darin liegen, daß vor allem die Publikumsaktiengesellschaften auch bei rückläufigen Kapitalrenditen die Ausschüttungen nicht beliebig drosseln können, ohne ihre Emissionsfähigkeit zu verlieren.

Fassen wir diese Ergebnisse unter dem Blickwinkel der eingangs gestellten Frage nach der wahrscheinlichen Reaktion des ‚Sparens aus Gewinn‘ auf eine höhere Vermögensbildung der Arbeitnehmer zusammen, so zeigt sich immerhin:

Mit Einholversuchen des Selbständigensparens, die kumulative Abschwungprozesse auslösen könnten, ist nicht zu rechnen, falls es der Vermögenspolitik gelingt, den Anteil der Arbeitnehmer an der privaten Ersparnis weiter zu erhöhen. Jedoch ist nicht auszuschließen, daß die Selbständigen — bei Festhalten an der bisherigen Sparquote — ihre anonymen Kapitalanlagen verstärken. Damit rückt aber auch jene Form der ‚Kapitalflucht‘, die sich, wie beschrieben, über die inländischen Kapital(teil)märkte vollziehen kann, in den Bereich denkbarer Reaktionen. Folglich muß auch die ‚Sparquote aus Gewinn‘ unter jene ‚Störvariablen‘ der Vermögenspolitik gerechnet werden, die Abwälzungsprozesse einleiten können.

Zwar würde ein Rückgang der Spartätigkeit der Selbständigen nicht die funktionelle Einkommensverteilung auf kurze Frist, aber doch die institutionelle Einkommensverteilung auf lange Sicht relativ zugunsten der Arbeitnehmer verbessern. Doch geben unsere Ergebnisse — bei allen Vorbehalten gegen Globalgrößen — der für die Arbeitnehmer relativ ungünstigsten Möglichkeit, nämlich etwa gleichbleibenden Sparquoten der Gewinnbezieher und teilweisen Abfluß der Mittel über den Kapitalmarkt in das Ausland, die relativ größte Wahrscheinlichkeit.

2.3 Das ‚Sparen der Unternehmen' aus Gewinn als selbständige Einflußgröße

Die erheblichen jährlichen Schwankungen der ‚Sparquote' der Unternehmen aus Gewinn, die Tabelle 9 ausweist, machen die schon erwähnte Schwäche des Kaldor-Modells deutlich, s_G allein aus den individuellen Sparentscheidungen der Gewinnbezieher zu erklären[57] und sie damit als verhaltensbestimmt anzusehen. Denn die unverteilten Gewinne müssen mindestens kurzfristig als nicht vorhersehbare Residualgrößen angesehen werden, die daher ex ante-Sparentscheidungen nicht beeinflussen könnten. Vor allem scheint problematisch, daß in den hier verwandten Zwei Gruppen-Zwei Einkommensarten-Modellen Kaldorscher Prägung unter s_G die unverteilten Gewinne der Unternehmen mit eigener Rechtspersönlichkeit, also insbesondere der Publikumsaktiengesellschaften, subsumiert werden.

Diese Schwäche hat unter anderen Bombach veranlaßt, ein um die dritte Einkunftsart ‚unverteilte Gewinne' (= Ersparnisse der Unternehmungen) erweitertes Kreislaufmodell zu entwickeln und s_G nur auf die verteilten Gewinne zu beziehen. Denn: „die unverteilten Gewinne ... haben nichts mit propensity-Sparen ... zu tun. Sie sind im wesentlichen der Reflex eines bestimmten Entwicklungsprozesses, das heißt sie sind Überraschungseinkommen[58]."

Übernimmt man diese Modellerweiterung in das Kaldor-Modell, so setzt sich das Volkseinkommen von der Verteilungseite her aus

— den Löhnen und Gehältern L und den Gewinneinkommen G zusammen, die sich wiederum aus

— den Entnahmen und ausgeschütteten Gewinnen Z und

— den unverteilten Gewinnen U

zusammensetzen.

Die Definitionsgleichung des Volkseinkommens lautet dann:

$$Y = L + Z + U \ ,$$

[57] Vgl. *Weintraub,* Sidney: An Approach to the Theory of Income Distribution, Philadelphia 1958, S. 107; *Bombach,* Gottfried: Die verschiedenen Ansätze der Verteilungstheorie, S. 137; *ders.:* Preisstabilität, wirtschaftliches Wachstum und Einkommensverteilung, Schweiz. Zeitschrift für Volkswirtschaft und Statistik, 95. Jg., 1959, S. 1 ff.

[58] Vgl. *Bombach,* Gottfried: Die verschiedenen Ansätze der Verteilungstheorie ..., S. 137.

Tabelle 9: **Die Struktur des privaten Sparens in der Bundesrepublik Deutschland 1950 bis 1970 und seine Verteilung auf private Haushalte und Unternehmen**

	Private Ersparnis insgesamt a) in Mrd. DM	Sparen aus verfügbarem Einkommen			‚Sparen‘ der Unternehmen aus Gewinn				
		in Mrd. DM	in v. H. der Gesamtersparnis	Sparquote in v. H. des verfügbaren Einkommens a)	Nicht-entnommene Gewinne der Einzelunternehmen u. ä. in Mrd. DM	Unverteilte Gewinne der Unternehmen mit eigener Rechtspers. (ohne Staatsant.) in Mrd. DM	Nicht-entnommene und unverteilte Gewinne insgesamt c) in Mrd. DM	Nicht-entnommene und unverteilte Gewinne insgesamt c) in v. H. der Gesamtersparnis	‚Sparquote‘ der Unternehmen aus Gewinnen e) in v. H.
	(1)	(2)	(3) = (2) : (1)	(4)	(5)	(6)	(7) = (5) + (6)	(8) = (7) : (1)	(9)
1950 f)	8,2	1,8	(21,9)	2,8	4,7	1,7	6,4	(78,1)	27,0
1954 f)	15,1	7,2	(47,7)	7,0	5,0	2,9	7,9	(52,3)	23,4
1955 f)	20,8	7,5	(36,1)	6,6	9,1	4,2	13,3	(63,9)	32,8
1958 f)	28,9	13,0	(45,0)	8,5	11,3	4,6	15,9	(55,0)	31,8
1960	36,5	15,3	(41,9)	8,1	14,2	7,0	21,2	(58,1)	33,5
1961	36,7	17,7	(48,3)	8,5	12,7	6,3	19,0	(51,7)	30,0
1962	35,3	18,9	(53,5)	8,3	11,0	5,4	16,4	(46,5)	26,2
1963	37,6	22,8	(60,6)	9,3	9,3	5,5	14,8	(39,4)	22,5
1964	46,8	28,4	(60,7)	10,6	11,9	6,5	18,4	(39,3)	25,2
1965	54,7	35,0	(64,0)	11,7	13,3	6,4	19,7	(36,0)	24,5
1966	53,5	34,2	(63,9)	10,8	12,7	6,6	19,3	(36,1)	23,8
1967	51,2	34,7	(67,7)	10,7	10,3	6,2	16,5	(32,3)	21,2
1968 g)	67,6	41,1	(60,8)	11,8	16,9	9,6	26,5	(39,2)	28,0
1969 g)	66,5	47,8	(71,9)	12,4	9,9	8,8	18,7	(28,1)	19,2
1970 g)	82,3	53,6	(65,1)	12,5	18,9	9,8	28,7	(34,9)	26,4

a) Vgl. Anmerkung a) zu Tabelle 8. — b) Ohne nicht-entnommene Gewinne der Einzelunternehmen u. ä. sowie ohne unverteilte Gewinne der Unternehmen mit eigener Rechtspersönlichkeit. — c) Summe der den Privaten zuzurechnenden nicht-entnommenen und unverteilten Gewinne aller privaten Unternehmen. — d) Berechnet aus Tabelle 8 A (Anhang), Spalten (11) und (12) sowie Tabelle 8 B (Anhang), Spalten (17) und (18). — e) Vgl. Tabelle 8 C (Anhang), Spalte (33). — f) Ohne Saarland und West-Berlin. — g) Vgl. Anmerkung e) zu Tabelle 8.

Quellen: Vgl. Quellenangaben zu Tabelle 8.

wobei

$$G = Z + U$$

ist.

Außerdem gelten, wie bisher, die Definitionsgleichungen:

$$Y = C + S ,$$

$$Y = C + I .$$

Die Summe der geplanten (realen) Investitionen wird weiterhin als exogene Größe angenommen. Es gilt die Gewichtsbedingung $I_{\text{gepl.}} = S_{\text{gepl.}}$

Wir gehen nunmehr von den Annahmen aus

— daß die Unternehmen eine zum Volkseinkommen proportionale Ausschüttung $\frac{Y}{Z}$ so lange beibehalten, wie die Gewinnsumme größer ist als die für diese Ausschüttung benötigte Summe, und

— daß die Gewinnbezieher ihre Sparpläne lediglich an der Ausschüttung orientieren und in diesem Modell eine gleichbleibende durchschnittliche Sparquote s_G bezogen nur auf Z, realisieren. Die inländische Investitionsquote wird wie bisher als exogen gegeben angesehen. Wir gehen also weiterhin davon aus, daß die Unternehmen ihre Investitionspläne weder bei Veränderungen ihrer Gewinne noch bei primär erhöhtem Kapitalangebot der Arbeitnehmer revidieren.

Es gilt die Sparfunktion:

$$S = s_L L + s_G Z + U .$$

Aus der Gleichgewichtsbedingung erhalten wir dann für das Gleichgewicht der funktionellen Einkommensverteilung die Werte:

(9a)
$$\frac{L}{Y} = \frac{1 - \frac{I}{Y} - (1 - s_G) \frac{Z}{Y}}{1 - s_L} ,$$

(9b)
$$\frac{G}{Y} = \frac{\frac{I}{Y} - s_L + (1 - s_G) \frac{Z}{Y}}{1 - s_L}$$

und

(9c)
$$\frac{U}{Y} = \frac{\frac{I}{Y} - s_L - (s_G - s_L) \frac{Z}{Y}}{1 - s_L} .$$

Betrachten wir nun die Veränderungen, die sich bei Einsatz sparfördernder Maßnahmen, investiver Lohnzulagen oder einer investiven Gewinnbeteiligung in diesem Modell ergeben:

(1) Für eine Politik der *Sparförderung* ist von der Sparfunktion auszugehen:

$$S = (s_L + s_v) L + s_G Z + U \; .$$

Für die Gewinnquote gilt dann im Gleichgewicht ($I_{\text{gepl.}} = S_{\text{gepl.}}$)

$$\text{(10)} \qquad \frac{G'}{Y} = \frac{\frac{I}{Y} - s_L + (1 - s_G) \frac{Z}{Y} - s_v}{1 - s_L - s_v} \; .$$

Vergleicht man diesen Wert mit der Gewinnquote im Ausgangsgleichgewicht — Relation (9b) — so zeigt sich, daß die Gewinnquote durch die Sparförderung sinkt, da Zähler und Nenner der Relation (10) um jeweils s_v vermindert werden und der Zähler kleiner ist als der Nenner.

Die Verkürzung der Gewinnquote geht in diesem Modell allein zu Lasten der unverteilten Gewinne, solange diese größer sind als die Gewinnminderung, die die ausfallende Nachfrage der Lohnbezieher hervorruft. Denn annahmegemäß sollen ja die Unternehmen die Ausschüttung unverändert halten und die Schwankungen ihrer Gewinne nur über die unverteilten Gewinne ausgleichen.

Der Anteil der unverteilten Gewinne sinkt folglich gegenüber dem Ausgangsgleichgewicht — Relation (9c) — auf:

$$\frac{U'}{Y} = \frac{\frac{I}{Y} - s_L - (s_G - s_L) \frac{Z}{Y} - s_v \left(1 - \frac{Z}{Y}\right)}{1 - s_L - s_v} \; .$$

Die Differenz aus dem Anteil der unverteilten Gewinne im Ausgangsgleichgewicht und im neuen Gleichgewicht, das unter dem Einfluß der Sparförderung zustande kommt:

$$\frac{U}{Y} - \frac{U'}{Y} = \frac{\frac{I}{Y} - s_L - (s_G - s_L) \frac{Z}{Y}}{1 - s_L}$$

$$- \frac{\frac{I}{Y} - s_L - (s_G - s_L) \frac{Z}{Y} - s_v \left(1 - \frac{Z}{Y}\right)}{1 - s_L - s_v} = s_v \frac{1}{1 - s_L - s_v} \cdot \frac{L}{Y}$$

zeigt, daß, wie auch im früheren Modell[59], die Gewinnquote um mehr als den Betrag zurückgeht, der sich ergeben würde, wenn s_v auf die Lohnquote im Ausgangsgleichgewicht bezogen würde. Auch dieses Ergebnis erklärt sich daraus, daß sich der Anteil der Löhne am Volkseinkommen durch — relativ zu den Lohnsätzen — sinkende Preise erhöht. Die damit gestiegenen Reallöhne führen aber bei Konstanz von s_L und s_v auch dann im Übergang zu einer höheren gesamtwirtschaftlichen Sparquote, wenn die Gewinnreduktion ausschließlich zu Lasten der unverteilten Gewinne geht.

Auch unter den Annahmen dieses Modells, insbesondere der Annahme über das Investitionsverhalten, gelingt also das Sparen aus (Real-)-Einkommenszuwächsen, die sich das Sparen der Arbeitnehmer selbst schafft.

(2) Für *investive Lohnzulagen* ist von der Sparfunktion

$$S = (s_L + v)\, L + s_G\, Z + U$$

auszugehen. Die Nettogewinnquote

$$\frac{G'}{Y} = \frac{Z}{Y} + \frac{U}{Y} - v\,\frac{L}{Y}$$

würde unter den Annahmen dieses Modells ein neues Gleichgewicht ($I_{\text{gepl.}} = S_{\text{gepl.}}$) bei:

$$\frac{G'}{Y} = \underbrace{\frac{\frac{I}{Y} - s_L + (1 - s_G)\,\frac{Z}{Y}}{1 - s_L}}_{(1)} - v\,\underbrace{\frac{1 - \frac{I}{Y} - (1 - s_G)\,\frac{Z}{Y}}{1 - s_L}}_{(2)}\,.$$

erreichen.

Diese Beziehung zeigt, da (1) die Gewinnquote $\frac{G}{Y}$ im Ausgangsgleichgewicht und (2) $v \cdot \frac{L}{Y}$ ist, daß die Verschiebung der funktionellen Einkommensverteilung unter den Annahmen dieses Modells auch beim Investivlohn vollständig gelingt. Die Gewinne werden genau um den Betrag ‚Abgabesatz des Investivlohns multipliziert mit der ursprünglichen Lohnsumme' vermindert. Denn durch den Zwang zur investiven Verwendung der gesamten Lohnzulagen auf der einen und durch die — hier angenommene — Konstanz der Gewinnausschüttung und der Sparquote der Gewinnbezieher auf der anderen Seite verändert sich die gesamtwirtschaftliche Sparquote nicht. Konsumausgaben und Preise

[59] Vgl. Teil B, Abschnitt I, 2.2.5.

und folglich auch Barlohnsumme und ausgeschüttete Gewinne bleiben unverändert. Es findet lediglich ein Austausch der Eigentümer am Vermögenszuwachs statt. Die funktionelle Einkommensverteilung verschiebt sich somit genau um die investiven Lohnzulagen zugunsten der Arbeitnehmer und zu Lasten der Gewinnquote, das heißt hier der unverteilten Gewinne.

(3) Das gleiche gilt für die *Gewinnbeteiligung*. Da sich bei Einsatz dieses Instruments die Sparfunktion

$$S = s_L L + wG + s_G Z + U - wG$$

zu

$$S = s_L L + s_G Z + U \ ,$$

also der Sparfunktion im Ausgangsgleichgewicht verkürzt, bleibt auch bei diesem Instrument die Bruttogewinnsumme G_b in Höhe des Wertes G im Ausgangsgleichgewicht erhalten. Der Betrag der Gewinnbeteiligung der Arbeitnehmer wG_b muß voll zu Lasten der Gewinne der bisherigen Gewinnbezieher und hier — annahmegemäß — zu Lasten der unverteilten Gewinne getragen werden, solange diese den Betrag der Abgabe übersteigen und folglich die Ausschüttungen annahmegemäß unverändert bleiben können.

(4) Die Ergebnisse der Betrachtungen am Modell legen auf den ersten Blick die Folgerung nahe, daß das Sparen der Gewinnbezieher den verteilungspolitischen Erfolg nicht, wie aufgrund der bisherigen Überlegungen vermutet, gefährden kann, wenn in Annäherung an die Realität die unverteilten Gewinne als selbständige Kreislaufgröße in unsere Modelle eingefügt werden — und natürlich die übrigen Annahmen des Kaldor-Modells beibehalten werden. Denn eine Erhöhung des Anteils der Lohnbezieher am Volkseinkommen gelingt offenbar, solange sie den Betrag der vorhandenen unverteilten Gewinne nicht übersteigt und vollständig gespart wird, das heißt der Investitionsfinanzierung wieder zufließt, oder direkt im Unternehmen verbleibt und in Eigentumsrechte der Arbeitnehmer umgewandelt wird.

Diese Folgerung gilt aber nur unter der in diesem Modell impliziten Prämisse, daß die unverteilten Gewinne in den Unternehmen gleichsam als Puffer alle Schwankungen der Gewinnquote auffangen, die vom Markt oder — wie hier — von der Vermögenspolitik ausgehen. Für die Realitätsnähe dieser Annahme spricht, daß die ‚Sparquote der Selbständigen aus verfügbarem Einkommen‘ (Tabelle 8) seit dem Jahre 1950 durchweg wesentlich geringere jährliche Schwankungen aufweist als die ‚Sparquote der Unternehmen aus Gewinn‘ (Tabelle 9).

Doch ist allein der Hinweis auf den Residualcharakter der nicht-entnommenen beziehungsweise unverteilten Gewinne und auf ihre Pufferreaktion noch nicht hinreichend, um Rückwirkungen der Vermögenspolitik auf die Sparquote der Gewinnbezieherhaushalte auszuschließen. Denn auch die Ergebnisse dieser Modellerweiterung enthalten recht restriktive implizite Prämissen:

1. Die Annahme einer proportionalen Entwicklung der Investitionsausgaben zum Volkseinkommen — das heißt Unabhängigkeit von den Nettogewinnen der Alteigner — bedeutet in diesem Modell, daß die Unternehmen die bisher geplanten Investitionen unabhängig von der Herkunft und der eigentumsmäßigen Zurechnung der Finanzierungsmittel durchführen. Diese Annahme wird im folgenden kritisch geprüft.

2. Die Annahme einer konstanten Sparquote der Gewinnbezieher s_G, bezogen auf die Ausschüttung, bedeutet, daß die Unternehmen die bisherige Höhe der Ausschüttungen unverändert beibehalten, und zwar unabhängig von der Höhe der jeweils auf das Eigenkapital der Alteigner entfallenden Gesamtgewinne. Das heißt: Sie realisieren die vor Einführung der vermögenspolitischen Maßnahmen gezahlten Dividenden oder gewünschten Entnahmen und ersetzen die bisherige Selbstfinanzierung aus unverteilten Gewinnen durch Arbeitnehmerkapital.

3. Die Annahme, daß s_G auf die Ausschüttung bezogen konstant bleiben soll, impliziert auch, daß die Gewninbezieher ihre Sparentscheidungen lediglich an der Höhe der Gewinnausschüttung beziehungsweise an der Höhe der bisher geplanten Entnahmen ausrichten. Das würde insbesondere für die Eigentümer personenbezogener Unternehmen bedeuten, daß sie nicht eine bestimmte Relation zwischen dem Wert ihres gesamten Vermögensbestandes und ihrer Ersparnis, sondern lediglich ein bestimmtes Verhältnis zwischen ihren bisherigen Entnahmen und ihrer Ersparnis *außerhalb* des eigenen Unternehmens anstreben. Zugunsten dieser Annahme könnte auf die Ergebnisse unserer Berechnungen zum Sparverhalten der Selbständigen aus verfügbarem Einkommen verwiesen werden (vgl. Tabelle 8). Denn sie zeigen, daß die Sparquote der Selbständigen aus ihrem verfügbaren Einkommen nicht so viel höher liegt als die der Unselbständigen; dieser Unterschied könnte mit den im Durchschnitt höheren Haushaltseinkommen der Selbständigen und ihrem um zehn Jahre höheren Durchschnittsalter hinreichend erklärt werden. Außerdem zeigt die Entwicklung dieser beiden Sparquoten, daß die Quote der Selbständigen in Zeiten ruhiger Konjunkturentwicklungen bis zum Jahre 1968 ziemlich genau die gleichen Schwankungen mitgemacht hat wie die Sparquote der Unselbständigen. Für die unverteilten Gewinne der Unternehmen mit eigener Rechtspersönlichkeit

und hier insbesondere der Publikumsaktiengesellschaften, scheint die Annahme, daß die Selbstfinanzierung dieser Unternehmen keinen Einfluß auf die Sparentscheidungen der Aktionäre hat, mindestens vordergründig einleuchtend. Dieses Argument würde durch die Überlegung noch verstärkt, daß die Publikumsaktiengesellschaften in der Bundesrepublik offenbar mit Blick auf ihre Emissionsfähigkeit eine Politik der Dividendenkonstanz betreiben, die die unverteilten Gewinne aus dem Blickfeld der Aktionäre und damit auch aus ihren Sparentscheidungen rücken könnte.

Sind alle drei Bedingungen erfüllt, so sind die unverteilten Gewinne in der Tat ‚funktionslos' und der Umverteilung durch die Vermögenspolitik zugänglich. Es stünde damit im Durchschnitt des Fünfjahreszeitraums 1968 bis 1972 rund 23,2 Mrd. DM[60] jährlich, das sind auf den Kopf des einzelnen Arbeinehmers gerechnet DM 1 026,— jährlich, für eine umverteilende Vermögenspolitik zur Verfügung. Doch sind diese Bedingungen nicht ohne jeglichen Zweifel zu akzeptieren: Abgesehen von den im folgenden noch erörterten Argumenten für eine Abhängigkeit der Investitionsausgaben auch von den unverteilten Gewinnen ist wohl davon auszugehen, daß die Selbständigen als Unternehmenseigner ihre langfristigen Spar- und Konsumentscheidungen wenigstens teilweise am erwarteten Trend ihrer gesamten Gewinneinkommen, also auch der reinvestierten Gewinne, ausrichten und in den ‚nicht-entnommenen' Gewinnen lediglich die kurzfristigen Schwankungen der Gewinneinkommen im Konjunkturverlauf auffangen. Auch für die Sparentscheidungen der Aktienbesitzer werden unverteilte Gewinne „ihrer" Unternehmen zumindest dann nicht ohne Bedeutung sein, wenn sie sich in Kurssteigerungen der Aktien niederschlagen und so den Aktionären in Wertzuwächsen ihres Vermögens Ersparnis automatisch zufließt, die ihnen bei gegebenen Sparzielen erlauben würde, ihre Konsumausgaben zu erhöhen.

Wenn auch die Überlegungen zur Reaktion des Sparens der Lohnbezieher und hier auch des Sparens aus Gewinnen keine sichere Prognose über den Einfluß dieser Größen auf den Spielraum einer Vermögensbildung der Arbeitnehmer aus ‚zusätzlichen Einkommen' zuläßt, so zeigen doch unsere bisherigen Betrachtungen, daß schon diese beiden Parameter die Hoffnungen mancher Vermögenspolitiker dämpfen können. Es muß daher verwundern, daß gerade diese Größen wenig betrachtet werden, obwohl sie im Mittelpunkt der Modelle stehen, die die Hoffnung auf Umverteilung nähren.

---

[60] Vgl. *Bretschneider*, Joachim; *Husmann*, Jürgen; *Schnabel*, Fritz: Handbuch einkommens-, vermögens- und sozialpolitischer Daten. Tabellen und Kommentare, Köln 1970, Tabelle H 35/I.

Betrachten wir nun die Reaktion der Investitionsausgaben, die in den meisten Beiträgen zur Vermögenspolitik im Mittelpunkt steht und die von einigen Autoren offenbar als einzig mögliche ‚Störvariable' angesehen wird.

3. Die Reaktion der Investitionsausgaben der Unternehmen

Wir waren von der Frage ausgegangen, ob durch die Vermögenspolitik Teile des Volkseinkommens, die durch die Barlohnpolitik für die Arbeitnehmer nicht erreichbar wären, wenigstens mit der Einschränkung zu ‚zusätzlichen' Arbeitnehmereinkommen werden können, daß sie ganz zur Vermögensbildung verwandt werden müssen. Es geht in dieser Studie aber nicht darum zu prüfen, wie aus der Vermögensbildung den Arbeitnehmern zusätzliche Vermögenseinkommen verschafft werden können. Sondern wir prüfen die Frage, ob — wie die Leitsätze von DGB und SPD[1] für die Gewinnbeteiligung und wie ältere theoretische Überlegungen auch für Sparförderung und Investivlohn behaupten — die Vermögensbildung der Arbeitnehmer aus zusätzlichem Arbeitseinkommen finanziert werden kann.

Die bisherigen Überlegungen gingen von der Prämisse des Kaldor-Modells aus, daß die Investitonsquote exogen gegebene Größe des Modells ist und von Änderungen der funktionellen Einkommensverteilung nicht berührt wird. Daß die Investitionen zurückgehen könnten, wenn die Unternehmen zu vermögenswirksamen Leistungen verpflichtet werden, die über den Spielraum möglicher Barlohnerhöhungen hinausgehen, wird auch in jenen Stellungnahmen zur Vermögenspolitik zumindest als Problem gesehen, deren Autoren eine Vermögensbildung „ohne Konsumverzicht" für möglich halten[2]. Gehen als Folge einer die Nettogewinne der bisherigen Unternehmenseigner senkenden vermögenspolitischen Maßnahme die Investitionsausgaben unter das Niveau zurück, das sie ohne diese Maßnahme erreicht hätten, so verringert sich die Nachfrage nach Arbeitskräften. Eine geringere Nachfrage auf dem Arbeitsmarkt aber drückt auf die Effektivlöhne und verschlechtert tendenziell die Verhandlungspositon der Gewerkschaften in der nächsten Lohnrunde, so daß relativ geringere Lohnerhöhungen zu erwarten sind. In einer konjunkturellen Überhitzungsphase kann zwar davon ausgegangen werden, daß ein — relativer — Investitionseinbruch lediglich den sonst zu erwartenden Inflationsprozeß verhindert oder mildert. Insofern würden die Arbeitnehmer bei Einsatz neuer vermögenspolitischer Instrumente in der Hochkonjunktur sogar zusätzlich zum Vermögenszufluß einen relativen Realeinkommensgewinn erzielen. Doch erzielen

---

[1] Vgl. Teil A, Abschnitt I, Anmerkung 23.

[2] Vgl. Teil A, Abschnitt I.

sie dadurch, daß die Vermögenspolitik in der Hochkonjunktur einsetzt, dann keinen dauerhaften Verteilungsgewinn, wenn die Investitionen in späteren ruhigeren Konjunkturlagen stärker einbrechen als unter den gleichen konjunkturellen Bedingungen ohne die vermögenspolitische Maßnahme. Auch bedeutet eine im Trend geringere durchschnittliche Investitionsquote ein geringeres Wirtschaftswachstum und damit auch ein geringeres Lohnwachstum. Schon mit dieser Folge wäre aber das Postulat der ‚Zusätzlichkeit' des Einkommens, aus dem die Arbeitnehmer Vermögen bilden sollen, verletzt, auch wenn dieses Ergebnis unter Umständen unmerklich bleibt.

In seinen Leitsätzen von 1973 sieht der DGB[3] keinen Zusammenhang zwischen den Nettogewinnen der bisherigen Unternehmenseigner, der Höhe der Investitionen und der Beschäftigung, solange die Liquidität der Unternehmen nicht geschmälert wird. Mit dieser These, daß allein die Liquiditätskonstanz das geplante Investitionsniveau sichere, scheinen diejenigen Gewinnteile, die bisher von den Unternehmenseignern zur Investitionsfinanzierung zur Verfügung gestellt wurden, vollständig in Vermögenszuwächse der Arbeitnehmer umwandelbar, sofern das neue Instrument der Zwangsbeteiligung den Liquiditätsstatus der Unternehmen sichert[4].

Auch Schreiber und Oberhauser gehen davon aus, daß die Unternehmensgewinne noch Spielräume enthalten, die die Vermögenspolitik zugunsten der Arbeitnehmer ausfüllen könnten, sehen aber in den Unternehmensgewinnen Grenzen der Belastbarkeit, die offenbar durch kein Verfahren der Wiederanlage unterschritten werden können, ohne daß sinkende Investitionsausgaben den Beschäftigungsstand beeinträchtigen und damit den Verteilungsgewinn zunichte machen[5]. Eine skeptischere Position nehmen demgegenüber Föhl[6] und — abgeschwächter — Krelle[7]

---

[3] *Die Welt* vom 31. 3. 1973, S. 10.

[4] Vgl. kritisch dazu im folgenden Teil B, Abschnitt II, 4.3.

[5] Beide sehen in der Investitionsneigung die entscheidende ‚Störvariable' einer umverteilenden Vermögenspolitik. Vgl. *Schreiber,* Wilfrid: Vermögensbildung in breiten Schichten, in: *ders.:* Soziale Ordnungspolitik heute. Betrachtungen nach Abschluß der Sozialenquête, Stuttgart usw. 1968, S. 100 ff.; *Oberhauser,* Alois: Der Investivlohn als Mittel der Verteilungspolitik, in: *Arndt,* Helmut (Hrsg.): Lohnpolitik und Einkommensverteilung, S. 273 ff. Beide untersuchen zwar nur den Investivlohn. Doch, da sie sich beide auf reine Kreislaufmodelle des Kaldor-Ansatzes berufen, sind ihre Ergebnisse mit höchstens geringfügigen Einschränkungen zumindest auch auf ein Gewinnbeteiligungsverfahren übertragbar.

[6] *Föhl,* Carl u. a.: Kreislaufanalytische Untersuchung der Vermögensbildung ...; vgl. auch *ders.:* Verteilungswirkungen der Vermögensbildung, in: Wachstum, Vermögensbildung und Stabilisierung. Professoren-Kolloquium der Adolf-Weber-Stiftung, Berlin 1967, S. 37; sowie *Föhl,* Carl und *Hennies,* Manfred: Vermögensbildung in Arbeitnehmerhand, Pfullingen 1966.

[7] *Krelle,* Wilhelm u. a.: Überbetriebliche Ertragsbeteiligung.

ein, die beide bei isolierter Einführung vermögenspolitischer Maßnahmen einen Investitionseinbruch befürchten, ihn aber durch ergänzende Maßnahmen glauben ausgleichen zu können. Krelle empfiehlt eine staatliche Investitionsanregung[8], Föhl eine „gleichgewichtsaktive staatliche Schuldenpolitik" und Steuersenkungen vor allem für die unteren Einkommen[9]. Beide wollen also die Investitionsanregung aus öffentlichen Mitteln finanzieren, wobei Krelle die Frage der (Staats-)Einnahmeninzidenz nicht diskutiert, während Föhl empfiehlt, durch gezielte Entlastung der unteren Einkommensschichten die Progression zu verstärken und mögliche negative Wirkungen der Vermögenspolitik auf die Investitionsneigung durch höhere Konsumausgaben dieser Schichten zu kompensieren. Auch Föhl und Krelle sehen damit Spielräume in der Einkommensverteilung: Für Föhl liegen sie offenbar insbesondere in der personellen Verteilung, die er über den Einkommensteuertarif glaubt beeinflussen zu können; Krelle muß, wenn seine Empfehlung die Verteilungspositon der Arbeitnehmer verbessern soll, davon ausgehen, daß der von den Arbeitnehmern zu tragende Teil der Kosten staatlicher Investitionsanregung geringer ist als die Zuflüsse aus einer Ertragsbeteiligung[10].

Auch in der Verteilungstheorie Preisers[11] gilt die Investition als die Variable, die bei Störungen die Einkommensverteilung auf das durch die ‚Sozialstruktur' und Angemessenheitsvorstellungen der Gruppen bestimmte Gleichgewicht zwischen Lohn- und Gewinneinkommen zurückführt: Sinkt durch höhere Arbeitnehmerersparnis die Gewinnquote, d. h. in Preisers Formulierung der „faktische" Monopolgrad unter den „strukturellen" Monopolgrad (= von den Gewinnbeziehern gewünschte Gewinnquote), so reagieren die Unternehmungen mit Entlassungsdro-

---

[8] Ebenda, S. 182 ff. und S. 486; vgl. auch *Krelle*, Wilhelm: Gesamtwirtschaftliche Wirkungen von investiven Ertragsbeteiligungen der Arbeitnehmer, in: *Stiller*, Ekkehard (Hrsg.): Lohnpolitik und Vermögensbildung, S. 67: „Investitionsfördernde Maßnahmen zur Konjunkturstabilisierung sind also zur Kompensation unbedingt notwendig; anderenfalls würde man ja die Konjunktur einfach abwürgen."

[9] Vgl. *Föhl*, Carl u. a.: Kreislaufanalytische Untersuchung ..., S. 106 ff.

[10] Die Begründung ergibt sich implizit aus der von Krelle angenommenen Investitionsfunktion: Sie enthält in additiver Verknüpfung autonome gewinn- und wachstumsinduzierte Determinanten, so daß also nur ein Teil der Investitionsausgaben gewinnabhängig ist und nur der Einfluß dieses Teilfaktors ausgeglichen werden muß. Vgl. *Krelle*, Wilhelm u. a.: Überbetriebliche Ertragsbeteiligung ..., S. 58.) Ferner weist er zur Begründung auf die Gefahr hin, daß die internationalen Kapitalströme die Bundesrepublik meiden könnten, während er die Gefahr eines Kapitalabstroms aus der Bundesrepublik gering einschätzt, dabei aber offensichtlich nur an langfristige Direktinvestitionen denkt (vgl. ebenda, S. 206), während wir den Kapitalabfluß in Form kurz- und mittelfristiger Finanzinvestitionen für wahrscheinlicher ansehen.

[11] Vgl. *Preiser*, Erich: Wachstum und Einkommensverteilung, insbes. S. 12 f.

hungen und können über einen ‚Investitionsstreik' ihren Anpassungswunsch durchsetzen.

Wir kommen damit zu dem Ergebnis, daß vorwiegend in der Investitionsneigung die Variable gesehen wird, die über Gelingen oder Mißlingen der meist erhofften Vermögensbildung der Arbeitnehmer aus ‚zusätzlichem' Einkommen entscheidet.

3.1 Die Bedeutung unterschiedlicher makroökonomischer Investitionsfunktionen

Betrachten wir nun im einzelnen die Bedeutung unterschiedlicher Annahmen über das Investitionsverhalten, also unterschiedlicher Investitionsfunktionen auf den Spielraum einer Vermögensbildung aus ‚zusätzlichem Arbeitnehmereinkommen'. Die unseren Überlegungen bis hierher zugrundeliegenden Gleichgewichtsmodelle enthalten in Anlehnung an das Kaldor-Modell keine eigenständige Investitionsfunktion. Oder genauer: Die Investitionsquote wird als „unabhängige" Variable angenommen, das heißt sie ist von den übrigen Variablen des Modells, also vom Sparverhalten und insbesondere von der Einkommensverteilung unabhängig[12]. Es besteht lediglich eine proportionale Abhängigkeit zum Volkseinkommen, sofern man die Investitions*quote* $\frac{I}{Y}$ als exogen ansieht und nicht — wie beispielsweise Preiser — die Investitions*ausgaben* I[13].

Diese Interpretation der Investitions„funktion" bei Kaldor ist auch dann noch richtig, wenn man einbezieht, daß Kaldor in einem späteren Wachstumsmodell[14] $\frac{I}{Y}$ auflöst in $\frac{I}{K} \cdot \frac{K}{Y}$ und — Harrod[15] folgend —

---

[12] Vgl. *Kaldor*, Nicolas: Alternative Theories of distribution ..., S. 95: „The interpretative value of the model (as distinct from the formal validity of the equations or identities) depends on the „Keynesian" hypothesis that investment or rather, the ratio of investment to output, can be treated as an independent variable, invariant with respect to changes in the two savings prospensities s_p and s_w" (in unserer Symbolik s_G und s_L). Das bedeutet nicht, daß Kaldor die Investitionsquote als konstant ansieht; sie kann sich im Konjunkturverlauf verschieben; die Annahme der exogenen Investitionsquote in diesem Modell bedeutet lediglich, daß Verschiebungen der Einkommensverteilung und des Sparverhaltens der Gruppen keine Änderungen der Investitionspläne induzieren.

[13] Vgl. *Preiser*, Erich: Wachstums- und Einkommensverteilung, S. 10. Auf diese Weise gewinnt Preiser innerhalb des Kaldor-Modells einen Freiheitsgrad, der ihm erlaubt, die Monopolgradtheorie einzubauen und das Kaldor-Modell als Erklärung für die kurzfristigen Schwankungen der Einkommensverteilung in die Monopolgradtheorie zu integrieren. (Vgl. auch ebenda, S. 23 ff.)

[14] Vgl. *Kaldor*, Nicolas; *Mirrlees*, James A.: A New Model of Economic Growth, in: Rev. of Econ. Stud. Vol. 29 (1962/63), S. 174 ff. (deutsch: „Ein

$\frac{I}{K}$ der natürlichen Wachstumsrate g_n gleichsetzt, so daß gilt

$$\frac{I}{Y} = \frac{I}{K} \frac{K}{Y} = g_n k ,$$

die Investitionsquote also als Produkt aus natürlicher Wachstumsrate und — technisch bestimmtem — marginalen Kapitalkoeffizienten erklärt wird. Denn auch wenn — wie hier — die Investition von der Wachstumsrate abhängig gemacht wird, ist sie immer noch unabhängig von der Einkommensverteilung[16].

Kaldor geht also eindeutig von einer exogen bestimmten Investitionsquote aus, die bei gegebenen Sparquoten über die Einkommensverteilung ihre Finanzierung findet. Der formale Zusammenhang des Modells könnte aber auch dahin uminterpretiert werden, daß die Investitionsquote durch das Sparverhalten der Gruppen und die Einkommensverteilung determiniert wird. Das würde bedeuten, daß sich bei gegebener Einkommensverteilung und gegebenen Sparquoten die gesamtwirtschaftliche Sparsumme ihre Investitionssumme schafft. Unsere bisherigen Modelle wären dann formal auch anwendbar. Allerdings müßte die Einkommensverteilung dann anders erklärt werden und wir müßten einen Mechanismus annehmen, der die Investitionssumme an die Sparsumme anpaßt.

Im folgenden soll nun geprüft werden, wie diese beiden Annahmen über das Investitionsverhalten — die exogen bestimmte Investitionsquote einerseits und die vom Sparaufkommen abhängige Investition andererseits — unter den Bedingungen der zwei Datenänderungen, durch die wir eingangs die Vermögenspolitik gekennzeichnet haben (Zahlung von den Unternehmen an die Arbeitnehmer und Sparen dieses Betrages), unsere bisherigen Ergebnisse beeinflussen. Wir werden dann untersuchen, ob diese beiden unterschiedlichen Verhaltensweisen unter den Bedingungen des Anpassungsprozesses der Einkommensverteilung, den die Vermögenspolitik auslösen würde, realistisch sind. Ferner ist zu prüfen, ob ein Spielraum für eine umverteilende Vermögenspolitik auch dann noch besteht, wenn wir annehmen, daß die Investitionsquote von der Gewinnquote abhängt.

---

neues Modell des wirtschaftlichen Wachstums", in: *König*, Heinz (Hrsg.): Wachstum und Entwicklung der Wirtschaft, Köln und Berlin 1968, S. 97 ff.).

[15] Vgl. *Harrod*, Roy F.: An Essay in Dynamic Theory, in: The Econ. Journal, Vol. 49 (1939), S. 14 ff.; *ders.*: Second Essay in Dynamic Theory, in: The Econ. Journal, Vol. 70 (1960), S. 277 ff. „Ein Essay zur dynamischen Theorie" und „Zweiter Essay zur dynamischen Theorie", beide in: *König*, Heinz (Hrsg.): Wachstum . . . ; *ders.*: Towards a Dynamic Economics, London 1948 (deutsch: Dynamische Wirtschaft, Wien-Stuttgart 1949).

[16] Mit der Konsequenz, daß auch die Wachstumsrate verteilungsabhängig angenommen wird.

3.1.1 Die exogene Investitionsquote

Die Annahme einer *exogenen Investitionsquote* bedeutet unter der bisherigen Annahme konstanter Anteile der freiwilligen Ersparnis an den Lohn- beziehungsweise Gewinneinkommen, daß der Weg zum neuen Gleichgewicht sich nur über die Anpassung der Gewinn- und Lohnquote vollziehen kann. Dies ergibt sich aus der Struktur des Kaldor-Modells, in dem die Unternehmen durch die Investitionen das Wachstumstempo und die sozialen Gruppen durch ihre Sparentscheidungen die Einkommensverteilung bestimmen. Es ist aber zunächst zu prüfen, ob die Investitionsquote von dem Anpassungsprozeß unbeeinflußt bleibt, der nach Einsatz der vermögenspolitischen Instrumente zum neuen Gleichgewicht der Einkommensverteilung führt.

Bei *Gewinnbeteiligung* und *Investivlohn* scheint ein unmittelbarer Austausch der Eigentümer am Vermögenszuwachs möglich, ohne daß weitere Anpassungsprozesse zu erwarten sind, sofern ausschließlich die bisherigen unverteilten Gewinne getroffen werden. Es muß lediglich vorausgesetzt werden, daß die Unternehmen gegenüber der Herkunft der Finanzierungsmittel ihrer Investitionen indifferent sind, also auch dann Investitionen in bisher geplanter Höhe tätigen, wenn an die Stelle bisheriger Selbstfinanzierung die Beteiligungsfinanzierung der Arbeitnehmer tritt. Ob dieses Investitionsverhalten, das vor allem den Managern von Publikumsaktiengesellschaften zugeschrieben wird[17], realistisch ist, wird zu prüfen sein. Diese Prüfung muß allerdings auch die Frage einschließen, ob bei geringeren Eigenkapitalrenditen die Unternehmenseigner die bisherige Eigenkapitalversorgung aus verteilten Gewinnen oder sonstigen Einkünften aufrechterhalten[18].

Sofern aber nicht nur Gewinnteile getroffen werden, die nicht in die Verwendungsentscheidung der Haushalte der Gewinnbezieher eingehen, sondern auch ‚verteilte‘ Gewinne gemindert werden, führt die — im Modell angenommene — konstante Sparquote aus Gewinn zu einer höheren gesamtwirtschaftlichen Sparquote. Denn für die Arbeitnehmer bedeutet der Zwang zur vermögenswirksamen Verwendung eine marginale Sparquote vom Wert eins, sofern die freiwillige Ersparnis nach den Hoffnungen, die der Vermögenspolitik zugrunde liegen, unberührt bleibt[19]. Die Sparquote aus Gewinn muß dagegen mit einem Wert von

---

17 Überlegungen, daß sich aus der Trennung von Eigentum und Verfügungsmacht bei Kapitalgesellschaften ein anderes Investitionsverhalten ergeben kann, knüpfen in der angelsächsischen Literatur meist an Baumols Kritik an der „Gewinnmaximierungshypothese“ an. (Vgl. *Baumol*, William J.: Business Behavior, Value and Growth. New York 1959.) Vgl. dazu in Deutschland: *Pross*, Helge: Manager und Aktionäre in Deutschland, Frankfurt a. M. 1965.

18 Vgl. dazu im vorhergehenden kritisch Teil B, Abschnitt II, 2.

19 Vgl. dazu kritisch im vorhergehenden Teil B, Abschnitt II, 1.

wesentlich unter eins angenommen werden. Die daraus resultierende höhere gesamtwirtschaftliche Ersparnis aber schafft, sofern sich die Volkswirtschaft vorher im Gleichgewicht befunden hat und die Investitionsquote sich annahmegemäß nicht erhöht, eine deflatorische Lücke.

Diese Folge tritt insbesondere bei der *Sparförderung* ein, deren Verfechter die gewünschte Realeinkommenszunahme der Arbeitnehmer ja ausschließlich aus einem — relativen — Rückgang der Konsumgüterausgaben erwarteten, der die Unternehmen zu Preissenkungen zwänge, ohne daß Absatzmenge und damit Beschäftigung zurückgingen[20]. Investivlohn und Gewinnbeteiligung vermeiden, auf den ersten Blick betrachtet, den Rückgang der Konsumgüternachfrage und damit Gefahren eines multiplikativ sich verstärkenden Konjunkturabschwungs. Bei näherem Hinsehen zeigt sich, daß der Unterschied der marginalen Sparquoten aus Gewinn und aus der Vermögensabgabe zugunsten der Arbeitnehmer auch bei diesen Verfahren zu tendenziell geringeren Konsumausgaben führen kann, wenn auch der Nachfrageeinbruch weniger stark ist als bei Einsatz sparfördernder Maßnahmen. Zumindest unter den strengen Modellbedingungen konstanter Sparquoten ist nun aber schwer einzusehen, daß die primäre Erhöhung der gesamtwirtschaftlichen Sparquote nicht wenigstens zunächst auch die Investitionsquote soweit senkt, daß sich die Position der Arbeitnehmer in den Barlohnverhandlungen verschlechtert und so der anfängliche Verteilungsgewinn teilweise wieder verloren geht. Denn daß alle Anbieter eine schrumpfende Konsumgüternachfrage ausschließlich in Preisnachlässen auffangen und ihre (realen) Investitionen unverändert beibehalten, ist unter realistischen Annahmen über Kostenverläufe und Absatzverhalten der Konsumgüterproduzenten unwahrscheinlich[21]. Um aber einen Investitionseinbruch zu verhindern, müßten mindestens zeitweise flankierende Maßnahmen zur Anregung der Investition und der Beschäftigung eingesetzt werden, um den Anpassungsprozeß der Volkswirtschaft an die geringere Gewinnquote nicht in die Unterbeschäftigung abgleiten zu lassen[22]. Oder die zusätzlichen vermögenspolitischen Maßnahmen müssen in einer Hochkonjunktur einsetzen, in der die zeitweise Dämpfung

---

[20] Vgl. beispielsweise *v. Nell-Breuning,* Oswald: Was „kostet" Vermögensbildung der Arbeitnehmer?, in: *Schneider,* Erich (Hrsg.): Wirtschaftskreislauf und Wirtschaftswachstum. Carl Föhl zum 65. Geburtstag, Tübingen 1966, S. 115 ff., hier insbesondere S. 120 ff.; wieder abgedruckt in: *ders.*: Aktuelle Fragen der Gesellschaftspolitik, Köln 1970, S. 118 ff., hier S. 124 ff.

[21] Vgl. im folgenden Teil B, Abschnitt II, 4.

[22] Auch Krelle schlägt flankierende investitionsanregende Maßnahmen vor, denkt dabei allerdings offenbar weniger an ein multiplikatives Ausgleiten der Investitionsquote, sondern an die Verhinderung einer Kapitalflucht, wobei unklar bleibt, wann die Investitionsförderung wieder ausgesetzt werden soll. Vgl. *Krelle,* Wilhelm u. a.: Überbetriebliche Ertragsbeteiligung . . ., S. 206.

der Investitionsneigung beschäftigungspolitisch unbedenklich und vielleicht sogar stabilitätspolitisch erwünscht ist[23].

Sieht man von diesen temporären Problemen des Anpassungsprozesses ab, so liegt die wesentliche Problematik der exogenen Investitionsquote in der Annahme, daß die Unternehmen ihre Investitionsentscheidungen unabhängig von der Höhe der Gewinne treffen, die den Alteignern zufallen, obwohl in der Masse der personenbezogenen Unternehmen die Eigner in der Unternehmensleitung auf absehbare Zeit gegenüber den Vertretern der Vermögensinteressen der Arbeitnehmer dominieren und die Investitionspolitik bestimmen. Ihr Gewicht wird dadurch verstärkt, daß sie — abgesehen von der Gewinn- oder Investivlohnabgabe — die Höhe der Ausschüttungen festlegen können und die Unternehmen mit neuem Eigenkapital — aus ausgeschütteten Gewinnen oder sonstigen Einkünften — nach Renditeerwägungen versorgen werden.

Diese Überlegungen führen zu drei Fragen, die wir im folgenden zu prüfen haben:

— Werden die Unternehmensleitungen die bisherige Höhe der im Inland geplanten Investitionsausgaben aufrechterhalten?

— Werden die Eigner oder die potentiellen Teilhaber die Eigenkapitalversorgung der Unternehmen in bisheriger Höhe aufrechterhalten?

— Werden die Unternehmensleitungen gegenüber der Herkunft der Finanzierungsmittel gleichgültig sein?

Nur wenn alle drei Fragen bejaht werden können, ist eine von vermögenspolitischen Gewinnbelastungen unbeeinflußte — exogene — Investitionsquote anzunehmen. Die Pläne von SPD und DGB[24] knüpfen an der dritten Frage an, indem sie die Indifferenz gegenüber den Finanzierungsquellen durch die Vorschrift zur ausschließlichen Abgabe von Beteiligungsrechten an die Fonds der Arbeitnehmer erzwingen. Das Instrument der Zwangsbeteiligung kann aber allein nicht sicherstellen, daß die Eigenkapitalversorgung aus freiwilliger Ersparnis aufrechterhalten bleibt und daß die Unternehmen ihre Investitionspläne angesichts dieser Gewinnabgabe nicht revidieren. Auch dieses Verfahren muß vielmehr ebenso wie alle vermögenspolitischen Instrumente, die den Kapitalrückfluß von den Arbeitnehmern zu den Unternehmen

[23] Denkbar wäre allerdings auch, daß die Investitionen sehr zinsreagibel sind und die höhere gesamtwirtschaftliche Sparquote zu einer so merklichen Zinssenkung führt, daß die geringeren Erlöse durch geringere Zinskosten ausgeglichen würden. Insbesondere könnten Rationalisierungsinvestitionen ohne Kapazitätseffekt an die Stelle bisher geplanter Erweiterungsinvestitionen treten.

[24] Vgl. Teil A, Abschnitt I, Anmerkung 23.

stärker marktwirtschaftlich regeln, auf die Argumente gestützt werden, die schon in den fünfziger Jahren die Annahme einer in Grenzen von schrumpfenden Gewinnen unbeeinflußten Investitionsquote begründeten: Es gebe zwar eine Nettogewinnuntergrenze, die nicht unterschritten werden kann, ohne daß auch die Investitionen zurückgehen. Die aktuelle Gewinnquote liege aber oberhalb dieser Grenze[25], enthalte also Gewinnteile, die in dem Sinne funktionslos sind, daß zwar in Höhe ihres Wertes Ersparnisse vorhanden sein müßten, um die zur Erhaltung der Vollbeschäftigung notwendigen Investitionen geldwertneutral zu finanzieren, daß sie aber nicht erforderlich seien, sie hervorzulocken.

Die Begründung für ein Auseinanderfallen der ‚Finanzierungsfunktion' und der ‚Anreizfunktion' der Kapitalrendite lieferten zwei Theoreme über den Unternehmergewinn, die Gewinne als „dynamische Marktlagengewinne"[26] und als „Kostendifferenzgewinne"[27] interpretieren. Wir werden diese Begründungen später untersuchen.

Nun ist allerdings das Auftreten „dynamischer Marktlagengewinne" schwer zu begründen, ohne auf die Ausnahmesituation des westdeutschen Wiederaufbaus in den fünfziger Jahren zu verweisen, so daß für die Frage nach dem Spielraum der Vermögenspolitik in den siebziger Jahren ein wichtiger Baustein fortfiele. Denn wenn für die fünfziger Jahre aus dem Kaldor-Modell ein Spielraum für vermögenspolitische Korrekturen der funktionellen Einkommensverteilung in der Bundesrepublik Deutschland abgeleitet wurde[28], so konnte auf die Betrachtung, ob die Kapitalrenditen genügende Investitionsanreize boten, verzichtet werden. Denn der Wiederaufbau halb zerstörter Industrieanlagen sicherte ohnehin eine hohe Kapitalrendite bezogen auf die Ergänzungsinvestitionen[29], die sie wieder in Gang brachten. Da die Investitionsgelegenheiten sichtbar vorgegeben waren und die marginale Kapitalproduktivität ohnehin hoch war, schien die Investitionsquote lediglich von den Finanzierungsmöglichkeiten abhängig zu sein. Eine vermögenspolitische Belastung der Unternehmergewinne, die die Investi-

---

[25] So *Oberhauser*, Alois: Der Investivlohn als Mittel der Verteilungspolitik, insbesondere S. 296 (Diskussionsbeitrag).

[26] Vgl. *Preiser*, Erich: Multiplikatorprozeß und dynamischer Unternehmensgewinn, in: Jahrbücher für Nationalökonomie und Statistik, Band 167 (1955), S. 89 ff. (wiederabgedruckt in: *ders.:* Bildung und Verteilung des Volkseinkommens, Göttingen 1957, S. 124 ff.). Zur kritischen Auseinandersetzung mit diesem Theorem vgl. im folgenden Teil B, Abschnitt II, 3.3.1.

[27] Föhl und Rüstow interpretieren die Unternehmergewinne als Kostendifferenzgewinne. Vgl. dazu im folgenden Teil B, Abschnitt II, 3.3.2 und die dort angegebenen Literaturquellen.

[28] Vgl. dazu im vorhergehenden Teil A, Abschnitt I.

[29] Vgl. *Streißler*, Erich: Wandlungen der Einkommensstruktur im Wirtschaftswachstum, S. 212.

tionsfinanzierung nicht beeinträchtigte, ließ folglich auch keinen Investitionseinbruch erwarten. Die Annahme einer exogenen, das heißt von der Nettorendite unabhängigen Investitionsquote war also für jene Ausnahmesituation des Wiederaufbaus plausibel. Weniger einsichtig scheint aber diese Annahme auf dem Hintergrund der heutigen westdeutschen Wirtschaft, in der die Ertragssätze zur Normalität zurückgekehrt sind[30].

Doch kann die Investitions‚funktion' Kaldors scheinbar auch auf — weniger zeitbezogene — wachstumstheoretische Überlegungen gestützt werden, die Schumpeter[31] folgend, in autonomen Investitionsentscheidungen „dynamischer" Unternehmer den Wachstumsmotor sehen, der, durch Kreditschöpfung zunächst in Gang gehalten, sich über die Erhöhung der Gewinnquote die konsolidierende (Selbst-)Finanzierung schafft. Doch muß gerade aus dem Blickwinkel der modernen Wachstumstheorie[32], die das Wirtschaftswachstum wesentlich von der Höhe der Investitionsquote abhängig macht, erklärt werden, wovon die Investitionsentscheidungen abhängig sind, wenn sie nicht von der Aussicht auf Gewinn bestimmt sein sollen, sondern sich die gleichgewichtige Einkommensverteilung erst schaffen. Selbst wenn diese Erklärung in Wachstumsmodellen mit der Konstruktion einer autonomen Wachstumsrate des technischen Wissens, von der dann die Investitionsquote abhängt[33], gelingt, bleibt für unsere Frage nach dem Einfluß der Vermögenspolitik auf die Höhe der Investitionsquote zu prüfen, ob die Investitionsquote auch in einer einzelnen Volkswirtschaft, deren Kapitalmärkte internationalen Zins- und Renditenkontakt haben, von der Einkommensverteilung unabhängig sein kann. Denn da technisches Wissen in westlichen Industriestaaten ein international mindestens ebenso be-

---

30 Ebenda.

31 Vgl. *Schumpeter*, Josef: Theorie der wirtschaftlichen Entwicklung, 1. Aufl. 1912, S. 278 ff.

32 Vgl. *Elsner*, Kurt: Wachstums- und Konjunkturtheorie, in: *Ehrlicher*, Werner u. a. (Hrsg.): Kompendium der Volkswirtschaftslehre, 3. Aufl., Göttingen 1972, S. 246 ff.

33 Dieser Zusammenhang ergibt sich im Kaldor-Mirrlees-Modell implizit, wenn

— „wie in allen ‚Keynesianischen' ökonomischen Modellen ... die ‚Ersparnisse' eine passive Rolle spielen ... und der Mechanismus der Gewinn- und Einkommenserzeugung genügend Ersparnisse für die von den Unternehmen geplanten Investitionen schafft",

— „die Investitionen in der Hauptsache durch das Wachstum der Produktion selbst induziert werden und ... ihm Bedingungen zugrunde liegen, die notwendigerweise ein gleichgewichtiges Wachstum bei kontinuierlicher Vollbeschäftigung herbeiführen",

— „dann aber die gleichgewichtige Wachstumsrate des Pro-Kopf-Sozialprodukts gleich der exogenen Rate des technischen Fortschritts ist". (Vgl. *Kaldor*, Nicolas, *Mirrlees*, James A.: A Model of Economic Growth, hier zitiert nach der deutschen Übersetzung in: *König*, Heinz: Wachstum und Entwicklung der Wirtschaft, S. 98 und 104.)

weglicher Faktor wie Kapital ist, garantiert die generelle Abhängigkeit der Investitionsquote von der Geschwindigkeit des technischen Fortschritts keineswegs, daß die Investitionsquote in einem einzelnen Land auf Stöße der Verteilungspolitik unempfindlich reagiert. Die Annahme einer exogenen Investitionsquote ist auch nach diesen Überlegungen nur plausibel, wenn Gründe dafür gefunden werden, daß die Unternehmen trotz vermögenspolitischer Gewinnlasten in der gleichen Höhe wie vorher im Inland investieren, daß ferner die Eigenkapitalversorgung der inländischen Unternehmen aus freiwilliger Ersparnis unberührt bleibt[34] und daß die Investitionsentscheidungen unabhängig von der Herkunft der Finanzierungsmittel fallen, wenn also die oben gestellten drei Fragen positiv beantwortet werden können. Es muß also für den Spielraum umverteilender Vermögenspolitik erklärt werden, warum die Kapitalrenditen höher sind, als dazu nötig ist, daß die freiwilligen Ersparnisse in der inländischen Investitionsfinanzierung bleiben. Nur dann kann für unsere Frage selbst aus wachstumstheoretischen Überlegungen — postkeynesianischer Prägung — von einer exogenen Investitionsquote ausgegangen werden.

Eine andere Begründung für eine exogene Investitionsquote könnte aus Überlegungen zur Einkommensverteilung im Konjunkturverlauf gewonnen werden[35]: Übersteigen in einer konjunkturellen Aufschwungphase die geplanten Investitionen die Höhe der geplanten freiwilligen Ersparnisse, so schafft sich die Investition in höheren Gewinnen ihre Finanzierung. Für diese Konjunkturlage ist zu vermuten, daß die einmal beschlossenen Investitionspläne auch durchgeführt werden, wenn die Nettogewinne der Eigner nicht oder weniger steigen. In dieser Konjunkturlage könnte wiederum — wie für den Ausnahmefall der fünfziger Jahre in der Bundesrepublik — vermutet werden, daß ‚Anreizfunktion‘ und ‚Finanzierungsfunktion‘ der Gewinne auseinanderfallen und daß folglich die Investitionsquote — zeitweise — in dem Sinne verteilungsunabhängig ist, als nur die ‚Finanzierungsfunktion‘ benötigt wird, um die Investitionsausgaben in vorher geplanter Höhe aufrechtzuerhalten. Greift die Vermögenspolitik nun Gewinne an, ohne die Investitionsfinanzierung zu gefährden, indem sie durch Sparförderung an die Stelle des Zwangssparens der Arbeitnehmer über die Konsumgüterpreise die freiwillige Ersparnis setzt und die Konsumgüternachfrage redressiert, so kann das Wachsen der Gewinne verhindert werden. Auch können investive Lohnzulagen oder eine Gewinnbeteiligung das Zwangs-

---

[34] Vgl. dazu Teil B, Abschnitt II, 2.

[35] Diese Überlegungen entsprechen dem Theorem über „Marktlagengewinne“, auch wenn Preiser (in: Multiplikatorprozeß und dynamischer Unternehmergewinn) damit nicht vorübergehende Konjunkturgewinne meinte, sondern wohl mehr an einen permanenten Wachstumsprozeß dachte. Zur kritischen Auseinandersetzung vgl. im folgenden Teil B, Abschnitt II, 3.3.1.

sparen zugunsten der Unternehmenseigner in eine Vermögensbildung der Arbeitnehmer verwandeln. Für eine auf Dauer angelegte Vermögensbildung der Arbeitnehmer wäre daraus die vielfach geforderte ‚Zusätzlichkeit' ihrer Finanzierungsquelle aber nicht mehr abzuleiten. Denn wenn im anschließenden Konjunkturabschwung die Investitionshöhe wieder von der Gewinnhöhe mitbestimmt würde und auch dann, wenn die Investitionen auch von den — über die Konjunkturzyklen hinweg — durchschnittlich erwarteten Nettogewinnen abhängen, ist für die hier gestellte Frage nach dem Spielraum einkommensumverteilender Vermögenspolitik die exogene Investitionsquote nicht mehr zu halten. Das Kaldor-Modell würde dann nur für bestimmte Konjunkturlagen gelten, in denen die einmal beschlossenen Investitionspläne auch dann noch durchgeführt werden, wenn die Gewinne stärker belastet werden oder sparfördernde Maßnahmen die Konsumgüternachfrage bremsen.

3.1.2 Die Investitionsfunktion bei wechselseitiger Abhängigkeit von Kapitalangebot und Investitionsausgaben

Betrachten wir nun die zweite denkbare Investitionsfunktion, die aus dem formalen Modellzusammenhang des Kaldor-Modells und damit auch der hier vorgetragenen erweiterten Modelle gefolgert werden könnte:

Die Gleichgewichtsbedingung $I_{\text{gepl.}} = S_{\text{gepl.}}$ könnte auch so verstanden werden, daß der Anteil der geplanten Investitionen am Volkseinkommen stets durch die Höhe der gesamtwirtschaftlichen Sparquote determiniert wird. Wir wollen damit testen, ob die klassische Annahme, daß jede Ersparnis über den Zinsmechanismus ihre Investition findet, unsere Ergebnisse verändert. Dies ist vor allem für die Betrachtung der Sparförderung wichtig, da mit dieser Annahme geprüft werden kann, ob ein „Sparen ohne Konsumverzicht" auch dann möglich ist, wenn statt der — exogenen — Investition, die sich ihre Einkommensverteilung schafft, das zusätzliche Arbeitnehmersparen am Anfang der Kausalkette steht und die Unternehmen die Impulse der Vermögenspolitik mit einer entsprechend höheren Investitionsquote aufgreifen. Diese Betrachtung kann auch zeigen, wie sehr das Ergebnis Kaldors, die Arbeitnehmer könnten ihren Anteil am Volkseinkommen nur durch eine höhere Sparquote aus Lohn steigern, von der Annahme der exogenen Investitionsquote abhängt. Wir wollen wie bisher davon ausgehen, daß die Einkommensverteilung wie bei Kaldor allein durch den Kreislaufzusammenhang bestimmt wird und das Investitionsverhalten nicht beeinflußt. Je nach dem Verhältnis der Sparquoten aus Lohn- und aus Gewinneinkommen sind auch unter dieser Annahme alternative Einkommensverteilungen möglich, so daß die Grundaussage des Kaldor-Modells insoweit erhalten bleibt.

Sehen wir von unverteilten Gewinnen ab oder unterstellen wir, daß die Gewinnbezieher aus unverteilten Gewinnen einen gleich hohen (Wert-)Zuwachs ihres Vermögens erwarten, der in ihre Sparentscheidungen eingeht, so muß in den früheren Ableitungen der Gleichungen[36] (3) bis (5) für die einzelnen Verfahren die Investitionsquote jeweils um den Zuwachs der gesamtwirtschaftlichen Sparquote ergänzt werden, den das Verfahren hervorruft:

— Für die *Sparförderung* ist auf der linken Seite der Gleichgewichtsbedingung, aus der wir Gleichung (3)[37] abgeleitet haben, $\frac{I}{Y}$ um die Erhöhung der gesamtwirtschaftlichen Sparquote, also um $s_v \frac{L}{Y}$ zu ergänzen, so daß gilt

$$\frac{I}{Y} + s_v \frac{L}{Y} = (s_L + s_v) \frac{L}{Y} + s_G \frac{G}{Y}$$

Daraus erhalten wir aber für $\frac{G}{Y}$ die Gleichung (1)[38], die das Ausgangsgleichgewicht der Gewinnquote beschreibt. Daraus folgt: Falls sich die Investitionsquote der gesamtwirtschaftlichen Sparquote anpaßt, bleibt bei der Sparförderung die funktionelle Einkommensverteilung unverändert. Ein „Sparen ohne Konsumverzicht" ist dann nicht möglich. Auch dieses Ergebnis ist insofern überraschend, als es für die Sparförderung den schon erwähnten scheinbar paradoxen Zusammenhang bestätigt[39], daß gerade dann, wenn die Gewinnbezieher der Vermögenspolitik den geringsten Widerstand entgegensetzen — in diesem Fall also die zusätzliche Arbeitnehmerersparnis zur Finanzierung zusätzlicher Investitionen verwenden — die Einkommensumverteilung scheitert, während sie scheinbar gelingt, falls die Investitionsquote nicht steigt.

— Für *investive Lohnzulagen* ist auf der linken Seite der Gleichgewichtsbedingung, aus der wir die Gleichung (4)[40] abgeleitet haben, $\frac{I}{Y}$ um $v\,(1 - s_G)\,\frac{\bar{L}}{Y}$ zu ergänzen, da die gesamtwirtschaftliche Ersparnis um die investiven Lohnzulagen steigt, aber gleichzeitig um die Minderersparnis der Gewinnbezieher aus ihrem verringerten Einkommen sinkt. Folglich gilt:

---

[36] Vgl. im vorhergehenden Teil B, Abschnitt I, 2.2.2 bis 2.2.4.

[37] Vgl. Teil B, Abschnitt I, 2.2.2.

[38] Vgl. Teil B, Abschnitt I, 2.2.1.

[39] Vgl. Teil B, Abschnitt II, 2.1.

[40] Vgl. Teil B, Abschnitt I, 2.2.3.

$$\frac{I}{Y} + v\,(1 - s_G)\,\frac{L}{Y} = s_L + (s_G - s_L)\,\frac{G_b}{Y} + v\,(1 - s_G)\left(1 - \frac{G_b}{Y}\right)$$

Daraus ergibt sich für den verbleibenden Anteil der bisherigen Gewinnbezieher am Volkseinkommen:

$$\frac{G}{Y} = \frac{G_b}{Y} - v\,\frac{L}{Y} = \underbrace{\frac{\frac{I}{Y} - s_G}{s_G - s_L}}_{(1)} - v\,\underbrace{\frac{s_G - \frac{I}{Y}}{s_G - s_L}}_{(2)}\,.$$

Der Vergleich mit den Gleichungen (1) und (1a)[41] zeigt: Der Anteil der Bruttogewinne vor Abführung investiver Lohnzulagen bleibt unverändert; denn der Summand (1) entspricht dem Wert der Gewinnquote im Ausgangsgleichgewicht; der Ausdruck (2) setzt sich aus dem Abgabesatz der investiven Lohnzulagen v und der ursprünglichen Lohnquote zusammen. Die Abgabe muß also unter den Bedingungen dieses Modells voll aus den Gewinnen getragen werden. Es ergibt sich immerhin, daß im Unterschied zur konstanten Investitions*quote* der Barlohn diesmal nicht zunimmt, sondern unverändert bleibt, so daß wegen der Zusatzinvestition der Anteil der Gewinnbezieher am Volkseinkommen weniger zurückgeht als bei konstanter Investitionsquote[42]. Denn es setzt sich hier lediglich der Belastungseffekt durch, während der Spareffekt dadurch vermieden wird, daß die Zusatzinvestition sich an die höhere gesamtwirtschaftliche Sparquote anpaßt und der sonst zu erwartende Anpassungsprozeß der Einkommensverteilung an die Einkommensverwendung nicht eintritt.

— Ergänzt man entsprechend für die *investive Gewinnbeteiligung* auf der linken Seite der Gleichgewichtsbedingung, aus der wir die Gleichung (5)[43] abgeleitet haben, $\frac{I}{Y}$ um $w\,(1 - s_G)\,\frac{G_b}{Y}$, so ergibt sich

$$\frac{I}{Y} + w\,(1 - s_G)\,\frac{G_b}{Y} = s_L\left(1 - \frac{G_b}{Y}\right) + s_G\,\frac{G_b}{Y} - w\,(1 - s_G)\,\frac{G_b}{Y}$$

und folglich

$$\frac{G_b}{Y} = \frac{\frac{I}{Y} - s_L}{s_G - s_L}$$

sowie

---

41 Vgl. Teil B, Abschnitt I, 2.2.1.

42 Vgl. Teil B, Abschnitt I, 2.2.3.

43 Vgl. Teil B, Abschnitt I, 2.2.4.

$$\frac{G}{Y} = \frac{\frac{I}{Y} - s_L}{s_G - s_L} - w\,\frac{\frac{I}{Y} - s_L}{s_G - s_L}\,.$$

Das heißt: Die Bruttogewinnquote verändert sich gegenüber dem Wert, den sie vor Einführung der Gewinnbeteiligung hatte, nicht. Die Gewinnabgabe muß ganz von den bisherigen Kapitaleignern getragen werden; eine Überwälzung auf die Konsumgüterpreise oder Rückwälzung zu Lasten sonst möglicher Barlohnerhöhungen ist unter den Annahmen dieses Modells nicht möglich. Das folgt tautologisch daraus, daß Y und L nicht verändert werden. Auch hier ist die Gewinnquote höher als für den Fall konstanter Investitionsquote.

Diese Ergebnisse schließen natürlich partielle Überwälzungschancen in der Investitionsgüterindustrie, der die Mehrnachfrage zunächst zugute kommt, nicht aus, denen aber geringere Bruttogewinne in der Konsumgüterindustrie gegenüberstehen. Es kann also zunächst ein strukturelles Ungleichgewicht zwischen Konsumgüter- und Investitionsgüterindustrie entstehen, das solange Faktorwanderungen anregen müßte, bis sich das Gewinngefälle wieder einebnet.

Nun sind gegen diese Interpretation der Investitionsfunktion allerdings zwei gewichtige Einwände vorzutragen:

1. Anzunehmen, daß die Investitionsausgaben steigen, wenn — besonders bei der Sparförderung — die Konsumausgaben zurückgehen, ist nur sinnvoll, falls vorher ein Ungleichgewicht zwischen geplanten Investitionen und vorhandenen Ersparnissen bestanden hat, dem ein unelastisches Kreditsystem den von Kaldor angenommenen Finanzierungsweg über die Zunahme der Gewinnquote versperrt hat. Für ‚normale' Konjunktursituationen dagegen bedeutet eine höhere Vermögensbildung der Arbeitnehmer, daß bei gleichbleibender Sparquote aus Gewinn zunächst ungeplante Investitionen im Konsumgüterbereich entstehen, die tendenziell einen Konjunkturabschwung auslösen könnten, in dem der Anteil der geplanten Investitionen kaum steigen kann, es sei denn dadurch, daß das Volkseinkommen stärker fällt als die Investitionen.
2. Auch methodisch wäre die Annahme, daß die Höhe der Investitionsausgaben durch die Höhe der laufenden Ersparnisse bestimmt wird, wenig sinnvoll[44]. Denn entweder müßten dann Gewinn- und Lohn-

[44] Vgl. zum folgenden: *Lübbert*, Jens: Untersuchungen zur Theorie der gesamtwirtschaftlichen Einkommensverteilung, Tübingen 1964, S. 137 f. (Kieler Studien, Forschungsberichte des Instituts für Weltwirtschaft an der Universität Kiel, Nr. 68); vgl. auch im Überlick *Kowalski*, Leo: Einkommensverteilung und Vermögensbildung, S. 83.

quote anders als durch dieses Modell erklärt werden; Kaldors Modell wäre dann als Beschreibung einer Investitionsfunktion innerhalb dieses neuen Modells anzusehen. Oder $\frac{G}{Y}$ müßte als exogen angenommen werden[45].

Die Gleichung (1) könnte umgeformt werden in:

$$\frac{I}{Y} = \frac{G}{Y} (s_G - s_L) + s_L$$ [46]

und würde dann besagen: Bei gegebenen Sparquoten aus Lohn- und aus Gewinneinkommen wird der Gleichgewichtswert der Investitionsquote durch die Gewinnquote bestimmt. Erweitert man in dieser Gleichung $\frac{G}{Y}$ um den Faktor $\frac{K}{K}$, wobei K den Kapitalstock bezeichnet, so läßt sich sogar aus dem formalen Gerüst dieses Modells eine proportionale Abhängigkeit der Investitionsquote von der Kapitalverzinsung zeigen:

$$\frac{I}{Y} = \frac{G}{K} \cdot \frac{K}{Y} (s_G - s_L) + s_L \, .$$

Da $\frac{K}{Y}$ der durchschnittliche Kapitalkoeffizient, eine relativ konstante, jedenfalls eine nur über längere Zeiträume veränderbare Größe ist, wäre bei gegebenem Sparverhalten die Investitionsquote durch die Realverzinsung des Kapitals bestimmt. Die Kapitalrendite würde dann für die gleichgewichtige Investition sorgen. Mit dem gleichen Modell und unter Berufung auf den gleichen formalen Zusammenhang kann dann gezeigt werden, daß bei sinkenden Gewinnen die Investition zurückgeht und sich der Spielraum für Barlohnerhöhungen vermindert, so daß die Arbeitnehmer die Last ihrer Vermögensbildung selbst tragen müßten.

In dieser Umformung aber wäre das Modell keine Theorie der Einkommensverteilung mehr, sondern eine Theorie der — gleichgewichtigen — Investitionsquote.

Sollen dem Ziel Kaldors entsprechend Gewinn- und Lohnquote als abhängig von dem Investitionsverhalten der Unternehmen und dem der Einkommensbezieher erklärt werden, dann macht die Interpretation der Gleichgewichtsbedingung $I = S$ als Investitionsfunktion das Modell zu

[45] So auch *Lübbert*, Jens: Untersuchungen zur Theorie der gesamtwirtschaftlichen Einkommensverteilung, S. 137 f.

[46] Kaldor hat in der Erweiterung seines ursprünglichen Modells um den Wachstumszusammenhang diese Umformung vorgenommen, aber gemeint, daß sich auch im gleichgewichtigen Wachstum „by the Keynesian investment-savings mechanism" die Gewinnquote an die Investitionsquote anpassen müßte. (Vgl. *Kaldor*, Nicolas: Alternative Theories of Distribution, S. 97.)

einem System rein tautologischer Gleichungen. Das Modell behielte dann zwar seinen Wert als Beschreibung eines Kreislaufgleichgewichts, wäre aber weder Theorie der Investition noch Theorie der Einkommensverteilung, da dann die Gewinnquote aus der Investitionsquote und die Investition aus der Gewinnquote erklärt würden[47].

3.1.3 Die gewinnabhängige Investitionsquote

Diese Überlegungen des letzten Abschnitts zeigen, daß es aus methodischen und sachlichen Gründen unumgänglich ist, in unsere Modelle eine eigenständige Investitionsfunktion einzufügen. Nun ist aber die Annahme einer exogenen Investitionsquote, das heißt einer proportionalen Abhängigkeit der Investitionsausgaben vom Volkseinkommen, zumindest problematisch. Denn dann könnte — im einfachen Kaldor-Modell ohne Vermögenspolitik — durch eine Annäherung von s_L an s_G die Gewinnquote beliebig sinken, ohne daß die Investitionen zurückgehen. In Gleichung (1):

$$\frac{G}{Y} = \frac{\frac{I}{Y} - s_L}{s_G - s_L}$$

würen Zähler und Nenner mit wachsendem s_L um die gleichen Beträge verkürzt; der gesamte Ausdruck würde zunehmend kleiner, solange s_G größer bleibt als s_L, und schließlich sogar negativ, wenn s_L größer würde als $\frac{I}{Y}$[48] und s_G.

Auf der anderen Seite können die Unternehmer durch höhere Investitionsausgaben in diesem Modell ihren Anteil am Volkseinkommen beliebig erhöhen. Dies wird ihnen, wie die Umformung der Gleichung (1)[49] in die bekanntere Gestalt

$$\frac{G}{Y} = \frac{1}{s_G - s_L} \frac{I}{Y} - \frac{s_L}{s_G - s_L}$$

zeigt, um so leichter fallen, wenn s_G und s_L nur wenig voneinander ab-

---

[47] So auch *Lübbert*, Jens: Untersuchungen zur Theorie der gesamtwirtschaftlichen Einkommensverteilung, S. 137.

[48] Auch bei der Annahme, daß I sich der gesamtwirtschaftlichen Sparsumme anpaßt, würde $\frac{G}{Y}$ mit wachsendem s_L schrumpfen und bei $s_L = s_G$ den Wert Null erreichen, da dann jede der beiden Sparquoten der gesamtwirtschaftlichen Sparquote gleich ist und diese mit $\frac{I}{Y}$ übereinstimmt.

[49] Vgl. Teil B, Abschnitt I, 2.2.1.

weichen, da dann $\frac{1}{s_G - s_L}$ [50] groß ist und daher schon geringe Erhöhungen der Investitionsquote zu erheblichen Erhöhungen der Gewinnquote führen. Daß Gewinn- und Lohnquote im Kaldor-Modell bei entsprechenden Werten von $\frac{I}{Y}$, s_G und s_L praktisch beliebige Werte annehmen können und die Anteile der Gruppen am Volkseinkommen schon bei geringfügigen Veränderungen dieser Größe in einem Ausmaß schwanken können, das in der Realität nicht beobachtet wird, ergibt sich daraus, daß die Einflußgrößen $\frac{I}{Y}$, s_G und s_L als voneinander und von dem Ergebnis das sie erzeugen, nämlich der Gewinnquote, unabhängig angenommen werden[51]. Es ist daher zu fragen,

— ob $\frac{I}{Y}$ stets unabhängig von $\frac{G}{Y}$ angenommen werden kann, und

— ob jede Einkommensverteilung, die durch entsprechende Werte der Investitionsquote und der Sparquote erzeugt wird, gleichgewichtig in dem Sinne ist, daß die Gruppen keine Änderung der Einkommensverteilung wünschen und durchsetzen können.

Betrachten wir zunächst, wie diejenigen Ansätze der Verteilungstheorie, die den Kreislaufzusammenhang in grenzproduktivitätstheoretische oder machttheoretische Ansätze integrieren[52], diese Fragen beantworten:

---

[50] Kaldor bezeichnet den Quotienten $\frac{1}{s_G - s_L}$ als „Sensitivitätskoeffizient der Einkommensverteilung". (Vgl. *Kaldor*, Nicolas: Alternative Theories ..., S. 95.)

[51] Vgl. dazu auch *Heuß*, Ernst: Die Verbindung von mikro- und makroökonomischer Verteilungstheorie, S. 11 ff. Nehmen wir beispielsweise folgende Werte an: $s_G = 0{,}4$; $s_L = 0{,}3$; $\frac{G}{Y} = 0{,}4$; $\frac{L}{Y} = 0{,}6$; so hat $\frac{I}{Y}$ im Ausgangsgleichgewicht den Wert 0,34. Steigt dann die Investitionsquote um knapp 10 v. H. auf 0,37, so müßte in diesem Modell die Gewinnquote von bisher 0,4 auf 0,7 steigen, während sich die Lohnquote halbieren würde.

[52] Allerdings haben diese Versuche kaum den Charakter einer echten Integration der Kreislauftheorie der Einkommensverteilung mit der Grenzproduktivitätstheorie oder den Monopolgradtheorien, denn gemeinsam ist ihnen, daß sie das Gleichgewicht der Einkommensverteilung weiterhin aus grenzproduktivitätstheoretischen oder machttheoretischen Ansätzen erklären und den Kreislaufzusammenhang lediglich als Anpassungsmechanismus der aktuellen Einkommensverteilung an die langfristig weiterhin technisch oder sozial bestimmte — gleichgewichtige — Verteilung erklären. Damit wird aber die Aussage Kaldors gleichsam ‚auf den Kopf gestellt'. Denn Kaldor versteht — von wachstumstheoretischen Überlegungen herkommend — sein Modell als Beschreibung eines langfristigen Gleichgewichts der Verteilung im Wachstum. Gerade die exogene Investitionsquote eignet sich dabei besser als andere Annahmen über die Investitionsfunktion zur Einführung in Wachstumsmodelle, die ohnehin die Investitionsquote aus Parametern erklären, die in der Wachstumstheorie betrachtet werden.

(1) Die zweite Frage wird sowohl von den Vertretern der Grenzproduktivitätstheorie wie auch von den Autoren, die die Einkommensverteilung aus Machtfaktoren erklären, negativ beantwortet:

Heuß und Meade haben in ihren Modellen die Annahme, daß die Faktoren nach ihrem Grenzprodukt entlohnt werden, in den Kreislaufzusammenhang eingebaut[53].

Daraus ergibt sich bei Meade, daß die Investitionen nur zeitweise und nur in dem Maße über die freiwilligen Ersparnisse hinausgehen können, wie Anpassungsverzögerungen, die er in die Konsumfunktion und die Lohneinkommensfunktion eingefügt hat, eine sofortige Anpassung der Konsumausgaben und der Lohnsätze an die gestiegenen Investitionsausgaben und an die damit gestiegenen Gewinne zeitlich hinausschieben. Ebenso zeigt sich bei Heuß, der das Grenzproduktivitätsprinzip geometrisch in Gestalt einer aus der Endnachfrage abgeleiteten — geneigten — Nachfragekurve nach Arbeit darstellt und außerdem Vollbeschäftigung annimmt, daß „es nach einer autonomen, durch Kreditschöpfung finanzierten Zusatzinvestition in beiden Fällen (bei Mobilität wie bei Immobilität der Arbeitskräfte zwischen Investitionsgüter- und Konsumgüterindustrie, d. Verf.) wieder zur ursprünglichen Einkommensverteilung kommt und ebenso die davon abhängige Aufteilung zwischen Investitions- und Konsumgüterausgaben die alte bleibt, also sich diejenige Konstanz einstellt, die man im Wirtschaftsalltag vorfindet“[54].

In beiden Modellen wird zwar die Investition — wie bei Kaldor — als exogen angenommen. Es paßt sich hier aber nicht wie bei Kaldor die Einkommensverteilung an jede beliebige Investitionsquote an, sondern die langfristig durch die Grenzproduktivitäten und die relativen Knappheiten der Produktionsfaktoren bestimmte Einkommensverteilung richtet die Investitionsquote an der Höhe der gesamtwirtschaftlichen Sparquote aus. Da die Sparquoten wie bei Kaldor fest vorgegeben sind, hängt die Höhe der Sparsumme von der Einkommensverteilung ab. Damit aber werden die Investitionen — zumindest mittelbar — bei Heuß und Meade durch die Höhe der Gewinne bestimmt.

Den gleichen Weg einer Verknüpfung der „nachfrageorientierten“ Kreislauftheorie der Einkommensverteilung mit einer „angebotsorientierten“ Theorie der Gewinnquote und der Lohnquote geht auch Preiser[55]: Auch er sieht in Kaldors Kreislauftheorie mehr ein Modell des Kreislaufzusammenhangs, das zeitweise Abweichungen der Einkommensverteilung von ihrem durch andere Faktoren bestimmten Gleichgewicht erklärt und den Anpassungsmechanismus der aktuellen, aus dem Kreislauf entstehenden Einkommensverteilung an die gleichgewichtige Einkommensverteilung aufzeigt. Dieses Gleichgewicht der Einkommensverteilung leitet Preiser aus der „Sozialstruktur“ ab, die es den Unternehmern und Arbeitnehmern erlaubt, ihre Vorstellungen von angemessenen Anteilen am Volkseinkommen durchzusetzen. Zwar können die Arbeitnehmer — hierin der Kreislauftheorie folgend — durch eine höhere Sparquote aus Lohn die Lohnquote — vorübergehend — erhöhen (und die Gewinnquote entsprechend senken). Doch werden nach Preiser die Unternehmer das Schrumpfen ihrer Gewinne und damit ihrer

---

[53] Vgl. *Heuß*, Ernst: Die Verbindung ..., und *Meade*, James E.: The Adjustment of Savings to Investment in a Growing Economy, in: Review of Economic Studies. Vol. XXX (1963), S. 151 ff.

[54] *Heuß, Ernst:* Die Verbindung ..., S. 27.

[55] Vgl. *Preiser*, Erich: Wachstum und Einkommensverteilung.

Eigenkapitalrendite mit geringeren Investitionen beantworten. Verminderte Investitionen würden zwar nach der Kreislauftheorie die Gewinnquote — wie gezeigt — weiter schrumpfen lassen. Doch wird dabei nach Preiser ein multiplikativer Abschwungsprozeß ausgelöst, bei dem die Beschäftigung und auch das Volkseinkommen Y zurückgehen. Damit verschlechtere sich die Position der Arbeitnehmer im Verteilungskampf, so daß sie in der nächsten Lohnrunde eine Lohnquote akzeptieren müßten, die — in Preisers Termini — einer Gewinnquote in Höhe des „strukturellen Monopolgrads" entspricht, das heißt die frühere Gewinnquote wiederherstellt[56]. Für die Frage nach der Investitionsquote ergibt sich, daß ebenso wie die Vertreter einer erweiterten Grenzproduktivitätstheorie auch Preiser — von einem machttheoretischen Ansatz ausgehend — die Investitionen gewinnabhängig sieht und einen verteilungspolitischen Spielraum als nur solange bestehend annimmt, bis die Reaktionen der Gruppen, die sich dann in den Kreislaufgrößen niederschlagen, die Volkswirtschaft zum vorgegebenen Gleichgewicht zurückgeführt haben.

Allerdings bleibt die Aussagekraft des Preiser-Modells hinter der der Modelle von Heuß und Meade insofern zurück, als Preiser den entscheidenden Faktor für die Einkommensverteilung, also die Angemessenheitsvorstellung, beziehungsweise den „strukturellen Monopolgrad", nicht operational aus der „Sozialstruktur" — also beispielsweise aus meßbaren Konzentrationskoeffizienten — erklären kann. Seinen Hinweis, daß die Gruppen ihre Angemessenheitsvorstellungen aus Vergangenheitswerten ableiten[57] — eine Annahme, die Krelle in seiner „einfachen" Verteilungstheorie als „Prinzip des rekurrenten Anschlusses"[58] bezeichnet, entkräftet er teilweise selbst mit der Warnung, wir müßten uns hüten, den strukturellen Monopolgrad für konstant zu halten. Denn: „Unabhängig vom Wachstum kann sich die Sozialstruktur ändern, zum Beispiel durch zunehmende Monopolisierung der Märkte, und das Wachstum selbst ändert den Monopolgrad, weil es die relative Seltenheit und damit die Macht der Parteien verändert[59]."

Sind aber für Preiser nur diese drei Gründe — Vergangenheit, Marktmacht und relative Seltenheit der Produktionsfaktoren — für den strukturellen Monopolgrad maßgebend, so ist zu fragen,

— warum nicht auch der strukturelle Monopolgrad sich an den faktischen Monopolgrad, das heißt die Vorstellung von der Höhe der angemessenen Gewinnquote sich an die realisierte Gewinnquote anpassen kann[60];

— warum Marktmacht nicht wie beispielsweise bei Heuß und Meade im Modell berücksichtigt wird; und

---

[56] Umgekeht würden nach Preiser die Arbeitnehmer eine aus höheren Investitionen sich zunächst ergebende Senkung der bisher für angemessen gehaltenen oder zumindest „tolerierten" Lohnquote nicht hinnehmen, sondern höhere Löhne fordern, die sie aufgrund der höheren Knappheit des Faktors Arbeit auch durchsetzen könnten.

[57] Vgl. *Preiser*, Erich: Wachstum und Einkommensverteilung, S. 13.

[58] Vgl. *Krelle*, Wilhelm: Bestimmungsgründe der Einkommensverteilung in der modernen Wirtschaft, S. 73.

[59] Vgl. *Preiser*, Erich: Wachstum ..., S. 13.

[60] So *Bombach*, Gottfried: Von der Neoklassik zur modernen Wachstums- und Verteilungstheorie, in: Kyklos, Bd. 18 (1965), S. 425: „Die normative Kraft des Faktischen spielt im Bereich der Ökonomie eine so große Rolle, und mir scheint es plausibel, davon auszugehen, daß sich Unternehmer und Lohnempfänger nach einer Zeit der Veränderungen an Verteilungen gewöhnen, die zunächst nicht in ihre Vorstellungen passen."

— warum es einer Rückführung auf die nicht bestimmte „Macht der Parteien" bedarf, wenn diese aus der relativen „Seltenheit" der Produktionsfaktoren und damit doch wohl aus einem grenzproduktivitätstheoretischen Ansatz abgeleitet wird.

Immerhin bleibt festzuhalten, daß die Verteilungsmodelle, die Kreislaufmodelle zwar einbeziehen, aber die Einkommensverteilung *nicht allein* aus dem Kreislauf erklären, — trotz völlig verschiedener Ausgangspunkte — zu dem gleichen Ergebnis kommen, daß nämlich ein dauerhafter Verteilungsspielraum, in dem ein Angriff auf die Gewinnquote erfolgreich sein könnte, nicht besteht, sondern daß die Investitionen, da sie indirekt oder direkt positiv mit der Höhe der Gewinne korreliert sind, einen Anpassungsprozeß in Richtung auf das vorher gegebene Gleichgewchit der Einkommensverteilung auslösen. Lediglich aus Kaldors Annahme einer exogenen Investitionsquote ergibt sich ein scheinbar unbegrenzter Verteilungsspielraum — zwar nicht für eine Nominallohnpolitik, wohl aber für die Vermögenspolitik.

(2) Nun hat Kaldor der scheinbar unbegrenzten Mechanik seines Modells, in dem die Unternehmer durch höhere Investitionsausgaben und die Arbeitnehmer durch Erhöhung ihrer Sparquote den Anteil der Lohneinkommen am Volkseinkommen beliebig erhöhen können, in den Erläuterungen zu seinem Modell, in denen Fragen der langfristig gleichgewichtigen Wachstumsrate untersucht werden, selbst Grenzen gesetzt[61]:

Die *Obergrenze* der Gewinnquote liege da, wo ein Mindestwert der Reallohnsumme $L_{Min.}$, die bei gegebener Beschäftigung durch das Existenzminimum festgelegt ist, unterschritten wird:

$$\frac{G}{Y} \leqslant \frac{Y - L_{Min.}}{Y}$$

Die *Untergrenze* werde dort erreicht, wo bei gegebenem Kapitalkoeffizienten $\frac{K}{Y}$ die Gewinnrate $\frac{G_{Min.}}{K}$ beginne, unter eine angemessene Risikovergütung zu fallen und die Investitionsbereitschaft zu beeinträchtigen, also

$$\frac{G}{Y} \geqslant \frac{K}{Y} \cdot \frac{G_{Min.}}{K}$$

Außerdem werde von den Unternehmen ein minimaler Umsatzgewinn m (pro Umsatzeinheit) gefordert, dem die tatsächliche Gewinnquote $\frac{G}{Y}$ mindestens gleich sein muß:

$$\frac{G}{Y} \geqslant m \; .$$

[61] Vgl. *Kaldor*, Nicolas: Alternative Theories ..., S. 97 f.

Die Annahme von Unter- und Obergrenzen der Gewinnquote und vice versa der Lohnquote liegt auch der „einfachen Verteilungstheorie“[62] Krelles zugrunde. Auch Krelle sieht eine „Untergrenze für die Kapitalverzinsung, bis zu der Investition und damit Produktion und Beschäftigung erhalten bleiben“[63]. Sie wird für ihn bestimmt von der „Unsicherheit bezüglich der künftigen Erlöse und Kosten“, von „Alternativen zu einer produktiven Anlage des Kapitals im Inland“ und der „Risikoempfindlichkeit der Unternehmer“[64]. Die Obergrenze (= Untergrenze für den Reallohn) liege bei einer Höhe, „bei der eine soziale Revolution vermieden wird“[65]. Innerhalb dieser Grenzen aber habe die Verteilung des Volkseinkommens „nichts zu tun mit der relativen Seltenheit von Kapital und Arbeit“[66], sondern hänge nur von Verhandlungsstärke und Verhandlungsgeschick der Tarifpartner, „der Bankpolitik“, „den Marktformen“ und „von der Vergangenheit“[67] ab. Krelle und Kaldor nehmen also die gleiche Untergrenze der Kapitalverzinsung und damit der Gewinnquote an; bei beiden Autoren wird sie auch durch die Reaktion der Investitionsentscheidungen gesichert. Der Unterschied zwischen beiden Theorien liegt darin, daß in den relevanten Bereichen der Lohn-Gewinn-Relation Krelle im weitesten Sinne Machtfaktoren und die Geldpolitik, Kaldor die Sparquoten der Einkommensempfänger und die Investitionsquote für verteilungsbestimmend ansehen. Die Bestimmung der Untergrenze der Kapitalverzinsung bei Krelle scheint uns insofern wertvoll, als aus dem Hinweis auf erzielbare Kapitalrenditen in alternativen Anlagegelegenheiten die Frage nach dem Verteilungsspielraum, der der Vermögenspolitik eventuell offensteht, theoretisch und empirisch für eine offene Volkswirtschaft mit im wesentlichen freiem Waren- und Kapitalverkehr annähernd geprüft werden kann. Diesem Hinweis wird daher später gefolgt.

Die Investitionsfunktion Kaldors — $\frac{I}{Y}$ sei exogen gegeben — ist dagegen auch bei Einfügung der von ihm selbst genannten Grenzen wenig aussagekräftig und methodisch fragwürdig. Sie führt zwar zu einer Aussage, nämlich, daß ein Spielraum der Einkommensverteilung existiert, der allein durch *vermögenswirksame* Erhöhungen der Arbeitnehmereinkommen, nicht dagegen durch Barlohnerhöhungen zugunsten der Arbeitnehmer ausgefüllt werden kann. Die Grenze dieses Spielraums aber wird nur vom Ergebnis her — also durch den Rückgang der Investitionen als Reaktion auf schrumpfende Gewinne — bestimmt. Der Hinweis allein auf die Risikoprämie und den minimalen Umsatzgewinn als Untergrenze der Kapitalverzinsung reicht jedenfalls zumindest für eine offene Volkswirtschaft nicht aus; und auch in einer geschlossenen Wirtschaft wäre zumindest — der Spartheorie Keynes' folgend[68] — die Liquiditätspräferenz einzubeziehen. Denn da die Größe G

---

[62] Vgl. *Krelle,* Wilhelm: Bestimmungsgründe der Einkommensverteilung ... ; vgl. auch im Überblick: *ders.:* Verteilungstheorie, Tübingen 1962, S. 262 ff.

[63] Vgl. *Krelle,* Wilhelm: Bestimmungsgründe der Einkommensverteilung ..., S. 63.

[64] Vgl. *Krelle,* Wilhelm: Bestimmungsgründe der Einkommensverteilung.

[65] Ebenda, S. 67.

[66] Ebenda.

[67] Ebenda, S. 68.

[68] Vgl. *Keynes,* John M.: The General Theory of Employment, Interest and Money, London 1936, Chapter 13; vgl. auch *ders.:* The Theory of the Rate of Interest, in: *Fellner,* W.; *Haley,* B. F. (Eds.): Readings in the Theory of In-

im Kaldor-Modell alle Besitzeinkommen, mindestens aber die Gesamteinkommen der Unternehmereigner umfassen muß[69], ist zu fragen, ob die Gewinnquote nicht auch eine Mindestverzinsung $\frac{G}{K}$ des eingesetzten Kapitals und eine Mindestvergütung für die Arbeitsleistung der Unternehmer in Personalunternehmungen enthalten muß. Sollen aber diese Vergütungen im minimalen Umsatzgewinn eingefangen sein, müßte dieser erklärt werden, falls das Modell den Anspruch erhebt, eine halbwegs vollständige und leistungsfähige Theorie zu sein; denn dann könnte eher diese Untergrenze als Fall eines normalen Gleichgewichts angesehen werden, und die Kreislaufbestimmtheit der Einkommensverteilung, die das Kaldor-Modell erklärt, wäre der Sonderfall.

(3) Bevor wir uns der Frage zuwenden, wo die Gewinnuntergrenze liegt, bei der die Investitionen zurückgehen, und die daher auch durch vermögenspolitische Gewinnlasten nicht unterschritten werden kann, soll geprüft werden, welche Bedeutung die Einführung gewinnabhängiger Investitionsausgaben in Kreislaufmodelle der Einkommensverteilung hat. Denn unter den drei Theoriekonzepten der Einkommensverteilung zeigen zwei — die Grenzproduktivitätstheorien (Meade, Heuß) und die Monopolgradtheorie (Preiser) — auch dann keinen dauerhaften Verteilungsspielraum für die Vermögenspolitik auf, wenn sie Kreislaufzusammenhänge einbeziehen. In beiden Konzepten ergibt sich die Konstanz der Einkommensverteilung aus der Verknüpfung von Gewinnquote und Investitionsquote. Man könnte deshalb einmal fragen, ob sich nicht auch allein aus der Kreislauftheorie, das heißt aus einem Modell, das die Einkommensverteilung allein aus der *Einkommensverwendung* erklärt, dann die Immunität der funktionellen Einkommensverteilung oder zumindest Widerstandslinien der Gewinnquote gegen eine umverteilende Vermögenspolitik aufzeigen lassen, wenn die Investitionsquote gewinnabhängig angenommen wird, die übrigen Annahmen des Kaldor-Modells aber beibehalten werden. Denn wenn diese Prüfung positiv ausfällt, dann kann die Frage nach der durch Vermögenspolitik möglichen Verschiebung der funktionalen Einkommensverteilung und damit nach der vielfach erhofften Vermögensbildung „aus zusätzlichem Arbeitnehmereinkommen“ allein durch die Bestimmung der Gewinnuntergrenze, von der ab ein Rückgang der Investitionen zu vermuten ist, geprüft werden. Dann kann auch empirisch untersucht werden, ob und wie weit die Gewinne in der Bundesrepublik noch von dieser Untergrenze entfernt sind[70].

---

come Distribution, London 1950, S. 418 ff.; vgl. insbes. die daran anschließenden Beiträge: *Robertson*, Dennis H.: Mr. Keynes and the Rate of Interest (S. 425 ff.) und *Hicks*, John R.: Mr. Keynes and the „Classics“; A Suggested Interpretation, (S. 461 ff.).

[69] Andernfalls wäre die Annahme einer gruppenspezifischen Sparquote aus Gewinn nicht sinnvoll.

[70] Vgl. im folgenden Teil B, Abschnitt II, 3.4.

Nehmen wir einmal, um die einfachste Form einer gewinnabhängigen Investition in die bisherigen Kreislaufmodelle einzuführen, an, die Investitionsquote sei linear abhängig von der Gewinnquote, also

$$\frac{I}{Y} = a \frac{G}{Y} ,$$

so gilt, wenn wir die übrigen Annahmen des Kaldor-Modells beibehalten, unter der Gleichgewichtsbedingung $I_{\text{gepl.}} = S_{\text{gepl.}}$:

$$a \frac{G}{Y} = s_L \frac{L}{Y} + s_G \frac{G}{Y} .$$

Die Gewinnquote ist dann:

$$\frac{G}{Y} = \frac{s_L}{a - s_G + s_L} \tag{11}$$

Entsprechend gilt für die Lohnquote:

$$\frac{L}{Y} = \frac{a - s_G}{a - s_G + s_L} . \tag{11a}$$

Bevor wir die Veränderungen untersuchen, die sich in diesem Modell durch die Vermögenspolitik ergeben, betrachten wir zunächst seine Struktur:

Ebenso wie bei Kaldor fixieren in diesem Modell die Lohnbezieher und die Gewinnbezieher ihre Konsum- beziehungsweise Spar*quoten* unabhängig von der Höhe ihrer Einkommen. Der Unterschied zum Kaldor-Modell liegt lediglich darin, daß die Gewinnbezieher die Investitionsausgaben nicht an der Höhe des Volkseinkommens orientieren, sondern von der Höhe der Gewinne und — bei konstantem Kapitalkoeffizienten $\frac{G}{Y}$ — der Rendite[71] abhängig machen.

Obwohl viele Gründe dafür sprechen, daß langfristig die Investitionen in einem festen Verhältnis zum realen Sozialprodukt stehen, kann sich auch die Hypothese einer Gewinnabhängigkeit der Investitionsausgaben auf namhafte Autoren und plausible Überlegungen stützen:

---

[71] Denn die Gewinnquote $\frac{G}{Y}$ kann aufgelöst werden in:

$$\frac{G}{Y} = \frac{G}{K} \cdot \frac{K}{Y} .$$

so daß die Gewinnquote im wesentlichen von der Kapitalrendite $\frac{G}{K}$ abhängig wird, da sich der Kapitalkoeffizient nur auf lange Sicht wesentlich ändert.

So hat zum ersten Male Tinbergen 1939[72] aufgrund empirischer Untersuchungen auf die Gewinnabhängigkeit der Investitionstätigkeit hingewiesen. In Kreislaufmodelle der Einkommensverteilung eingebaut, findet sich eine Investitionsfunktion, die die Investitionsquote von den Gewinnen abhängig macht, in der deutschen Literatur zum ersten Male bei Schneider[73] 1957. Im angelsächsischen Bereich hat Cartter[74] unabhängig von Kaldor 1959 ein reines Kreislaufmodell der Einkommensverteilung entwickelt, das die Investitionsfunktion $I = aG$ enthält und dessen Ergebnisse für den Fall, daß alle Gewinne ausgeschüttet werden, den hier abgeleiteten Gleichungen (11) und (11a) entsprechen. Auch Krelle verwendet in seinen Modellen der „Verteilungstheorie"[75] eine Investitionsfunktion, die — jeweils gewichtet — autonome, zinsabhängige und gewinnabhängige Investitionen additiv verknüpft.

Wenn dennoch in einfachen Modellen der Einkommensverteilung, so beispielsweise in Bombachs Modell[76], an der Annahme ausschließlich exogen bestimmter Investitionsausgaben festgehalten wird, so dürften dafür auch Gründe maßgebend sein, die aus dem Ergebnis abzuleiten sind, das jede gewinnabhängige Investitionsquote in reinen Kreislaufmodellen erzeugt[77]. Betrachten wir die Bestimmungsgleichung der Gewinnquote bei ausschließlich gewinnabhängiger Investitionsquote, so zeigt sich, daß

1. eine höhere Sparneigung sowohl der Gewinnbezieher, wie der Lohnempfänger die Gewinnquote erhöht, obwohl ablauftheoretische Überlegungen dafür sprechen, daß bei Erhöhung der gesamtwirtschaftlichen Sparquote zumindest zunächst die Gewinneinkommen als teilweise residualbestimmt stärker zurückgehen als die Lohneinkommen, und die Gewinnquote damit zunächst sinken müßte:
2. eine Zunahme der Investitionsneigung a zu einem Rückgang der Gewinnquote führt und damit auch die Investitionsquote sinkt[78]; denn ein höheres a führt nach Gleichung (1) zu einer überproportionalen

[72] Vgl. *Tinbergen,* J.: Statistical Testing of Business Cycle Theories. I. A Method and its Application to Investment Motivity, Genf 1939.

[73] Vgl. *Schneider,* Erich: Income and Income Distribution in Macro-Economic Theory, in: International Economic Papers, Nr. 8 (1958), S. 117 f. (Übersetzung von: Einkommen und Einkommensverteilung in der makroökonomischen Theorie, in: Industria (1957).)

[74] Vgl. *Cartter,* Allan M.: Theory of Wages and Employment. Homewood (Illinois) 1959. Das Gleichungssystem Cartters findet sich auch als Anhang bei: *Ott,* Alfred E.: Sparen und Investieren — erneute Diskussion eines alten Problems, in: *Bombach,* Gottfried (Hrsg.): Wachstum, Einkommensverteilung und wirtschaftliches Gleichgewicht, Berlin 1969, S. 42 f.

[75] Vgl. *Krelle,* Wilhelm: Verteilungstheorie, S. 187 ff.

[76] Vgl. *Bombach,* Gottfried: Preisstabilität, wirtschaftliches Wachstum und Einkommensverteilung, insbes. S. 9 ff.

[77] Bei proportionaler Abhängigkeit der Investitionsquote von der Gewinnquote erscheint der Proportionalitätsfaktor — Maßgröße der Investitionsneigung — zwangsläufig stets im Nenner des Bruchs, der die Gewinnquote angibt.

[78] Dies ergibt sich beispielsweise auch in Krelles „Gesamtwirtschaftliche(r) Verteilungstheorie für die lange Periode" (vgl. *Krelle,* Wilhelm: Verteilungs-

Senkung der Gewinnquote $\frac{G}{Y}$ — und zwar für alle ökonomisch möglichen Werte von s_G, s_L, $\frac{G}{Y}$, $\frac{I}{Y}$ und a[79].

Allerdings ist zu bedenken, daß mit Gleichung (11) nur komparativ-statische Gleichgewichtszustände verglichen werden können und über den Prozeß, der vom einen zum anderen Gleichgewicht führt, nichts gesagt werden kann, insofern auch die wahrscheinliche erste Reaktion auf eine Datenänderung nicht einen von vornherein zweifelsfreien Einwand gegen das Endergebnis des neuen Gleichgewichts liefern kann. Auf den ersten Blick scheint es, daß diese beiden Einwände durch sinnvolle Annahmen — teilweise — auszuräumen sind:

Der Einwand, eine höhere Investitionsneigung führe zu einer geringeren Gewinnquote und Investitionsquote, unterstellt implizit ein elastisches Kreditsystem. Denn bei unelastischem Kreditsystem würde sich eine höhere Investitionsneigung, also der Versuch der Unternehmen, eine höhere Investitionsquote durchzusetzen, an der Konstanz der gesamtwirtschaftlichen Sparsumme brechen, so daß a — als realisierte Verhältnisgröße zwischen Investitionsquote und Gewinnquote verstanden — unverändert bliebe. Wenn dagegen die Gewinnbezieher eine höhere Investitionsquote durch entsprechend höheres Sparen aus Gewinn finanzieren, so daß s_G in gleichem Maße steigt wie a, dann bleibt, wie Gleichung (11) zeigt, die Gewinnquote konstant, während die Investitionsquote gewachsen ist. Dieses Ergebnis ist auch mit der Vorstellung vereinbar, daß sich die Gewinnquote nicht ändert, wenn die Gesamtnachfrage konstant bleibt. Denn gleich große Änderungen von s_G und a würden lediglich die Verteilung der Nachfrage zwischen Konsumgütersektor und Investitionsgüterindustrie ändern, die Gesamtnachfrage aber nicht berühren.

Dieser Einwand gegen die gewinnabhängige Investition ist also teilweise auszuräumen, indem die Gültigkeit des Modells auf den Fall eines unelastischen Kreditsystems eingeschränkt wird, das die Höhe der realisierten Investitionen auf die Höhe der geplanten Ersparnisse begrenzt. Die Verhaltens-

---

theorie, S. 192 ff.) aus dem gleichen Zusammenhang. Vgl. dazu den Kommentar von Jürg *Niehans* („Ein Beitrag zum Verständnis von Krelles Makromodell", in: Weltwirtschaftliches Archiv Band 92/I (1964), S. 238 ff., hier S. 252 f.).

[79] Gehen wir den früheren Zahlenbeispielen entsprechend von $\frac{G}{Y} = 0{,}4$; $\frac{I}{Y} = 0{,}22$; $s_G = 0{,}4$; $s_L = 0{,}1$ aus, so muß $a = 0{,}55$ gesetzt werden, damit Gleichgewicht herrscht, also Gleichung (11) erfüllt ist. Steigt a — die Investitionsneigung — nun zum Beispiel wegen technischen Fortschritts oder autonomer Veränderungen der Erwartungen und so weiter etwa auf 0,6 so sinkt die Gewinnquote von 0,4 auf

$$\frac{G}{Y} = \frac{0{,}1}{0{,}6 - 0{,}4 + 0{,}1} = 0{,}33$$

Setzen wir diesen Wert in die Investitionsfunktion

$$\frac{I}{Y} = a\frac{G}{Y}$$

ein, so zeigt sich, daß damit die *Investitionsquote* von bisher 0,22 auf $0{,}6 \cdot 0{,}33 = 0{,}2$ *sinkt, weil die Investitionsneigung gestiegen ist.*

parameter der Gewinnbezieher a und s_G können dann nämlich nicht unabhängig voneinander gesetzt werden. Vielmehr muß angenommen werden, daß die Gewinnbezieher bei einer Verminderung ihrer Investitionsbereitschaft auch ihre Sparquote senken und umgekehrt.

Auch der erste Einwand ist mit der Annahme eines unelastischen Kreditsystems teilweise zu entkräften. Eine Senkung der gesamtwirtschaftlichen Sparquote muß bei unelastischem Kreditsystem zu einem kleineren Wert von a führen, so daß a als realisierter Wert und a als geplanter Wert auseinanderfallen. Die Anpassung von a — als realisierter Wert interpretiert — würde zur Konstanz der Gewinnquote führen. Der bisherige Wert von a wäre dann nur durch eine höhere Sparquote aus Gewinn durchzusetzen. Ein neues Gleichgewicht wäre dann erreicht, wenn die Gewinnbezieher a *und* s_G entsprechend der veränderten Lohnbeziehersparquote festgelegt haben. Die Gewinnquote wäre dann wieder positiv mit der effektiven Nachfrage korreliert und bliebe ebenso wie im Kaldor-Modell unter diesen Annahmen unverändert.

Für den umgekehrten Fall einer höheren Sparquote aus Lohneinkommen müßte allerdings, um die unplausible Lösung einer entsprechend Gleichung (11) steigenden Gewinnquote zu vermeiden, eine hohe Zinsreagibilität der Investitionen angenommen werden, so daß a soweit steigt, daß sich die gesamtwirtschaftliche Investitionssumme der höheren gesamtwirtschaftlichen Sparsumme angleicht, oder s_G müßte entsprechend sinken. In beiden Fällen bliebe die Gewinnquote unverändert.

Denn wenn wir annehmen, daß sich a an eine Veränderung der Sparquote s_G oder s_L oder beiden Quoten so anpaßt, daß die bei der bisherigen Einkommensverteilung sich ergebende Veränderung der gesamtwirtschaftlichen Sparsumme zu einer automatischen Anpassung der Investitionsausgaben in gleicher Höhe führt, würde dieses Modell mit dem unter 3.1.2 diskutierten Modell identisch werden. Und es würde die schon vorgetragene Kritik gelten, daß das Modell nur noch Definitionsgleichungen enthält. Es können daher wohl a und s_G plausibel voneinander abhängig gemacht werden, aber nicht gleichzeitig auch a und s_L, wenn schon angenommen wird, daß a durch s_G bestimmt wird.

Geht man davon aus, daß wie im Kaldor-Modell beide Gruppen jeweils ihre Verhaltensparameter — die Gewinnbezieher $(a - s_G)$ und die Lohnbezieher s_L — unabhängig voneinander setzen, so bleibt das Paradoxon, daß eine Erhöhung von s_L bei Kaldor zur Senkung der Gewinnquote und bei gewinnabhängiger Investition zu ihrer Erhöhung führt, wobei der Rückgang der Gewinnquote als Folge einer höheren Sparquote der Lohnempfänger aus dem Kreislaufprozeß leicht zu erklären ist, für ihr Wachsen aber kaum plausible Gründe anzugeben sind[80].

---

[80] Es wäre allenfalls denkbar, wenn auch nicht sehr wahrscheinlich, daß eine höhere Sparneigung der Arbeitnehmer bei bisher unelastischem Kreditsystem und hoher Zinsreagibilität der Investitionsausgaben zunächst Investitionen ohne Kapazitätseffekt, aber mit hohem Einkommenseffekt auslöst, die über einen Multiplikatorprozeß zu einem Gleichgewicht mit höheren Investitionen und höherer Wachstumsrate führen, bei dem dann die Lohnquote zurückbleibt. Um die — gleichgewichtige — höhere Gewinnquote zu rechtfertigen, müßte zusätzlich unterstellt werden, daß das Kreditsystem nun elastisch würde, während im bisherigen Gleichgewicht von seiner Starrheit auszugehen war, da andernfalls s_L nicht auslösender Faktor des Multiplikatorprozesses sein kann.

Trotz dieser Einwände ist aber festzuhalten, daß die Annahme gewinnabhängiger Investitionen für sich genommen plausibel ist und auch von Vertretern eines verteilungspolitischen Optimismus zugestanden wird, daß die Gewinnquote nur soweit redressiert werden kann, wie die Investitionen nicht zurückgehen. Nur führt die Annahme in reinen Kreislaufmodellen selbst bei gewaltsamen ‚Reparaturen' der Einkommensverteilung zu dem absurden Ergebnis, daß eine höhere Sparquote aus Lohn die Gewinnquote steigert (!) und *daß eine höhere Investitionsneigung — sofern sie, wie in diesem Modell, von der Sparquote aus Gewinn unabhängig sein soll — die Investitionsquote senkt.* Daß sich dies im übrigen nicht nur in einfachen Modellen ergibt, sondern auch in sehr ausgefeilten Systemen, zeigt die schon erwähnte Kritik von Niehans an Krelles Verteilungstheorie.

Prüfen wir einmal, am Beispiel der Gewinnbeteiligung, wie unser bisheriges Ergebnis modifiziert würde, wenn wir statt der exogenen Investitionsquote die Investitionsfunktion

$$\frac{I}{Y} = a\frac{G}{Y}$$

setzen, also annehmen, daß sich die Investitionsquote proportional zur Nettogewinnquote der Alteigner verändert, und die übrigen Annahmen über das Sparverhalten der Gruppen beibehalten. Aus der Gleichgewichtsbedingung

$$I_{\text{gepl.}} = S_{\text{gepl.}}\,, \qquad \text{also aus}$$

$$\begin{aligned} a\frac{G}{Y} &= a(1-w)\frac{G_b}{Y} \\ &= s_L\frac{L_b}{Y} + w\frac{G_b}{Y} + s_G(1-w)\frac{G_b}{Y} \end{aligned}$$

ergibt sich die Barlohnquote

$$\frac{L_b}{Y} = \frac{a - s_G - w(1 + a - s_G)}{a - s_G + s_L - w(1 + a - s_G)}$$

und die Nettogewinnquote

$$\frac{G}{Y} = \frac{s_L(1-w)}{a - s_G + s_L - w(1 + a - s_G)}\,.$$

Für die Werte des bisherigen Zahlenbeispiels steigt die Nettogewinnquote bei $w = 0{,}1$ von bisher 0,4 auf

$$\frac{G}{Y} = \frac{0{,}1\,(1 - 0{,}1)}{0{,}55 - 0{,}4 + 0{,}1 - 0{,}1\,(1 + 0{,}55 - 0{,}4)} = \frac{2}{3} \text{ an.}$$

Bilden wir die Differenz zwischen diesem Wert der Nettogewinnquote und dem Wert der Gewinnquote in Gleichung (11)[81] so erhalten wir:

---

[81] Vgl. oben.

$$\frac{w s_L (1 - s_L)}{[a - s_G + s_L]\,[a - s_G + s_L - w\,(1 + a - s_G)]}\,.$$

Da a stets größer sein muß als die Sparquote aus Gewinn s_G, weil andernfalls die Ersparnis aus Lohn keine Anlage fände, zeigt sich, daß der obige Ausdruck positiv ist, solange

$$w < \frac{a - s_G + s_L}{1 + a - s_G}$$

ist. Das bedeutet, daß selbst eine Gewinnbeteiligung der Lohnbezieher für nicht zu große Werte von w — im bisherigen Zahlenbeispiel müßte w kleiner sein als 21,7 v. H. — zu einer Erhöhung des Anteils der bisherigen Gewinnbezieher führen würde, wenn die Bedingungen dieses Modells gelten, insbesondere die Investitionsausgaben linear von den Nettogewinnen abhängen. Erst für größere Werte des (Gewinn-)beteiligungssatzes w würde die Differenz negativ, die Vermögenspolitik also auch das kurzfristige einkommenspolitische Ziel der Verschiebung der funktionellen Einkommensverteilung zugunsten der Arbeitnehmer erreichen.

Obwohl die Annahme gewinnabhängiger Investitionsausgaben für sich genommen nicht unplausibel erscheint und das Kaldor-Modell mit einer anderen Hypothese über das Investitionsverhalten ausgefüllt werden könnte als der, daß die Investitionsausgaben linear vom Volkseinkommen abhängen, ist das oben abgeleitete Ergebnis praktisch unbrauchbar. Denn daß eine einkommensverteilende Politik versagen kann und sich die Gewinnquote als immun erweist, mag noch gerade durch die Alltagserfahrung gedeckt werden. Daß sie sich aber schon kurzfristig in ihr Gegenteil verkehrt und zu einer Begünstigung der Belasteten wird, ist nicht vorstellbar. Dies wird vollends deutlich, wenn man die Konsequenz für die Verteilungspolitik zieht. Denn nach diesem Modell würde umgekehrt eine die Lohnbezieher belastende Abgabe zugunsten der Gewinnbezieher den Anteil der Arbeitnehmer am Volkseinkommen erhöhen und den der Gewinnbezieher senken — eine selbstverständlich absurde Vorstellung.

Auch unsere Ableitung rechtfertigt damit jene Einwände gegenüber reinen Kreislaufmodellen der Einkommensverteilung, die Niehans schon 1958 aus dem Vergleich der Modelle von Kaldor und Schneider ableitete[82]: „Aus den gleichen Definitionsgleichungen lassen sich somit durch kleine, scheinbar harmlose und in ihrer Bedeutung jedenfalls undurchsichtige Modifikation der maßgebenden Relationen die paradoxesten Schlußfolgerungen hervorzaubern."

3.1.4 Eine ‚gemischte' Investitionsfunktion

Da nun zwei makroökonomische Investitionsfunktionen, die für sich jeweils plausibel erscheinen, in einem reinen Kreislaufmodell der Ein-

[82] Vgl. *Niehans*, Jürg: Die Wirkung von Lohnerhöhungen, technischen Fortschritten, Steuern und Spargewohnheiten auf Preise, Produktion und Einkommensverteilung, in: *Schneider*, Erich (Hrsg.): Einkommensverteilung und technischer Fortschritt, Berlin 1959, S. 85 (Schriften des Vereins für Socialpolitik, N. F. Bd. 17).

kommensverteilung die genau entgegengesetzten Ergebnisse erzeugen, ist zu prüfen, ob eine makroökonomische Investitionsfunktion, die sowohl einkommensabhängige wie gewinnabhängige Investitionsausgaben enthält, zu plausibleren Ergebnissen führt als beide monokausale Erklärungen des Investitionsverhaltens. Gehen wir davon aus, daß ein Teil der gesamtwirtschaftlichen Investitionen gewinnabhängig und ein Teil autonom ist, das heißt in fester Relation zum Volkseinkommen getätigt wird, so können wir in unser bisheriges Kreislaufmodell folgende Investitionsfunktionen einsetzen:

(12) $$\frac{I}{Y} = a\frac{G}{Y} + b$$

Die Größe b wäre also der Anteil der gesamtwirtschaftlichen Investitionsausgaben am Volkseinkommen, die unabhängig von der Höhe der Gewinne getätigt werden, während a als Investitionsneigung in Abhängigkeit von Gewinnen und Kapitalrenditen interpretiert werden könnte. Prüfen wir wiederum die Wirkungen der einzelnen vermögenspolitischen Verfahren in Modellen, die diese neue Investitionsfunktion enthalten, so ergeben sich folgende Probleme:

1. Da wir zwei Unbekannte — a und b — in das Modell einfügen, kann als Ergebnis für jedes Verfahren nur angegeben werden, für welche Größenordnungen von a und b im Verhältnis zueinander und zu den anderen Konstanten s_L und s_G des Modells sich die Einkommensverteilung in der einen oder anderen Richtung verschiebt. Da wir für s_L und s_G grobe Schätzungen besitzen, soll anschleßend versucht werden, aus den Daten der Volkswirtschaftlichen Gesamtrechnung durch Regression a und b abzuschätzen.

2. Das Bild der Investitionsfunktion der Gleichung (12) in einem $\frac{I}{Y}/\frac{G}{Y}$ — Koordinatenkreuz ist eine Gerade, wobei a die Steigung und b den Ordinatenabschnitt darstellen. Die empirisch zu ermittelnden Werte[83] für a und b gelten daher nur, wenn davon ausgegangen werden kann, daß die Investitionsfunktion zumindest in den relevanten Bereichen der Gewinnquote tatsächlich — oder doch annähernd — linear verläuft.

3. Die additive Verknüpfung von gewinnabhängigen und einkommensabhängigen Investitionen unterstellt implizit, daß die autonomen Investitionen bei gegebenem Volkseinkommen nicht zunehmen, wenn die gewinnabhängigen Investitionen zurückgehen, weil die Gewinnquote sinkt. Auch diese Funktion läßt also unberücksichtigt, daß eine durch die Vermögenspolitik angeregte höhere gesamtwirtschaft-

[83] Vgl. im folgenden Teil B, Abschnitt II, 3.1.6.

liche Sparsumme den Kreditzins senken und mehr zinsabhängige Investitionen anregen könnte. Eine mögliche Deutung der folgenden Ergebnisse muß daher berücksichtigen, daß mit der Investitionsfunktion der Gleichung (12) bereits unterstellt wird, daß a und b voneinander unabhängig sind und die numerische Bestimmung dieser Parameter nur unter dieser ‚Unabhängigkeitshypothese' richtig ist.

Natürlich muß vor einer Überschätzung der Ergebnisse gewarnt werden, da das Modell auch mit dieser Investitionsfunktion auf nur sehr wenigen einfachen Verhaltensannahmen aufgebaut ist. Dennoch erlaubt es, so scheint uns, grobe Hinweise darauf, ob Verteilungsspielräume vorhanden sind und gibt damit erste Hinweise zur Frage der „Zusätzlichkeit".

Bestimmen wir zunächst wieder, um Referenzwerte für Gewinn- und Lohnquote zu erhalten, das Ausgangsgleichgewicht ohne Vermögenspolitik:

Für $I_{\text{gepl.}} = S_{\text{gepl.}}$ ergibt sich aus

$$a \frac{G}{Y} + b = s_L \frac{L}{Y} + s_G \frac{G}{Y}$$

die Lohnquote

$$\frac{L}{Y} = \frac{a - s_G + b}{a - s_G + s_L}$$

und die Gewinnquote

(12a)
$$\frac{G}{Y} = \frac{s_L - b}{a - s_G + s_L}$$

Da die Gewinnquote nur positive Werte bis eins annehmen kann, der Zähler in der Gleichung (12a) also kleiner sein muß als der Nenner, gilt: Wenn $b < s_L$, ist der Zähler positiv, so daß auch der Nenner des Ausdrucks positive Werte annehmen muß und größer sein muß als der Zähler, das heißt: $(s_L - b) < (a - s_G + s_L)$ und folglich $a > (s_G - b)$.

Ist $b > s_L$, so nimmt der Zähler negative Werte an, folglich muß auch der Nenner negativ werden und zwar stärker als der Zähler, damit die Gewinnquote positive Werte von kleiner als eins annimmt, das heißt $(s_L - b) > (a - s_G + s_L)$ und folglich $a < (s_G - b)$.

Für $b = s_L$ ist die Gewinnquote für jedes gewählte a gleich Null; für $a = s_G - b$ erreicht die Gewinnquote den Wert eins. Beide Fälle bezeichnen also irrelevante Lösungen, die dadurch gekennzeichnet sind, daß für sie kein Verteilungsproblem besteht.

Betrachten wir nun die Wirkungen der einzelnen vermögenspolitischen Verfahren:

1. Bei Anwendung *sparfördernder Maßnahmen* ergibt sich aus der Gleichgewichtsbedingung $I_{\text{gepl.}} = S_{\text{gepl.}}$ also aus

$$a\frac{G}{Y} + b = (s_L + s_v)\frac{L}{Y} + s_G\frac{G}{Y}$$

der Gleichgewichtswert der Gewinnquote:

(13)
$$\frac{G}{Y} = \frac{s_L - b + s_v}{a - s_G + s_L + s_v}$$

Da Zähler und Nenner des Bruchs gegenüber dem Wert der Gewinnquote in Gleichung (12a) um s_v zunehmen, steigt die Gewinnquote bei der Sparförderung für alle Werte $b < s_L$ und folglich $a > (s_G - b)$. Dagegen sinkt die Gewinnquote für alle $b > s_L$ und folglich $a < (s_G - b)$. Die Reaktion der funktionellen Einkommensverteilung ist also im Fall der hier gewählten Investitionsfunktion von der Höhe des Anteils der autonomen Investitionen am Volkseinkommen abhängig — ein Ergebnis, das nach den bisherigen Überlegungen zu den Annahmen einer ausschließlich gewinnabhängigen oder ausschließlich exogenen Investitionsquote nicht überrascht.

2. Bei Einführung allgemeiner *investiver Lohnzulagen* entsteht aus $I_{\text{gepl.}} = S_{\text{gepl.}}$ also aus

$$a\left(\frac{G_b}{Y} - v\frac{L_b}{Y}\right) + b = (s_L + v)\frac{L_b}{Y} + s_G\left(\frac{G_b}{Y} - v\frac{L_b}{Y}\right)$$

die Barlohnquote:

(14)
$$\frac{L_b}{Y} = \frac{a - s_G + b}{a - s_G + s_L + v\,(1 + a - s_G)}$$

und die Nettogewinnquote:

(14a)
$$\frac{G}{Y} = \frac{s_L - b + v\,(1 + a - s_G)}{a - s_G + s_L + v\,(1 + a - s_G)} - v\frac{a - s_G + b}{a - s_G + s_L + v\,(1 + a - s_G)}$$

Um zu prüfen, ob der Anteil der Gewinnbezieher am Volkseinkommen im Gefolge allgemeiner investiver Lohnzulagen steigt oder fällt, bilden wir die Differenz dieser Gewinnquote zur Gewinnquote im Ausgangsgleichgewicht — Gleichung (13) —:

$$\frac{s_L - b + v\,(1 + a - s_G)}{a - s_G + s_L + v\,(1 + a - s_G)} - v\frac{a - s_G + b}{a - s_G + s_L + v\,(1 + a - s_G)} - \frac{s_L - b}{a - s_G + s_L}$$

$$= \frac{v\,(1 - s_L)\,(a - s_G + b)}{[a - s_G + s_L + v\,(1 + a - s_G)]\,[a - s_G + s_L]}$$

Um dieses Ergebnis zu interpretieren, wollen wir folgende vereinfachenden Definitionen einführen:

Für den Fall $b < s_L$ und $a > (s_G - b)$ definieren wir:

$$\text{(i)}\quad a - s_G + b = c > 0 \text{ und}$$

$$\text{(ii)}\quad s_L - b = d > 0, \text{ so daß}$$

$$\text{(iii)}\quad a - s_G = c - b = c + d - s_L$$

Da s_L kleiner ist als eins, folgt aus (i), daß der Zähler für $b < s_L$ positiv ist; aus (iii) ergibt sich, daß in diesem Fall auch der Nenner größer ist als Null, da auch s_G kleiner ist als eins. Folglich ist die Differenz der beiden Gewinne positiv, das heißt die Nettogewinnquote steigt für alle $b < s_L$ und $a > (s_G - b)$, wenn investive Lohnzulagen eingeführt werden. Dagegen sind für alle $b > s_L$ und folglich $a < (s_G - b)$ c und d kleiner als Null, so daß der Zähler einen negativen Wert annimmt, der Nenner aber positiv bleibt, wenn beide Ausdrücke, die im Nenner in [...] stehen, negativ werden. Da aus (ii) und (iii) folgt, daß für $b > s_L$ der Ausdruck $[a - s_G + s_L]$ stets negativ ist, wird der Nenner positiv und damit die Differenz der Gewinnquote negativ, wenn

$$[a - s_G + s_L + v\,(1 + a - s_G)] < 0\ ,$$

wenn also

$$v < \frac{s_G - a - s_L}{1 + a - s_G}\,. \tag{14b}$$

Das heißt: Wenn der Anteil der autonomen Investitionen am Volkseinkommen die Sparquote aus Lohn übersteigt, dann sinkt der Anteil der Gewinnbezieher am Volkseinkommen bei Einführung investiver Lohnzulagen, sofern der Abgabesatz die durch (14b) gegebene Bedingung nicht überschreitet. Bei höheren Lohnzulagen würde aber auch in diesem Fall die Nettogewinnquote steigen. Bevor wir dieses nicht sehr einleuchtende Ergebnis interpretieren, wollen wir noch die Wirkungen einer Gewinnbeteiligung zugunsten der Lohnempfänger betrachten.

3. Bei Einführung einer *allgemeinen Gewinnbeteiligung* zugunsten der Lohnbezieher ergibt sich aus der Gleichgewichtsbedingung $I_{\text{gepl.}} = S_{\text{gepl.}}$ also aus:

$$a\,(1 - w)\,\frac{G_b}{Y} + b = s_L \frac{L_b}{Y} + w\,\frac{G_b}{Y} + s_G\,(1 - w)\,\frac{G_b}{Y}$$

die Barlohnquote

$$\frac{L_b}{Y} = \frac{a - s_G + b - w\,(1 + a - s_G)}{a - s_G + s_L - w\,(1 + a - s_G)}\ , \tag{15}$$

die Bruttogewinnquote

(15a)
$$\frac{G_b}{Y} = \frac{s_L - b}{a - s_G + s_L - w\,(1 + a - s_G)}\,,$$

und die Nettogewinnquote (nach Abzug der Gewinnbeteiligung der Lohnbezieher)

(15b)
$$\frac{G}{Y} = \frac{(s_L - b)\,(1 - w)}{a - s_G + s_L - w\,(1 + a - s_G)}\,.$$

Prüfen wir die Richtung, in der sich die Nettogewinnquote nach Gewinnbeteiligung verschiebt, anhand der Differenz der neuen zur ursprünglichen Gewinnquote, so ergibt sich:

$$\frac{(s_L - b)\,(1 - w)}{a - s_G + s_L - w\,(1 + a - s_G)} - \frac{s_L - b}{a - s_G + s_L}$$

$$= \frac{w\,(1 - s_L)\,(s_L - b)}{[a - s_G + s_L - w\,(1 + a - s_G)]\,[a - s_G + s_L]}$$

Für alle $b < s_L$ und damit $a > (s_G - b)$ sowie natürlich $s_L < 1$ ist der Zähler dieses Bruchs positiv; aus (iii) folgt, daß für diesen Fall der Nenner ebenfalls positiv ist, solange

$$[a - s_G + s_L - w\,(1 + a - s_G)] > 0$$

und damit

(15c)
$$w < \frac{a - s_G + s_L}{1 + a - s_G}\,.$$

Solange als der Abgabesatz w einer Gewinnbeteiligung der Lohnbezieher den durch (15c) gegebenen Satz nicht übersteigt, ist die Differenz der Gewinnquoten positiv, erhöht sich also in diesem Modell der Anteil der bisherigen Gewinnbezieher am Volkseinkommen.

Für alle $b > s_L$ und folglich $a < (s_G - b)$ ist dagegen die Differenz der Gewinnquoten stets negativ, da der Zähler einen negativen Wert annimmt, der Nenner aber positiv wird; denn beide Ausdrücke in [...] werden nach (iii) — analog für den Fall $b > s_L$ angewandt — in diesem Fall negativ. Die Gewinnquote würde also in diesem Modell unter der Bedingung, daß $b > s_L$ ist, für jeden Wert w sinken.

Auch bei Einführung einer allgemeinen Gewinnbeteiligung muß also unter den Bedingungen dieses Modells der Anteil der bisherigen Gewinnbezieher am Volkseinkommen sinken, wenn der Anteil der autonomen Investitionsausgaben am Volkseinkommen die Sparquote aus Lohn übersteigt, und steigen, sofern die Sparquote aus Lohn größer ist als der Anteil der autonomen Investitionen am Volkseinkommen.

Diese Ergebnisse werden auch durch das bisherige Zahlenbeispiel bestätigt:

Behalten wir die früher gesetzten Zahlenwerte für die Ausgangsgewinnquote (0,4), die Investitionsquote im Ausgangsgleichgewicht (0,22) und die

Sparquoten s_L (0,1) und s_G (0,4) bei und setzen wir für den angenommenen Fall $b > s_L$ und $a < (s_G - b)$ für b den Wert 0,2, so daß bei einem Ausgangswert der Investitionsquote von 0,22 für a der Wert 0,05 gesetzt werden muß, so erhalten wir für alternative Werte von s_v, v und w die durch die folgende Tabelle gegebenen Werte der Gewinnquote:

s_v	0,01	0,02	0,03	0,04	0,05	0,07	0,09
$\frac{G}{Y}$	0,38	0,35	0,32	0,29	0,25	0,17	0,06
v	0,01	0,02	0,03	0,04	0,05	0,07	0,09
$\frac{G}{Y}$	0,378	0,354	0,33	0,304	0,276	0,215	0,146
w	0,01	0,2	0,03	0,05	0,07	0,1	0,02
$\frac{G}{Y}$	0,386	0,373	0,36	0,336	0,315	0,286	0,211

Es zeigt sich, daß bei kleinen Werten von s_v und v die Gewinnquote mit wachsendem s_v und v zunächst allmählich absinkt, für Werte nahe 0,1 stärker abfällt; dagegen sinkt die Nettogewinnquote bei der Gewinnbeteiligung mit wachsendem w wesentlich langsamer, wenn auch immer noch stärker, als es der prozentualen Zunahme des Gewinnbeteiligungssatzes entspricht. Darin kommt der aus Gleichung (15a) ablesbare Verfall auch der Bruttogewinnquote zum Ausdruck, der zwar aus dem Modellzusammenhang erklärt werden kann, dem aber Plausibilitätsüberlegungen entgegenstehen. Denn es ist kaum einzusehen, daß bei Gewinnbeteiligungen zusätzlich noch der Bruttogewinn schrumpft, es sei denn, daß wierdurch ein nicht durch geplante Zusatzinvestition kompensiertes zusätzliches Sparen mit deflatorischer Wirkung zustande kommt. Für einen Gewinnbeteiligungssatz von 0,2 dürfte, wenn die Bruttogewinnquote unverändert bliebe, die Nettogewinnquote von ursprünglich 0,4 nur auf 0,32 sinken, während sich in unserem Beispiel eine Nettogewinnquote von 0,21 ergibt, die einer Bruttogewinnquote von 0,26 entspricht.

Setzen wir, um Werte für den Fall $b < s_L$ zu erhalten, für b den Wert 0,06, so daß für a der Wert 0,4 zu setzen ist, so zeigt folgende Aufstellung,

s_v	0,01	0,02	0,03	0,04	0,05	0,07	0,09
$\frac{G}{Y}$	0,45	0,50	0,54	0,57	0,60	0,65	0,68
v	0,01	0,02	0,03	0,04	0,05	0,07	0,09
$\frac{G}{Y}$	0,45	0,49	0,53	0,56	0,59	0,63	0,67
w	0,01	0,02	0,03	0,04	0,05	0,07	0,09
$\frac{G}{Y}$	0,44	0,49	0,55	0,64	0,76	−0,09	—

daß wiederum alle drei vermögenspolitischen Verfahren zu dem absurden Ergebnis führen, daß die Nettogewinnquote steigt, wenn auch bei der Sparförderung und beim Investivlohn mit fallenden Zuwächsen. Vollends grotesk sind die Werte, die sich für eine Gewinnbeteiligung ergeben: $\frac{G}{Y}$ steigt zunächst mit wachsenden Zuwächsen an und erreicht für $w = 0{,}07$ plötzlich einen negativen Wert. Die Erklärung für diese nicht einleuchtenden Ergebnisse liegt in der formalen Struktur der Modelle. Die Nettogewinnquote, als Funktion von s_v, v und w aufgefaßt, verläuft in einer Ebene, in der auf der Ordinate $\frac{G}{Y}$ und auf der Abszisse s_v, v beziehungsweise w abgetragen werden, in der Gestalt zweier Hyperbeln, die sich asymptotisch an Parallelen zu den Achsen annähern. Daher erhält man in der näheren Umgebung dieser Parallelen schon für kleine Variationen von s_v, v beziehungsweise w extrem große Verschiebungen der Nettogewinnquote $\frac{G}{Y}$, die ökonomisch nicht interpretierbar sind. Dies gilt, wie ein Blick auch auf die Ergebnisse der früheren Modelle zeigt, für alle Kreislaufmodelle — auch für das Kaldor-Modell[84].

Schon aus diesem formalen Grund, aber mehr noch wegen der ökonomischen Unplausibilität der Ergebnisse darf der Erklärungswert der Modelle zur Gewinnbeteiligung bei gewinnabhängiger Investitionsquote nicht überschätzt werden. Es kann hier lediglich gefolgert werden, daß

— bei ausschließlich exogen gegebener oder ganz überwiegend autonomer Investitionen die Gewinnquote durch vermögenspolitische Maßnahmen gesenkt wird; und daß
— bei überwiegend gewinnabhängiger Investition die Gewinnquote wenn auch nicht steigt, wie sich aus unseren Gleichgewichtsmodellen ergibt, so doch zumindest kaum absinkt.

3.1.5 Zwischenergebnis

Wir sind in diesem Abschnit bis hierher anhand einfacher makroökonomischer Gleichgewichtsmodelle der Frage nachgegangen, unter welchen Annahmen über das Investitionsverhalten der Unternehmen die Vermögenspolitik zu einer Verschiebung der funktionellen Einkommensverteilung zugunsten der Lohnbezieher führt. Wir haben also nach dem Einfluß der Vermögenspolitik auf die Nettogewinnquote bei alter-

---

[84] Da in der Grundgleichung (1) s_G und s_L im Nenner des Bruchs stehen, der den Wert der Gewinnquote angibt, würden die Werte von $\frac{G}{Y}$ in einem $\frac{G}{Y}/s_L$-Koordinatenkreuz für alternative s_L-Werte zwei Hyperbeln bilden, die sich bei $s_L = s_G$ einer Parallele zur Ordinate asymptotisch annähern. Für s_L-Werte nahe s_G führen damit kleinste Variationen von s_L zu sehr großen Ausschlägen der Gewinnquote. Setzen wir beispielsweise $\frac{G}{Y} = 0{,}4$, $s_G = 0{,}4$, $s_L = 0{,}35$, so daß $\frac{I}{Y} = 0{,}37$, so senkt die Erhöhung von s_L nur auf 0,36 die Gewinnquote — wie sich aus (1) ersehen läßt — schon auf 0,25.

nativ möglichen Investitionsfunktionen gefragt. Bevor wir nun prüfen, welche dieser möglichen Reaktionen der Investitionsquote wahrscheinlich ist, fassen wir die Ergebnisse zusammen:

— Das Ziel vieler vermögenspolitischer Pläne, die Vermögensbildung der Arbeitnehmer aus den Gewinneinkommen zu finanzieren, wird nur dann erreicht, wenn die Investitionsquote als exogen angenommen werden darf, das heißt, wenn die Investoren unabhängig von Kapitalrendite und Gewinnquote die Investitionsausgaben stets in bestimmter Relation zum Volkseinkommen halten (Teil B, Abschnitt II 3.1.1).

— Werden die Investitionsausgaben so durch die gesamtwirtschaftliche Sparsumme determiniert, daß jedes zusätzliche Kapitalangebot entsprechend höhere Investitionsausgaben induziert, so bleibt bei der Sparförderung die funktionelle Einkommensverteilung unverändert; investive Lohnzulagen oder Gewinnabgaben zugunsten der Vermögensbildung der Arbeitnehmer müssen dagegen unter dieser Annahme vollständig von den Gewinnbeziehern zu Lasten ihres bisherigen Anteils am Volkseinkommen getragen werden (Teil B, Abschnitt II 3.1.2).

— Wird angenommen, daß die Investitionsausgaben ausschließlich von den Nettogewinnen der Gewinnbezieher abhängen, und werden die sonstigen Annahmen des Kaldor-Modells beibehalten, so führt das Modell zu dem paradoxen Ergebnis, daß jedes der drei untersuchten vermögenspolitischen Verfahren die Nettogewinnquote erhöht[85] (Teil B, Abschnitt II 3.1.3).

— Wird unterstellt, daß ein Teil der gesamtwirtschaftlichen Investitionsausgaben linear von den Nettogewinnen abhängt, ein anderer Teil aber autonom ist, das heißt sich nur in fester Relation zum Volkseinkommen verschiebt, so zeigt sich:

  In den Fällen, in denen der Anteil der autonomen Investitionen am Volkseinkommen kleiner ist als die Sparquote aus Lohn, erhöht — im Modell — jedes vermögenspolitische Verfahren die Nettogewinnquote.

  Nur dann, wenn der Anteil der autonomen Investitionen am Volkseinkommen größer ist als die Sparquote aus Lohneinkommen, verringert sich der Anteil der bisherigen Gewinnbezieher am Volkseinkommen, so daß eine teilweise Finanzierung der Vermögensbildung der Lohnbezieher aus bisherigen Gewinneinkommen möglich ist —

85 Für Sparförderung und Investivlohn haben wir die Ergebnisse nur unter der Annahme einer ‚gemischten' Investitionsfunktion abgeleitet. Doch ergeben sie sich unmittelbar aus den Gleichungen (13) und (14a) für $b = 0$.

freilich nur, solange die Abgaben der Unternehmen die durch (14b) und (15c) gegebenen Grenzen nicht übersteigen.

— Diese Ergebnisse sind allerdings unter folgenden Einschränkungen zu sehen: Die formale Struktur aller hier betrachteten Modelle, insbesondere aber der Modelle, die die Investitionsquote als ganz oder teilweise gewinnabhängig annehmen, erzeugt Ergebnisse, die mit der Alltagserfahrung nicht übereinstimmen, zumindest aber die bestimmten Anpassungsprozesse überbetonen. Zwar ist es rein formal richtig, daß bei gewinnabhängiger Investitionsquote ein neues $I_{gepl.} = S_{gepl.}$-Gleichgewicht erst bei einer höheren Nettogewinnquote erreicht werden könnte. Doch kann bei erheblichen Verschiebungen von $\frac{G}{Y}$ und $\frac{I}{Y}$ kaum mehr mit der Konstanz von s_L, s_G und insbesondere von a und b gerechnet werden. Auch könnten dann, wenn eine die Lohnbezieher begünstigende Maßnahme deren Gesamtanteil am Volkseinkommen verringern sollte, Machtfaktoren ebenso wenig vernachlässigt werden, wie dann noch vom Einfluß des Staates und der Außenwirtschaft abgesehen werden kann.

Immerhin bleibt festzuhalten, daß die These, die Vermögensbildung der Arbeitnehmer könne aus Einkommenseinbußen der Gewinnbezieher finanziert werden, dann keine Stütze in Kreislaufmodellen der Einkommensverteilung mehr findet, wenn die Unternehmen auf eine Reduktion der Nettogewinne der bisherigen Gewinnbezieher — in Relation zum Volkseinkommen gesehen — mit einer erheblichen Verminderung ihrer inländischen Investitionsausgaben reagieren.

3.1.6 Ein Test über die Abhängigkeit der Investitionsquote in der Bundesrepublik — Zum statistischen Zusammenhang von Gewinnquote und Investitionen

Damit führen die bisherigen Betrachtungen zu der Frage, ob und in welchem Umfang die Investitionsquote gewinnabhängig ist. Wir wollen daher zunächst prüfen, ob aus den Daten der volkswirtschaftlichen Gesamtrechnung auf einen statistischen Zusammenhang zwischen Gewinnquote und Investitionsquote geschlossen werden kann. Selbst wenn wir allerdings zu dem Ergebnis kommen, daß in der Vergangenheit ein Rückgang der Unternehmensgewinne signifikant mit einem Rückgang der Investitionsquote korreliert war, kann nicht mit Sicherheit geschlossen werden, daß auch eine Gewinneinbuße, die die Vermögenspolitik hervorrufen würde, die Investitionsneigung dämpfen würde. Denn Gewinnreduktionen, die sich beispielsweise im Konjunkturverlauf einstellen, beeinträchtigen auch die Liquidität der Unternehmen. Gewinneinbußen aus vermögenspolitischen Maßnahmen sollen aber gerade die

Liquiditätseinbuße vermeiden. Sollte also ein positiver statistischer Zusammenhang zwischen Gewinnquote und Investitionsquote sichtbar werden, so bliebe immer noch offen, ob die Liquiditätseinbuße oder das Schrumpfen der Nettogewinne den Investitionseinbruch verursacht hat. Diese Frage soll dann in einer mikroökonomischen Analyse, die vom wahrscheinlichen Investitionsverhalten der einzelnen Unternehmen ausgeht, betrachtet werden. Sie führt uns zu der Frage, ob und in welchem Umfang die Gewinnquote in der Bundesrepublik Deutschland heute noch funktionslose Teile enthält, die die Vermögenspolitik abschöpfen könnte. Diese Frage soll dann innerhalb einer weiteren Differenzierung unserer bisherigen Überlegungen theoretisch und empirisch geprüft werden.

Wenden wir uns nun der Frage nach der Gewinnabhängigkeit der makroökonomischen Investitionsquote zu:

Da die zuletzt im Kreislaufmodell betrachtete ‚gemischte' Investitionsfunktion

$$\frac{I}{Y} = a \frac{G^{\text{Netto}}}{Y} + b$$

sowohl gewinnabhängige wie auch autonome Investitionen enthält, können wir versuchen, in einer Regressionsrechnung die Werte für a und b im Durchschnitt der Jahre 1960 bis 1972 in der Bundesrepublik Deutschland empirisch zu bestimmen. Die soeben abgeleiteten Ergebnisse[86] über die Wirkung der vermögenspolitischen Verfahren auf die funktionelle Einkommensverteilung in Abhängigkeit von den Größenverhältnissen von a, b, s_L und s_G können dann einen Hinweis auf die wahrscheinliche Reaktion der Investitionsquote geben — wenn auch nur unter den genannten Einschränkungen und mit den Abstrichen, die die formale Eigengesetzlichkeit der Kreislaufmodelle nahelegen.

Durch Regression mit Hilfe der Methode der kleinsten Quadrate lassen sich a und b für die Bundesrepublik Deutschland aus den Daten der volkswirtschaftlichen Gesamtrechnung bestimmen:

Als Investitionsquote betrachten wir dabei den Quotienten ‚Anteil der Bruttoanlageinvestitionen + Vorratsveränderungen ./. Abschreibungen am Nettosozialprodukt zu Faktorkosten'. Die Betrachtung der Nettoinvestitionen ist deshalb sinnvoll, da in den Kreislaufmodellen $\frac{I}{Y}$ ebenfalls als Nettoinvestitionsquote interpretiert werden muß, weil auch die Ersparnis der Gruppen die Abschreibungen nicht enthält. Als problematisch könnte die Einbeziehung der Vorratsveränderungen angesehen werden, da sie auch als ungeplante Investitionen aufgefaßt werden können. Doch zeigt der Verlauf dieser Zeitreihe (vgl. Tabelle 10), daß die Vorratsveränderungen sich ungefähr parallel zu den

[86] Vgl. Teil B, Abschnitt II, 3.1.4.

Investitionsausgaben, jedenfalls nicht gegenläufig zu ihnen entwickeln, so daß ihnen in der Bundesrepublik zumindest teilweise der Charakter geplanter — für den Absatz notwendiger — Lagerveränderungen und damit die Eigenschaft geplanter Investitionen zukommt[87]. Im übrigen ist der Einfluß der Vorratsänderungen quantitativ unbedeutend. Als Gewinnquote betrachten wir den ‚Anteil der Nettoeinkommen der Privaten aus Unternehmertätigkeit und Vermögen am Nettosozialprodukt zu Faktorkosten', da sich im Nettokonzept auch der Einfluß von Änderungen der Steuerbelastung der Unternehmen niederschlägt. Um die Affinität zu den hier betrachteten Kreislaufmodellen, die vom Einfluß des Staates abstrahieren, zu erhalten, ist auch der ohnehin kleine Anteil des Staates an den Einkommen aus Unternehmertätigkeit und Vermögen abgezogen. Ferner gehen wir von der Annahme aus, daß der Teil der Investitionsausgaben, der in der angenommenen Regressionsgleichung als gewinnabhängig erscheint, von der Gewinnquote des Vorjahres abhängig ist. Zwar orientieren sich die Investoren an den erwarteten Gewinnen, doch werden die Erwartungen wesentlich durch die Vergangenheitswerte bestimmt[88]. Damit soll zugleich der Überlegung Rechnung getragen werden, daß zwischen Gewinnentstehung und Gewinnfeststellung sowie Investitionsplanung und Investitionsausgaben ohnehin ein zeitlicher Zwischenraum liegt, der allerdings mit einem Jahr willkürlich festgelegt ist.

Wir beschränken uns schließlich bei der Berechnung der Parameter a und b auf die Daten der Jahre 1960 bis 1972 (vgl. Tabelle 10), da die Daten der fünfziger Jahre wesentlich von der Ausnahmesituation des Wiederaufbaus der westdeutschen Wirtschaft bestimmt sein dürften.

Wenn wir die Investitionsfunktion der Gleichung (12) als Trendgleichung verwenden, erhalten wir nach der Methode der kleinsten Quadrate die Werte[89]

$$a = 0{,}855 \quad \text{und}$$

$$b = 0{,}008$$

Dabei liegt der Variationskoeffizient mit 0,214 schon recht niedrig[90]. Nehmen wir die Wertepaare ‚Investitionsquote 1967 und Gewinnquote 1966' aus der Berechnung heraus, da die Investitionsquote 1967 deutlich von Sonderfaktoren der Rezession 1966/67 beeinflußt ist, die für den längerfristigen Trend keine Bedeutung haben, so erhalten wir

[87] Zur Entwicklung der Vorräte in der Bundesrepublik Deutschland vgl. *Maneval*, Helmut: Vorratsinvestitionen und Konjunkturen in der Bundesrepublik. Vortrag gehalten in der Universität zu Köln im Sommer-Semester 1973. Vervielfältigtes Manuskript der Tabellenbeilage.

[88] Diese Annahme machen auch Krelle und Mitarbeiter in dem Modell, mit dem sie die gesamtwirtschaftlichen Wirkungen überbetrieblicher Ertragsbeteiligung analysieren. Vgl. *Krelle*, Wilhelm u. a.: Überbetriebliche Ertragsbeteiligung ..., S. 58.

[89] Eigene Berechnungen auf der Grundlage der Tabelle 10.

[90] Der Variationskoeffizient ist das Verhältnis der Standardabweichung zum Mittelwert und mißt hier die Stärke der Streuung der tatsächlichen Werte der Investitionsquote $\frac{I}{Y}$ von den Werten, die sich für die jeweiligen Jahre aus unserer Trendfunktion $\frac{I}{Y} = a \frac{G}{Y} + b$ ergeben, wenn die berechneten Werte für a und b eingesetzt werden.

$$a = 0{,}618 \quad \text{und}$$
$$b = 0{,}059$$

und einen Variationskoeffizienten von 0,103. Damit liegt in beiden Berechnungen b deutlich unter der Sparquote der Unselbständigen, die, wie Tabelle 10 zeigt, im Durchschnitt der Jahre 1961 bis 1970 bei 9,4 v. H. lag.

Nun hatten wir aber für den Fall $b < s_L$ am Modell abgeleitet[91], daß die Gewinnquote bei allen drei vermögenspolitischen Verfahren steigt. Unter den durch die formale Struktur der Modelle notwendigen Einschränkungen kämen wir aus dieser Berechnung also mindestens zu dem Ergebnis, daß die Einkommensverteilung keinen Spielraum enthält, der durch Vermögenspolitik zugunsten der Lohnbezieher ausgeschöpft werden könnte.

Allerdings ist gegen die sehr grobe Schätzung von a und b einzuwenden, daß Gewinnquoten und Investitionsquoten (des jeweils folgenden Jahres) so schwach — wenn auch positiv — korreliert sind, daß daraus allein kaum ein statistischer Zusammenhang bewiesen werden kann[92]. Zwar ließe sich der Einwand zu geringer Stärke des statistischen Zusammenhangs wahrscheinlich durch verfeinerte statistische Messungen, die beispielsweise auch den Einfluß der Gewinnquoten des jeweils vorvorigen Jahres oder ihre Veränderungsraten miteinbezögen, zumindest teilweise ausräumen. Es bleibt aber dann noch der erwähnte grundsätzliche Einwand:

Selbst wenn in der Vergangenheit schrumpfende Nettogewinnquoten zu geringeren Investitionsquoten in den folgenden Perioden geführt haben, ist noch nichts darüber gesagt, ob die Unternehmen weniger investiert haben, weil sie trotz vorhandener Finanzierungsmittel bei zurückgehenden Gewinnen keine ausreichende Rendite mehr gewährleistet sahen oder ob sie wegen geringerer Selbstfinanzierungsmöglichkeiten (aus niedrigeren Gewinnen) die Investitionen eingeschränkt haben. Denn der zweite Grund entfiele ja, wenn die Vermögenspolitik die Gewinne angreift, aber das Aufkommen einer vermögenspolitischen Abgabe als Finanzierungsmittel im Unternehmenssektor beläßt. Insofern kann die Vergangenheit nur sehr bedingt als Testfall für die zu erwartenden Reaktionen der Investoren auf eine vermögenspolitische Belastung der Unternehmensgewinne herangezogen werden[93].

---

[91] Vgl. Teil B, Abschnitt II, 3.1.4.

[92] Der Bravais-Pearssonsche Korrelationskoeffizient hat nämlich nur den Wert $r = 0{,}3997$; nimmt man das Wertepaar 1966/67 aus der Berechnung heraus, so sinkt (!) dieser Koeffizient sogar auf 0,3032. Auf eine Korrelation kann aber zuverlässig erst bei Werten von r über 0,6 geschlossen werden.

[93] Vgl. im vorhergehenden Teil B, Abschnitt I, 1.

Tabelle 10: **Nettoinvestitionen und Nettogewinne der privaten Unternehmen in der Bundesrepublik Deutschland 1960 - 1972**

	NSP zu Faktorkosten in Mrd. DM	Nettoeinkommen der Privaten aus Unternehmertätigkeit und Verm. in Mrd. DM	Anteil der Nettoeinkommen aus Unternehmertätigkeit und Vermögen am NSP in v. H.	Bruttoanlageinvestitionen in Mrd. DM	Vorratsveränderungen in Mrd. DM	Abschreibungen in Mrd. DM	Nettoinvestitionen der Privaten in Mrd. DM	Anteil der Nettoinvestitionen am NSP in v. H.
1960	235,70	69,14	29,33	72,66	+ 8,7	25,73	55,63	(23,6)
1961	258,01	70,05	27,15	84,05	+ 6,6	29,26	61,39	23,79
1962	277,45	70,08	25,26	93,77	+ 4,0	33,48	64,29	23,17
1963	295,76	74,28	25,11	99,06	+ 2,1	37,19	63,97	21,63
1964	324,25	83,19	25,66	113,49	+ 5,2	41,17	77,52	23,91
1965	355,25	92,26	25,97	122,24	+ 10,0	46,21	86,03	24,22
1966	377,09	95,61	25,35	126,31	+ 3,6	50,68	79,23	21,01
1967	375,99	95,13	25,30	114,43	— 1,3	53,80	59,33	15,78
1968	416,86	114,54	27,48	124,78	+ 11,5	57,40	78,88	18,92
1969	460,65	120,36	26,13	146,20	+ 16,0	63,95	98,25	21,33
1970	529,19	136,88	25,87	181,08	+ 15,3	74,78	121,60	22,98
1971	582,80	140,87	24,17	203,14	+ 5,3	85,11	123,33	21,16
1972	634,44	152,06	(23,97)	214,54	+ 5,1	93,19	126,45	19,93

Quelle: Statistisches Bundesamt (Hrsg.): Fachserie N, Reihe 3 „Revidierte Reihen ab 1950"; Bretschneider, J.; Husmann, J. und Schnabel, F.: Handbuch einkommens-, vermögens- und sozialpolitischer Daten 1970 ff., Tabellen H 13/1, H 34/1, H 51; eigene Berechnungen.

3.2 Mikroökonomische Überlegungen zum Investitionsverhalten

Die bisherigen Versuche, die Reaktion der unternehmerischen Investition auf vermögenspolitische Belastungen auf dem Hintergrund makroökonomischer Theorieansätze und eines — einfachen — statistischen Tests zu erfassen, haben zu keinem befriedigenden Ergebnis geführt. Denn die Modelle neigen aus mathematischer Eigengesetzlichkeit zur Überreaktion; sie zeigen aber immerhin, daß nur bei der Annahme einer autonom gegebenen Investitionsquote — nicht aber aus der Annahme einer gewinnabhängigen Investitionsquote — ein Spielraum der Einkommensverteilung aus der „Kreislauftheorie" zu begründen ist, der einer Vermögensbildung der Arbeitnehmer aus „zusätzlichem Einkommen" zugänglich gemacht werden kann. Der — einfache — Regressionstest der „gemischten" makroökonomischen Investitionsfunktion gab zwar einen vagen Hinweis auf einen so hohen Anteil gewinnabhängiger Investitionen an den gesamten Investitionen in der Bundesrepublik, daß ein Verteilungsspielraum für die sechziger Jahre nicht mehr feststellbar wäre, doch hat sich der Zusammenhang als nicht hinreichend stringent erwiesen.

Wir wollen daher im folgenden mit Hilfe mikroökonomischer Überlegungen zu entscheiden suchen, welche Reaktion der Investitionsausgaben auf vermögenspolitische Belastungen wahrscheinlich ist. Dabei ist insbesondere die „zweite Datenänderung" einzubeziehen, daß nämlich die Liquidität im Unternehmenssektor bleibt oder über den Kapitalmarkt zu den Unternehmungen zurückfließt.

Ein Unternehmen, das sich am Ziel der Gewinnmaximierung orientiert, trifft seine Investitionsentscheidung nach einem Renditenkalkül, in den folgende Faktoren eingehen[1]:

— die erwarteten Erträge einer geplanten Investition bezogen auf die Investitionssumme, also der „interne Zinsfuß",

— bei sich gegenseitig ausschließenden Investitionen die interne Verzinsung alternativ möglicher Investitionen im Unternehmen, auf deren Realisierung gegebenenfalls verzichtet werden muß, wenn eine Alternative gewählt wird;

— für die Unternehmung, die auch Finanzinvestitionen in ihre Entscheidung einbezieht, die erzielbare Kapitalrendite bei direkter Beteiligung (zum Beispiel auch durch Aktien) an anderen Unternehmen oder die erzielbaren Habenzinssätze bei Geldanlage am Kapitalmarkt; sowie

— bei Fremdfinanzierung die zu zahlenden Kreditzinsen.

[1] Vgl. dazu *Schneider*, Dieter: Investition und Finanzierung, Köln und Opladen 1970, insbes. S. 243 ff.

Der Investor wählt bei sich gegenseitig ausschließenden Investitionsvorhaben in der Regel jenes aus, das den höchsten Nettoertrag pro eingesetzte Kapitaleinheit erwarten läßt. Und er realisiert alle die Projekte, deren Nettorenditen über dem „Kalkulationszins" liegen. Der Kalkulationszins dient dabei als eine fiktive Vergleichsgröße, die alle die Vorhaben als nicht lohnend aussondert, deren Renditen niedriger liegen. Er spiegelt also allgemeine Mindestrenditevorstellungen der Investoren wider. Seine Quantifizierung gilt aber in der betriebswirtschaftlichen Investitionsrechnung im Einzelfall als problematisch[2]. Bei sich gegenseitig ausschließenden Vorhaben wird der Kalkulationszins durch die interne Verzinsung des alternativen Projekts bestimmt. Schließen sich die zur Wahl stehenden Vorhaben technisch nicht gegenseitig aus, so muß bei Kreditfinanzierung der Kalkulationszins mindestens in Höhe des Kreditzinses gesetzt werden; bei Eigenfinanzierung muß er mindestens der Rendite einer alternativen Finanzanlage entsprechen. Dabei muß der Investor natürlich die gesamten Wirkungen seiner Entscheidung für oder gegen eine Investitionsgelegenheit einbeziehen und beispielsweise im Einzelfall auch eine Investition realisieren, deren interne Verzinsung — scheinbar — unter dem Kalkulationszins liegt, wenn diese Investition die Ertragsfähigkeit früherer Investitionen sichert oder verbessert. Auch müssen Unsicherheit und Risiko entweder im Kalkulationszins oder in den geschätzten erwarteten Erträgen des Projekts durch Zuschläge beziehungsweise Abschläge berücksichtigt werden.

Trotz dieser Einschränkungen kann aber gelten, daß für gewerbliche Investitionen in etwa die — je nach Fristigkeit differierenden — Soll- und Habenzinsen am Kapitalmarkt die Mindestrenditevorstellungen der Investoren bestimmen. Für die Frage, ob die Investitionen als Reaktion auf die beschriebenen drei vermögenspolitischen Verfahren zurückgehen, ist nun zu untersuchen, wie sich erwartete Erträge und Mindestrenditevorstellungen verändern.

(1) Werden durch vermögenspolitische Maßnahmen die Unternehmensgewinne zunächst geschmälert, so sinken natürlich auch die erwarteten Nettoerträge neuer Investitionsvorhaben. Sinken nun die Mindestrenditevorstellungen der Investoren nicht in gleichem Maße wie die erwarteten Renditen der geplanten Neuinvestitionen, so erscheinen Projekte nicht mehr lohnend, deren interne Verzinsung vorher über dem Kalkulationszins lag. Dies gilt jedenfalls dann, wenn die erwarteten Erträge vorher nicht generell Spannen enthielten, die nicht als notwendige Prämien für Risiko und ähnliches anzusehen waren und deren Fortfall die interne Verzinsung immer noch oberhalb des Kalkulations-

2 Vgl. ebenda, S. 240 ff.

zinses belassen hätte. Sinkt gleichzeitig mit der internen Verzinsung der Kalkulationszins proportional zu den Erträgen, so liegt kein Grund vor, eine Minderung der unternehmerischen Investitionsneigung zu erwarten. Zu fragen ist also, wie die Mindestrenditevorstellungen derjenigen, die Investitionsentscheidungen treffen, durch die angenommene Gewinnreduktion beeinflußt werden. Ferner ist zu fragen, ob Unternehmen und Unternehmer ihre Investitionsentscheidungen überhaupt ausschließlich unter dem Gesichtspunkt treffen, ihren Nettogewinn zu maximieren.

Zu der zweiten Frage wird aufgrund empirischer Untersuchungen vielfach die These vertreten, zumindest die Großunternehmen verfolgten überwiegend andere Ziele als das der Gewinnmaximierung. Genannt werden etwa „Umsatzmaximierung bei ‚angemessenem' Gewinn" oder „Behauptung des Marktanteils"[3]. Allerdings lassen sich auch diese Ziele als Strategien der langfristigen Gewinnmaximierung interpretieren, dann nämlich, wenn das Unternehmen auf seinen Absatzmärkten Oligopolist ist — und das dürfte für die Mehrzahl der Großunternehmen gelten. Selbst wenn man im übrigen diese Verhaltensannahmen für die großen Publikumsaktiengesellschaften übernähme, so ist ihre Gültigkeit für das Verhalten der vielen kleinen Personalunternehmen doch zweifelhaft[4]. Und sie gelten sicherlich nicht für die Unternehmen, die schon durch den Wettbewerb zu gewinnorientiertem Verhalten gezwungen sind, wenn sie sich am Markt behaupten wollen. Für die Personalunternehmen jedenfalls darf man durchaus annehmen, daß sie ihr Investitionsverhalten auch am Nettogewinn nach Steuern und anderen Lasten orientieren.

Zu fragen ist dann zweitens, ob die Unternehmen ihre Mindestrenditevorstellung zurückschrauben. Rationales Verhalten unterstellt, muß der Einzelunternehmer seine Renditeerwartungen auch an Renditemöglich-

---

[3] Vgl. im Überblick *Heinen*, Edmund: Grundlagen betriebswirtschaftlicher Entscheidungen — Das Zielsystem der Unternehmung, 2. Aufl. Wiesbaden 1971.

[4] Zwar sollen mit häufigen Hinweisen auf die vermutet gefährdete Lage des Mittelstandes von der — geplanten — überbetrieblichen Gewinnbeteiligung kleinere und mittlere Unternehmungen nicht getroffen werden, so daß es auf den ersten Blick irrelevant erscheint, das Verhalten der kleinen personenbezogenen Unternehmen zu betrachten, doch dürfte die vorgesehene Freigrenze, die bei Jahresgewinnen zwischen DM 400 000,— und DM 500 000,— liegen soll (vgl. Teil A, Abschnitt I, Anmerkung 23), allenfalls die echten Einzelunternehmen im Bereich des Handwerks und des Einzelhandels von der Leistungspflicht entbinden; zumindest viele personenbezogene Mittelbetriebe der Industrie dürften aber Gewinne haben, die oberhalb der Grenze liegen. Außerdem werden auch Kleinbetriebe dann getroffen, wenn sie als Zulieferer oder Abnehmer Großunternehmen gegenüberstehen, denen ihre Marktstellung eine Vor- oder Rückwälzung erlaubt. (Zur Bedeutung der Marktstellung für die Abwälzbarkeit vermögenspolitischer Lasten vgl. im folgenden Teil B, Abschnitt II, 4.)

keiten in alternativen Anlageformen außerhalb des eigenen Unternehmens — beispielsweise am Kapitalmarkt — orientieren. Stehen ihm Anlagemöglichkeiten offen, die von den neuen Vermögensbildungslasten nicht getroffen werden, so wird er diese Möglichkeiten nutzen und wohl kaum niedrigere Erträge im eigenen Unternehmen hinnehmen. Durch die Allgemeinheit diverser Abgaben zur Vermögensbildung sollen aber die Nettogewinne im größten Teil des inländischen Unternehmenssektors sinken. Der Unternehmer müßte seine Mittel deshalb schon im Nichtunternehmenssektor anlegen, wie zum Beispiel im Wohnungsbau, da diese Bereiche von Gewinnbeteiligungs- oder Investivlohnplänen ja primär nicht getroffen würden. Dies gilt allerdings nur, wenn der Verzicht auf weitere Investitionen im eigenen Unternehmen dessen Marktstellung oder gar Existenz nicht gefährdet. Sonst sind die Unternehmenseigner gezwungen, geringere Renditen aus den Neuinvestitionen hinzunehmen, um die Ertragskraft der bisherigen Investitionen nicht zu gefährden. Allerdings dürfte der Nichtunternehmenssektor nur relativ beschränkte Investitionsgelegenheiten bieten, so daß das Ausmaß der Kapitalwanderungen vom Unternehmens- in den Nichtunternehmenssektor nicht sehr ins Gewicht fallen wird.

Eine Gefahr für das Verteilungsziel kann daher nur in einer Kapitalfluchtbewegung in das Ausland gesehen werden. Der Direktinvestition jenseits der Grenze stehen jedoch Hindernisse entgegen: Zwar ist der Kapitaltransfer bei konvertibler Währung nicht schwierig. Wenn aber die Kapitalflucht in das Ausland mit der Aufgabe des eigenen Unternehmens und damit des Unternehmerberufs verbunden ist, scheidet dieser Weg für die meisten Einzelunternehmer aus. Die meisten Einzelunternehmer dürften nämlich schon wegen Sprachschwierigkeiten und Andersartigkeit der Rechts- und Wirtschaftsordnung kaum in der Lage sein, sich auch als Unternehmer im Ausland zu behaupten. Sie können lediglich die Finanzierungsmittel, die sie nicht benötigen, um den Unternehmerberuf weiter auszuüben, ins Ausland verlagern[5].

Mit Direktinvestitionen von Einzelunternehmen und Personengesellschaften jenseits der Grenzen in gesamtwirtschaftlich spürbarem Umfang kann daher kaum gerechnet werden, solange nicht sehr hohe Sätze der Belastung mit Abgaben zur Vermögensbildung erreicht werden.

Gangbar wäre der Weg in das Ausland dagegen für jene Nur-Kapitalbesitzer, die ihr Kapital bisher vornehmlich inländischen Unternehmen

[5] Ein nennenswerter Teil des Vermögensbesitzes der Eigner von Einzelunternehmen und Personengesellschaften ist aber — wie das Sparen der Selbständigen aus Entnahmen (vgl. Tabelle 8) seit 1950 zeigt — am Kapitalmarkt angelegt. In Höhe dieser außerhalb der Unternehmen angelegten Ersparnisse sowie in Höhe der laufenden Ersparnis aus Entnahmen können selbst Unternehmer Kapital ins Ausland verlagern, ohne den Unternehmerberuf aufgeben zu müssen.

in den verschiedenen Formen anonymer Eigenkapitalbeteiligung zur Verfügung gestellt haben. Da dieses Kapital international beweglich ist, brauchten anonyme Anleger eine Reduktion ihrer Kapitalerträge im Inland durch zusätzliche Belastungen der ihnen zufließenden Gewinne kaum hinzunehmen. Zwar würden beispielsweise Aktienbesitzer Minderungen der Nettogewinne ‚ihrer' Unternehmen, insbesondere wenn sie auch zu einer Herabsetzung der Dividenden führen sollten, kapitalisiert in sinkenden Börsenkursen schon bei der Ankündigung einer vermögenspolitischen Belastung tragen müssen. Ebenso würden die Verkehrswerte anderer Beteiligungsformen sinken. Für neu emittiertes Beteiligungskapital dagegen könnten Kapitalanleger niedrigere Emissionskurse durchsetzen, so daß sie die gleiche Nettorendite wie in alternativen Kapitalanlagen im Ausland erzielen. Das inländische Aufkommen an Beteiligungskapital würde trotzdem verringert.

Auch eine Rückwälzung vermögenspolitisch bedingter Gewinneinbußen auf die Fremdkapitalgläubiger muß scheitern, sofern wesentliche Teile des Kreditkapitals international beweglich sind. Alle Erfahrung der letzten Jahre in der Bundesrepublik Deutschland zeigt, daß unter den Bedingungen uneingeschränkter Inländerkonvertibilität und festen Wechselkursen innerhalb des europäischen Währungsblocks der inländische Nettokreditzins nicht dauerhaft unter das Niveau der Zinssätze an ausländischen Kapitalmärkten sinken kann[6].

Ob mit einer Flucht anonymen Beteiligungskapitals in einem Umfang zu rechnen ist, der das Verteilungsziel gefährden würde, ist schwer zu entscheiden. Denn einerseits müßten, ehe eine bedrohliche Kapitalwanderung einsetzt, die Eigenkapitalrenditen im Ausland schon spürbar über denen des Inlands liegen, um die speziellen Risiken auszugleichen, die mit einer Auslandsinvestition verbunden sind. Eine Belastung, die sich in der Bandbreite dieser Unsicherheitsfaktoren hält, wäre also unschädlich. Andererseits zeigen gelegentlich sichtbar werdende Unternehmensverlagerungen und Kapitalfluchtbewegungen, daß einer Belastung inländischer Kapitalerträge nicht nur mit Steuern, sondern auch mit Abgaben zur Förderung der Vermögensstreuung Grenzen gezogen sind, die in der internationalen Verflechtung der Kapitalmärkte liegen[7]. Ob

---

[6] Zum internationalen Zinszusammenhang vgl. Teil B, Abschnitt II, 2.1, Anmerkung 26.

[7] Zu dem Ergebnis, daß Spannen, die aus Risiken der ausländischen Kapitalanlage resultieren, abgeschöpft werden können, kommt auch Krelle, der außerdem darauf hinweist, „daß selbst bei einer Ertragsbeteiligung, welche die Investitionsneigung der inländischen Unternehmer nur unwesentlich beeinträchtigt, das ausländische Kapital spürbar die Bundesrepublik meidet". (Vgl. *Krelle*, Wilhelm u. a.: Überbetriebliche Ertragsbeteiligung, S. 206.) Die Gefahr eines Investitionseinbruchs aus verminderten Kapital*zu*flüssen wird im übrigen mit zunehmender Integration in Europa wachsen, so daß der

diese Grenzen für das anonyme Beteiligungskapital bereits erreicht sind oder ob, wie von vielen vermutet[8], die Eigenkapitalrenditen noch Spannen enthalten, die ausgeschöpft werden können, ohne daß mit einer Kapitalabwanderung zu rechnen ist, wollen wir weiter unten empirisch zu schätzen versuchen, wenn wir die theoretische Interpretation dieser Spannen geprüft haben.

(2) Muß man also für die Einzel- und Personenunternehmen, in denen allein das Kapitaleignerinteresse die Unternehmenspolitik bestimmt, Zweifel an der These von der Konstanz der Investitionsneigung hegen, so braucht dies nicht in gleicher Weise für die Publikumsgesellschaften zu gelten. Denn den Publikumsaktionären ist durch Aktienrecht und Ausschüttungspraxis der großen Kapitalgesellschaften in der Bundesrepublik Deutschland die Disposition über den Unternehmensgewinn zumindest teilweise entzogen. Die Vorstände dieser Unternehmen könnten daher leichter vom Gewinninteresse ihrer Eigner abweichen und andere Ziele anstreben. Dies kann zwar — bei Sparförderung und Investivlohn — nicht für den Teil der Investitionen gelten, der mit Krediten finanziert werden muß und dessen interne Verzinsung nicht wesentlich über dem Kreditzins liegt. Denn fremdfinanzierte Investitionen müssen mindestens die Kreditzinsen erwirtschaften, mit deren Sinken wegen der internationalen Beweglichkeit des Kreditkapitals nicht zu rechnen ist. Eine Gewinnbeteiligung könnte im gedachten Fall ausschließlicher Fremdfinanzierung die Investitionsentscheidung weniger berühren. Doch ist eine vollständige Kreditfinanzierung kaum möglich, sofern die Beleihungsgrenzen bestehender Anlagen ausgeschöpft sind.

Für den Teil der Investitionen von Publikumsaktiengesellschaften, der durch neu emittierte Aktien finanziert werden soll, ist eine entsprechend eindeutige Untergrenze der internen Verzinsung neuer Investitionen nicht anzugeben. Immerhin wird auch eine Publikumsgesellschaft, die sich nicht ausschließlich aus thesaurierten Gewinnen finanzieren kann, im Auge behalten müssen, daß sie sich den Zugang zum Markt für Beteiligungskapital nur offenhalten kann, wenn sie auch auf das erhöhte Grundkapital eine ‚angemessene' Dividende zahlen kann. Geringere nach Gewinnbelastung durch die Vermögenspolitik verbleibende Dividenden drücken zumindest dann die erzielbaren Emmissionskurse für neues Aktienkapital, wenn die potentiellen Aktienkäufer mindestens zum Teil in nicht belastete Kapitalanlagen ausweichen können. Auch für diesen Teil des Kapitalangebots hängt die Wahrscheinlichkeit von Ausweichreaktionen von dem Grad internationaler Beweg-

---

Spielraum für die Verteilungspolitik der einzelnen Mitgliedstaaten enger werden dürfte.

[8] Vgl. im vorhergehenden Teil A, Abschnitt I.

lichkeit neuen anlagebereiten Beteiligungskapitals ab. Da den Käufen ausländischer Aktien durch Inländer in der Bundesrepublik praktisch keine rechtlichen Hindernisse entgegenstehen, ausländische Aktien an deutschen Börsen notiert werden und selbst viele Investmentfonds für Kleinanleger erhebliche Teile ihrer Depots in ausländischen Aktien angelegt haben, dürfte die Beweglichkeit neuen Beteiligungskapitals hoch anzusetzen sein.

Überlegungen zur Frage der Untergrenze der Eigenkapitalrendite insbesondere von Publikumsaktiengesellschaften in einer offenen Volkswirtschaft wird vielfach entgegengehalten[9], daß die unverteilten Gewinne und die daraus gelegten stillen und offenen Reserven der Disposition potentieller Aktienerwerber entzogen seien und damit auch in Renditeüberlegungen nicht eingehen. Vornehmlich in der Selbstfinanzierung der großen Kapitalgesellschaften scheint deshalb ein Reservoir zu liegen, das sich ausschöpfen läßt, ohne daß ein Investitionsrückgang zu befürchten wäre. In der Tat könnte der Vorstand einer Publikumsaktiengesellschaft unverteilte Gewinne in gleicher Weise wie bisher für Investitionszwecke einsetzen, auch wenn den Arbeitnehmern nun daran Eigentumsrechte eingeräumt werden. Solange die Beträge einer zusätzlichen Vermögensbildungsabgabe ungeschmälert im Unternehmensbereich zurückgehalten werden, bedeutet eine Vermögensbildung der Arbeitnehmer zu Lasten der Selbstfinanzierung nichts weiter als eine Verschiebung auf der Passivseite der Bilanz. Statt wie bisher in stille und offene Reserven eingestellt zu werden, würden unverteilte Gewinne nunmehr als zusätzliches Eigen- oder Fremdkapital verbucht werden. Eine Veränderung der Investitionsneigung wäre daher nicht zu erwarten, solange der Zugriff der Vermögenspolitik sich auf die bisherige Selbstfinanzierung beschränkte. Auch diese bestechend einfache These wird aber bei Licht besehen fragwürdig. Denn aus Selbstfinanzierung konnten bisher auch Investitionen finanziert werden, die strengen Rentabilitätsprüfungen nicht standgehalten hätten oder deren Ertrag nicht sicher abzuschätzen war[10].

---

[9] Dieses Argument durchzieht die gesamte Literatur zur Vermögenspolitik. Es geht vor allem auf Gleitze zurück. Vgl. *Gleitze*, Bruno: Sozialkapital und Sozialfonds als Mittel der Vermögenspolitik.

[10] Gegen diese weitverbreitete Meinung spricht allerdings die Untersuchung Gutenbergs über das Investitionsverhalten industrieller Unternehmen. Gutenberg kommt zu dem Ergebnis, daß sich die Investitionsentscheidungen in größeren Unternehmen unabhängig von der Finanzierungsart nach dem oben geschilderten Kalkül (interner Zinsfuß — Kalkulationszinsfuß) vollziehen. (Vgl. *Gutenberg*, Erich: Untersuchungen über die Investitionsentscheidungen industrieller Unternehmen, Köln und Opladen 1963, insbes. S. 160 ff.) Der hier vertretenen Ansicht neigt Krelle zu (vgl. *Krelle*, Wilhelm u. a.: Überbetriebliche Ertragsbeteiligung ..., S. 197).

Müssen bei erfolgreicher Umverteilung auch diese Investitionsobjekte mit zur Zinszahlung und Dividendenausschüttung auf das höhere Eigen- und Fremdkapital beitragen, so werden die Unternehmensleitungen sich doch veranlaßt sehen, strengere Rentabilitätsmaßstäbe als bisher anzulegen. Mag man unter volkswirtschaftlichen Gesichtspunkten begrüßen, daß wenig erfolgversprechende Investitionen unterbleiben, so ist doch damit noch nicht sichergestellt, daß die frei werdenden Mittel auch in eine andere — ertragreichere — Verwendung geleitet werden. Denn nur dann bliebe der Investitionsrückgang mit seinen unerwünschten Beschäftigungswirkungen aus.

Aus der Verringerung der Selbstfinanzierung sind darüber hinaus Auswirkungen auf den Aktienmarkt zu befürchten. Denn die unverteilten Gewinne und die daraus angesammelten Reserven hatten bisher die Funktion, eine angemessene Dividende selbst dann zu gewährleisten, wenn der laufende Gewinn dies nicht zuließ. Werden aber die bisher unverteilten Gewinne in zins- oder dividendenberechtigtes Kapital umgewandelt, so wird sich auch die Dividendenzahlung wieder mehr am jeweiligen Unternehmensergebnis orientieren müssen. Zu dem durch die Vermögenslasten ohnehin niedrigeren Gewinniveau würden dann noch schwankende Dividendenausschüttungen[11] treten. Beides würde die Börsenkurse und die Emissionsfähigkeit der Publikumsaktiengesellschaften beeinträchtigen, jedenfalls wenn die Kapitalgeber Ausweichmöglichkeiten im Ausland haben.

(3) Zur Frage nach der Untergrenze inländischer Nettorenditen kann also für alle Unternehmensformen soweit festgehalten werden: Die Untergrenze inländischer Nettorenditen, die nicht unterschritten werden kann, ohne daß die inländischen Investitionsausgaben zurückgehen, liegt dort, wo ein Renditengefälle zum Ausland entsteht, das Kapitalbewegungen auslöst. Zwar ist kaum damit zu rechnen, daß die Vermögenspolitik *Direktinvestitionen* jenseits der Grenzen auslöst, zumal auf diese Weise bei der Gewinnbeteiligung eine Pflicht zu vermögenswirksamen Leistungen nur schwer vermieden werden kann. Doch ist, sofern die inländische Rendite für anonyme *Finanzanlagen* nicht über der des Auslands liegt, mit dem Abstrom von Teilen dieses Kapitalangebots zu rechnen, der die inländische Investitionsquote ebenso senkt wie es Direktinvestitionen im Ausland täten.

---

[11] Die Unsicherheit über zukünftige Erträge schafft Risiken, deren Absicherung Kosten verursacht, die entweder die Mindestrenditeforderung der Anleger erhöhen oder die subjektiv bewerteten Erträge senken.

3.3 Differenzierungen der Modelle: Marktlagengewinne und Kostendifferenzgewinne als ‚funktionslose' Gewinnteile

Den Gleichgewichtsüberlegungen, die einen Spielraum für umverteilende Vermögenspolitik verneinen, wird entgegengehalten, daß die Unternehmensgewinne in der Bundesrepublik noch Spannen enthielten, die in diese Gleichgewichtsüberlegungen gar nicht eingehen und die ‚funktionslos' in dem Sinne seien, daß sie abgeschöpft werden können, ohne die inländischen Investitionen zu berühren. Dabei ist zunächst zu beachten, daß die Annahme ‚funktionsloser' Gewinnteile sich auf die Erträge von Neuinvestitionen beziehen muß, da nur für die anstehenden Investitionen das Vorteilhaftigkeitskriterium ‚interner Zinsfuß > Kalkulationszins' gelten muß, nicht für die Rendite bestehender Anlagen. Die Nettorendite bestehender Anlagen könnte dagegen ohne Beeinträchtigung der Beschäftigung so weit gedrückt werden, daß den Gewinnbeziehern gerade noch die variablen Kosten und eine Verzinsung des Schrottwerts verbliebe. Da aber nicht zwischen Gewinn aus getätigten und aus geplanten Investitionen unterschieden werden kann — und kein Plan zur Vermögenspolitik dies vorsieht — ist diese Differenzierung höchstens dann von Bedeutung, wenn davon auszugehen ist, daß neue Anlagen generell rentabler arbeiten als bestehende. Diese Frage wird noch im folgenden geprüft.

Da die bisherige Betrachtung gezeigt hat, daß der Kalkulationszins durch den internationalen Zins- und Renditenzusammenhang bestimmt wird, muß die These vom Vorhandensein funktionsloser Gewinne davon ausgehen, daß in der Masse der deutschen Unternehmen die Eigenkapitalrenditen — zumindest neuer Anlagen — höher liegen. Als funktionslos im Sinne dieser These gelten zwei Gewinnkategorien:

— die „dynamischen Marktlagengewinne" oder „Q-Gewinne"[1],

— die „Kostendifferenzgewinne"[2] oder auch „Differentialgewinne"[3], denen formal auch Marktmachtgewinne zuzurechnen sind.

Auch die Überlegungen, die an diese Gewinnteile anknüpfen, gehen vom Kreislaufansatz der Verteilungstheorie aus, beschränken aber die Gültigkeit der vereinfachenden Mechanik des Kaldor-Modells auf den

---

[1] Vgl. *Preiser*, Erich: Multiplikatorprozeß und dynamischer Unternehmergewinn. Schreiber hat diese Gewinne in einer früheren Veröffentlichung ‚Kreislaufgewinne' genannt, die Bezeichnung später aber verworfen. (Vgl. dazu *Schreiber* Wilfrid: Investieren, Sparen ....)

[2] Vgl. *Bolle*, Michael u. a.: Zum Erlös-Kosten-Diagramm, in: *Schneider*, Erich (Hrsg.): Wirtschaftskreislauf und Wirtschaftswachstum. Carl Föhl zum 65. Geburtstag, Tübingen 1966, S. 183 ff.

[3] Vgl. *Rüstow*, Hanns-J.: Theorie der Vollbeschäftigung in der freien Marktwirtschaft, Tübingen 1951, S. 12 ff.

Bereich der Gewinnquote oberhalb der Untergrenze, jenseits derer die Investitionen zurückgehen. Beide Überlegungen erklären die angreifbaren Gewinnteile aus einer Modifikation des klassischen Marktgleichgewichts, in dem die Unternehmer „keine echten Gewinne" erzielen, sondern alle Unternehmen in den Marktpreisen gerade ihre Kosten einschließlich einer durchschnittlichen Verzinsung ihres Eigenkapitals, einer Vergütung ihrer unternehmerischen Arbeitsleistung und einer dem unternehmerischen Risiko entsprechenden Risikoprämie erhalten. ‚Differentialgewinne' werden auf unterschiedliche Erfolge bei der Anpassung der Unternehmen an die Marktdaten, ‚dynamische Marktlagengewinne' auf ein Voraneilen der Gewinnquote vor der Lohnquote im Wachstumsprozeß und bei Inflation zurückgeführt. Beide Erklärungen spalten also die Gewinnquote von der Seite der Einkommensentstehung her auf, während das Kaldor-Modell — wie gezeigt — die Verteilung ausschließlich aus der Einkommensverwendung erklärt.

3.3.1 Marktlagengewinne als Quelle der Vermögenspolitik

Die Vorstellung von ‚Marktlagengewinnen' geht von Theoremen über den Unternehmergewinn aus, die an der Keynesschen Analyse des makroökonomischen Gleichgewichts anknüpfen. In der ‚General Theory' geht Keynes von der stets gegebenen definitorischen Gleichheit von Investition und Sparen aus. Dieser Ansatz läßt aber unberücksichtigt, daß zumindest vorübergehend im Konjunkturverlauf die Gewinnquote steigen kann, wenn aus Gründen, die außerhalb der Einkommensverteilung liegen, die Investitionsausgaben die freiwilligen Ersparnisse — zeitweise — übersteigen. So greift Preiser[4] auf die ältere Abgrenzung von I und S zurück, die Keynes in seinem ‚Treatise on Money' verwendet. In dieser älteren Analyse können Investitionsausgaben die freiwilligen Ersparnisse übersteigen. Bei $I > S$ entsteht ein Q-Gewinn, den Keynes als „windfall gains"[5] und Preiser als „dynamischen Marktlagengewinn" bezeichnet.

(1) Verdeutlichen wir uns den Prozeß dieser Entstehung: Ausgangspunkt der Analyse sind bei Preiser — und ebenso bei Schreiber — geplante Investitionen, die die Summe der geplanten Ersparnisse übersteigen. Beide Autoren gehen von einem elastischen Kreditsystem aus, so daß die Investoren ihre Pläne durchsetzen können. Bestand am Beginn des Prozesses ein Gleichgewicht zwischen Angebot und Nachfrage auf den Märkten für Investitionsgüter und Konsumgüter, so führt die vermehrte Investitionsgüternachfrage zu Preissteigerungen zunächst im Investitionsgüterbereich, die über den Einkommenseffekt und über Fak-

[4] Vgl. *Preiser*, Erich: Multiplikatorprozeß ..., S. 126 f.

[5] Vgl. *Keynes*, John M.: Treatise on Money, Vol. I., S. 137 ff.

torwanderungen von der Konsumgüterproduktion zum Investitionsgüterbereich auch die Konsumgüterpreise steigen lassen und so den Konsum real zurückdrängen. Die Preisniveauerhöhung führt zu höheren Gewinnen (Q-Gewinne), die es den Investoren am Ende des Prozesses erlauben, den Kredit aus Selbstfinanzierung zu konsolidieren. Fällt dann die Investitionsquote auf das Niveau des Anteils der vorab geplanten Ersparnis am Volkseinkommen zurück, so verschwinden auch die Q-Gewinne und das Preisniveau sinkt auf den Stand, den es zu Anfang hatte.

Insofern wären die Marktlagengewinne einmalige Zufallsgewinne, die keinen Spielraum für eine permanente vermögenspolitische Belastung der Unternehmensgewinne begründen könnten. Beide Autoren, Preiser und Schreiber, gehen aber davon aus, daß sich dieser Prozeß in jeder der folgenden Perioden wiederholt, so daß Preisniveau und Gewinne auf der einmal erreichten Höhe bleiben. Ein permanentes Ungleichgewicht $I > S$, das durch revolvierende Kreditschöpfung finanziert wird, führt so zu einem Zwangssparprozeß, der „eine permanente Steuer auf die Faktoreinkommen legt“[6]. Damit scheint auch der Finanzierungsspielraum für die Vermögenspolitik geschaffen: Wenn die Investitionsausgaben exogen bestimmt werden, sind die Q-Gewinne Ergebnis der Investition, also „Überraschungsgewinne“, die aber nicht nötig waren, um die Investition hervorzurufen. Sie werden lediglich benötigt, um die primäre Kreditschöpfung anschließend durch ‚Ersparnis‘ der Unternehmen aus diesen Gewinnen zu konsolidieren, so daß der Prozeß kreditfinanzierter Investitionen in den folgenden Perioden weiterlaufen und die Investitionsquote auf dem einmal erreichten Niveau bleiben kann. Q entsteht in jeder Periode neu als „Überraschungsgewinn“, so daß die Lohnbezieher ihn in den Lohnverhandlungen nicht berücksichtigen. Sie nehmen die primäre Preisniveauerhöhung, die ihren Anteil am Volkseinkommen senkt, hin und richten in den Folgeperioden ihre Sparentscheidungen an dieser Lohnquote aus. Das Preisniveau erhöht sich zu Beginn des Prozesses und bleibt dann auf dem erreichten Stand. Die Gewinnbezieher richten ihre Sparentscheidungen an den Gewinnen bei $I = S_{geplant}$ aus und werden in jeder Periode neu durch Q-Gewinne „überrascht“.

Mit diesem Theorem wird also ein gleichgewichtiger Wachstumsprozeß beschrieben, in dem ständig die geplanten und realisierten Investitionen die geplanten Ersparnisse übersteigen und ständig die Differenz

$$I - S_{geplant} = Q$$

als Überraschungsgewinn anfällt.

---

[6] *Schreiber*, Wilfrid: Investieren, Sparen ..., S. 152.

Da die Marktlagengewinne also nur zur nachträglich konsolidierenden Finanzierung der über die ex ante-Ersparnis hinausgehenden Investitionsausgaben dienen, aber nicht die Investition hervorrufen, können sie umverteilt werden, solange sichergestellt ist, daß sie auch nach Umverteilung weiterhin ungeschmälert der Investitionsfinanzierung zugute kommen.

Mit der Vorstellung, daß die Q-Gewinne aus dem Ungleichgewicht der Erwartungen entstehen, die — weil nicht vorgesehen — die Investitionspläne und Sparpläne nicht beeinflussen, grenzt Preiser diese Gewinne als zusätzliche Gewinnteile gegen den „Normalprofit" ab[7]. Dieser aus dem Gleichgewicht geplanter Investition und geplanter Ersparnis fließende ‚statische Profit'[8] enthält auch bei Preiser alle die Faktorvergütungen, die die Anbieter von Faktorleistungen mindestens erwarten und die sie im Gleichgewicht erhalten. Soweit Sparförderung, Investivlohn und Gewinnbeteiligung nur auf Gewinnpotentiale abzielen, die über die „statischen Profite" hinausgehen, könnten sie das reale ex ante-Finanzierungsdefizit der Investitionsausgaben auch schon ex ante ausgleichen und so zu Arbeitnehmervermögen werden. Es ist aber zu prüfen, ob die Marktlagengewinne der Vermögenspolitik zugänglich sind und ob nicht auch die Gewinnuntergrenze, von der die Vermögenspolitk auszugehen hat, Marktlagengewinne — mindestens teilweise — einschließt.

(2) Untersuchen wir zunächst, ob überhaupt Marktlagengewinne dauerhaft entstehen, ob also die Vorstellung Preiser realistisch ist, daß die Investitionsausgaben die geplanten Ersparnisse permanent übersteigen. Preiser setzt diesen Fall voraus und begründet die Investitionsfreudigkeit der Unternehmen lediglich mit dem Hinweis auf die Möglichkeit, Pioniergewinne zu erzielen[9]. Es ist also bei Preiser nicht die Aussicht, Marktlagengewinne zu erzielen, die die Unternehmer veranlaßt, über die Summe der freiwilligen ex ante-Ersparnisse hinaus zu investieren. Sondern das Streben nach Pioniergewinnen veranlaßt zur Investition über den Rahmen der laufenden Ersparnis hinaus und als Ergebnis der Überinvestition entstehen die Marktlagengewinne als „Überraschungsgewinne". Nimmt man wie Preiser ein elastisches Kreditsystem und ferner exogenen technischen Fortschritt an, so ist diese Vorstellung insbesondere dann nicht unrealistisch, wenn Überlegungen

[7] Vgl. *Preiser*, Erich: Multiplikatorprozeß ..., S. 134.

[8] Preiser lehnt sich mit dieser Vorstellung des ‚statischen Profits', „der auch im stationären Kreislauf steckt" (ebenda, S. 134), an Schumpeters Definitionen von ‚Statik' und ‚Dynamik' an, nimmt allerdings im Gegensatz zu Schumpeter auch in der stationären Wirtschaft einen Zins von größer als Null an, den Schumpeter leugnet.

[9] Vgl. *Preiser*, Erich: Multiplikatorprozeß ..., S. 162 f.

des Differentialgewinntheorems[10] und des „vintage approach“[11] einbezogen werden: Diese Theoreme gehen davon aus, daß neue Produktionsanlagen höhere mengenmäßige Erträge pro Kapitaleinheit erbringen und die Gesamtstückkosten der Produktion mit der ältesten gerade noch eingesetzten Produktionsanlage den Marktpreis des Produktes bestimmen. Unter dieser Annahme bestimmt die Produktivität der neuen Produktionsanlage das Investitionstempo. Die Investitionsausgaben können dann in jeder Periode die geplanten Ersparnisse übersteigen, sofern das Kreditsystem so elastisch ist, daß der Kreditzins hinter der marginalen Kapitalproduktivität zurückbleibt. Es kommt dann in der Tat zu dem beschriebenen Wachstumsprozeß bei $I > S_{\text{geplant}}$, zur Umlenkung von Ressourcen aus dem Konsumgüterbereich in die Investitionsgüterindustrie, zum Zwangssparen der Konsumenten und zu den Marktlagengewinnen als Ergebnis des Wachstumsprozesses.

Doch ist dieses Ergebnis an die zwei Annahmen gebunden, die zu prüfen sind,

— daß nämlich das Kreditsystem mindestens begrenzt elastisch reagiert und

— daß nicht schon steigende Lohnkosten die Marktlagengewinne aufzehren.

Selbst wenn man zunächst einmal ein elastisches Kreditsystem annimmt, ist es doch unter den heutigen Bedingungen des Arbeitsmarktes in der Bundesrepublik recht unrealistisch anzunehmen, daß im Wachstumsprozeß laufend Marktlagengewinne entstehen, die die Arbeitnehmer nicht im voraus in ihre Lohnforderungen einbeziehen.

Eine Begründung dafür, daß die Lohnbezieher nicht versuchen, durch eine vorhaltende Barlohnpolitik an den Marktlagengewinnen teilzuhaben, läßt sich bei Preiser nur indirekt erschließen: Sie könnte einmal in dem Charakter der Marktlagengewinne als „Überraschungsgewinne“ gesucht werden; zum anderen entspringen bei Preiser die Marktlagengewinne einer besonderen „Knappheitslage ..., die es dem Anbieter erlaubt, den Nachfrager vorübergehend ‚auszubeuten‘“[12]. Er verweist

10 Zur ausführlichen Darstellung vgl. im folgenden Abschnitt II, 3.3.2.

11 Der „vintage approach“ berücksichtigt, daß in neuen Produktionsanlagen technischer Fortschritt ‚inkorporiert‘ ist, d. h. daß Produktionsanlagen jüngerer ‚Baujahre‘ („vintages“) den älteren Anlagen an Produktivität überlegen sind. Vgl. im Überblick *Walter,* Helmut: Investitionen und technischer Fortschritt in der neueren Wachstumstheorie und die Problematik wirtschaftspolitischer Rezepte, in: *Besters,* Hans (Hrsg.): Theoretische und institutionelle Grundlagen der Wirtschaftspolitik. Theodor Wessels zum 65. Geb., Berlin 1967, S. 233 ff. und die dort angegebene Literatur. Vgl. auch *Kaldor,* Nicolas; *Mirrlees,* James A.: A New Model of Economic Growth.

12 *Preiser,* Erich: Multiplikatorprozeß ..., S. 160.

dabei auf das „Beispiel gewaltiger Q-Gewinne“ in den „ersten Jahre(n) nach der Währungsreform in Westdeutschland“[13]. Das erste dieser beiden möglichen Argumente kann kaum überzeugen. Denn es ist nicht vorstellbar, daß die Tarifpartner ständig von Marktlagengewinnen ‚überrascht‘ werden. Es ist vielmehr bei Vollbeschäftigung davon auszugehen, daß die Gewerkschaften unter Berücksichtigung der in früheren Perioden permanent entstandenen Marktlagengewinne lernen, die Gewinnentwicklung für die folgende Periode richtig vorauszuschätzen, und Lohnsätze fordern, die nur so viel Gewinne entstehen lassen, daß die Investitionsquote den Beschäftigungsstand sichert. Das zweite Argument, das auch als Hinweis auf die in den fünfziger Jahren in der Bundesrepublik noch nicht voll ausgeschöpften Arbeitsmarktreserven gedeutet werden könnte, kann scheinbar mit den anders gearteten Daten des heutigen Arbeitsmarktes abgetan werden. Jedoch würde, solange das Kreditsystem elastisch reagiert, der Versuch der Arbeitnehmer, die erwarteten Marktlagengewinne anzugreifen, auch bei Vollbeschäftigung scheitern. Denn eine Nominallohnerhöhung die nicht zu einer Erhöhung der durchschnittlichen Sparquote aus Lohn führt, löst bei Vollbeschäftigung nur einen nominellen Multiplikatorprozeß aus. Falls die Investoren die höhere Konsumgüternachfrage aus den höheren Löhnen in Rechnung stellen, würden ihre Gewinnerwartungen kaum gemindert. Solange dann das Kreditsystem weiterhin elastisch bleibt, könnten die Unternehmer die über die erwarteten Ersparnisse hinausgehenden Investitionsausgaben auch real durchsetzen. Die Einbuße durch höhere Lohnkosten würde ausgeglichen durch die sichere Erwartung von Mehrerlösen aus der höheren Konsumgüternachfrage der Arbeitnehmer.

Solange jedoch die Geldpolitik am Ziel der Preisniveaustabilität orientiert ist, wird sie diesem ‚Kampf‘ zwischen Konsum und Investition mit Kreditrestriktionen begegnen müssen. Bei dann unelastischem Kreditsystem aber können die Unternehmen ihre Investitionspläne nur noch soweit durchsetzen, wie laufende freiwillige Ersparnisse gebildet werden, so daß auch keine „Marktlagengewinne“ entstehen. Die Preisersche Analyse ist damit entweder an die implizite Annahme gebunden, daß Arbeitskraftreserven vorhanden sind — zumindest das Arbeitsangebot nicht völlig unelastisch reagiert[14] — oder an die Annahme, daß das Kreditsystem auch bei Verletzung des Ziels der ‚Preisniveaustabilität‘ elastisch bleibt. Marktlagengewinne sind dann Inflationsgewinne — Ergebnis und Indikator mangelnder konjunkturpolitischer

---

[13] Ebenda.

[14] Zur Flexibilität des Arbeitsangebotes, insbesondere unter Berücksichtigung des Gastarbeiterzustroms in die Bundesrepublik, vgl. *Merx*, Volker: Ausländerbeschäftigung und Flexibilität des Arbeitsmarktes der Bundesrepublik Deutschland, Köln 1972 (Untersuchung Nr. 23 des Institutes für Wirtschaftspolitik).

Disziplin. Die Vermögenspolitik ist dann lediglich als ein Instrument anzusehen, das die Folgen der Inflation für die Einkommens- und Vermögensverteilung neutralisiert oder zumindest mildert.

Selbst wenn wir mit dem Hinweis auf die derzeitige inflationäre Entwicklung in der Bundesrepublik daran festhalten, daß die Unternehmensgewinne auch heute noch Marktlagengewinne enthalten, so ist doch zu fragen, ob sie in einer offenen Wirtschaft bei weltweiter Inflation der Vermögenspolitik zugänglich sind. Denn in dieser Situation gehen erwartete Marktlagengewinne auch in die Untergrenze der Eigenkapitalrendite ein, deren Minderung die Investitionsquote senkt, so daß eine Rückwälzung auch vermögenspolitischer Lasten auf die Barlohnquote wahrscheinlich wird. Zudem sind auch erwartete Marktlagengewinne, die durch inflationäre Investitionsfinanzierung entstehen, nur dann abzuschöpfen, wenn insbesondere im Fremdkapitalzins, den wir aus Überlegungen zum internationalen Zinszusammenhang[15] als Untergrenze der notwendigen Eigenkapitalverzinsung ansehen, kein vollständiger Inflationsausgleich enthalten ist, so daß eine ‚funktionslose' Spanne in der Eigenkapitalrendite bleiben kann.

Ein voller Inflationsausgleich im Fremdkapitalzins ist allerdings — theoretisch nachweisbar[16] — auszuschließen. Einen teilweisen Inflationsausgleich enthalten natürlich Kredit- und Sparzins auch bei elastischem Kreditsystem in dem Umfang, wie dem Bankensystem eine Refinanzierung bei der Notenbank nur zu steigenden Kosten möglich ist und die Kapitalanleger bereit sind, festverzinsliche Kapitalanlagen durch Anlagen in Beteiligungswerten zu ersetzen, die an den Inflationsgewinnen teilnehmen. Damit käme auch bei enger internationaler Verflochtenheit der Märkte für Fremdkapital und der Bereitschaft der Unternehmen, auch Finanzanlagen statt Direktinvestitionen zu tätigen, eine Kapitalflucht über den anonymen Kapitalmarkt solange nicht in Betracht, wie auch die Vermögenspolitik die Eigenkapitalrendite nur oberhalb der genannten Untergrenze angreift. Damit wäre aber der Spielraum für eine Finanzierung der Vermögenspolitik aus Marktlagengewinnen äußerst eng. Er besteht allenfalls in dem Maße, wie die Eigenkapitalrenditen von Neuinvestitionen Inflationsgewinne enthalten, die nicht auch in die Renditen für Finanzanlagen am Kapitalmarkt eingegangen sind.

Die Größe dieses Spielraums und seine Beständigkeit können natürlich mit dem Konjunkturverlauf schwanken. In bestimmten Konjunk-

---

[15] Vgl. im folgenden Teil B, Abschnitt II, 2.1.

[16] Vgl. *Niehans*, Jürg: Die Anpassung des Darlehenszinses an die Inflation in einer wachsenden Wirtschaft, in: Kyklos, Vol. 23 (1970), S. 58 ff.; vgl. auch den Überblick über die Diskussion der Möglichkeit des Inflationsausgleichs im Geldzins bei *Willgerodt*, Hans u. a.: Vermögen für alle, S. 129 ff.

turlagen kann durchaus die Investitionsquote über den Anteil der geplanten Ersparnisse hinausgehen und ‚Marktlagengewinne' erzeugen. Auch kann in einem Konjunkturaufschwung die Investitionsquote als weitgehend unabhängig von der Verteilungspolitik angesehen werden. Dieser Spielraum der funktionellen Einkommensverteilung besteht aber nur solange, wie sich die mögliche Anpassung der Lohnquote an die höhere Investitionsquote verzögert[17].

Marktlagengewinne würden also allenfalls einen punktuellen Einsatz der Vermögenspolitik zu Beginn einer Hochkonjunktur sinnvoll erscheinen lassen. Doch fehlen bisher zumindest die vermögenspolitischen Instrumente und institutionellen Voraussetzungen für einen möglichen Einsatz der Vermögenspolitik im Dienst der Konjunkturpolitik. Es scheint daher sinnvoller, Marktlagengewinne durch die Geldpolitik zu verhindern. Denn auch durch harte Geldpolitik würden ja die Arbeitnehmer als Konsumenten und Geldsparer begünstigt.

3.3.2 Kostendifferenzgewinne als Quelle der Vermögenspolitik

Das von H.-J. Rüstow[18] zuerst entwickelte und später von Föhl[19] — in formal etwas klarerer Darstellung — neu formulierte ‚Differentialgewinntheorem' geht ebenso wie Preisers „Marktlagengewinntheorem" von einer Analyse des Keynesschen Gleichgewichts bei Vollbeschäftigung aus. Wir folgen hier der Darstellung Föhls, da sie sich einfacher in die Keynessche Analyse des Gleichgewichts bei Vollbeschäftigung einfügt und so die Abgrenzung der Differentialgewinne von den Marktlagengewinnen erleichtert.

(1) Die Keynessche „Gleichgewichtsbedingung" $I = \bar{Y} - C(\bar{Y})$ reiche, so meint Föhl[20], nicht aus, sondern es müsse „außerdem, wenn bei

---

[17] Vgl. *Meade,* James E.: The Adjustment of Savings....

[18] Vgl. *Rüstow* Hanns-J.: Vollbeschäftigung in der freien Marktwirtschaft; *ders.:* Die gesamtwirtschaftliche Bedeutung des Unternehmergewinns. Eine Differentialgewinntheorie, in: *Greiss,* Franz u. a. (Hrsg.): Der Mensch im sozio-ökonomischen Prozeß. Festschrift für Wilfrid Schreiber zum 65. Geburtstag, Berlin 1969, S. 165 ff.; vgl. auch *Schreiber,* Wilfrid: Der Beitrag H.-J. Rüstows zur ökonomischen Theorie, in: Gewinnbildung und Globalsteuerung im Wirtschaftswachstum. Hanns-Joachim Rüstow zu seinem 70. Geburtstag. Ifo-Studien, 16. Jg. (1970), S. 1 ff.

[19] Zu dem Beitrag Föhls zu der Entwicklung des Theorems vgl. *Föhl,* Carl: Rüstows Erlös-Kosten-Diagramm, in: Gewinnbildung und Globalsteuerung..., S. 19 ff.; zu dem darauf aufbauenden Verteilungsmodell Föhls vgl. *Krelle,* Wilhelm: Verteilungstheorie, S. 87 ff.; vgl. auch die eingehende Darstellung bei *Föhl,* Carl; *Hennies,* Manfred: Vermögensbildung in Arbeitnehmerhand, S. 17 ff.

[20] Vgl. *Föhl,* Carl: Vermögensbildung im Wirtschaftswachstum. Verteilungswirkungen der Vermögensbildung, in: *Gunzert,* R. (Hrsg.): Wachstum, Vermögensbildung, Stabilisierung. Professoren-Kolloquium der Adolf-Weber-Stiftung, Berlin 1967, S. 41.

einem gewählten Arbeiteinsatz Gleichgewicht der Beschäftigung herrschen soll, ein Unternehmergewinn $\overline{P}$ von strukturell gegebener Größe erzeugt werden". Dieser Unternehmergewinn entsteht, weil einzelne Firmen unterschiedliche Anpassungserfolge an die Marktdaten erzielen. Die Vollbeschäftigung ist aber erst dann gesichert, wenn auch die am wenigsten erfolgreichen Produzenten, deren Nachfrage nach Arbeitskräften gerade noch benötigt wird, um das vorhandene Arbeitsangebot aufzunehmen, in ihren Erlösen mindestens die deckungsnotwendigen Kosten zurückerhalten. Dabei erzielen intramarginale Anbieter, die mit geringeren Stückkosten (einschließlich einer kalkulatorischen Verzinsung ihres Eigenkapitals und einer Vergütung für die Arbeitsleistung der Eigner) produzieren, eine Art „Differentialgewinn" (Rüstow) — den wir Föhl folgend — als „Kostendifferenzgewinn" bezeichnen. Föhl überträgt damit die Vorstellung Barones[21], daß auf einem einzelnen Markt, auf dem mehrere Produzenten das gleiche Gut zum gleichen Preis absetzen, unterschiedliche Stückkosten zu Differentialrenten führen, auf die Gesamtwirtschaft. Während also bei Barone der Produktpreis auf jedem der einzelnen Gütermärkte die Produzenten vom Absatz ausschließt, deren Stückkosten höher liegen, schließt in der Übertragung des Theorems auf die Gesamtwirtschaft bei Föhl der Lohnsatz im Beschäftigungsgleichgewicht diejenigen Unternehmen von der Nachfrage nach Arbeitskräften aus, denen ihr Produktionsverfahren, ihre Marktstellung und so weiter, nicht erlauben, diesen Lohnsatz zuzüglich der sonstigen deckungsnotwendigen Kosten in ihren Produktpreisen zu erzielen[22].

Das Differentialgewinntheorem ist damit zumindest als Versuch anzusehen, die makroökonomische Gleichgewichtsbetrachtung der Keynesschen Tradition um mikroökonomische Faktoren zu ergänzen[23]. Dieser Versuch modifiziert zugleich die neoklassische Vorstellung, daß im Gleichgewicht allen Unternehmern nur gerade ihre Stückkosten (einschließlich Unternehmerlohn und Eigenkapitalrendite) im Preis vergütet werden, daß sie aber keinen — darüber hinausgehenden — ‚Un-

---

[21] Vgl. *Barone*, Enrico: Grundzüge der Theoretischen Nationalökonomie. Mit einer Einführung von Josef Schumperter, Berlin und Bonn 1935, S. 20 f.

[22] In der Frage, welche Kosten deckungsnotwendig sind, sind kurzfristige und langfristige Betrachtung zu unterscheiden. Langfristig muß der marginale Anbieter neben den laufenden Lohnkosten, den Aufwendungen für Vorleistungen und den Fremdzinsen auch eine kalkulatorische Verzinsung des eingesetzten Eigenkapitals und eine angemessene Vergütung für die Arbeitsleistung der Eigner in den Erlösen decken können. Kurzfristig kann er auf die letzten beiden Kategorien soweit verzichten, wie seine Liquidität nicht gefährdet wird.

[23] Wenn es auch etwas vorschnell scheint, in diesem Theorem — wie Schreiber — den „Katalysator der Synthese von Makro- und Mikroökonomie" zu sehen. Vgl. *Schreiber*, Wilfrid: Der Beitrag H.-J. Rüstows zur ökonomischen Theorie, S. 15.

ternehmergewinn‘ (Walras: „ni benefit, ni perte“) erzielen. Denn die neoklassische Gleichgewichtsbestimmung setzt voraus, daß es keine Machtstellungen am Markt, keine Präferenz der Nachfrager für bestimmte Anbieter und insbesondere keine Produktivitätsunterschiede gibt, die sich in unterschiedlichen Stückkosten bei der Produktion des gleichen Gutes niederschlagen. Vor allem diese letzte Annahme beschreibt das Gleichgewicht einer wachsenden Wirtschaft mit technischem Fortschritt auf zu hoher Abstraktionsebene. Denn sie bedeutet — insbesondere als Beschreibung eines Wachstumsgleichgewichts —, daß technische Fortschritte ohne Zeitverzögerung von allen Produzenten übernommen werden und daß zeitweise ‚Leistungsmonopole‘ nicht entstehen können. Zwar werden Kostendifferenzgewinne, die einzelne Produzenten als „Pioniere“ im Sinne Schumpeters erzielen, bei Konkurrenz durch die Imitation wieder aufgezehrt. Doch führt die in der Realität zu beobachtende unterschiedliche Geschwindigkeit, mit der sich einzelne Produzenten gegenüber anderen an veränderte Marktdaten und Produktionsverfahren anpassen, in einer wachsenden Wirtschaft zu ständig neuen Kostendifferenzgewinnen einzelner Anbieter gegenüber anderen weniger erfolgreichen Produzenten. Diese gleichsam ‚fußkranken‘ Anbieter aber bestimmen mit ihren Stückkosten auf den jeweiligen Märkten allein den Preis und nur ihr Produktivitätsfortschritt entscheidet gesamtwirtschaftlich über den Spielraum für mögliche Erhöhungen des Gleichgewichtslohns. In diesem durch die Anpassungsfähigkeit und Anpassungsbereitschaft der Grenzproduzenten bestimmten Gleichgewicht bei Vollbeschäftigung erzielen folglich die intramarginalen Anbieter Kostendifferenzgewinne, „ob uns das aus verteilungspolitischen Gründen nun paßt oder nicht“[24]. Natürlich bestreitet Föhl nicht, daß eine Tendenz zum Verschwinden der Gewinne und damit zum neoklassischen Gleichgewicht besteht, in dem für alle Unternehmen Produktpreis, Grenzkosten und minimale Stückkosten übereinstimmen. Doch setzt der Wachstumsprozeß immer wieder neue Daten, an die sich die Unternehmen unterschiedlich rasch anpassen. Neben diesen Anpassungsgewinnen werden in den Kostendifferenzgewinnen des Rüstow-Föhl-Theorems auch Marktmachtgewinne eingefangen, so daß neben der impliziten Annahme des neoklassischen Gleichgewichts ‚unendliche Anpassungsgeschwindigkeit aller Unternehmen an neue Verfahren und Produkte‘ auch die Annahmen ‚vollständige Konkurrenz‘ und ‚Offenheit der Märkte für neue Anbieter‘ in diesem dynamischen Gleichgewichtsbegriff aufgegeben werden können.

Durch die Ergänzung des Keynesschen Gleichgewichts der Einkommensverteilung um den ‚strukturell notwendigen Kostendifferenzgewinn‘ — dessen Höhe bei Föhl graphisch abgeleitet wird — zeigt Föhl,

[24] *Föhl*, Carl: Verteilungswirkungen der Vermögensbildung, S. 41.

daß ein Gleichgewicht bei Vollbeschäftigung nur bei einem bestimmten Lohnsatz erreicht wird[25]. Im Vollbeschäftigungsgleichgewicht wird bei Föhl neben den Kostendifferenzgewinnen ein ‚Normalgewinn' erzeugt, der ebenso wie bei Preiser die notwendige Faktorvergütung garantiert, die notwendig ist, um die den Beschäftigungsstand sichernde Höhe der Investitionsausgaben hervorzulocken. Damit sind die Investitionen wohl an die Bedingung einer Mindesthöhe der Kapitalverzinsung gebunden, jedoch von der Verteilung der Kostendifferenzgewinne auf die sozialen Gruppen unabhängig, sofern die Keynessche Bedingung der gesamtwirtschaftlich gleichgewichtigen Einkommensverwendung — $C + I = C + S$ — von der Verteilung nicht berührt wird.

Dieses Theorem scheint für die Vermögenspolitik zu zeigen, daß die Verfahren versagen, die alle Unternehmungen, also auch die Grenzunternehmungen, belasten, deren Lohnzahlungsfähigkeit den Lohnsatz bestimmt. Dagegen scheinen die Kostendifferenzgewinne der Vermögenspolitik offenzustehen.

(2) Betrachten wir die Konsequenzen dieser Vorstellung in einem Kreislaufmodell, so können wir von einer Investitionsfunktion ausgehen, die die Investition nur an den ‚Normalgewinn' bindet, dagegen als unabhängig von der Verteilung des Kostendifferenzgewinns betrachtet:

Wir spalten die Gewinnsumme G in den ‚Normalgewinn' G^+ und den Gewinnteil P auf, an den die Gewinnabgabe mit dem Abgabesatz w anknüpfen soll. P soll alle Veränderungen der Gewinnquote auffangen, die sich aus den Kreislaufwirkungen der Abgabe ergeben. Wir nehmen die Investitionsquote als exogen an. Diese beiden Annahmen implizieren, daß G^+ entsprechend unseren bisherigen Überlegungen als die Untergrenze der Gewinnsumme anzusehen ist, die nicht unterschritten werden darf, ohne daß die Investitionsquote zurückgeht. P bezeichnet dann den in diesem Sinne „funktionslosen" Teil der gesamten Gewinnsumme G. Ferner wollen wir für die folgende Ableitung zunächst annehmen, daß die Gewinnbezieher aus P in einem anderen Verhältnis s_{GP} sparen als aus G^+ (Sparquote s_G). Ebenso führen wir für die Sparquote der Lohnbezieher aus der Gewinnbeteiligung eine eigene Sparquote s_{LP} ein. Unter diesen Annahmen gilt die Gleichung des Volkseinkommens:

$$Y = L + G^+ + P$$

und die Sparfunktion

$$S = s_L (Y - G - P) + s_G G^+ + s_{GP} (1 - w) P + s_{LP} wP$$

[25] Dieser Lohnsatz ist Ergebnis der Gleichgewichtsbestimmung und nicht — wie Krelle meint — „als gegeben angenommen". Zur Ableitung vgl. aber im übrigen trotzdem *Krelle*, Wilhelm: Verteilungstheorie, S. 87 ff.

Die Nettogewinnquote, also der den Gewinnbeziehern verbleibende Teil des Volkseinkommens (nach Abzug der Kostendifferenzgewinnabgabe) ist dann unter der Gleichgewichtsbedingung $I_{\text{gepl.}} = S_{\text{gepl.}}$:

$$(16) \qquad \frac{G^+}{Y} + (1 - w)\frac{P}{Y} = (1 - w)\frac{\frac{I}{Y} - s_L - (s_G - s_L)\frac{G^+}{Y}}{s_{GP} - s_L - w\,(s_{GP} - s_{LP})} + \frac{G^+}{Y}$$ [26]

Anhand dieses Ausdrucks läßt sich prüfen, unter welchen Bedingungen die Gewinnabgabe auch endgültig zu einer Belastung der Gewinneinkommen führt.

(a) Betrachten wir zunächst den Fall, daß die Gewinnabgabe an die Arbeitnehmer zur freien Verfügung ausgezahlt wird, und gehen wir ferner davon aus, daß die Arbeitnehmer dieses zusätzliche Einkommen im gleichen Verhältnis auf Sparen und Konsum verteilen, wie ihr bisheriges Lohneinkommen, so kann s_{LP} gleich s_L gesetzt werden. Setzen wir außerdem voraus, daß die Gewinnbezieher stets einen festen Anteil ihres *gesamten* Gewinneinkommens sparen, in ihre Sparpläne also auch die Kostendifferenzgewinne einbeziehen, so gilt $s_{GP} = s_G$. Folglich verkürzt sich Gleichung (16) zu:

$$(16a) \qquad \frac{G^+}{Y} + (1 - w)\frac{P}{Y} = \frac{\frac{I}{Y} - s_L}{s_G - s_L}$$

Dieser Ausdruck entspricht aber der Bedingung für die gleichgewichtige Gewinnquote im Kaldor-Modell — Gleichung (1) —. Daraus ergibt sich, daß der Anteil der bisherigen Gewinnbezieher am Volkseinkommen durch eine Beteiligung der Arbeitnehmer an den Kostendifferenzgewinnen nicht verändert wird, sofern die Sparquoten der Gewinnbezieher und der Arbeitnehmer sich nicht ändern. Zwar erhalten die Arbeitnehmer einen Teil der Kostendifferenzgewinne. Doch verringert sich zugleich die gesamtwirtschaftliche Sparquote, wenn die Arbeitnehmer einen geringeren Teil dieses zusätzlichen Einkommens sparen, als bisher die Gewinnbezieher aus diesem Einkommen gespart haben.

Da die Investitionsquote, wie dargelegt, als unabhängig von P angenommen wird, bleiben zunächst die geplanten Ersparnisse hinter den Investitionsausgaben zurück, während die Konsumgüternachfrage steigt. Bei vorher voll ausgelasteten Kapazitäten bieten sich den Unternehmen Überwälzungsmöglichkeiten, so daß das Preisniveau steigt. Verteilt sich

---

[26] Werden $s_{GP} = s_G$, $s_{LP} = s_L$ und $w = 0$ gesetzt, so erhält man durch einfache Umformungen das Ausgangsgleichgewicht des Kaldor-Modells — Gleichung (1), Teil B, Abschnitt I, 2.2.1 —, das wir auch hier als Referenzgleichgewicht setzen können.

die zusätzliche Konsumgüternachfrage etwa gleichmäßig auf alle Anbieter, so entstehen bei allen Unternehmen der Konsumgüterindustrie in Höhe der abgeschöpften Kostendifferenzgewinne „Marktlagengewinne“, die nicht durch Erhöhungen der Barlohnsätze abgeschöpft werden können. Denn höhere Barlöhne würden bei gleichbleibender Sparquote aus den Arbeitnehmereinkommen — und bei gegebener Investitionsquote — nur die inflatorische Lücke zwischen I und $S_{geplant}$ vergrößern und so höhere Marktlagengewinne erzeugen. Eine Belastung der Kostendifferenzgewinne vermindert also unter den Bedingungen dieses Modells lediglich das Gewinngefälle zwischen intramarginalen und marginalen Unternehmen, läßt aber die Nettogewinnquote insgesamt unberührt.

Diese Betrachtung ist aber auf die Vermögenspolitik nur bedingt anwendbar, da die Sparquote der Arbeitnehmer aus der Gewinnbeteiligung der aus Lohneinkommen gleichgesetzt ist. Sie ist unmittelbar nur auf eine Politik ‚betriebsnaher Tarife‘ anzuwenden, zeigt also, daß auch der Versuch der Gewerkschaften, für die Arbeitnehmer in gutverdienenden Unternehmen über die allgemeinen Tariflohnsätze hinausgehende Lohnzulagen auszuhandeln, an der Konstanz der gesamtwirtschaftlichen Einkommensverwendung scheitern kann. Auch betriebsnahe Tarife, die auf die Kostendifferenzgewinne abzielen, aber zu keiner Änderung des Sparverhaltens der Arbeitnehmer führen, erweitern den Anteil der gesamten Arbeitnehmerschaft am Volkseinkommen nicht. Vielmehr müssen die Arbeitnehmer in Grenzbetrieben, in denen die Rücksicht auf die Beschäftigungslage weitergehende Lohnerhöhungen verbietet, die ‚Kosten‘ der Lohnzulagen für ihre ‚Kollegen‘ in gewinnträchtigen Unternehmen in Form von Reallohnverzichten tragen.

Dieses Ergebnis ist allerdings an die Annahme eines elastischen Kreditsystems gebunden, da sonst $\frac{I}{Y}$ nicht als exogen angenommen werden kann. Zwingt eine stabilitätsorientierte Geldpolitik dagegen zur Senkung der Investitionsausgaben auf das Niveau der — geringeren — gesamtwirtschaftlichen (ex-ante-)Ersparnis, und gelingt der Faktortransfer aus der Investitionsgüterindustrie in den Konsumgütersektor, ohne multiplikative Abschwungsprozesse auszulösen, so können keine ‚Marktlagengewinne‘ entstehen. Die Kostendifferenzgewinne sind unter dieser Bedingung auch durch eine Politik der betriebsnahen Tarife auszuschöpfen. Allerdings würde das Wachstum zurückgehen, so daß langfristig auch die Barlohnzuwächse geringer wären.

(b) Betrachten wir nun den *‚Fall der Vermögenspolitik‘*. Wir gehen davon aus, daß das Aufkommen aus der Gewinnbeteiligung vollständig gespart wird und daß die Sparquote s_L aus dem Barlohneinkommen nicht berührt wird. Ferner nehmen wir zur Vereinfachung zunächst an, daß $s_{GP} = 1$ ist. Das bedeutet, daß die Kostendifferenzgewinne von den Unternehmen vollständig zur Selbstfinanzierung ihrer Investitionen verwandt werden und keinen Einfluß auf die Sparpläne der Gewinnbezieher aus ihrem ‚Normalgewinn' (G^+) haben. Für das Ausgangsgleichgewicht der Gewinnquote (ohne Gewinnbeteiligung, also $w = 0$) erhalten wir aus Gleichung (16) für $w = 0$, $s_{LP} = s_{GP} = 1$:

$$\frac{G^+}{Y} + \frac{P}{Y} = \frac{\frac{I}{Y} - s_L - (s_G - s_L)\frac{G^+}{Y}}{1 - s_L} + \frac{G^+}{Y} \tag{17}$$

Wird eine Beteiligung der Arbeitnehmer an den Kostendifferenzgewinnen eingeführt, so gilt nach Umformung von Gleichung (16):

$$\frac{G^+}{Y} + (1 - w)\frac{P}{Y} = (1 - w)\frac{\frac{I}{Y} - s_L - (s_G - s_L)\frac{G^+}{Y}}{1 - s_L} + \frac{G^+}{Y} \tag{18}$$

Der Vergleich von (18) mit (17) zeigt, daß die den bisherigen Gewinnbeziehern zufallenden Nettogewinne genau um den Betrag der Beteiligung der Arbeitnehmer an den Kostendifferenzgewinnen gemindert werden; denn der Quotient

$$\frac{\frac{I}{Y} - s_L - (s_G - s_L)\frac{G^+}{Y}}{1 - s_L}$$

gibt ja den Anteil der Kostendifferenzgewinne am Volkseinkommen wieder. Das aber bedeutet, daß eine gezielte Belastung der Kostendifferenzgewinne durch die Vermögenspolitik in diesem Fall gelingt, weil die Sparneigung der Arbeitnehmer für die Abführungsbeträge auf das Niveau der Unternehmenssparneigung angehoben wird, während der Versuch, diese Gewinnteile durch eine betriebsnahe Lohnpolitik zu erfassen, die Arbeitnehmer insgesamt nicht besser stellt, sofern die Stabilitätspolitik versagt.

Dieses Ergebnis wird nur wenig modifiziert, wenn wir von der Annahme abgehen, daß die Kostendifferenzgewinne von den bisherigen Gewinnbeziehern vollständig gespart wurden[27] und die Umverteilung dieser Gewinnteile keinen Einfluß auf die Sparpläne aus den Normalgewinnen (G^+) hat. Denn richten die Gewinnbezieher ihre Sparpläne an den gesamten ihnen zufallenden Gewinn $G^+ + P$ aus, so daß $s_{GP} = s_G$ gesetzt werden muß, so kommt es zunächst zu einer Überreaktion der

[27] Oder als unverteilte Gewinne im Unternehmen verblieben.

Nettogewinnquote. Dadurch, daß die Arbeitnehmer zu einer — marginalen — Sparquote aus der Gewinnbeteiligung vom Werte eins gezwungen sind, die Sparquote aus Gewinn s_G aber unter eins angenommen wird, gehen die Nettogewinne zunächst stärker zurück, als es der Gewinnabführung an die Arbeitnehmer entspricht. Denn die gesamtwirtschaftliche Sparquote steigt. Doch verteilt sich der Nachfragerückgang tendenziell auf alle Sektoren der Konsumgüterindustrie, so daß auch die Grenzunternehmen — oder genauer: marginale Produktionsanlagen — getroffen werden, die in ihren Erlösen dann nicht mehr ihre deckungsnotwendigen Kosten erzielen könnten. In diesen Bereichen entstünde Unterbeschäftigung; der gesamtwirtschaftliche Barlohnsatz müßte sinken. Die Unternehmen können also den Teil der Gewinnbelastung, der aus der Erhöhung der gesamtwirtschaftlichen Sparquote resultiert, auf die Barlöhne rückwälzen, während der Teil der Abgabe, der auf die Kostendifferenzgewinne entfällt, als endgültige Belastung bleibt.

(3) Nun sehen die neueren Pläne zu einer allgemeinen gesetzlichen Gewinnbeteiligung eine Abgabe vom Steuerbilanzgewinn vor, belasten also auch die ‚normale' Eigenkapitalrendite. Wie gezeigt, ist aber eine Belastung der ‚normalen' Kapitalrendite auf die Barlohnzuwächse rückwälzbar. Geht nämlich die Beschäftigung zurück, weil die Unternehmen Investitionsvorhaben unterlassen, die nur wenig mehr Erträge erbringen als der Zins für Fremdkapital, so müssen sich die Reallohnsätze für die Gesamtwirtschaft in einer Höhe einpendeln, daß auch diese für die Aufrechterhaltung der Vollbeschäftigung notwendigen Investitionsausgaben noch getätigt werden. Sofern für den Faktor Arbeit keine Wanderungshemmnisse bestehen, sich also die Lohnsätze zwischen gewinnträchtigen Unternehmen und den Grenzproduzenten tendenziell ausgleichen, können auch bei den intramarginalen Unternehmen die Kostendifferenzgewinne durch die Gewinnbeteiligung nur um den Prozentsatz der Abgabe gemindert werden.

Folgt man also allein dem einkommenspolitischen Egalitätsziel der Vermögenspolitik, so wäre eine gezielt auf die Kostendifferenzgewinne ausgerichtete Belastung einer Abgabe auf den Steuerbilanzgewinn vorzuziehen. Zwar ist eine Belastung nur der Kostendifferenzgewinne steuertechnisch schwierig, da nicht nur der Satz der belastungsfreien Eigenkapitalrendite und ein angemessener Unternehmerlohn, sondern auch allgemeinverbindliche Bewertungsvorschriften für das Eigenkapital festgelegt werden müßten. Gleichwohl erscheint dieses Problem nicht unlösbar, da eine gesetzliche Gewinnbeteiligung an das Steuerrecht anknüpfen kann und der Satz der belastungsfreien Eigenkapitalrendite — unseren bisherigen Überlegungen folgend — grundsätzlich an Indikatoren des Kapitalmarktzinses für Fremdkapital gebunden werden könnte.

Allerdings müßte ein Mechanismus gefunden werden, der die Mindestrendite laufend an Veränderungen des Zinsniveaus anpaßt.

Trotz dieser technischen Schwierigkeiten bleibt aber festzuhalten, daß eine gezielte Belastung nur der Kostendifferenzgewinne, wie sie beispielsweise der „Gleitze-Plan" vorsah, unter den Annahmen des Rüstow-Föhl-Modells noch am ehesten den Anteil der Arbeitnehmer am Volkseinkommen erhöhen würde, jedenfalls mehr als eine Abgabe, die nach dem Steuerbilanzgewinn gemessen wird.

(4) Wir haben bisher die Funktion der *Kostendifferenzgewinne als Finanzierungsquelle der Investitionen* untersucht. Es zeigte sich, daß nur dann, wenn die gesamtwirtschaftliche Sparquote nicht berührt wird, die Umverteilung gelingt, da sich sonst — im ‚Fall der betriebsnahen Tarife' — die Investitionsquote ihre Finanzierungsquelle in höheren Marktlagengewinnen schafft. Es ist nun die Funktion der *Kostendifferenzgewinne als Investitionsanreiz* genauer zu beleuchten.

Folgen wir unseren bisherigen Überlegungen zur Gewinnabhängigkeit der Investitionen, so ist zu schließen, daß die Investitionen nur zurückgehen, wenn eine Mindestrendite, die durch den internationalen Zinszusammenhang bestimmt wird, nicht unterschritten wird. Insofern gehen von der Verteilung jener Teile der Eigenkapitalrendite, die oberhalb dieser Mindestrendite liegen, also von den so definierten Kostendifferenzgewinnen, keine Wirkungen auf die Investitionsneigung aus. Doch sind vor einem endgültigen Urteil über die ‚Funktionslosigkeit' der Kostendifferenzgewinne ihre Eigenschaften näher zu betrachten.

Föhl[28] nennt als „strukturelle Bedingungen" für das Entstehen von Kostendifferenzgewinnen „Präferenzen der Verbraucher", „die Knappheit der einzelnen Erzeugnisse", „die Marktstellung der Unternehmungen" sowie „Produktivitätsunterschiede". Es schlagen sich also in den Kostendifferenzgewinnen sowohl Gewinne aus den unternehmerischen Leistungen, die über der marginalen Leistung liegen, nieder wie auch Gewinne aus Machtstellungen am Markt. Eine vermögenspolitische Belastung, die unmittelbar oder mittelbar auf die Kostendifferenzgewinne abzielt, trifft daher zumindest primär Leistungsgewinne und Marktmachtgewinne in der gleichen Weise. Es liegt nahe, daß Verfechter einer direkten Gewinnbeteiligung der Arbeitnehmer den Charakter der Kostendifferenzgewinne als Marktmachtgewinne betonen und den möglichen Nachteil, daß von einer Gewinnabgabe auch Gewinne aus überlegener unternehmerischer Anpassung an die Verbraucherwünsche belastet werden, zumindest in Kauf nehmen.

---

28 Vgl. *Föhl*, Carl: Vermögensbildung im Wirtschaftswachstum, S. 41.

Dabei wird aber kaum die Frage erörtert, ob nicht gerade marktmächtige Unternehmen die Möglichkeit haben, eine vermögenspolitische Belastung ihrer Machtgewinne in den Abgabepreisen auf die Nachfrager abzuwälzen, während vielleicht Einbußen an Leistungsgewinnen in Wettbewerbsbranchen von den Unternehmen getragen werden müssen. Da nach unseren bisherigen Überlegungen die Investitionsneigung auf eine Belastung der über die ‚normale' Eigenkapitalverzinsung hinausgehenden Gewinnteile nicht reagiert, ist eine kurzfristige Abwälzbarkeit vermögenspolitischer Belastungen der Kostendifferenzgewinne aus Veränderungen der gesamtwirtschaftlichen Kreislaufgrößen nicht abzuleiten, sofern wir davon ausgehen können, daß die investive Gewinnbeteiligung die Sparquoten aus Bruttogewinn und aus Barlohn nicht verändert. Wir wollen diese Frage daher im Rahmen unserer späteren Betrachtung des Anbieterverhaltens bei vermögenspolitischen Belastungen der Unternehmensgewinne untersuchen. An dieser Stelle soll nur betrachtet werden, ob Belastungen der Leistungsgewinne teilweise abwälzbar sind.

(5) Leistungsgewinne sind das Ergebnis einer höheren Qualität der Produktionsfaktoren oder ihrer Kombination durch den Faktor ‚Unternehmerleistung'. Sofern sie auf eine höhere Qualität des Faktors Arbeit zurückgehen, müßten sie bei funktionsfähigem Arbeitsmarkt zu höheren Effektivlohnsätzen führen, die einen Teil der Kostendifferenzgewinne aufzehren würden[29]. Sofern Kostendifferenzgewinne auf eine höhere Qualität von Kapital und Boden zurückgehen, sind sie das Ergebnis einer betriebswirtschaftlich falschen Bewertung. Denn bei — dynamischer — Bewertung des Eigenkapitals mit den Ertragswerten müßte das Eigenkapital so angesetzt werden, daß die kalkulatorische Eigenkapitalverzinsung die Kostendifferenzgewinne enthält, die auf die Qualität des Kapitalbestandes der einzelnen Unternehmung und seiner Kombination zurückzuführen sind. Das gleiche gilt für Marktmachtgewinne. Berücksichtigt die Bewertung schließlich noch Risikozuschläge oder Abschläge für die ungewisse Beständigkeit der einmal erreichten Gewinne, so verschwinden die Kostendifferenzgewinne ganz in einer ‚normalen' Rendite des jeweils zum Ertragswert bewerteten Eigenkapitals.

---

[29] Zwar weisen Föhl und insbesondere seine Mitarbeiter darauf hin, daß eigene empirische Untersuchungen für 1957 bis 1963 die Annahme etwa gleichbleibender Lohnsätze, aber extrem unterschiedlicher Gewinne bezogen auf die Arbeitsstunde zwischen den untersuchten Unternehmen rechtfertige. (Vgl. *Föhl*, Carl: Die Überwälzbarkeit gewinnbezogener Belastungen, in: *Greiß*, Franz u. a. (Hrsg.): Der Mensch im sozio-ökonomischen Prozeß ..., S. 136 ff.; *Bolle*, Michael u. a.: Zum Erlös-Kosten-Diagramm, S. 207 ff.) Doch könnten diese Ergebnisse noch Ausfluß einer Periode relativer Unterbeschäftigung sein, die in der Bundesrepublik am Ende der fünfziger Jahre erst ausklang.

Nun wird aber jede Gewinnabgabe pragmatisch am Steuerbilanzgewinn anknüpfen, der Kostendifferenzgewinne enthalten kann, da das Steuerrecht die Bewertung zu Anschaffungswerten vorschreibt und die Kapitalisierung höherer Ertragsfähigkeit nicht erlaubt. Problematisch ist dabei, daß eine Abgabe, die nur auf die Kostendifferenzgewinne nach Abzug einer ‚normalen' Eigenkapitalrendite und eines ‚normalen' Unternehmerlohns zielt, einen Unterschied zwischen der Verwendung gekaufter und selbst hergestellter Anlagen schafft. Kostendifferenzgewinne, die im Kaufpreis angeschaffter Anlagen kapitalisiert enthalten sind, werden dem Verkäufer ausgezahlt und bleiben beim Käufer belastungsfrei. Denn wenn etwa Boden, Kapital oder sogar ein ganzes Unternehmen mit hoher Ertragsfähigkeit erworben werden, so werden die Anschaffungskosten aktiviert. Das würde zu einem hohen Betrag des belastungsfreien ‚Normalgewinns' führen. Schafft aber das Unternehmen den über die Anschaffungsausgaben hinausgehenden Ertragswert selbst, so wird es belastet, da es seinen Kapitalbestand nur zum Anschaffungsaufwand bewertet und daher ein relativ niedriges Eigenkapital ausweist. Doch ist dies mehr ein Problem der Steuertechnik und Steuergerechtigkeit, das nur zeigt, wie fragwürdig eine scheinbar zwischen ‚gerechtem' Normalgewinn und ‚illegitimem' Übergewinn differenzierende Gestaltung der Bemessungsgrundlage einer Gewinnabgabe sein kann.

(6) Wir wollen abschließend prüfen, ob eine Belastung der ‚Leistungsdifferenzgewinne' wirklich, wie das Rüstow-Föhl-Modell nahelegt, keinerlei Einfluß auf die Investitionshöhe hat. Diese Frage ist unter zwei Gesichtspunkten zu entscheiden:

1. Grenzt man Kostendifferenzgewinne dem Steuerrecht entsprechend pragmatisch ab, so enthalten sie auch Risikoprämien. Da hohe Gewinnchancen bei Wettbewerb in der Regel auch mit höheren Verlustrisiken verknüpft sind, könnte eine Einebnung des Gewinngefälles die Bereitschaft der Unternehmen zu überdurchschnittlich gewinnträchtigen, aber auch ebenso risikoreichen Investitionen mindern. Die Gefahr einer Abnahme der unternehmerischen Risikobereitschaft ist insbesondere bei kleineren Unternehmen und bei Neugründungen nicht auszuschließen. Denn diese Unternehmen haben bei einer geringen Zahl von Investitionsobjekten weniger Möglichkeiten als Großunternehmen, nach einem Wahrscheinlichkeitskalkül Gewinne aus erfolgreichen Investitionsvorhaben mit Verlusten aus Fehlinvestitionen auszugleichen. Diese Imparität der Besteuerung von Risikoprämien bei Groß- und Kleinunternehmen gilt natürlich für jede Einkommen- oder Gewinnsteuer, die keinen negativen Ast enthält. Sie wird aber durch eine zusätzliche Gewinnabgabe zur Vermögens-

bildung der Arbeitnehmer verstärkt und kann demnach im Bereich der kleinen und mittleren Unternehmen die Investitionsneigung mindern, so daß eine teilweise Rückwälzung auf die Barlöhne trotz der vermeintlichen ‚Funktionslosigkeit' der Kostendifferenzgewinne gelingen kann.

2. Eine Gewinnbeteiligung, die am Steuerbilanzgewinn anknüpft, beschneidet auch die Vergütung für die überlegene unternehmerische Leistung, die Faktoren marktgerechter zu kombinieren als die Grenzunternehmen. Dies gilt jedenfalls für die personenbezogenen Unternehmen, in denen der Unternehmenserfolg wesentlich von der Person des Unternehmers abhängen kann. Die Kapitalgesellschaft kann dagegen höhere unternehmerische Leistungen der Vorstände durch entsprechende Bezüge ausgleichen, die als Kosten nicht in den Steuerbilanzgewinn eingehen, während es steuertechnisch schwer ist, für die Personalunternehmung einen der jeweiligen unternehmerischen Leistung entsprechenden Freibetrag zu finden. Ein in einer gesetzlichen Regelung notwendig nach Durchschnittswerten festgelegter Freibetrag kann jedenfalls kaum individuelle Leistungsunterschiede der selbständigen Unternehmer berücksichtigen, so daß jede höhere unternehmerische Leistung auch zu höheren Abgaben führt. Ob damit bei Personalunternehmen der Anreiz, zu investieren und mit der Investition höhere unternehmerische Arbeitsleistungen zu erbringen, geringer wird, ist schwer zu entscheiden. Denn der Gefahr einer Leistungsdämpfung durch höhere Abgabelasten steht die Möglichkeit gegenüber, daß Unternehmen versuchen, die Belastung durch höhere Leistungen „einzuholen", um ihr bisheriges Einkommensniveau zu erhalten[30]. Wo dieser „break even point" liegt, bei dem eine große Zahl der persönlich tätigen Unternehmer ihr Leistungsangebot einschränkt, ist unmittelbar kaum zu schätzen. Allerdings könnte die Tatsache, daß die Zahl der Selbständigen in der Bundesrepublik Deutschland abnimmt und damit wohl auch die Sterberate personenbezogener Unternehmen die Geburtenrate in diesem Bereich übertrifft[31], einen Hinweis darauf geben, daß Steuern, Abgaben, Sozialaufwendungen sowie gesellschaftspolitische „Reformprogramme" den Spielraum der Belastungsfähigkeit schon weitgehend ausge-

---

[30] Vgl. *Schmölders*, Günter: Allgemeine Steuerlehre, 4. Aufl. 1965, S. 190 f. und die dort angegebene Literatur, insbesondere *Break*, G. F.: Income Tax and Incentives to work: An Empirical Study, in: Am. Econ. Rev., Vol. 47 (1957), S. 529 ff.

[31] Vgl. *Willgerodt*, Hans: Flucht vor der Verantwortung und Elitenverschleiß als mögliche Gefahren für die Soziale Marktwirtschaft, in: *Greiß*, Franz; *Meyer*, Fritz W. (Hrsg.): Beiträge zur Ordnung von Wirtschaft und Gesellschaft. Festgabe für Alfred Müller-Armack, Köln 1966, S. 135 ff. (Wirtschaftspolitische Chronik des Instituts für Wirtschaftspolitik, Köln, Jg. 1966).

schöpft haben. Andererseits könnten staatliche Finanzierungshilfen für junge Unternehmen ausgleichend wirken. Auch könnte ein vermögenspolitisches Programm, das die aufkommenden Mittel gezielt in die Finanzierung neuer Unternehmen lenkt, den Sprung in die Selbständigkeit für unternehmerisch Befähigte, die auf den bisherigen Wegen nicht genügend Kapital aufbringen konnten, erleichtern und so das Angebot an Unternehmern verbreitern. Auf diese Weise würde nicht nur der Kreislauf der Unternehmereliten beschleunigt. Es würden auch Investitionsimpulse ausgelöst, die mögliche Anreizminderungen einer Gewinnbeteiligung — teilweise — ausgleichen könnten.

3. Einer gezielten Belastung nur der Kostendifferenzgewinne sind schon unter einkommenspolitischen Erwägungen Grenzen gesetzt: Da der Barlohnsatz durch die Kosten-Erlös-Relation des Grenzproduzenten bestimmt wird, muß für die Grenzunternehmen ein ausreichender Anreiz bleiben, die kostengünstigeren Produktionsverfahren intramarginaler Anbieter zu übernehmen. Denn Kostendifferenzgewinne aus technischem Fortschritt werden ja erst dann zu Barlohnzuwächsen, wenn sich der technische Fortschritt bis zu den kostenungünstigsten Anbietern ausgebreitet hat.

Wenn auch hier allein der Einfluß einer Gewinnbeteiligung auf die Einkommensverteilung zu betrachten ist, so müssen in die politischen Erwägungen um das Für und Wider einer Gewinnbeteiligung auch wachstums- und wettbewerbspolitische Überlegungen eingehen. Hierzu zeigen unsere Betrachtungen, daß unabhängig vom Grad möglicher Rückwälzung einer Belastung der Kostendifferenzgewinne das Gewinngefälle in jedem Fall geringer wird. Die Belastung gerade der über die ‚normale' Eigenkapitalverzinsung hinausgehenden Gewinne kann sicher nicht beliebig gesteigert werden, ohne Wettbewerbs- und Wachstumsimpulse zu verschütten. Denn die Durchsetzung technischen Fortschritts und die Intensität des Wettbewerbs sind auch davon abhängig, daß Risikobereitschaft und besondere unternehmerische Anstrengungen ‚sich lohnen'. Dies gilt zumindest für den mit eigenem Kapital haftenden selbständigen Unternehmer, auf den die Wettbewerbspolitik nicht verzichten kann. Eine Erhöhung des Anteils der Arbeitnehmer am Volkseinkommen könnte jedenfalls politisch ein Danaergeschenk sein, wenn sie langfristig mit einem Verzicht auf vielzahligen Wettbewerb und Einkommenswachstum erkauft würde.

3.4 Die Breite des Verteilungsspielraums in Abhängigkeit von der Reaktion der Investition — Versuch einer empirischen Bestimmung für die Bundesrepublik 1962 - 1971

Unsere bisherigen Überlegungen ergaben, daß auch die Vermögenspolitik die Unternehmensgewinne allenfalls soweit redressieren kann, wie den Unternehmen eine Eigenkapitalverzinsung verbleibt, die die Investitionen in Höhe der laufenden gesamtwirtschaftlichen Ersparnisse sichert, und die den tätigen Unternehmenseignern eine Vergütung für ihre Arbeitsleistung in mindestens der Höhe gewährt, die dem in vergleichbarer abhängiger Stellung erzielbaren Arbeitseinkommen entspricht. Außerdem müssen die Unternehmensgewinne eine Prämie für das höhere Verlustrisiko des Eigenkapitals enthalten, die eine allgemeine Flucht aus dem Eigenkapital in risikoärmere Anlageformen, etwa in festverzinsliche Geldforderungen, verhindert. Denn da die Kapitalmärkte für Fremdkapital international verbunden sind, kann, wie gezeigt[1], eine Flucht aus dem Eigenkapital Teile des Fremdkapitalangebots in das Ausland abdrängen und so von der Finanzierungsseite her die inländischen Investitionen beschneiden, so daß ein Rückwälzungsprozeß über die Beschäftigung oder eine Fortwälzung über den erwähnten Zahlungsbilanzprozeß einsetzt.

Die Breite des Verteilungsspielraums, innerhalb dessen sich eine Vermögenspolitik bewegen kann, die ein Absinken der realen Barlohnzuwächse nicht hinnehmen will, ist freilich nur grob abzuschätzen. Denn die Unternehmensgewinne enthalten die Vergütungen für die Arbeitsleistung der tätigen Unternehmenseigner, eine mindestens notwendige Eigenkapitalverzinsung, Marktlagen- und Kostendifferenzgewinne, sowie realisierte Wertsteigerungen und anderweitig bestimmte Gewinnteile naturgemäß in einer Summe, so daß selbst im konkreten Einzelfall eine Aufgliederung nach funktionalen Kriterien nur mit Hilfe ungefährer Schätzurteile möglich ist. Erst recht kann daher der gleiche Versuch für die Gesamtwirtschaft im günstigsten Fall zu ungefähren Vorstellungen über die Größenordnung des Verteilungsspielraums führen.

Der Versuch einer Aufspaltung der Unternehmereinkommen unter funktionellen Gesichtspunkten erscheint gleichwohl lohnend: Die Rechtfertigung ergibt sich einmal aus der politischen Zielsetzung, nur die Kapitaleinkommen oder nur die Gewinne oder gar nur bestimmte Gewinnteile zu treffen. Zum anderen sind auf beispielsweise eine Gewinnabgabe wahrscheinlich unterschiedliche Reaktionen zu erwarten, je nachdem, ob sie am gesamten Steuerbilanzgewinn anknüpft oder ob bestimmte Teilgrößen, wie etwa ein fiktiver Unternehmerlohn oder eine

---

[1] Vgl. im vorhergehenden Teil B, Abschnitt II, 2.1.

gesetzlich festgelegte Mindesteigenkapitalverzinsung, belastungsfrei bleiben sollen, so daß eine solche Aufspaltung der Gewinne auch Hinweise auf die Möglichkeiten einer gezielten Belastung nur bestimmter Gewinnteile geben könnte.

Wir wollen deshalb versuchen, aus der Globalgröße „Bruttoeinkommen aus Unternehmertätigkeit und Vermögen", von der die „Verteilungsrechnung" der Volkswirtschaftlichen Gesamtrechnung ausgeht, aus der Sicht unserer bisherigen theoretischen Erwägungen die Beträge auszugliedern, die als Mindestunternehmerlohn und Mindestkapitalrendite zu gelten haben.

(1) Zunächst sind die Bruttoeinkommen der Wirtschaftsbereiche auszuklammern, für die keine vermögenspolitischen Lasten vogesehen sind. Dies gilt für die Sektoren:

— *Land- und Forstwirtschaft*, weil dieser Zweig, abgesehen von ganz wenigen Großbetrieben, kaum vermögenspolitische Lasten aufbringen kann, die nicht durch höhere Richtpreise oder Subventionen ausgeglichen werden müßten; für eine Gewinnbeteiligung, die am Steuerbilanzgewinn anknüpft, kommen die Schwierigkeiten der steuerlichen Erfassung der landwirtschaftlichen Einkommen hinzu;

— *Verkehr und Nachrichtenübermittlung*, weil in diesem Zweig Bundesbahn und Bundespost dominieren, die von einer Gewinnbeteiligung nicht erfaßt würden oder, bei zusätzlichen investiven Lohnzulagen sowie bei eventuell rückläufigen Erlösen im Gefolge sparfördernder Maßnahmen, den Staatshaushalt zum Ausgleich ihrer höheren Verluste verstärkt in Anspruch nehmen müßten;

— *Wohnungsvermietung*, da hier die nicht-unternehmerische Wohnungsvermietung vorherrscht und die gewerblichen Wohnungsunternehmen in der Regel „gemeinnützig" sind, so daß sie von einer ‚Gewinn'beteiligung ohnehin nicht getroffen würden; auch investive Lohnzulagen wären wegen der geringen Zahl der Arbeitnehmer in Wohnungsunternehmen völlig unbedeutend. Lediglich von einer Politik weiterer Maßnahmen zur Sparförderung könnte dieser Zweig bei entsprechender Einkommenselastizität der Nachfrage nach Wohnraum berührt werden[2].

— *„Sonstige Dienstleistungen"*, da hierunter neben dem Gaststätten- und Hotelgewerbe[3] im wesentlichen die freien Berufe zusammengefaßt werden, deren Einkommen in der Regel unter der für die gesetzliche Gewinnbeteiligung geplanten Gewinnuntergrenze bleiben.

---

[2] Zu den Einkommen der Wirtschaftsabteilung „Wohnungsvermietung" zählt die volkswirtschaftliche Gesamtrechnung auch kalkulatorische ‚Mieten' für eigengenutzten Wohnraum, so daß dieser Zweig ohnehin über den gewerblichen Sektor hinausreicht. Die Bruttoeinkommen aus unselbständiger Arbeit dieses Sektors werden statistisch nicht ausgewiesen; die Gewinn- und Vermögenseinkünfte werden in der Volkswirtschaftlichen Gesamtrechnung dem Sektor ‚Sonstige Dienstleistungen' zugeschlagen.

[3] Das Hotel- und Gaststättengewerbe würde allerdings von investiven Lohnzulagen wegen seiner hohen Lohnintensität empfindlicher getroffen, sofern Überwälzungsversuche scheitern.

In den von uns ausgeklammerten Bereichen werden, wie Tabelle 11 zeigt, im Durchschnitt der Jahre 1966 bis 1971 rund 23 % des Nettoinlandsprodukts des Unternehmenssektors erzielt, so daß unsere Betrachtung also mehr als drei Viertel der Unternehmen erfaßt, die zum Nettoinlandsprodukt beitragen.

Die Beschränkung unserer Berechnungen auf die übrigen Wirtschaftsbereiche „Energiewirtschaft und Bergbau“, „Verarbeitendes Gewerbe“, „Baugewerbe“, „Handel“ sowie „Kreditinstitute und Versicherungsunternehmen“ ist — trotz der im folgenden sichtbar werdenden Schwierigkeiten der Abgrenzung vor allem des Kapitalstocks — auch deshalb sinnvoll, weil eine Durchschnittsrechnung für die gesamte gewerbliche Wirtschaft Bereiche mit gewinnträchtigen Unternehmen und Bereiche mit nur geringer Kapitalrendite zusammenfaßt und so den verteilungspolitischen Spielraum zu klein erscheinen läßt. Die Berechnung wird insbesondere dann verfälscht, wenn der Sektor ‚Wohnungsvermietung‘ einbezogen wird, da sein Anteil am gesamten gewerblich genutzten Vermögen, wie Tabelle 12 A zeigt, beispielsweise 1971 bei 44,1 % lag[4], während die Kapitalrendite 1971 nur 1,6 % — bezogen auf das Sachvermögen zu Wiederbeschaffungspreisen — betrug[5]. Eine Durchschnittsrechnung, die den Sektor „Wohnungsvermietung“ einschließt und — wie wir im folgenden — eine Untergrenze der belastbaren Kapitalverzinsung in Höhe des Fremdkapitalzinses annimmt, kann einen in den übrigen Bereichen vielleicht vorhandenen Verteilungsspielraum in der Durchschnittsrechnung verschwinden lassen[6].

---

[4] Vgl. Tabelle 12 A, Spalten 16 und 24 im Anhang.

[5] Die extrem niedrigen (Brutto-)Renditen des Sektors ‚Wohnungsvermietung‘ scheinen auf den ersten Blick in unglaubwürdigem Kontrast zu den Hypothekenzinsen zu stehen. Die Erklärung liegt einmal im hohen Anteil der Eigenheime und Eigentumswohnungen, deren kalkulatorische Eigenmieten offenbar unterhalb der Präferenzen der Eigentümer am gesamten Kapitalstock dieses Sektors anzusetzen sind. Außerdem sind die Einkommen dieses Sektors nach Abzug der Abschreibungen ausgewiesen, die in der Volkswirtschaftlichen Gesamtrechnung zu Wiederbeschaffungspreisen angesetzt werden, vom Anleger aber nicht verdient werden müssen, wenn er Wertsteigerungen in entsprechender Höhe erwartet.

[6] Vor allem aus der Einbeziehung der ‚Wohnungsvermietung‘ erklärt sich, daß viele Durchschnittsrechnungen für die Kapitalrendite der Gesamtwirtschaft auf den ersten Blick überraschend niedrige Kapitalrenditen ausweisen, die den Ergebnissen, die wir im folgenden ableiten, vollständig zu widersprechen scheinen. Dies gilt zum Beispiel für den Versuch Krelles, ähnlich wie hier den Verteilungsspielraum unter Annahme einer Untergrenze der Kapitalverzinsung zu ermitteln. Schon bei einer von Krelle angenommenen Realverzinsung von 2 - 3 v. H. des Kapitalstocks erscheint der verbleibende Umverteilungsspielraum der Besitzeinkommen unbedeutend. (Vgl. *Krelle*, Wilhelm: Macht und ökonomisches Gesetz in der Verteilung, in: *Watrin*, Chr., *Schneider*, H. K. (Hrsg.): Macht und ökonomisches Gesetz, Berlin 1973, S. 77 ff. Schriften des Vereins für Sociapolitik, N. F. 74/I.) Auch der Verfasser hat in einer früheren Veröffentlichung die Wohnungsvermietung einbezogen und kam dadurch zu dem Ergebnis, daß auf Grund dieser Daten für eine Vermögensstreuung aus Gewinnen kein Spielraum bleibe. Besonders mißlich war dabei, daß auf S. 229 der Sektor „Wohnungsvermietung“ als „ausgeklammert“ angegeben wurde, obwohl er dort einbezogen wurde. (Vgl. *Schillert*, Ulrich: Vermögensstreuung aus Unternehmensgewinnen, in: ORDO-Jahrbuch Bd. 23 (1972), S. 225 ff.)

Der Einwand zu globaler Betrachtung könnte auch gegen die hier versuchte Rechnung erhoben werden. Denn schon die Zusammenfassung der hier einbezogenen Sektoren summiert Unternehmen mit hoher und niedriger Kapitalrendite. Die durch die statistischen Ausgangsdaten vorgegebene Gesamtbetrachtung der genannten Wirtschaftszweige erscheint uns aber trotzdem vertretbar[7], wenn auch zu beachten ist, daß sie nur sehr grobe Hinweise auf die Größenordnungen des Verteilungsspielraums geben kann[8].

(2) Versuchen wir nun aus den „Einkommen aus Unternehmertätigkeit und Vermögen" der genannten Wirtschaftsbereiche den ‚Unternehmerlohn' abzuspalten. Diese Absonderung setzt Vorstellungen über die angemessene Höhe eines durchschnittlichen Selbständigen-Arbeitseinkommens voraus. In der Regel wird bei Versuchen, die Einkommen der Selbständigen in Arbeitseinkommen und die eigentlichen Besitzeinkommen aufzugliedern, jedem Selbständigen und mithelfenden Familienangehörigen fiktiv ein durchschnittliches „Bruttoeinkommen aus Arbeit" pro Arbeitnehmer zugerechnet. So berechnet der Sachverständigenrat zur Begutachtung der gesamtwirtschaftlichen Entwicklung von dieser Annahme ausgehend eine „Arbeitsquote", das heißt einen „Anteil der gesamten Arbeitseinkommen am Volkseinkommen" von 80 v. H. im Durchschnitt der Jahre 1967 bis 1971[9].

Folgen wir dieser Annahme — im weiteren als Annahme A bezeichnet — so ergäbe sich, wie Tabelle 11 (Spalte 2) zeigt, für die hier betrachteten Wirtschaftszweige ein Gesamtarbeitseinkommen im Durchschnitt 1967 bis 1971 von 74,4 % der Beiträge zum Nettoinlandsprodukt zu Faktorkosten. Der Anteil der reinen Arbeitseinkommen der Selbständigen und mithelfenden Familienangehörigen in diesen Bereichen wäre danach als Folge des Rückgangs der Zahl der Selbständigen und mithelfenden Familienangehörigen in diesem Zeitraum, den Tabelle 11 A

---

7 Zumal im folgenden die notwendige Kapitalverzinsung mit dem Wert angesetzt wird, den nach unseren bisherigen Überlegungen zum Investitionsverhalten die Unternehmen als Untergrenze ansetzen und der folglich Unternehmen, die weniger erwirtschaften, langfristig von der Kapitalversorgung abschneidet.

8 Verglichen mit den folgenden Berechnungen muß im übrigen der Spielraum für die geplante überbetriebliche Gewinnbeteiligung kleiner ausfallen, da nur Unternehmen mit Jahresgewinnen von über 400 000,— erfaßt werden sollen, deren Anteile am Kapitalstock wir aber aus den vorliegenden statistischen Daten nicht isolieren können.

9 Vgl. *Sachverständigenrat zur Begutachtung der gesamtwirtschaftlichen Entwicklung:* Gleicher Rang für den Geldwert. Jahresgutachten 1972/73, Stuttgart usw. 1972, Ziff. 452 ff.; ebenso: *Krelle*, Wilhelm: Bestimmungsgründe der Einkommensverteilung in der modernen Wirtschaft, in: *Hoffmann*, Walter G. (Hrsg.): Einkommensbildung und Einkommensverteilung, Berlin 1957, S. 55 ff.; *derselbe:* Macht und ökonomisches Gesetz in der Verteilung, S. 77 ff.

Tabelle 11: **Die Verteilung des Nettoinlandprodukts zu Faktorkosten in Einkommen aus unselbständiger Tätigkeit, Unternehmerlohn, Gesamtarbeitseinkommen und Besitzeinkommen in ausgewählten — für eine Gewinnbeteiligung — relevanten Wirtschaftsabteilungen**

(Unternehmenssektor ohne Land- und Forstwirtschaft, Verkehr und Nachrichtenübermittlung, Wohnungsvermietung und sonstige Dienstleistungen)[a] in der Bundesrepublik Deutschland 1962 - 1971

	Beiträge zum Nettoinlandsprodukt zu Faktorkosten (NIP)		Ausgewählte Bereiche (Energiewirtschaft und Bergbau, Verarbeitendes Gewerbe, Baugewerbe, Handel, Kreditinstitute und Versicherungsunternehmen)										
	Unternehmenssektor insgesamt in Mrd. DM	Ausgewählte Bereiche[a] in Mrd. DM (in Klammern: Anteil am Unternehmenssektor in v. H.)	Bruttoeinkommen aus unselbständiger Arbeit in Mrd. DM (in Klammer: in v. H. des NIP)	Bruttoeinkommen aus Unternehmertätigkeit u. Vermögen in Mrd. DM (in v. H. des NIP)	Unternehmerlohn in Mrd. DM (in Klammern: in v. H. des NIP) unter den Alternativen:			Gesamtarbeitseinkommen in Mrd. DM (in Klammern: in v. H. des NIP = ‚Arbeitseinkommensquote') unter den Alternativen:			Besitzeinkommen in Mrd. DM[e] (in Klammern: in v. H. des NIP = Besitzeinkommensquote) unter den Alternativen:		
					A[b]	B[c]	C[d]	A[b]	B[c]	C[d]	A[b]	B[c]	C[d]
	(1)	(2)	(3)	(4)	(5)	(6)	(7)	(8) = (3) + (5)	(9) = (3) + (6)	(10) = (3) + (7)	(11) = (4) ./. (5)	(12) = (4) ./. (6)	(13) = (4) ./. (7)
1962	247,10	184,73 (74,8)	119,76 (64,8)	64,97 (35,2)	15,43 (8,4)	18,08 (9,8)	27,25 (14,8)	135,19 (73,2)	137,84 (74,6)	147,02 (79,6)	49,54 (26,8)	46,89 (25,4)	37,71 (20,4)
1965	314,82	240,85 (76,5)	157,83 (65,5)	83,02 (34,5)	19,54 (8,1)	23,29 (9,7)	31,98 (13,3)	177,37 (73,6)	181,12 (75,2)	189,81 (78,8)	63,48 (26,4)	59,73 (24,8)	51,04 (21,2)
1966	331,71	251,61 (75,8)	168,86 (67,1)	82,75 (32,9)	20,63 (8,2)	24,89 (9,9)	33,84 (13,5)	189,49 (75,3)	193,75 (77,0)	202,70 (80,6)	62,12 (24,7)	57,86 (23,0)	48,91 (19,4)
1967	327,75	244,87 (74,7)	165,21 (67,5)	79,66 (32,5)	20,97 (8,6)	25,32 (10,3)	34,50 (14,1)	186,18 (76,1)	190,53 (77,8)	199,71 (81,6)	58,69 (23,9)	54,34 (22,2)	45,16 (18,4)

1968	364,45	277,94 (76,3)	179,07 (64,4)	98,87 (35,6)	21,59 (7,8)	26,01 (9,4)	34,87 (12,6)	200,66 (72,2)	205,08 (73,8)	213,94 (77,0)	77,28 (27,8)	72,86 (26,2)	64,00 (23,0)
1969	401,03	308,39 (76,9)	202,73 (65,7)	105,66 (34,3)	23,21 (7,5)	28,04 (9,1)	37,15 (12,1)	225,94 (73,2)	230,77 (74,8)	239,88 (77,8)	82,46 (26,8)	77,62 (25,2)	68,51 (22,2)
1970	460,87	359,57 (78,0)	240,98 (67,0)	118,59 (33,0)	26,12 (7,3)	31,78 (8,8)	40,80 (11,4)	267,10 (74,3)	272,76 (75,8)	281,78 (78,4)	92,47 (25,7)	86,81 (24,2)	77,79 (21,6)
1971	500,83	389,42 (77,8)	269,11 (69,1)	120,31 (30,9)	26,96 (6,9)	33,29 (8,5)	42,28 (10,9)	296,07 (76,0)	302,40 (77,6)	311,39 (80,0)	93,35 (24,0)	87,02 (22,4)	78,03 (20,0)

a) Energiewirtschaft und Bergbau, Verarbeitendes Gewerbe, Baugewerbe, Handel, Kreditinstitute und Versicherungsunternehmen ohne Postscheckdienst, Postsparkasse, Börsen, sowie Vermittlung von Versicherungen und Wertpapiergeschäften. — b) Als ‚Unternehmerlohn' wird für jeden Selbständigen und mithelfenden Familienangehörigen ein in diesen Wirtschaftsbereichen (vgl. a)) durchschnittlich erzieltes jährliches Bruttoarbeitseinkommen eines Unselbständigen, unterstellt. (Vgl. Tabelle 11 A des Anhangs.) — c) Als ‚Unternehmerlohn' wird für jeden Selbständigen und mithelfenden Familienangehörigen ein in diesen Wirtschaftsbereichen (vgl. a)), pro geleistete Arbeitsstunde (lt. Mikrozensus) erzieltes Bruttoarbeitseinkommen eines Unselbständigen unterstellt. (Vgl. Tabelle 11 B des Anhangs.) — d) Als Unternehmerlohn wird für jeden Selbständigen ein geschätztes durchschnittliches Bruttojahreseinkommen männlicher kaufmännischer und technischer Angestellter der Leistungsgruppe II in Industrie und Handel unterstellt. Für mithelfende Familienangehörige wird pro geleistete Arbeitsstunde (lt. Mikrozensus) ein durchschnittlich von Unselbständigen in den ausgewählten Wirtschaftsbereichen pro Arbeitsstunde erzieltes Bruttoarbeitseinkommen angenommen. (Vgl. Tabelle 11 C des Anhangs.) Die Leistungsgruppe II umfaßt „kaufmännische und technische Angestellte mit besonderen Erfahrungen und selbständigen Leistungen in verantwortlicher Tätigkeit mit eingeschränkter Dispositionsbefugnis, die Angestellte anderer Tätigkeitsgruppen einzusetzen und verantwortlich zu unterweisen haben. Ferner Angestellte mit umfassenden kaufmännischen oder technischen Kenntnissen." (Vgl. Bretschneider, Husmann, J.; Schnabel, F.: Handbuch einkommens-, vermögens- und sozialpolitischer Daten. Tabellen und Kommentare Köln 1970 ff. Tabelle C 32, Erläuterungen.) — e) Besitzeinkommen = Bruttoeinkommen aus Unternehmertätigkeit und Vermögen abzüglich dem unterstellten Unternehmerlohn.

Quellen: Statistische Jahrbücher für die Bundesrepublik Deutschland 1971, S. 525 f. und 1973, S. 522 f.; ferner: Quellenangaben zu den Tabellen 11 A - C des Anhangs. Eigene Berechnungen.

des Anhangs zeigt, von 8,4 % (1962) über 8,6 % (1967) auf 6,9 % (1971) gesunken. Auch 1971 wären also 24 % der in diesen Wirtschaftsbereichen verteilten Einkommen als reine „Besitzeinkommen" anzusehen. Doch berücksichtigt dieser Kalkül nicht, daß

— Selbständige und sogar mithelfende Familienangehörige bei den jährlichen Befragungen im Rahmen des Mikrozensus im Durchschnitt nennenswert höhere wöchentliche Arbeitszeiten angaben als die, die für die Arbeitnehmer ausgewiesen werden (vgl. Tabelle 11 B des Anhangs);

— Selbständige im Durchschnitt auf eine qualifiziertere und teurere Ausbildung verweisen können und bei Übergang in die Stellung abhängig Tätiger wohl auch eine Stellung mit höherer Qualifikation und höherer Bezahlung erringen können, als es dem Durchschnitt aller Arbeitnehmer entspricht.

Die unterschiedlichen Arbeitszeiten sind in der Alternative B berücksichtigt, in der wir die Zahl der Selbständigen und der mithelfenden Familienangehörigen für jedes Jahr mit dem Verhältnis ihrer geleisteten Arbeitsstunden zu den Arbeitsstunden der Arbeitnehmer multipliziert haben und so Zahlen der Selbständigen und mithelfenden Familienangehörigen erhalten, die hier einmal als ‚arbeitszeitbereinigte' Erwerbstätigenzahlen der Selbständigen und mithelfenden Familienangehörigen bezeichnet werden sollen (vgl. Tabelle 11 B des Anhangs). Multiplizieren wir nun diese ‚arbeitszeitbereinigten' Zahlen mit dem jeweiligen durchschnittlichen Bruttoeinkommen aus unselbständiger Arbeit, so erhalten wir einen Betrag für den Unternehmerlohn, der der Annahme entspricht, daß den Selbständigen und mithelfenden Familienangehörigen der gleiche Bruttostundenlohn zuzurechnen ist wie den abhängig Beschäftigten. Wie Tabelle 11 ausweist, läge der Anteil des Unternehmerlohns am Nettoinlandsprodukt unter der Annahme B in den Jahren 1967 bis 1971 mit durchschnittlich 9,2 v. H. des Nettoinlandsprodukts jährlich um 1,6 Prozentpunkte höher als unter der Annahme A. An reinen Besitzeinkommen verbleiben also bei der Annahme B durchschnittlich 24 v. H. des Inlandsprodukts zwischen 1967 und 1971[10].

Die im Durchschnitt höhere Qualifizierung selbständiger Arbeit ist statistisch nur schwer zu erfassen. Gleichwohl erscheint der Versuch sinnvoll. Denn die im Verhältnis zur Zahl der Arbeitnehmer geringe

---

[10] Wie Tabelle 11 B des Anhangs außerdem zeigt, ging beispielsweise im produzierenden Gewerbe der Anteil selbständiger Arbeit an den insgesamt geleisteten Arbeitsstunden weniger zurück, als es der Entwicklung der Erwerbsstruktur entspricht, da die Zahl der wöchentlich geleisteten Arbeitsstunden der Selbständigen von 50,9 (1962) auf 52,2 (1970) gestiegen ist, während die Zahl der geleisteten Arbeitsstunden pro Arbeitnehmer im gleichen Zeitraum von 42,8 auf 40,9 sank.

Zahl der Selbständigen in den hier ausgewählten Wirtschaftsbereichen deutet an, daß zumindest von einem erheblichen Teil dieser Erwerbstätigen Qualifikationen verlangt werden, die der leitender Angestellter in Industrie und Handel entsprechen dürften. Auf längere Sicht ist aber die Selbständigkeit für Berufsanfänger sicher nur dann hinreichend attraktiv, wenn die der Arbeitsleistung zurechenbaren Teile der Gewinneinkommen (nach Abzug einer ‚normalen' Kapitalrendite und einer hinreichenden Risikoprämie) zumindest nicht unterhalb der Einkommen liegen, die der Berufsanfänger in abhängiger Stellung in Industrie und Handel im Laufe seines Erwerbslebens erreichen könnte. Für unsere Betrachtung ist aber entscheidend, wo die langfristige Untergrenze des Unternehmerlohns liegt. Denn eine Abnahme der Zahl selbständiger Unternehmer, der nicht technisch bedingte — und an den Verbraucher weitergegebene — Vorteile der Unternehmenskonzentration entsprechen, schafft über einen geringeren Wettbewerbsgrad langfristig Spielräume für höhere Preise und Gewinne, also für eine — wenn auch in Ursache und Wirkung nur schwer abzuleitende — Überwälzung vermögenspolitischer Lasten auf lange Sicht. Es ist daher nicht unrealistisch, für eine langfristige Betrachtung das Arbeitseinkommen leitender Angestellter als Untergrenze des ‚Unternehmerlohns' anzunehmen.

Brinkmann[11] rechnet daher in einer Studie des Deutschen Industrieinstituts zur „Rendite des Produktionsvermögens" in der gewerblichen Wirtschaft jedem Selbständigen ein durchschnittliches Bruttoarbeitseinkommen eines leitenden Angestellten der — statistischen — Leistungsgruppe I in Industrie und Handel zu, das er mangels eines genauen Ausweises in der amtlichen Statistik mit 130 v. H. des Durchschnittseinkommens der Angestellten der — ausgewiesenen — Leistungsgruppe II[12] schätzt. Für 1971 wären dies nach unserer Schätzung rund DM 40 000,—, während wir in der Alternative A — dem Sachverständigenrat folgend — DM 17 000,— bis DM 18 000,— (Tabelle 11 A) und in der Alternative B rund DM 21 000,— als Unternehmerlohn pro Selbständigen (Tabelle 11 B) angesetzt haben. Folgen wir einer mittleren Linie, indem wir jedem Selbständigen das nach Tabelle 11 C des Anhangs berechnete Bruttoarbeitseinkommen eines Angestellten „mit eingeschränkter Dispositionsbefugnis" (Leistungsgruppe II)[13] — beispielsweise 1971: DM 29 903,— —

---

[11] Vgl. *Brinkmann*, Theodor: Umfang und Rendite des Produktivvermögens, in: Berichte des Deutschen Industrieinstituts für Wirtschaftspolitik, Jg. 5 (1971), Nr. 8, S. 17 f.

[12] In der Leistungsgruppe II erfaßt das Statistische Bundesamt „kaufmännische und technische Angestellte mit besonderen Erfahrungen und selbständigen Leistungen in verantwortlicher Tätigkeit mit eingeschränkter Dispositionsbefugnis, die Angestellte anderer Tätigkeitsgruppen einzusetzen und verantwortlich zu unterweisen haben. Ferner Angestellte mit umfassenden kaufmännischen oder technischen Kenntnissen". (Vgl. *Statistisches Bundesamt* (Hrsg.): Preise, Löhne, Wirtschaftsrechnungen — Fachserie M, Reihe 15/II; vgl. auch *Bretschneider*, Joachim u. a.: Handbuch ..., Tabelle C 32 und Erläuterungen.)

[13] Vgl. Anmerkung b).

und den mithelfenden Familienangehörigen ein unter Berücksichtigung ihrer höheren Arbeitszeit durchschnittliches Arbeitnehmerarbeitseinkommen zurechnen, so erhalten wir für 1971 einen Anteil des Unternehmerlohns am Nettoinlandsprodukt von 10,9 v. H. (vgl. Tabelle 11, Spalte (7)). Die reinen Besitzeinkommen erreichen bei Annahme des Unternehmerlohns nach der Alternative C im Durchschnitt der Jahre 1967 bis 1971 rund 21 %. Anders als bei den Alternativen A und B, bei denen sich zwischen 1962 und 1971 ein leichter Trend zu sinkenden Anteilen der Besitzeinkommen am Nettoinlandsprodukt abzuzeichnen scheint (vgl. Tabelle 11, Spalten (11) und (12)), ist unter der Annahme C kein solcher Trend mehr zu erkennen (vgl. Spalte (13))[14].

Nach Abzug des Unternehmerlohns von den Nettoeinkommen aus Unternehmertätigkeit und Vermögen, die in den hier ausgewählten Bereichen erzielt wurden, verbleiben damit, wie Tabelle 11 zeigt, als reine ‚Besitzeinkommen' zwischen rund einem Viertel (Alternative A) und rund einem Fünftel (Alternative C) des Nettoinlandsprodukts dieser Bereiche; das sind für 1971 zwischen etwa 93 Mrd. DM und 78 Mrd. DM. Eine Summe in etwa dieser Höhe wäre also der Vermögenspolitik zugänglich, wenn keine Kapitalverzinsung berücksichtigt zu werden brauchte.

Von welcher der drei Annahmen über den Mindestunternehmerlohn auszugehen ist, hängt von der Fragestellung ab: Eine Vermögenspolitik, die den Wettbewerbsgrad nicht beeinträchtigen will, muß beachten, daß auch nach Abzug von Steuern und vermögenspolitischen Lasten die Selbständigkeit finanziell attraktiv bleibt. Langfristig dürften, dieser Zielsetzung folgend, die Unternehmensgewinne dann nur soweit redressiert werden, daß einem tätigen Unternehmenseigner — neben einer Kapitalverzinsung, die das Festhalten am Eigenkapitalbesitz attraktiv erhält — ein ‚Unternehmerlohn' verbleibt, der nicht unter dem Betrag liegt, den er — oder potentielle Nachfolger — auch in der abhängigen Beschäftigung erzielen könnten. Dieser langfristigen Untergrenze wird daher wohl eher das Durchschnittsgehalt leitender Angestellter (Annahme C) entsprechen als Durchschnittslohn oder Durchschnittsgehalt der Arbeitnehmer insgesamt. Die der Vermögenspolitik unter Beachtung der genannten Einschränkung höchstens zugänglichen Besitzeinkommen sind damit bis zu diesem Punkt unserer Überlegungen mit kaum mehr als 80 Mrd. DM für das Jahr 1971 anzusetzen.

(3) Aus der Überlegung, daß ebenso wie der Faktor ‚selbständige Unternehmertätigkeit' auch das Kapital — vor allem das haftende Eigenkapital — langfristig nur dann im Unternehmenssektor gehalten wer-

---

[14] Die Erklärung dieser Divergenz ist in der Verringerung der relativen Abstände zwischen einem durchschnittlichen Arbeitnehmer(lohn)einkommen und dem Durchschnittsarbeitseinkommen der leitenden Angestellten in diesem Zeitraum — 1962 bis 1971 — zu suchen.

den kann, wenn eine ‚angemessene' Vergütung gesichert ist[15], lassen sich die Besitzeinkommen grundsätzlich weiter aufgliedern:

— in einen Betrag für die Zinsansprüche der Fremdkapitalgläubiger,
— in einen Betrag für die ‚normale' Eigenkapitalverzinsung und
— in einen dann noch verbleibenden Rest, der das spezielle Eigenkapitalrisiko decken muß[16] und der im Anschluß an Rüstow als „makroökonomischer Differentialgewinn"[17] bezeichnet werden kann.

Der durchschnittliche Fremdkapitalzins, den die Unternehmen ihren Kreditgebern zahlen müssen, kann in etwa mit der durchschnittlichen Effektivverzinsung festverzinslicher Wertpapiere angesetzt werden. Schwerer zu bestimmen ist die Höhe der „normalen" oder „angemessenen" Eigenkapitalverzinsung, da schließlich der Markt diese Entscheidung trifft. Dennoch sind Schätzurteile darüber möglich, wo ungefähr die Untergrenze liegt, jenseits derer ein Rückgang unternehmerischer Tätigkeit und der Investitionen zu erwarten ist:

Auf den ersten Blick könnte man davon ausgehen, daß die Untergrenze der Eigenkapitalrendite in der gewerblichen Wirtschaft der Dividendenrendite entspricht. Denn sie gibt ja den Zinssatz an, zu dem Anleger bisher bereit sind, dem Unternehmenssektor haftendes Kapital zur Verfügung zu stellen und an vorhandenen Beteiligungen festzuhalten. Folglich könnten auch die Unternehmenseigner im Bereich der Nichtkapitalgesellschaften durch Maßnahmen der Einkommensumverteilung auf Renditen in dieser Höhe gedrückt werden, ohne daß die Eigenkapitalversorgung zurückginge.

Gegen diese Annahme spricht aber zunächst schon, daß die Aktionäre aus den im Unternehmen bleibenden unverteilten Gewinnen in der Regel für spätere Jahre steigende Börsenkurse, Gratisaktien, günstige Bezugsrechte oder höhere Dividenden erwarten können. Zumindest muß man davon ausgehen, daß viele Aktienbesitzer in derAktie bisher einen Sachwert gesehen haben, von dem sie zumindest glaubten, daß er sie auf längere Sicht durch Kurszuwächse etwa in Höhe der Geldentwertungsrate für geringere Ausschüttungen entschädigt, als die, die am Ren-

[15] Vgl. dazu die Überlegungen zur Investitionsfunktion, insbesondere Teil B, Abschnitt II, 3.2.

[16] In einer genaueren Berechnung müßten auch noch die eigenkapitalspezifischen Steuern abgezogen werden, also Steuern und Lasten, die nur die dem Eigenkapitalbesitz zurechenbaren Besitzeinkommen treffen. Das gilt insbesondere für den Teil der Körperschaftsteuer der Kapitalgesellschaften, der von den Unternehmen auf die Ausschüttung zu zahlen ist; ebenso stellt die Doppelbesteuerung des Eigenkapitalbesitzes an Kapitalgesellschaften bei der Vermögenssteuer eine Sondersteuer auf Eigenkapitalbesitz dar.

[17] So auch *Rüstow*, Hanns-Joachim: Investitionsquote, Wachstum und Gleichgewicht. Gutachten erstellt im Auftrage des Bundeswirtschaftsministeriums, Berlin 1970, S. 52 ff.

tenmarkt hätten erzielt werden können. Nun ist allerdings der Sachwertcharakter der Aktie in den letzten zehn Jahren stark geschwunden. Die Kurszuwächse haben seit etwa 1960 nicht in jedem Jahr und auch nicht über mehrjährige Durchschnitte mit der Inflationsrate Schritt gehalten[18]. Auch ist zweifelhaft, ob die Unternehmen auf Dauer zu den Gewinnern einer auf Jahre schleichenden — und damit für beide Tarifpartner kalkulierbaren — Inflation gehören können. Wenn aber die Sachwertillusion der Aktie schwindet und die thesaurierten Gewinne, die bisher als wesentliche Grundlage für Kurszuwächse zu betrachten waren, umverteilt werden, werden die Aktiensparer kaum mit einer Dividendenrendite zufrieden sein, die unterhalb des Rentenzinses liegt, sondern in die höher verzinslichen Rentenwerte „umsteigen". Die Aktienkurse würden dann soweit sinken und die Rentenkurse — wegen der engen Interdependenzen der internationalen Kreditmärkte allerdings nur wenig — steigen, bis in etwa ein Renditenausgleich zwischen festverzinslichen Wertpapieren und Aktien zustande käme. Neuemissionen von Aktien könnten dann nur untergebracht werden, wenn ihre zu erwartende effektive Rendite über der effektiven Rentenrendite läge. Diesen Zinssatz müßten folglich auch die Vorstände der Aktiengesellschaften als Mindestverzinsung in ihre Investitionsrechnungen einsetzen und würden damit alle die Vorhaben unterlassen müssen, deren erwarteter interner Zinsfuß darunter liegt.

Diese Überlegungen gelten für den Bereich der Nichtaktiengesellschaften analog. Allerdings wird die Mindestrendite des Eigenkapitals bei diesen Unternehmensformen höher liegen müssen als bei den großen Publikumsaktiengesellschaften. Denn Eigentum an Einzelfirmen und direkte Beteiligung an nicht-emissionsfähigen Personen- und Kapitalgesellschaften ist weniger fungibel, häufig eng an die Person des Unternehmensleiters gebunden und mit höheren Verlustrisiken behaftet als börsengängige Aktien. Folglich werden Kapitalanleger haftendes Kapital für diese Rechtsformen wohl nur dann zur Verfügung stellen, wenn ihre Rendite um einen Risikozuschlag über der Eigenkapitalverzinsung in Aktiengesellschaften liegt. Auch für den Bereich dieser Rechtsformen liegt also die Untergrenze der internen Verzinsung sicher oberhalb, keinesfalls aber unterhalb der Obligationenrendite.

Man wird deshalb davon ausgehen können, daß im Durchschnitt der gesamten gewerblichen Wirtschaft die Eigenkapitalverzinsung nicht dauerhaft unter die effektive Rentenrendite sinken kann und ebenfalls die Belastung mit Fremdkapitalzinsen durchschnittlich diese Höhe erreicht.

---

[18] Zur tatsächlichen Entwicklung der Aktienkurse und -renditen vgl. H. *Willgerodt*, K. *Bartel*, U. *Schillert:* Vermögen für alle ..., S. 99 f. Zum Sachwertcharakter der Aktien vgl. ebenda, S. 136 ff.

Unter dieser vereinfachenden Annahme ist es möglich, aus den reinen Besitzeinkommen der hier einbezogenen Wirtschaftszweige, ohne Vorstellungen über die Bilanzstruktur heranzuziehen, den Betrag auszugliedern, der mindestens für die Verzinsung des Eigen- und Fremdkapitals zur Verfügung stehen muß. Zu diesem Zweck muß zunächst das Sachvermögen der hier ausgewählten Wirtschaftszweige ermittelt werden. Denn, wenn Forderungen und Verpflichtungen innerhalb des Unternehmenssektors saldiert werden, entsprechen die als Eigen- und Fremdkapital verbrieften Nettoansprüche der privaten Haushalte gegen den Unternehmenssektor in etwa dem gewerblich genutzten Sachvermögen, also der Summe aus Sachanlagen, Grundvermögen und Vorräten, und einem Teil des zirkulierenden Geldes[19].

Als Ausgangsdaten für die Berechung des Sachvermögens stehen zur Verfügung:

— Jahresdaten für 1962 bis 1971 des Statistischen Bundesamtes über das „reproduzierbare Sachvermögen"[20] der gesamten gewerblichen Wirtschaft ohne Land- und Forstwirtschaft und ohne den Sektor Wohnungsvermietung, aber einschließlich des Sektors „Verkehrs- und Nachrichtenwesen", den wir wegen des hohen Anteils der staatlichen Unternehmen ausklammern wollen;

— nur bis 1967 reichende Daten des Deutschen Instituts für Wirtschaftsforschung (Berlin) über das „reproduzierbare Sachvermögen"[21], die — anders als die Berechnung des Statistischen Bundesamtes — nach Wirtschaftsbereichen gegliedert sind, also eine exakte Trennung der hier ausgewählten Wirtschaftsbereiche von der gesamten gewerblichen Wirtschaft zulassen[22].

---

19 Die (Netto-)ansprüche der Privaten gegen den gewerblichen Sektor und entsprechend das Nettovermögen, das die privaten Ansprüche deckt, liegen allerdings etwas höher. Nicht berücksichtigt sind in dieser Saldierung nämlich diejenigen Kassenbestände der Unternehmen, die ursprünglich aus der Erstausstattung der westdeutschen Wirtschaft mit Banknoten und aus Devisenverkäufen der Unternehmen an die Deutsche Bundesbank stammen. Da diese Beträge aber Größenordnungen von wenigen 10 Mrd. DM nicht übersteigen, können sie angesichts eines Sachvermögens von 1,4 Billionen DM vernachlässigt werden.

20 Nettoanlagevermögen ohne den Wert des Grund und Bodens aber einschließlich des Wertes der aufstehenden Bauten, jeweils zu den Wiederbeschaffungspreisen gerechnet, zuzüglich des Wertes der Vorräte, die allerdings zu Anschaffungspreisen gerechnet sind. (Vgl. *Lützel*, Heinrich: Das reproduzierbare Sachvermögen zu Anschaffungs- und Wiederbeschaffungspreisen, in: Wirtschaft u. Statistik, Heft 11 (1972), S. 611 ff.)

21 Vgl. *Kirner*, Wolfgang: Zeitreihen für das Anlagevermögen der Wirtschaftsbereiche in der Bundesrepublik Deutschland. DIW-Beiträge zur Strukturforschung, Heft 5 (1968).

22 Allerdings mit Ausnahme des Bereichs „Wohnungsvermietung", der in dieser Untersuchung mit den „sonstigen Dienstleistungen" zusammengefaßt ist.

Beide Untersuchungen ermitteln das Sachvermögen aus Zeitreihen über die Bruttoinvestitionen unter der Annahme einer bestimmten Abgangsordnung der Anlagegüter:

— Sie weisen jeweils getrennt sowohl das Bruttovermögen wie das Nettovermögen (nach Abschreibungen) aus;
— sie bewerten die Investitionsgüter alternativ zu konstanten Preisen von 1962, zu Anschaffungspreisen und zu Wiederbeschaffungspreisen und gliedern nach „Ausrüstungen" und „Bauten" auf, enthalten aber keine Angaben über den Wert des Bodens, auf dem die Bauten stehen.

Die Daten stellen uns daher vor drei Probleme:

— *erstens*, ob vom Brutto-Konzept oder vom Netto-Konzept[23] auszugehen ist und welches Bewertungsverfahren dem Zweck unserer Untersuchung entspricht;
— *zweitens*, den Wert des Bodens zu schätzen, da er im Nettoanlagevermögen, das unsere Quellen ausweisen, nicht enthalten ist, aber verzinst werden muß[24], und
— *drittens*, das Sachvermögen der Bereiche „Verkehr und Nachrichtenwesen" und „sonstige Dienstleistungen" von dem Sachvermögen der „Gewerblichen Wirtschaft" (ohne „Wohnungsvermietung" und ohne „Land- und Forstwirtschaft") zu trennen.

Zu 1:

Anders als Krelle, der in seiner neueren — sonst methodisch unserer Rechnung ähnlichen — Untersuchung über den Verteilungsspielraum für die Lohnpolitik[25] den Mindestkapitalzins auf das „Bruttoanlagevermögen zu konstanten Preisen von 1962" bezieht, wollen wir vom ‚Nettoanlagevermögen zu Wiederbeschaffungspreisen' ausgehen. Denn das Bruttovermögen, das alle noch betriebenen Produktionsanlagen zu Werten enthält, die Abschreibungen unberücksichtigt lassen, gibt mehr die Höhe des Produktionspotentials wieder, weist aber den für unsere Untersuchung wichtigen Wert des Vermögens zu hoch aus[26]. Andererseits ist eine Bewertung zu konstanten Preisen von 1962 — die Krelle zugrunde legt — oder auch zu Anschaffungspreisen zu

[23] Die jeweils noch vorhandenen und zur Produktion beitragenden Anlagegegenstände werden bei der Berechnung des Bruttoanlagevermögens („Brutto-Konzept") mit ihrem vollen Wert ohne Minderung durch Abschreibungen angesetzt. Beim „Netto-Konzept", das zum Nettoanlagevermögen führt, wird der Wert der geschätzten Abschreibungen abgezogen. In beiden Konzepten ist eine Bewertung zu Anschaffungspreisen, zu „konstanten" Preisen eines Basisjahres und zu Wiederbeschaffungspreisen möglich, wobei sich die letzten beiden Bewertungsverfahren der Deflationierung beziehungsweise Inflationierung mit dem Preisindex für Investitionsgüter bedienen. Vgl. im einzelnen *Lützel*, Heinrich: Das reproduzierbare Sachvermögen ....

[24] Vgl. Teil B, Abschnitt II, 3.4, Anmerkung 20.

[25] Vgl. *Krelle*, Wilhelm: Macht und ökonomisches Gesetz in der Verteilung.

[26] So auch *Lützel*, Heinrich: Das reproduzierbare Sachvermögen ..., S. 611.

niedrig, da sie vollzogene Wertsteigerungen und gestiegene Investitionsgüterpreise unberücksichtigt läßt. Ginge es um die moralische Frage nach einer irgendwie ‚gerechten' Kapitalverzinsung, so wäre nach Anschaffungspreisen zu bewerten. Doch geht es hier um die Prüfung, bis zu welcher Mindestkapitalverzinsung der Eigenkapitalerwerb für Kapitalanleger und Neuinvestitionen für die Unternehmer attraktiv sind. Diese Frage versuchen wir hilfsweise an der Verzinsung des schon vorhandenen Sachvermögens zu prüfen. Die Gewinne bezogen auf die in früheren Perioden angeschafften Anlagen sind aber nur dann Indikator für die Verzinsung neuer Investitionen, wenn der Wert der bestehenden Anlagen um die Abschreibungen gemindert wird und wenn das Nettoanlagevermögen dann mit den Wiederbeschaffungspreisen bewertet wird, also den Preisen, die heute für sie gezahlt werden müßten[27].

Zu 2:

Im Anschluß an die erwähnte Untersuchung des Deutschen Industrieinstituts[28], die wiederum auf Berechnungen von Hoffmann, Grumbach und Hesse verweist[29], schätzen wir den Wert des gewerblich genutzten Bodens für die einzelnen Wirtschaftsbereiche jeweils auf ein Drittel des Wertes der aufstehenden Bauten, die die genannten Berechnungen zur Höhe des reproduzierbaren Sachvermögens ausweisen.

Zu 3:

Da nur die Schätzung des Statistischen Bundesamtes Daten für das Sachvermögen bis 1971 enthält[30], dagegen nur die Untersuchung des Deutschen Instituts für Wirtschaftsforschung nach Wirtschaftszweigen — bis 1967 — differenziert[31], ermitteln wir zunächst für 1962 bis 1967 den Wert des Sachvermögens in den ausgewählten Wirtschaftsbereichen, indem wir — wie Tabelle 12 zeigt — den Anteil der hier auszuklammernden Wirtschaftszweige[32] aus der Untersuchung des DIW auf die Berechnung des Statistischen Bundesamtes übertragen[33]. Nach dieser Berechnung erhalten wir für 1967 einen Wert des Sachvermögens für die ausgewählten Bereiche von 584,8 Mrd. DM (Tabelle 12, Spalte (13)) und von 695,5 Mrd. DM für die Bereiche „Verkehr und Nachrichtenwesen", „Wohnungsvermietung" und „sonstige Dienstleistungen" (vgl. Tabelle 12, Spalte (5) und Tabelle 12 A, Spalte 25)).

---

27 Hinter dieser Annahme steht die — vergröbernde — Prämisse, daß sich in den Wiederbeschaffungs*preisen* der Investitionsgüter in etwa der Ertragswert der neu auf den Markt kommenden Investitionsgüter wiederspiegelt — aus der Vermutung, daß geringere Ertragserwartungen der Investoren die Investitionsgüterpreise drücken und hohe Erwartungen zu höheren Investitionsgüterpreisen führen müssen.

28 Vgl. *Brinkmann*, Theodor: Umfang und Rendite des Produktivvermögens, S. 13.

29 Vgl. *Hoffmann*, W. G.; *Grumbach*, F.; *Hesse*, H.: Das Wachstum der Deutschen Volkswirtschaft seit Mitte des 19. Jahrhunderts, Berlin usw. 1965, S. 502.

30 Vgl. *Lützel*, Heinrich: Das reproduzierbare Sachvermögen ....

31 Vgl. *Kirner*, Wolfgang: Zeitreihen für das Anlagevermögen der Wirtschaftsbereiche ....

32 „Verkehr und Nachrichtenübermittlung", „Wohnungsvermietung", und „sonstige Dienstleistungen".

33 In beiden Untersuchungen haben wir den Wert des Bodens aus den angegebenen Werten der „Bauten" mit einem Drittel angenommen und hinzugerechnet (vgl. Tabelle 12 und 12 A).

Tabelle 12: **Das Sachvermögen zu Wiederbeschaffungspreisen in ausgewählten Wirtschaftsbereichen[a]) der Bundesrepublik Deutschland 1962 - 1971**

	Nach Kirner (DJW) und Brinkmann (DJ)						Nach Lützel (Statistisches Bundesamt)					Sachvermögen der Bereiche ,Verkehr u. Nachr.', ,Wohn.-Verm.' u. sonstige Dienstl. in Mrd. DM	Sachvermögen ausgewählter Bereiche[a]) in Mrd. DM
	Sachvermögen d. gewerblichen Wirtschaft[b]) in Mrd. DM	Sachvermögen der Bereiche Verkehr u. Nachrichtenübermittlung, ,Wohnungsvermietung' u. sonst. Dienstleistungen in Mrd. DM, darunter:					Sachvermögen der gewerbl. Wirtschaft (ohne ,Land- und Forstwirtschaft', einschl. ,Wohnungsvermietung' u. sonst. Dienstleistungen) in Mrd. DM, darunter:						
		Nettoanlagevermögen	Vorräte[c])	Grund u. Boden[d])	Gesamt	Anteil am gesamten Sachverm.	Ausrüstungen	Vorräte	Bauten	Grund u. Boden[d])	Gesamt		
	(1)	(2)	(3)	(4)	(5) = (2) + (3) + (4)	(6) = (5) : (1)	(7)	(8)	(9)	(10)	(11) = Summe (7) bis (10)	(12) = (6) × (11)	(13) = (11) − (12)
1962	796,8	328,5	2,9	90,7	422,1	0,53	172,9	86	399,9	133,3	792,1	419,6	372,5
1965	1 090,6	455,6	3,6	126,3	585,5	0,537	232,8	100	562,2	187,4	1 082,4	581,1	501,3
1966	1 190,1	499,3	4,0	137,9	641,2	0,539	252,8	112	619,1	206,4	1 190,2	641,3	548,9
1967	1 285,6	543,5	4,3	150,6	698,4	0,543	273,1	116	668,4	222,8	1 280,3	695,5	584,8
												Eigene Fortschreibung[e]) lt. Tabelle A Spalte (25)	

1968	—	—	—	—	—	—	278,0	113	680,2	226,7	1 298,0	714,7	583,3
1969	—	—	—	—	—	—	293,2	119	750,4	250,4	1 412,7	781,6	631,1
1970	—	—	—	—	—	—	332,2	140	890,1	296,7	1 659,0	915,8	743,2
1971	—	—	—	—	—	—	382,4	163	1 040,4	346,8	1 932,6	1 082,3	850,3

a) Vgl. Anmerkung a) der Tabelle 12 A des Anhangs. — b) Unternehmenssektor einschließlich Wohnungsvermietung, ohne Land- und Forstwirtschaft. — c) Eigene Schätzung mit 0,8 % des Anlagevermögens aufgrund der 1950 - 1957 vom Statistischen Bundesamt nach Wirtschaftsabteilungen getrennt ausgewiesenen Vorratsbestände. — d) Da die Schätzung des DIW und des Statistischen Bundesamtes nur den Wert der Gebäude und nicht den Wert der Grundstücke ausweist, wird der Wert des Grund und Bodens in den ausgewählten Wirtschaftsbereichen mit einem Drittel des Wertes der aufstehenden Bauten geschätzt. (So auch: Brinkmann, Theodor: Umfang und Rendite des Produktivvermögens, auf der Grundlage: Hoffmann, W. G.; Grumbach, F.; Hesse, H.: Das Wachstum der Deutschen Volkswirtschaft seit der Mitte des 19. Jahrhunderts, Berlin u.a.O. 1965, S. 502). — e) Anteil der Bereiche ‚Verkehr und Nachrichtenübermittlung', ‚Wohnungsvermietung' und ‚sonstige Dienstleistungen' am Sachvermögen des gewerblichen Bereichs nach der Berechnung von Kirner (DIW) multipliziert mit dem von Lützel (Statistisches Bundesamt) ermittelten Wert (Spalte (11)) des Sachvermögens der gewerblichen Wirtschaft (jeweils zuzüglich Wert des Grund und Bodens).

Quellen: Statistische Jahrbücher für die Bundesrepublik Deutschland 1971 und 1973; Statistische Beihefte zu den Monatsberichten der Deutschen Bundesbank. Reihe 2: Wertpapierstatistik. Heft 10/Oktober 1973; Brinkmann, Theodor: Umfang und Rendite des Produktivvermögens. Berichte des Deutschen Industrieinstituts zur Wirtschaftspolitik. 5. Jahrg. (1971) Nr. 8; Kirner, Wolfgang: Zeitreihen für das Anlagevermögen der Wirtschaftsbereiche in der Bundesrepublik Deutschland (DIW-Beiträge zur Strukturforschung. Heft 5, hrsg. v. Deutschen Institut für Wirtschaftsforschung, Berlin); Lützel, Heinrich: Das reproduzierbare Sachvermögen zu Anschaffungs- und zu Wiederbeschaffungspreisen, in: Wirtschaft und Statistik. Heft 11/1972, S. 611 ff.; eigene Berechnungen.

Wir wollen nun versuchen, den Wert des Sachvermögens der ausgewählten Bereiche „Energiewirtschaft und Bergbau“, „Verarbeitendes Gewerbe“, „Baugewerbe“, „Handel“ sowie „Kreditinstitute und Versicherungsunternehmen“ für die Jahre 1968 bis 1971 fortzuschreiben. Das Statistische Bundesamt weist aber nur die Werte des reproduzierbaren Sachvermögens für die *gesamte* „Gewerbliche Wirtschaft“ (ohne „Land- und Forstwirtschaft“, aber einschließlich der „Wohnungsvermietung“) aus. Da die Werte des reproduzierbaren Sachvermögens des Bereichs „Wohnungsvermietung“[34] für die Jahre 1968 bis 1971 auch gesondert ausgewiesen werden, brauchen wir lediglich die Entwicklung des reproduzierbaren Sachvermögens für die Bereiche „Verkehr und Nachrichtenübermittlung“ und „sonstige Dienstleistungen“ zu schätzen.

Ausgangspunkt dieser Schätzung ist der Wert des Sachvermögens dieser beiden Bereiche für das Jahr 1967 (143,5 Mrd. DM; vgl. Tab. 12 A, Spalte (21)). Diesen Wert könnten wir nun für die Jahre 1968 bis 1971 mit den Zuwachsraten des gesamten gewerblichen Sachvermögens[35] forschreiben. Doch würden wir dabei möglicherweise einen Fehler machen: Falls das Sachvermögen dieser beiden Bereiche zwischen 1968 und 1971 stärker zugenommen hätte als das gesamte gewerbliche Sachvermögen, so würden wir das Sachvermögen dieser Bereiche zu niedrig schätzen und das der Bereiche, deren Vermögen wir berechnen wollen, wäre dann zu hoch ausgewiesen. Wir berichtigen deshalb in unserer Fortschreibung die Zuwachsrate des gesamten gewerblichen Sachvermögens[35], mit der wir das Sachvermögen der beiden genannten Bereiche fortschreiben, für jedes Jahr um den folgenden Quotienten:

— jeweilige Beiträge der Bereiche „Verkehr und Nachrichtenübermittlung“ und „sonstige Dienstleistungen“ zum Nettoinlandsprodukt

dividiert durch

— jeweilige Beiträge der gesamten Gewerblichen Wirtschaft (ohne „Land- und Forstwirtschaft“ und „Wohnungsvermietung“); vgl. Tabelle 12 A, Spalten (15), (17) und (19) im Anhang.

Wir gehen dabei von der Überlegung aus, daß dann, wenn die Beiträge zum Nettoinlandsprodukt, die in diesen beiden Bereichen erziehlt werden, beispielsweise stärker zunehmen als das Nettoinlandsprodukt in der gesamten gewerblichen Wirtschaft, in diesen beiden Bereichen auch das Sachvermögen rascher gewachsen ist. Wir könnten diese Annahme auch so ausdrükken: Das Verhältnis des Kapitalkoeffizienten in den Bereichen „Verkehr und Nachrichtenübermittlung“ und „sonstige Dienstleistungen“ zu dem Kapitalkoeffizienten in der gesamten gewerblichen Wirtschaft sei zwischen 1968 und 1971 konstant geblieben. Diese Annahme erscheint uns realistisch, da das Verhältnis der Werte des Sachvermögens der ausgewählten Bereiche zu dem der Bereiche „Verkehr und Nachrichtenübermittlung“ sowie „sonstige Dienstleistungen“ bei etwa vier zu eins liegt (vgl. Tabelle 12 A, Spalte (21) mit Tabelle 12, Spalte (13)). Die so ermittelten Werte des Sachvermögens dieser Bereiche und des Bereichs „Wohnungsvermietung“, die Tabelle 12 A ausweist, subtrahieren wir von den Werten des Sachvermögens, die das Statistische Bundesamt für die gesamte gewerbliche Wirtschaft einschließlich „Wohnungsvermietung“ (aber ohne „Land- und Forstwirtschaft“ angibt (Ta-

[34] Ergänzt um den geschätzten Wert des Grund und Bodens (= ein Drittel des Wertes der aufstehenden Bauten).

[35] Ohne „Wohnungsvermietung“ und ohne „Land- und Forstwirtschaft“.

belle 12, Spalte (11)), und erhalten so die Werte des Sachvermögens der für die Vermögenspolitik relevanten Bereiche „Energiewirtschaft und Bergbau", „Verarbeitendes Gewerbe", „Baugewerbe", „Handel" sowie „Kreditinstitute und Versicherungsunternehmen" (Tabelle 12, Spalte (13) sowie Tabelle 13, Spalte (1)).

Danach ist das Sachvermögen in den hier interessierenden Wirtschaftszweigen von 372,5 Mrd. DM im Jahre 1962 auf 850,3 Mrd. DM im Jahre 1971, also auf das 2,3fache, gestiegen.

Die durchschnittliche Kapitalverzinsung in den für die Vermögenspolitik relevanten Bereichen läßt sich nun aus dem Quotienten

$$\frac{\text{Besitzeinkommen}}{\text{Sachvermögen}}$$

ermitteln, indem wir die unter den drei Alternativen über den Unternehmerlohn geschätzten Besitzeinkommen (Tabelle 11, Spalten (11) bis (13)) auf das Sachvermögen (Tabelle 13, Spalte (14)) beziehen. Wie Tabelle 14 zeigt, lag die so ermittelte Kapitalverzinsung im Durchschnitt des Fünfjahreszeitraumes 1967 bis 1971 je nach der Annahme über die Höhe des Unternehmerlohns zwischen 11,9 v. H. (Annahme A) und 9,9 v. H. (Annahme C).

Wie Tabelle 13, Spalte (18) zeigt, lag die effektive Rentenrendite im Durchschnitt der Jahre 1967 bis 1971 bei 7,4 v. H. Sehen wir sie aus den früheren Überlegungen als Untergrenze der Kapitalverzinsung an, so verbleiben als Differenz zwischen tatsächlicher Kapitalverzinsung und effektivem Rentenzins — als Maßgröße der mindestens notwendigen Rendite — je nach angenommenem Unternehmerlohn zwischen 4,5 % und 2,5 % des Sachkapitals der erfaßten Wirtschaftsbereiche (Tabelle 13, Spalten (22) bis (24), die als „makroökonomischer Differentialgewinn", das heißt unter den hier gemachten Annahmen als maximaler Verteilungsspielraum anzusehen sind. Eine Vermögenspolitik, die ausschließlich in den Unternehmensgewinnen ihre Finanzierungsquelle sieht und das Aufkommen allen Arbeitnehmern zuschwemmen will, könnte damit im Jahre 1971 zwischen rund 39 Mrd. DM (Annahme A) und 21 Mrd. DM (Annahme C) umverteilen[36]. Die Tabelle 13, Spalten (22) bis (24), weist aus[37], daß diese Beträge zwischen 9,8 v. H. und 5,3 v. H. der Bruttoeinkommen aller Arbeitnehmer in der gesamten Wirtschaft ausmachen

---

[36] Der Vergleich dieser Daten mit den analog — aber für eine andere Auswahl von Wirtschaftsbereichen — vom Verfasser in einer früheren Veröffentlichung ermittelten Ergebnisse zeigt, wie stark die Auswahl der Wirtschaftsbereiche — und insbesondere die Einbeziehung des Sektors „Wohnungsvermietung", die Ergebnisse beeinflußt. (Vgl. *Schillert*, Ulrich: Vermögensstreuung aus Unternehmensgewinn, Tabelle 3, S. 235.)

[37] In Klammern unter den absoluten Werten ausgewiesen.

Tabelle 13: **Das gewerblich genutzte Sachvermögen[a]), seine reale Verzinsung[b]) (vor Steuern) in ausgewählten Wirtschaftsbereichen[c]), die effektive Rendite festverzinslicher Wertpapiere und der „makroökonomische Differentialgewinn" in ausgewählten Wirtschaftsbereichen der Bundesrepublik Deutschland 1962 - 1971**

	Sachvermögen[a])	Kapitalverzinsung[b]) in v. H. unter den Alternativen			Effektive Rendite festverzinslicher Wertpapiere	Renditendifferenz[g]) in v. H. unter den Alternativen			„Makroökonomischer Differentialgewinn" (maximaler Verteilungsspielraum) in Mrd. DM (in Klammern in v. H. des Bruttoeink. aus unselbständ. Arbeit d. Gesamtwirtschaft) unter d. Alternativen			Bruttoeinkommen aus unselbständiger Arbeit der Gesamtwirtschaft
	in Mrd. DM	A[d])	B[e])	C[f])	in v. H.	A[d])	B[e])	C[f])	A	B	C	in Mrd. DM
	(14)	(15) = (11)/(14)	(16) = (12)/(14)	(17) = (13)/(14)	(18)	(19) = (15) − (18)	(20) = (16) − (18)	(21) = (17) − (18)	(22) = (19) × (14)	(23) = (20) × (14)	(24) = (21) × (14)	(25)
1962	372,5	13,3	12,6	10,1	6,0	7,3	6,6	4,1	27,2 (15,4)	24,6 (13,9)	15,3 (8,7)	176,38
1965	501,3	12,7	11,9	10,2	6,8	6,1	5,1	3,4	30,6 (13,4)	25,6 (11,2)	17,0 (7,4)	229,03
1966	548,9	11,3	10,5	8,9	7,8	3,5	2,7	1,1	19,2 (7,8)	14,8 (6,0)	6,0 (2,4)	246,57
1967	584,8	10,0	9,3	7,7	7,0	3,0	2,3	0,7	17,5 (7,1)	13,5 (5,5)	4,1 (1,7)	246,65
1968	583,3	13,2	12,5	11,0	6,7	6,5	5,8	4,3	37,9 (14,3)	33,8 (12,8)	25,1 (9,5)	265,03
1969	631,1	13,1	12,3	10,9	7,0	6,1	5,3	3,9	38,5 (12,9)	33,4 (11,2)	24,6 (8,2)	298,95

1970	743,2	12,4	11,7	10,5	8,2	4,2	3,5	2,3	31,2 (8,9)	26,0 (7,4)	17,1 (4,9)	352,14
1971	850,3	11,0	10,2	9,2	8,2	2,8	2,0	1,0	23,8 (6,0)	17,0 (4,3)	8,5 (2,1)	399,22
Ø 1967 – 1970	—	11,9	11,2	9,9	7,4	4,5	3,8	2,5	(9,8)	(8,2)	(5,3)	—

a) Wert der Ausrüstungen, Bauten, Vorräte (= „reproduzierbares Sachvermögen") und Wert des Grund und Bodens (geschätzt mit einem Drittel des Wertes der Bauten) jeweils zu Wiederbeschaffungspreisen. (Schätzung des Statistischen Bundesamtes auf der Grundlage der laufenden Bruttoinvestitionen inflationiert mit dem Preisindex für Investitionsgüter unter Annahme einer rechteckigen Überlebensfunktion.) Zur Berechnung im einzelnen vgl. Tabelle 12 A (Anhang). — b) Besitzeinkommen: Sachvermögen. — c) Siehe Anmerkung a) zu Tabelle 11. — d) Siehe Anmerkung b) zu Tabelle 11. — e) Siehe Anmerkung c) zu Tabelle 11. — f) Siehe Anmerkung d) zu Tabelle 11. — g) Kapitalverzinsung ⁒ effektive Rendite festverzinslicher Wertpapiere, die als Untergrenze der Kapitalverzinsung im gewerblichen Sektor angenommen wird.

Quellen: Statistische Jahrbücher für die Bundesrepublik Deutschland 1971 und 1973; Statistische Beihefte zu den Monatsberichten der Deutschen Bundesbank. Reihe 2: Wertpapierstatistik. Heft 10/Oktober 1973; Brinkmann, Theodor: Umfang und Rendite des Produktivvermögens. Berichte des Deutschen Industrieinstituts zur Wirtschaftspolitik. 5. Jahrg. (1971) Nr. 8; Kirner, Wolfgang: Zeitreihen für das Anlagevermögen der Wirtschaftsbereiche in der Bundesrepublik Deutschland (DIW-Beiträge zur Strukturforschung. Heft 5, hrsg. v. Deutschen Institut für Wirtschaftsforschung, Berlin); Lützel, Heinrich: Das reproduzierbare Sachvermögen zu Anschaffungs- und zu Wiederbeschaffungspreisen, in: Wirtschaft und Statistik. Heft 11/1972, S. 611 ff.; eigene Berechnungen.

würden. Dabei geben wir der letzten Zahl aus den früher genannten Gründen den Vorzug. Immerhin wäre auch unter dieser Annahme C der Spielraum für eine nur auf die Unternehmensgewinne abzielende Vermögenspolitik um das Dreifache der Summe größer, die Parteien und Gewerkschaften gegenwärtig anstreben.

(4) Doch könnte dieses Ergebnis unter mehreren Einschränkungen betrachtet werden, sofern man den Steuerbilanzgewinn trotz der ihm anhaftenden Mängel tatsächlich zur Grundlage von Umverteilungsplänen wählen will:

1. Die „Bruttoeinkommen aus Unternehmertätigkeit und Vermögen" in der volkswirtschaftlichen Gesamtrechnung weisen die Unternehmensgewinne zu niedrig aus, da sie nur die laufenden Einkünfte, nicht aber die Wertsteigerungen des gewerblich genutzten Sachvermögens enthalten, die den Eigenkapitalbesitzern als Vermögenszuwachs zufallen. Die laufend realisierten Wertzuwächse gehen insbesondere bei den kurzlebigeren Anlagegütern zwar in die Steuerbilanzgewinne ein. Denn bei deren Ermittlung werden die Abschreibungen von den Anschaffungsaufwendungen berechnet, so daß die von diesen Gütern erwirtschafteten wachsenden Erträge voll erfaßt und nicht durch Abschreibung nach Wiederbeschaffungspreisen gemindert werden. In der volkswirtschaftlichen Gesamtrechnung werden aber die Abschreibungen zu Wiederbeschaffungspreisen bewertet, so daß bei der Berechnung der statistischen Globalgröße „Bruttoeinkommen aus Unternehmertätigkeit und Vermögen" niedrigere Einkommenswerte zustande kommen. Will man inflationistische und sonstige Wertsteigerungen am Vermögen mit erfassen, könnte man nach folgender Methode verfahren: Man könnte davon ausgehen, daß das gewerblich genutzte Sachvermögen in etwa inflationsgesichert ist; dann müßte entweder den Gewinnen ein Betrag in Höhe des Produkts aus Geldentwertungsrate und Sachvermögen zugerechnet werden, oder es dürfte als Untergrenze der Eigenkapitalverzinsung nur der um die Geldentwertungsrate gekürzte effektive Rentenzins angesetzt werden. Allerdings ist das gewerblich genutzte Sachvermögen nicht vollständig inflationsgesichert. Zumindest zeigt der Preisindex für Investitionsgüter, der im Zehnjahreszeitraum 1961 bis 1971 einen Zuwachs von insgesamt 31,8 v. H. aufwies, daß die Wertzuwächse industrieller Ausrüstungen etwas hinter dem Zuwachs des Preisindex für die Lebenshaltung (1961 bis 1971 gleich + 34,3 v. H.) zurückgeblieben[38] sind. Dabei müßten Entwertungen, die auf den technischen Fortschritt zurückgehen, als Abzugsposten berücksichtigt werden.

Die Einbeziehung der Wertzuwächse in die „Renditendifferenz" der Tabelle 13 würde gleichwohl zeigen, daß sich die von uns ausgewiesenen

---

[38] Vgl. *Bretschneider*, Joachim u. a.: Handbuch ..., Tabellen L 31 und L 11.

„makroökonomischen Differentialgewinne" vor allem im Inflationsprozeß der letzten Jahre beträchtlich erhöht haben, wenn die Wertzuwächse einbezogen werden. Auf der anderen Seite aber erleichtert die Inflation auch die Überwälzung[39], so daß am Erfolg eines vermögenspolitischen Erfassungsversuches insbesondere der Scheingewinne zu zweifeln ist.

2. Andererseits ist von den hier ausgewiesenen „makroökonomischen Differentialgewinnen" noch die Risikoprämie zumindest für das Eigenkapital im Bereich aller Nichtpublikumsaktiengesellschaften abzuziehen, da dort investiertes haftendes Kapital weniger fungibel ist und höheren Verlustrisiken unterliegt, so daß es nur durch eine Art ‚Renditenvoraus' angelockt und gehalten werden kann. Beispielsweise setzt Krelle[40] als Risikoprämie für die Gesamtwirtschaft zwei bis drei Prozent des Sachkapitals an. Übernähme man diesen Ansatz als Maßgröße für die notwendige — positive — Differenz ‚Eigenkapitalrendite minus Rentenzins' als Abzugsposten der in Tabelle 13 ausgewiesenen tatsächlichen Renditendifferenz, so würde der ‚Verteilungsspielraum' zu Null zusammenfallen[41]. Doch ist dieser Ansatz Spekulation, da die Einschätzung der Kapitalanleger am Kapitalmarkt in jedem einzelnen Fall die Risikoprämie anders bestimmt. Immerhin könnte eine Politik, die den Zugang für kleinere und mittlere Unternehmen zum Markt für anonymes Eigenkapital erleichtert und die Fungibilität von Beteiligungswerten dieser Unternehmensformen fördert, die notwendige Risikoprämie senken und so den Spielraum für eine Politik der Vermögensstreuung aus Gewinnen erweitern.

3. Geht man davon aus, daß mit dem Schwinden der Sachwertillusion der Anleger gegenüber Aktien die Emissionsfähigkeit der Aktiengesell-

---

[39] Zur Überwälzung vor allem aus der Sicht markt- und kostentheoretischer Überlegungen vgl. im folgenden Teil B, Abschnitt II, 4.

[40] Vgl. *Krelle,* Wilhelm: Macht und ökonomisches Gesetz in der Verteilung. Krelle begründet hier, wie auch früher (vgl. *ders.:* Bestimmungsgründe der Einkommensverteilung, S. 64 f.) die zur Aufrechterhaltung der Investitionen mindestens notwendige Kapitalverzinsung ausschließlich aus der Risikoempfindlichkeit der Unternehmer, gab aber damals (1957) eine Spanne dieser Mindestverzinsung zwischen „über 15 % und 3 % je nach Unsicherheit der der Erwartungen" an.

[41] Der vordergründige Einwand, daß Krelle die Risikoprämie in Höhe von 2 v. H. bis 3 v. H. des Sachkapitals als alleinige Untergrenze der Kapitalverzinsung verwendet, wir diese Werte folglich nicht zusätzlich zum Rentenzins ansetzen dürfen, sticht nicht, da wir von einer offenen Wirtschaft ausgehen, in der eben schon die ‚normale' Kapitalverzinsung für risikoarme Kapitalanlagen durch den internationalen Zinszusammenhang vorgegeben ist und die Risikoprämie zusätzlich erwirtschaftet werden muß, wenn die Investitionsquote nicht einbrechen soll. Krelle geht, wie fast alle Verteilungstheoretiker — implizit oder explizit — offensichtlich von einer geschlossenen Wirtschaft aus, in der Außenbeziehungen und insbesondere Kapitalwanderungen nicht vorkommen.

schaften auf Dauer nur erhalten werden kann, wenn die Gesamtrendite von Aktien im Durchschnitt der Obligationenrendite entspricht, so müssen von den ‚Differentialgewinnen' der Tabelle 13 auch die eigenkapitalspezifischen Sonderbelastungen der Kapitalgesellschaften abgesetzt werden, also die Körperschaftsteuer auf die Ausschüttungen und die Vermögensteuer der Kapitalgesellschaften, da beide bisher nicht auf die persönliche Steuerschuld der Aktionäre angerechnet werden können. Zwar ist im Rahmen der Steuerreform die Anrechenbarkeit der auf die Dividendenausschüttung entfallenden Körperschaftsteuer auf die persönliche Einkommensteuerschuld der Anteilseigner vorgesehen. Doch wird sich andererseits durch die Neufestsetzung der Einheitswerte im Rahmen der Steuerreform die Belastung der Gewerbebetriebe mit Grund- und Gewerbesteuer, sowie zusätzlich die Vermögensteuerbelastung der Kapitalgesellschaften, für die die Doppelbesteuerung fortbestehen soll, beträchtlich erhöhen, so daß ein Teil des Spielraums, der für die Vermögenspolitik offen zu sein scheint, schon von anderen politischen Zwecken belegt ist[42].

(5) *Ergebnis:*

Wir haben versucht, die gesamtwirtschaftliche Gewinnquote, das heißt die „Bruttoeinkommen aus Unternehmertätigkeit und Vermögen" nach funktionalen Kriterien aufzuteilen

— in einen Betrag, der als mindestens notwendige Faktorenvergütung von den Unternehmen gegen Belastungen verteidigt werden kann und

— in einen Betrag, der als mindestens notwendige Faktorenvergütung kommensverteilung als Quelle umverteilender Vermögenspolitik erscheinen lassen.

Die Berechnungen zeigen, daß die Vermögenspolitik durchaus auf Spielräume in den Gewinneinkommne rechnen kann, wenn diese auch nicht groß sind.

Doch ist vor einem endgültigen Urteil nun noch zu prüfen, ob nicht die Einbeziehung angebotstheoretischer Ansätze in die bisherige Kreislaufanalyse die schon genannten Grenzen des Beliebigkeitsspielraums der Verteilungsrelationen enger steckt.

---

[42] Vgl. dazu frühere Berechnungen des Verfassers in: *Schillert,* Ulrich: Vermögensstreuung aus Unternehmensgewinn, S. 236 f. und die dort angegebene Literatur.

4. Das Anbieterverhalten als ‚Störvariable‘: Die Reaktion der Absatz- und Beschäftigungsmenge

In den hier zitierten Gutachten und Stellungnahmen[1] zum Einfluß der Vermögenspolitik auf die funktionelle Einkommensverteilung wird in der Regel nur auf den gesamtwirtschaftlichen Kreislaufzusammenhang hingewiesen: Wenn durch die Vermögenspolitik die gesamtwirtschaftliche Einkommensverwendung nicht berührt wird, scheint auch ein höheres Preisniveau und damit die Überwälzung einer Abgabe in höheren Preisen gesamtwirtschaftlich ausgeschlossen. Möglichkeiten, höhere Preise für ihre Produkte durchzusetzen und so die Lasten der Vermögenspolitik zumindest teilweise auf die Arbeitnehmer als Konsumenten zu überwälzen, haben die belasteten Unternehmen danach nur dann, wenn als Folge staatlich geförderter Vermögensbildung das freiwillige Sparen zugunsten höherer Konsumausgaben zurückgeht.

Dabei wird schon auf der Ebene einer gesamtwirtschaftlichen Betrachtung mitunter wenig beachtet, daß auch bei gegebener gesamtwirtschaftlicher Ausgabensumme in einer geschlossenen Wirtschaft und bei gegebenem Geldvolumen die Preiselastizität der gesamtwirtschaftlichen Nachfrage stets gleich eins ist. Ein höheres Preisniveau ist also durchsetzbar, wenn die Unternehmen insgesamt bereit sind, ihre Absatzmenge zugunsten höherer Preise zurückzunehmen. Gesamtwirtschaftlich löst eine solche Reaktion über den Rückgang der Beschäftigung und der Investitionen einen Abschwungsprozeß aus, der erst bei niedrigeren Barlohnsätzen zum Beschäftigungsgleichgewicht zurückführt.

Wir wollen untersuchen, ob die Unternehmen, selbst wenn die gesamtwirtschaftlichen Nachfragegrößen sich im Gefolge der Vermögenspolitik nicht verändern, den Angriff auf ihre Gewinne nicht trotzdem abschlagen können. Bei dieser Analyse, die eine Differenzierung nach Marktformen erfordert, können wir uns allerdings nicht auf makroökonomische Gleichgewichtsmodelle der Verteilungstheorie stützen. Denn die Kreislauftheorie betrachtet das Unternehmerverhalten, soweit es durch Machtpositionen der Unternehmer am Markt bestimmt wird, kaum als eigenständige Einflußgröße auf die Verteilungsrelationen. Die Monopolgradtheorien, die vom Verhalten der Unternehmer bei der Gestaltung von Absatzmenge und Preisen ausgehen, verstellen sich selbst den Blick auf die Marktformen durch ihre Vorstellung vom „Klassenmonopol“[2] der Produzenten als Gruppe. Die Erweiterung der Grenz-

[1] Vgl. im vorhergehenden Teil A.

[2] Vgl. *Hensler*, Walter: Das Problem von Vermögensverteilung und Rente dargestellt an Peters „Klassenrente“ und Preisers „Quasimonopol“, Diss. Köln 1970.

produktivitätstheorie um den Kreislaufzusammenhang im Meade-Modell enthält zwar auch einen Parameter, der Anbietermacht auf den Absatzmärkten und Nachfragermacht auf dem Arbeitsmarkt berücksichtigt[3]. Auch dieses Modell erlaubt aber keine Differenzierung nach Marktformen, da der Unternehmenssektor zu einem Aggregat zusammengefaßt ist und die Angebots- und Nachfrageelastizitäten offenbar für die Gesamtheit der Unternehmen als Durchschnittswerte zu interpretieren sind. Auch Heuß[4], Ehrlicher[5] und Krelle[6] betrachten — wenn auch mit diametral entgegengesetzten Ergebnissen — den Einfluß der Marktformen auf die gesamtwirtschaftliche Einkommensverteilung: So meinen Heuß und Krelle, daß ein Vordringen monopolistischer Marktformen die gesamtwirtschaftliche Gewinnquote erhöht, während Ehrlicher davon ausgeht, daß die Gewinneinkommen allein durch die gesamtwirtschaftlichen Nachfragegrößen bestimmt werden und die Marktformen lediglich die Verteilung der Gewinne bei gleichbleibendem Gesamtgewinn zwischen den Unternehmen beeinflussen.

Diese Ansätze reichen aber für unsere Zwecke nicht aus, da sie den Einfluß eines veränderten Monopolisierungsgrades auf die Einkommensverteilung untersuchen, wir aber von der Datenänderung ‚zusätzliche Abgabe' beziehungsweise ‚geringere Nachfrage' (Sparförderung) ausgehen und die Überwälzbarkeit unter gegebenem Monopolisierungsgrad und insbesondere unter den Bedingungen verschiedener gleichzeitig nebeneinander existierender Marktformen betrachten wollen. Auch disaggregieren diese Ansätze den Unternehmenssektor nicht nach Marktformen, sondern fassen ihn als ein Aggregat auf, so daß — je nach Marktform mögliche — Unterschiede in den Überwälzungschancen nicht sichtbar werden. Außredem differenzieren sie nicht nach verschiedenen mikroökonomischen Kostenfunktionen, obwohl die Kostenflexibilität mindestens kurzfristig mögliche Überwälzungsspielräume beeinflussen kann.

Wir wollen daher mit einfachen mikroökonomischen Überlegungen prüfen, in welcher Marktform und bei welchen Kostenverläufen ein einzelnes Unternehmen vermögenspolitische Lasten in seinen Abgabe-

---

[3] Vgl. *Meade*, James Edward: The Adjustment of Savings ..., S. 153.

[4] Vgl. *Heuß*, Ernst: Grenzproduktivitäts- und Verteilungstheorie in einer wachsenden Wirtschaft, in: Zeitschrift für die gesamte Staatswissenschaft, Bd. 120 (1964), S. 296 ff.

[5] Vgl. *Ehrlicher*, Werner: Ansätze zu einer makroökonomischen Theorie der Marktformen, in: Jahrbücher für Nationalökonomie und Statistik, Bd. 178 (1965), S. 301 ff.

[6] Vgl. *Krelle*, Wilhelm: Volkswirtschaftliche Kriterien zur Beurteilung von Kartellen, in: Schweizerische Zeitschrift für Volkswirtschaft und Statistik, Bd. 104 (1968), S. 239 ff.; wiederabgedruckt in Barnickel, Hans-H. (Hrsg.): Theorie und Praxis der Kartelle, Darmstadt 1972, S. 245 ff.

preisen — mindestens teilweise — zu überwälzen versuchen wird. Den Einfluß der gesamtwirtschaftlichen Einkommensverwendung wollen wir dadurch berücksichtigen, daß wir zunächst von der Konstanz der gesamtwirtschaftlichen Ausgabensumme ausgehen. Um aus der einzelwirtschaftlichen Betrachtung auf die gesamtwirtschaftliche Einkommensverteilung zu schließen, muß daher nicht nur die mögliche Reaktion der Absatzmenge und damit der Beschäftigung im einzelnen Unternehmen berücksichtigt werden. Es muß auch geprüft werden, ob die — konstante — gesamtwirtschaftliche Ausgabensumme vom einzelnen Unternehmen durch den Überwälzungsversuch stärker oder weniger stark ausgeschöpft wird und ob sich so die Nachfragekurven anderer Unternehmen — in anderen Marktformen — verschieben.

Vordergründig könnte vermutet werden, daß die Überwälzungsmöglichkeiten je nach dem angewandten vermögenspolitischen Verfahren unterschiedlich zu beurteilen sind, daß beispielsweise eine direkte Beteiligung der Arbeitnehmer an den Unternehmensgewinnen schwerer überwälzbar ist als ein Investivlohn, der eher Kostencharakter hat. Deshalb soll die Frage der Überwälzbarkeit im folgenden für die einzelnen Verfahren Sparförderung, Investivlohn und Gewinnbeteiligung gesondert untersucht werden.

Bei allen drei Verfahren ist natürlich zu berücksichtigen, daß die Wirkungen der Vermögenspolitik in einer wachsenden Wirtschaft von anderen — insbesondere konjunkturellen — Einflüssen überdeckt werden. So sind höhere Preise in Zeiten konjunktureller Überhitzung sicher leichter durchzusetzen als in einer Rezession. Es wäre aber kurzsichtig, daraus zu schließen, die Vermögenspolitik beeinflusse die Einkommensverteilung je nach dem Einsatzzeitpunkt dauerhaft unterschiedlich und habe daher in einer bestimmten Konjunkturlage einzusetzen. Für den Einsatz in einer Hochkonjunktur spräche, daß unerwünschte Rückwirkungen auf Investitionsausgaben und Beschäftigung vermieden werden; der Einsatz in der Rezession hätte andererseits den Vorzug, daß Überwälzungsversuche auf die Preise erschwert würden. Doch ist die funktionelle Einkommensverteilung in allen drei verteilungstheoretischen Konzepten von langfristigen, wenig konjunkturabhängigen Daten bestimmt, so daß Mechanismen, die auf eine Wiederherstellung der früheren Nettogewinnquote drängen — sofern sie existieren — durch die Konjunktur allenfalls zeitlich verzögert, aber nicht dauerhaft außer Kraft gesetzt werden können. Bestenfalls kann die politische Merklichkeit möglicher Abwälzungsprozesse herabgesetzt werden. Politische Gründe können allerdings für den Einsatz in der Hochkonjunktur sprechen, sofern eine Abwälzung der Lasten aus den dargelegten Gründen ohnehin für wahrscheinlich gelten kann. Denn die Überwälzung in höheren Abgabepreisen ist politisch sicher weniger schmerzhaft als ein

Beschäftigungsrückgang bei Einsatz der Vermögenspolitik in der Rezession. Ferner ist zu berücksichtigen, daß Überwälzungsversuche bei Gütern mit engem internationalen Preiskontakt weniger erfolgreich sind als bei reinen Binnengütern, so daß wir unsere Überlegungen zum Einfluß der Marktformen im folgenden weiter differenzieren müssen.

4.1 Die Reaktion auf den Einsatz sparfördernder Instrumente

Eine erfolgreiche Politik der Sparförderung würde im ersten Schritt die Konsumausgaben der Arbeitnehmer senken und müßte, wenn die Unternehmen der Konsumgüterindustrie die bisherige Absatzmenge aufrechterhalten, zu einem sinkenden Preisniveau und damit zu geringeren Unternehmensgewinnen führen. Die Arbeitnehmer würden also bei gleichem Nominaleinkommen reale Kaufkraftgewinne zu Lasten der Unternehmereinkommen in Höhe ihrer zusätzlichen Sparsumme erzielen.

Die möglichen Gegenreaktionen der Makrogrößen

— ‚freiwilliges Sparen aus Barlohn',

— ‚Sparen aus Gewinn' und

— ‚Investitionsausgaben'

und ihre Bedeutung für das angestrebte Ziel der ‚Zusätzlichkeit' der Vermögensbildung haben wir innerhalb des Kreislaufansatzes eingehend betrachtet, mit dem Ergebnis, daß die Sparförderung ebenso wie die anderen Verfahren allenfalls ‚funktionslose' Marktlagengewinne treffen kann.

Selbst dieser ‚Erfolg' kann aber noch durch das Anbieterverhalten gefährdet werden: Denn wenn die Anbieter ihre Abgabepreise trotz rückläufiger Nachfragesumme nicht oder nur wenig senken, sondern Absatzrückgänge in nennenswertem Umfang in Kauf nehmen, dann sinkt mit der Absatzmenge auch die Beschäftigung und schafft damit die Voraussetzung für die Rückwälzung der Gewinneinbuße auf die Barlöhne. Die Stärke des Rückgangs der Absatz- und Beschäftigungsmenge hängt von der Marktform und der Reagibilität der Kosten ab.

Betrachten wir zunächst den einfachsten Fall eines gleichgewichtigen Konkurrenzmarktes für Konsumgüter: Mehrsparen führt zu einer Linksverschiebung der Marktnachfragekurve. Gehen wir von u-förmigen Grenzkostenverläufen, das heißt von partieller Substituierbarkeit der Produktionsfaktoren aus, so sinkt zwar bei nicht senkrecht steigender Grenzkostenkurve an der Kapazitätsgrenze der Gleichgewichtspreis. Doch gehen auch Absatzmengen und Beschäftigung zurück. Das gleiche gilt für den Fall des reinen Monopols. Im Grenzfall vollkommen elastischer Angebotsfunktionen, das heißt konstanter Grenzkosten, bleiben die Preise sogar unverändert, so daß die Beschäftigung um so stärker einbricht. Ebenso müssen auf lange Sicht Grenzanbieter ausscheiden, die in ihren Erlösen nicht mehr die volle Kostendeckung erreichen.

Befand sich die Volkswirtschaft vor Einsatz der Sparförderung im Beschäftigungsgleichgewicht, so wird ein neues Gleichgewicht erst dann wieder erreicht, wenn entweder die Grenzkosten, also in erster Linie die Lohnsätze, genau um den Betrag der von den Haushalten geplanten Minderausgaben pro Produkteinheit sinken oder wenn die Beschäftigungspolitik die effektive Nachfrage genau um den Betrag der zusätzlichen Ersparnis ausweitet. Im zweiten Fall wandern die Marktnachfragekurven in ihre alte Lage zurück. In beiden Fällen des neuen Gleichgewichts bleibt aber die Gewinnquote unverändert. Die Gewinnquote wird, wie schon der Kreislaufansatz zeigte, auch dann nicht verringert, wenn die Mehrersparnis ohne Friktionen zu höheren Investitionen führt. Denn dann bleibt die gesamtwirtschaftliche Nachfragekurve stabil.

(1) Ein Beschäftigungsrückgang bleibt nur dann aus, wenn die Grenzkostenkurven auf Monopol- und Konkurrenzmärkten vollständig unelastisch sind, also — in einer graphischen Darstellung — im Punkt des bisherigen Gleichgewichts senkrecht zur Preisachse verlaufen. Außerdem muß dabei vorausgesetzt werden, daß die individuellen Preis-Absatz-Funktionen auch der Grenzanbieter nur so weit zurückgehen, daß die Erlöse auch langfristig die Kosten einschließlich einer ‚normalen‘ Eigenkapitalverzinsung vollständig decken.

Diese Annahme, daß nämlich auch Grenzunternehmen noch über die normale Eigenkapitalverzinsung hinausgehende Marktlagen-Gewinne erzielen, und die These, daß allenfalls diese Gewinne dauerhaft abgeschöpft werden können, ergab sich schon aus den kreislauftheoretischen Überlegungen. Die Existenz von Marktlagengewinnen reicht aber allein nicht aus, um erfolgreiche Abwälzungsversuche auszuschließen. Denn geht bei nicht vollständig unelastischem Verlauf der Grenzkostenkurven in einzelnen Unternehmen die Nachfrage zurück, so schrumpfen auf Monopol- und auf Konkurrenzmärkten die Absatz- und Beschäftigungsmengen auch dann, wenn die Grenzunternehmen in ihren Abgabepreisen weiterhin die gesamten Stückkosten decken können. Die These, daß die Marktlagengewinne ein Potential für die Vermögenspolitik darstellen, ist also nur richtig, wenn zusätzliche Annahmen über die Kostenverläufe im einzelnen Unternehmen eingeführt werden:

Es muß angenommen werden, daß die Grenzkosten bis zur Kapazitätsgrenze tendenziell linear verlaufen und über diese Grenze hinaus keine nennenswerte Mengenausweitung möglich ist. Wären nämlich die

Kapazitätsgrenzen nicht starr[7], sondern wäre eine Absatzausweitung zu steigenden Grenzkosten möglich, so hätten die Marktlagengewinne schon vorher eine Absatzausweitung nahegelegt und das bisherige Gleichgewicht hätte in einem reagiblen Bereich der Grenzkostenkurve gelegen; ein Nachfragerückgang wäre dann mit Beschäftigungsrückgängen verbunden.

Das Gleichgewicht bei vorhandenen Marktlagengewinnen liegt nur dann an der starren Kapazitätsgrenze, wenn

— bei substitutionalen Produktionsfaktoren für alle Faktoren bis zur Kapazitätsgrenze nahezu vollkommen elastische Angebotsfunktionen gelten, die von der Kapazitätsgrenze an senkrecht verlaufen; oder wenn

— bei limitationalen Produktionsfaktoren mindestens ein Engpaßfaktor die Produktionsmenge limitiert.

Befindet sich die Volkswirtschaft bei Einsatz der Sparförderung im Beschäftigungsgleichgewicht, so sind bei mindestens gesamtwirtschaftlich partieller Substituierbarkeit von Kapital und Arbeit völlig starre Angebotsfunktionen der Unternehmen im Durchschnitt kaum vorstellbar. Es ist vielmehr wahrscheinlich, daß bei rückläufiger Nachfrage auch die Grenzkosten durch eine Zurücknahme der Absatz- und Beschäftigungsmenge gesenkt werden können, die Unternehmen also elastisch reagieren.

(2) Unabhängig von den Kostenverläufen, die im Konkurrenz- und Monopolmodell die Elastizität der Absatzmenge und der Nachfrage nach Arbeit bestimmen, wäre für Oligopolmärkte allein schon aus markttheoretischen Erwägungen ein Beschäftigungsrückgang im Gefolge sparfördernder Maßnahmen zu erwarten. Denn Überlegungen zur Absatzpolitik reaktionsverbundener Anbieter vor allem im weiten Oligopol lassen vermuten, daß Oligopolunternehmen angesichts eines Nachfragerückgangs an ihren bisherigen Abgabepreisen auch dann festhalten, wenn dadurch der Absatzrückgang die Gewinne stärker trifft als bei Preissenkungen. Preissenkungen, die mit den ‚Konkurrenten' nicht abgestimmt sind, beschwören nämlich die Gefahr eines in der Regel nicht gewollten Preiskrieges herauf.

Allerdings verhindert die Furcht vor dem Ausbrechen ‚ruinöser Konkurrenz' nur die isolierte Preissenkung eines einzelnen Anbieters. Da aber alle Oligopolisten durch das Mehrsparen in etwa der gleichen Weise getroffen werden, ist auch für weite Oligopole eine — infor-

[7] Zur Elastizität der Kapazitätsgrenzen und den Problemen ihrer Meßbarkeit vgl. *Borner*, Silvio: Die Überbeschäftigung. Ansätze zu einer theoretischen Klärung, Zürich und St. Gallen 1969, insbesondere S. 161 ff. und die dort im Überblick wiedergegebene anglo-amerikanische Literatur.

mell abgestimmte — gemeinsame Preissenkungsaktion wohl nicht unwahrscheinlich. Das Anbieterverhalten von Oligopolisten gegenüber den Wirkungen sparfördernder Maßnahmen auf ihre Gewinne dürfte deshalb in der Regel dem der Individualmonopole mit partiellem preispolitischem Spielraum entsprechen, bei denen vorrangig die Elastizität der Grenzkostenkurve über den Umfang der Preis- und Beschäftigungsreduktion entscheidet. Wahrscheinlich ist eine Preissenkung, die mit einer Angebots- und Beschäftigungsminderung kombiniert ist.

Jenes „Sparen ohne Konsumverzicht“, das die vermögenspolitische Diskussion seit den fünfziger Jahren entscheidend mitgeprägt hat, ist also auch bei vorhandenen Marktlagengewinnen nur realisierbar, wenn wir für die Gesamtwirtschaft auch längerfristig von der Limitationalität der Produktionsfaktoren ausgehen könnten. Für die fünfziger Jahre in der Bundesrepublik, für die Preiser die Unternehmensgewinne als „dynamische Marktlagengewinne“ erklärt hat, konnte man annehmen, daß eine extreme Knappheit des Kapitals die Vollauslastung des Produktionsapparates bis zu einer nahezu starren Kapazitätsgrenze sicherte. Auch hat in diesen Jahren eine erst allmählich überwundene offene und versteckte Arbeitslosigkeit die Anpassung der Lohnsätze an die Lohnzahlungsfähigkeit der Grenzunternehmen verhindert, so daß auch aus angebotstheoretischen Überlegungen hohe Kapitalrenditen oder „Marktlagengewinne“ für jene Jahre erklärt werden können. Für die sechziger und siebziger Jahre kann diese Erklärung aber nicht mehr gelten; auch aus angebotstheoretischer Sicht sind die Chancen, die Marktlagengewinne zu treffen, heute stark einzuschränken. Denn in Zeiten normaler wirtschaftlicher Enwicklung läßt sich die These von der starren Kapazitätsgrenze weder für einzelne Unternehmen oder Branchen noch gar für die gesamte Volkswirtschaft aufrechterhalten. Damit aber führt auch ein durch vermehrtes Sparen ausgelöster Rückgang der Konsumgüternachfrage zu einem Rückgang der Absatz- und Beschäftigungsmenge.

Beziehen wir in die Analyse der Abwälzbarkeit von Lasten, die den Unternehmen entstehen, wenn die Konsumausgaben der Arbeitnehmer durch staatliche Sparförderung vermindert werden, das Anbieterverhalten ein, so kommen wir also zu folgendem Ergebnis:

Die durch unsere bisherigen Überlegungen zu möglichen Wirkungen sparfördernder Maßnahmen auf die gesamtwirtschaftlichen Kreislaufgrößen schon stark eingeschränkte These, daß höhere Arbeitnehmerersparnis über sinkende Preise zu realen Kaufkraftgewinnen der Arbeitnehmerhaushalte führt, gilt nur unter extremen Annahmen. ‚Normale‘ Eigenkapitalrenditen, differentiale Leistungsgewinne und Marktmachtgewinne werden durch die Ausweitung des Arbeitnehmersparens dauerhaft ohnehin nicht getroffen. Aber auch die ‚Marktlagengewinne' verwandeln sich nur dann in Realeinkommen der Arbeitnehmer, wenn in nahezu allen Branchen unelastische Angebotsfunktionen angenommen werden dürfen. Diese Bedingung ist für normale Konjunkturlagen unrealistisch. Die Hoffnung auf ein Sparen ohne jeden Konsumverzicht der Arbeitnehmer muß wohl begraben werden.

4.2 Die Reaktion auf die Verpflichtung zur Leistung investiver Lohnzulagen

Da investive Verwendungsauflagen die Konstanz der gesamtwirtschaftlichen Einkommensverwendung sicherten, wäre, so die These der reinen Kreislauftheorie, die Überwälzbarkeit in höheren Marktpreisen ausgeschlossen. Diese These ist um so kritischer zu prüfen, als investive Lohnzulagen aus der Sicht der Unternehmung eindeutiger Kosten darstellen als etwa Gewinnabgaben. Es erscheint deshalb kaum vertretbar, die Wirkung eines allgemeinen Investivlohnsystems auf die funktionale Einkommensverteilung allein aus dem rein nachfragetheoretisch orientierten Kreislaufansatz zu analysieren, ohne das Anbieterverhalten als mögliche eigenständige „Störvariable" zu betrachten.

(1) Daß investive Lohnzulagen, in dem Maße, wie sie die Eigenkapitalrendite in Grenzunternehmen und bei einem Teil geplanter Neuinvestitionen unter die beschriebene Untergrenze drücken, auf die Barlohnzuwächse rückgewälzt werden können, wurde bereits innerhalb des Kreislaufansatzes aus der Betrachtung der Investitionsneigung abgeleitet. Dieses Ergebnis wird durch preis- und kostentheoretische Erwägungen bestätigt: Von investiven Lohnzulagen werden auch die Grenzanbieter in Wettbewerbsbranchen getroffen. Kurzfristig werden sie zwar weiter produzieren, solange die Erlöse noch die variablen Kosten decken. Längerfristig aber müssen sie ausscheiden, sofern die Investivlohnzahlungen nicht lediglich Marktlagengewinne abschöpfen, also auch der Grenzanbieter nach Investivlohnzahlung in seinen Abgabepreisen seine gesamten Stückkosten erzielt. Mit dem Ausscheiden von Grenzanbietern in Wettbewerbsbereichen geht in jedem Fall die Nachfrage nach Arbeitskräften relativ zurück, so daß Barlohnzuwächse tendenziell geringer ausfallen müßten, um das Beschäftigungsgleichgewicht wiederherzustellen.

Betrachten wir nun die Kostenrechnung der Unternehmen, so zeigt sich, daß bei u-förmigen Kostenverläufen die Kurven der Grenzkosten, die der variablen und der gesamten Stückkosten in einen Bereich höherer Preise auswandern, wenn die Unternehmen zu investiven Lohnzulagen verpflichtet werden. Bleibt, wie die These von der Nichtüberwälzbarkeit unterstellt, die gesamtwirtschaftliche Nachfrage gleich und sind keine strukturellen Verschiebungen zu erwarten, so bleiben auch die jeweiligen Marktnachfragekurven und die individuellen Preis-Absatz-Funktionen der Unternehmen unverändert. In höhere Preisbereiche verschobene Grenz- und Stückkostenkurven bei gleichen Nachfragekurven verschieben aber das Marktgleichgewicht auf Konkurrenzmärkten ebenso wie auf Märkten, die monopolistisch beherrscht werden, in Richtung höherer Preise bei kleinerer Absatzmenge. Damit wären investive Lohnzulagen teilweise — wenn auch nicht vollständig — auf die Konsumenten überwälzbar. Auf der gesamtwirtschaftlichen Nachfragekurve, die bei konstanter Ausgabensumme als iso-elastische Hyperbel zu denken ist, verschiebt sich dann der Gleichgewichtspunkt in Richtung eines höheren Preisniveaus bei kleinerem realen Sozialprodukt. Jedoch wird auch die gesamtwirtschaftliche Nachfragesumme zurückgehen, wenn Investition und Beschäftigung schrumpfen. Unter den Bedingungen

— ‚keine Marktlagengewinne‘ und
— ‚u-förmige Kostenverläufe‘

ist daher eher mit einer Rückwälzung der Investivlohnzahlungen auf die Barlöhne als mit ihrer Überwälzung auf die Abgabepreise zu rechnen.

Doch verschiebt bei u-förmigen Kostenverläufen auch eine Abschöpfung nur der Marktlagengewinne das Marktgleichgewicht in den Bereich höherer Preise und kleinerer Absatzmengen. Auch die Belastung dieser Gewinnteile ist damit in höheren Preisen und geringeren Barlohnzuwächsen mindestens teilweise abwälzbar, selbst wenn die Investitionsgüternachfrage unverändert bleibt. Lediglich bei konstanten Grenzkosten — bis zur Kapazitätsgrenze — bleibt der Punkt des Marktgleichgewichts auf Konkurrenzmärkten von einer Umverteilung möglicher Marktlagengewinne unberührt, sofern an der Kapazitätsgrenze oberhalb der Gesamtstückkosten produziert wird. Monopolanbieter werden dagegen auch bei konstanten Grenzkosten angesichts der Belastung durch Investivlohnzahlungen ihre Abgabepreise heraufsetzen und den Rückgang der Absatzmenge hinnehmen, sofern sie unter veränderten Bedingungen jeweils das Cournotsche Gewinnmaximum anstreben[8]. Höhere Preise der Anbieter mit zumindest partiellen Monopolstellungen eröffnen aber auch den Anbietern, denen der Wettbewerb auf ihrem Markt keinen monopolistischen Spielraum läßt, die Möglichkeit, ihre Abgabepreise zu erhöhen, ohne daß sie ihre Absatzmenge einschränken müssen. Denn: Höhere Preise im Monopolfall setzen ja gesamtwirt-

[8] Denn Investivlohnzulagen verlagern die Grenzkosten‚kurve‘ (= Gerade der variablen Stückkosten) in einen größeren Preisbereich und schneiden die — fallende — Grenzerlöskurve bei einer kleineren Absatzmenge.

schaftliche Nachfrage frei, da der Cournotsche Punkt stets im elastischen Teil der Preis-Absatz-Funktion eines Monopolisten liegt. Allein die Gewinnmaximierung der Anbieter, die einer mindestens partiell geneigten individuellen Preis-Absatz-Funktion gegenüberstehen, läßt also die gesamtwirtschaftliche Produktionsmenge schrumpfen und damit die Beschäftigung einbrechen, so daß eine Rückwälzung der Belastung auf die Barlohnzuwächse wahrscheinlich wird.

Ob es zu einer Rückwälzung auf die Arbeitnehmer über einen Beschäftigungsrückgang kommt, hängt von der jeweiligen konjunkturellen Situation ab, in der die Abwälzungsversuche einsetzen, sowie von der Reaktion der für die Konjunkturpolitik Verantwortlichen. Wird Vollbeschäftigung politisch auch dann garantiert, wenn sie von Preisauftriebstendenzen begleitet wird, und sind die Gewerkschaften nicht bereit, die Kostenlast des Investivlohns durch Zurückhaltung in der Barlohnpolitik auszugleichen, so wird die Konjunkturpolitik die gesamtwirtschaftliche Nachfragesumme ausweiten müssen, um die Vollbeschäftigung zu erhalten. Unter dieser Bedingung werden aber die Spielräume für die Überwälzung investiver Lohnzulagen in höheren Abgabepreisen genau in dem Umfang geschaffen, wie die Rückwälzung über die Beschäftigung durch die Vollbeschäftigungsgarantie verhindert werden soll. Denn: Sollen die Unternehmen genau zur alten Absatz- und Beschäftigungsmenge zurückkehren, so muß gesamtwirtschaftlich die monetäre Nachfrage um gerade soviel ausgeweitet werden, daß die Unternehmen durch Preiserhöhungen genau ihre frühere *Gewinnsumme* wiedererlangen. Dies gilt unabhängig von der Existenz von Marktlagengewinnen sowohl für konstante Grenzkosten wie für u-förmige Kostenverläufe. Umgekehrt müßten bei gegebenen Marktnachfragekurven der Barlohnsatz und damit die Grenzkostenkurven jeweils um genau den Satz der investiven Lohnzulage gesenkt werden, um die bisherige — gleichgewichtige — Absatzmenge und damit das Beschäftigungsniveau, das vor der Erhebung der Abgabe bestand, zu erhalten.

(2) Gegen diese Überlegungen könnte eingewandt werden, daß die geschilderte Preis- und Mengenanpassung, die die vollständige Abwälzung zuläßt, nur für die Marktform des Individualmonopols, des monopolitischen Wettbewerbs und der vollständigen Konkurrenz erwartet werden kann. Für Oligopolmärkte könnte dagegen auf die typische Starrheit oligopolistischer Preise verwiesen werden, die aus der Furcht jedes Anbieters resultiert, durch eine Preiserhöhung ‚im Alleingang' seine Marktposition zu verschlechtern. In der Tat werden reaktionsverbundene Anbieter eine investive Lohnzulage dann nicht zu überwälzen versuchen, wenn sie damit rechnen müssen, daß ihre jeweiligen Konkurrenten nicht ebenfalls die Preise anheben, und wenn die Belastung nicht so hoch ist, daß der Gleichgewichtspunkt einzelner Anbieter den

oligopolistischen Unbestimmtheitsbereich verläßt[9]. Die Nichtreaktion aus der Furcht, mit einem Überwälzungsversuch ‚alleine gelassen‘ zu werden, ist aber allenfalls für das ‚weite‘ Oligopol mit einer relativ großen Zahl von Anbietern und auch in dieser Marktform nur für relativ kleine Kostensteigerungen, die bei den Anbietern in stark unterschiedlicher Höhe anfallen, wahrscheinlich. Ein gesetzlich, das heißt für alle Unternehmen zum gleichen Zeitpunkt und in gleicher Höhe eingeführter Investivlohn dürfte dagegen selbst im ‚weiten‘ Oligopol die Bereitschaft zu gleichförmiger Preisreaktion wecken, die den beschriebenen Abwälzungsprozeß[10] einleitet. Hinzu kommt, daß die Unternehmen in der Inflation laufend steigenden Kosten verschiedener Art gegenüberstehen, die sie allenfalls mit Verzögerung, spätestens dann — gemeinsam — überwälzen müssen, wenn sie in die Verlustzone geraten sind. Die — erhoffte — Neutralität der gesamtwirtschaftlichen Einkommensverwendung gegenüber vermögenswirksamen Leistungen hindert die Oligopolisten jedenfalls nicht, zusammen mit anderen laufenden Kostenerhöhungen auch investive Lohnzulagen zum Anlaß von Preiserhöhungen zu nehmen und mit der — relativ — geringeren Absatzmenge die Bedingungen für die Abwälzbarkeit des Investivlohns auf die Arbeitnehmer zu schaffen.

Es wäre nun noch zu betrachten, ob der Wettbewerb ausländischer Anbieter die Heraufsetzung der inländischen Preise verhindern könnte, die über schrumpfende Produktionsmenge und Beschäftigung den gezeigten Weg zur Abwälzung ebnet. Auch die Bremse ausländischer Konkurrenz kann aber nur in zwei Fällen greifen:

— erstens auf inländischen Konkurrenzmärkten oder bei sehr elastischem Angebot, das heißt sehr große Lieferfähigkeit des Auslands, sofern die inländischen Anbieter mit konstanten Grenzkosten bis zur Kapazitätsgrenze produzieren und die Investivlohnzahlung die Höhe ihrer Marktlagengewinne nicht übersteigt; und

— zweiten bei Oligopolpreisen mit engem internationalen Preiskontakt, sofern die inländischen Oligopolisten aus Erwägungen langfristiger Gewinnmaximierung ein Absinken ihres Marktanteils auch um den Preis des Verzichts auf eine mögliche teilweise Lastüberwälzung in

---

[9] Diese Vorstellung eines Unbestimmtheitsbereichs, innerhalb dessen die Lage des Gleichgewichts der Preisrelationen ökonomisch nicht eindeutig determiniert ist, entnehmen wir dem Oligopolmodell Krelles. (Vgl. *Krelle*, Wilhelm: Preistheorie. Tübingen, Zürich 1961, S. 247 ff.)

[10] Zwar erreichen die Unternehmen mit der Preiserhöhung allein nicht wieder das alte Gewinniveau. Aber der Versuch, unter veränderten Bedingungen die Preis-Mengen-Kombination zu setzen, die das — relative — Gewinnmaximum gewährt, senkt den Beschäftigungsstand und löst damit Rückwälzungsprozesse aus.

höheren Abgabepreisen verhindern wollen, die den Abwälzungsprozeß auslösen würde.

Der zweite Fall scheint für viele Großunternehmen in der Bundesrepublik nicht unrealistisch. Doch ist zu bedenken, daß schon der Beschäftigungsrückgang in den übrigen Bereichen die Konjunkturpolitik zur Beschäftigungsanregung herausfordern würde — oder die Gewerkschaften zur Mäßigung ihrer Barlohnforderungen zwingen dürfte. Aus zurückhaltender Barlohnpolitik oder einer staatlichen Nachfrageanregung um der Nicht-Oligopolbereiche willen aber gewinnen auch die Oligopolunternehmen mit internationalem Preiskontakt tendenziell in der gleichen Weise ihr früheres Gewinniveau zurück wie die übrigen Bereiche, insbesondere bei flexiblen Wechselkursen. Bei stabilen Kursen und Konvertierbarkeit stößt die staatliche Beschäftigungspolitik auf zahlungsbilanzpolitische Grenzen, so daß im Interesse der Vollbeschäftigung unter Umständen abgewertet wird. Anderenfalls bleibt nur die Rückwälzung auf die Barlöhne.

Nun könnte zur Abschirmung der These, daß die Konstanz der makroökonomischen Einkommensverwendung Überwälzungsversuche verhindere, gegen unsere markt- und kostentheoretischen Erwägungen eingewandt werden, die Annahme, daß die Unternehmen Preise und Absatz am jeweiligen Gewinnmaximum ausrichten, sei unrealistisch. Freilich würde auch die Annahme anderer unternehmerischer Zielfunktionen die These von der Nichtabwälzbarkeit investiver Lohnzulagen gegen markt- und kostentheoretische Einwände wohl nur wenig härten[11]. Um die Dominanz der kreislauftheoretischen über die markttheoretischen Erwägungen zu sichern, müßte schon unterstellt werden, daß die Unternehmen ihre Absatzpolitik allein auf die Erhaltung einer bestimmten Liquidität ausrichten, die sie dadurch wiedererlangen — oder erhalten — könnten, daß sie die investiven Lohnzulagen aus bisher unverteilten Gewinnen zahlen und als neues Eigenkapital in die Unternehmen zurückholen. Auch dann aber würden die in Zukunft höheren Gewinnausschüttungen auf Dauer die Liquidität der Unternehmen verschlechtern, so daß Preiserhöhungen zur Erhaltung der gewünschten langfristigen Liquidität immer noch nötig und von den Marktdaten her auch durchsetzbar wären.

(3) Unsere Betrachtung der möglichen Überwälzbarkeit allgemeiner investiver Lohnzulagen führt also zu folgendem Ergebnis:

---

11 Auch aus anderen Zielfunktionen abgeleitete Vorstellungen eines adäquaten Gewinns würden ja nicht mehr erfüllt und könnten daher den einfachen Weg der Näherung an Strategien nahelegen, die dem Gewinnmaximierungsziel entsprechen.

Die allein aus der Kreislauftheorie der Einkommensverteilung abgeleitete These, daß Versuche, investive Lohnzulagen abzuwälzen, an der Konstanz der gesamtwirtschaftlichen Einkommensverwendung scheitern, erweist sich im Lichte einfachster markt- und kostentheoretischer Überlegungen als einschränkungs- oder mindestens ergänzungsbedürftig. Die Neutralität der makroökonomischen Größen ‚Ersparnis' und ‚Investition‘ gegenüber Lohnzahlungen, die mit Sparzwang verbunden sind, verhindert auch dann Überwälzungsversuche nicht, wenn sich die Abgaben auf vorhandene Marktlagengewinne beschränken. Die Maxime, die Absatzmenge jeweils so zu bemessen, daß sie auch unter veränderten Bedingungen jeweils den größtmöglichen Gewinn sichert, legt es den Unternehmen vielmehr nahe, ihre Preise auch dann zu erhöhen, wenn sie Absatzrückgänge in Kauf nehmen müssen. Kleinere Absatz- und Produktionsmengen aber senken den gesamtwirtschaftlichen Beschäftigungsstand und lösen auf diese Weise Rückwälzungsprozesse aus, die erst bei einem Gleichgewicht zur Ruhe kommen, bei dem die Unternehmen ihr früheres Gewinniveau wiedererlangt haben. Differentiale Leistungsgewinne und Marktmachtgewinne werden durch den Investivlohn ohnehin nicht getroffen.

4.3. Die Reaktion auf eine allgemeine vermögenswirksame Gewinnbeteiligung

Die Überwälzbarkeit einer gewinnabhängigen Belastung in höheren Marktpreisen — bei Konstanz der gesamtwirtschaftlichen Ausgabensumme — wird in rein statisch preistheoretischer Sicht im allgemeinen ausgeschlossen. Denn: Auf Wettbewerbsmärkten bestimmen die Stückkosten des Grenzproduzenten den Marktpreis. Da der Grenzproduzent im Gleichgewicht — ohne Marktlagengewinne — keinen Gewinn erzielt, wird er mit der Abgabe nicht belastet und hat keine Veranlassung zu Preiserhöhungen. Folglich gewinnen auch seine kostengünstiger produzierenden Konkurrenten keinen zusätzlichen preispolitischen Spielraum. Ebenso würde, wie die vorangegangenen Überlegungen zur Belastbarkeit der Kostendifferenzgewinne zeigen, auch der Beschäftigungsstand durch Abgaben, die nur an den Kostendifferenzgewinnen anknüpfen, nicht berührt, so daß auch von dieser Seite die gesamtwirtschaftliche Nachfrage nicht beeinträchtigt würde. Das gleiche Ergebnis wie für Produzenten, die im Wettbewerb zueinander stehen, läßt sich modelltheoretisch auch für Anbieter ableiten, die ein Monopol, Teilmonopol oder einen monopolistischen Spielraum im polypolistischen Wettbewerb auf unvollkommenen Märkten haben, sich also — zumindest partiell — einer geneigten individuellen Preis-Absatz-Funktion gegenübersehen. Wenn sie allein das Ziel der Gewinnmaximierung anstreben, wählen sie ihre Preis-Mengenkombination bei der Absatzmenge, bei der

der Abstand zwischen Gesamterlös- und Gesamtkostenkurve ein Maximum erreicht. Eine an den Gewinn proportional anknüpfende Belastung würde folglich die Differenz ‚Erlös minus Kosten' zwar generell verringern, den Punkt der gewinnmaximalen Preis-Mengenkombination aber nicht verschieben. Da die Kostenkurven und die Preis-Absatz-Funktion unverändert bleiben, wären also sowohl bei Wettbewerb wie bei monopolistischer Preisfixierung keine Überwälzungsversuche in höheren Abgabepreisen zu erwarten.

Doch ist dieses Ergebnis an zwei — restriktive — Annahmen gebunden:

1. Die Gewinnabgabe trifft nur Kostendifferenzgewinne von Wettbewerbsanbietern und Monopolgewinne im marktformentheoretischen Sinne.

2. Die Unternehmen streben stets ihr Gewinnmaximum an.

(1) Alle jüngeren Pläne zur überbetrieblichen Gewinnbeteiligung sind vom ursprünglichen Vorschlag Gleitzes[12] abgekommen, Abgaben nur von den ‚Kostendifferenzgewinnen' zu erheben. Knüpfen Abgaben aber an den Steuerbilanzgewinnen an, so werden auch Gewinnteile getroffen — der Unternehmerlohn und die kalkulatorische Eigenkapitalverzinsung —, die im Sinne der statisch-preistheoretischen Betrachtung Kosten sind. Für die Belastung der Kosten aber sind Preiserhöhungen aus den gleichen preistheoretischen Überlegungen abzuleiten, aus denen die Überwälzung einer Abgabe, die nur an die Kostendifferenzgewinne und Monopolgewinne anknüpft, ausgeschlossen wird.

Für den Monopolanbieter bedeutet eine Belastung der kalkulatorischen Eigenkapitalverzinsung und gegebenenfalls des Unternehmerlohns eine Erhöhung seiner Gesamtstückkosten, die er — teilweise — durch höhere Marktpreise — bei Zurücknahme seiner Absatzmenge — kompensieren kann. Er wird diesen Weg zwar nicht sofort wählen, sofern er bisher im Betriebsoptimum, also im Minimum der variablen Stückkosten produzierte, wohl aber längerfristig, da auf lange Sicht alle Stückkosten variabel sind.

Auf Konkurrenzmärkten würden von einer am Steuerbilanzgewinn bemessenen Abgabe auch die Grenzproduzenten getroffen. Auf kurze Sicht müßten Konkurrenzanbieter die Abgabe zu Lasten ihrer ‚Normalgewinne' tragen, sofern sie jeweils im Punkt ihres Betriebsoptimums produzierten. Langfristig müßten jedoch Grenzanbieter ausscheiden, wenn keine Marktlagengewinne existieren und die Gewinnbelastung nicht durch entsprechende Kostensenkungen aufzufangen ist, zumal die

---

[12] Vgl. *Gleitze*, Bruno: Sozialkapital und Sozialfonds.

Anbieter auf Konkurrenzmärkten im Einzelfall auch von höheren Preisen monopolistischer Anbieter von Vorprodukten getroffen werden.

Allerdings ist zu berücksichtigen, daß höhere Preise in monopolistischen Bereichen den Anteil der Monopolisten an der gesamtwirtschaftlichen Erlös- und damit Ausgabensumme verringern, so daß bei gegebener Ausgabensumme die Nachfragekurven auf den Konkurrenzmärkten tendenziell in einen größeren Mengenbereich auswandern. In dem Maße, wie Überwälzungsversuche der Monopolisten die Nachfrage von den Monopolmärkten auf die Konkurrenzmärkte verlagern, eröffnen sich folglich auch hier Überwälzungsmöglichkeiten. Spielräume für die Rückwälzung auf die Barlöhne treten für die Unternehmen in beiden Marktformen hinzu, wenn die Überwälzungsversuche der Monopolanbieter — höhere Preise bei geringerer Absatzmenge — Arbeitskräfte freisetzen.

Der Kostencharakter einer Gewinnbeteiligung wird freilich besonders in den jüngsten Plänen der Wehner-Kommission und des DGB[13] mit dem Hinweis bestritten, daß die Unternehmen nach diesen Plänen ihre Abgabepflicht gegenüber den Vermögensfonds der Arbeitnehmer nur in der Form neugeschaffenen Eigenkapitals erfüllen dürfen. Sie verlieren folglich keine Liquidität, so daß auch keine Kosten entstünden, die überwälzt werden müßten. Die Gleichsetzung von Kosten mit Ausgaben ist aber nur für den Augenblick der Aufbringung der Abgaben richtig. Sollen, wie offenbar vorgesehen, die Fonds der Arbeitnehmer als Teilhaber den bisherigen Alteignern gleichgestellt werden, so werden sie in den folgenden Jahren auch die gleichen Gewinnausschüttungen wie die bisherigen (Eigen-)Kapitalgeber beanspruchen können. Orientiert sich die den Alteignern zustehende Kapitalrendite an der Renditenuntergrenze, die wir aus Überlegungen über den Zusammenhang zwischen Fremdkapitalzins und Eigenkapitalrendite abgeleitet haben, so kann sie nicht herabgesetzt werden, ohne daß den Unternehmen der Zugang zum Markt für neues Beteiligungskapital versperrt wird. Kann aber zumindest der Satz der Gewinnausschüttung bezogen auf das jeweilige Eigenkapital im Interesse der Emissionsfähigkeit nicht gesenkt werden, so muß bisherige Selbstfinanzierung aus unverteilten Gewinnen durch Eigenkapitalerhöhungen ersetzt werden. Wird das Eigenkapital ohne Liquiditätszufluß zugunsten der Fonds erhöht, so erhöht sich der Anteil des Eigenkapitals, das mit vorgegebenen Ausschüttungen bedient werden muß. Damit muß der relativ zum — erhöhten — Eigenkapital zurückbleibende Zuwachs des Sachkapitals in den folgenden Jahren höhere Gewinne erwirtschaften, um die Ansprüche der Alteigner auf die bisherige — durch den Zinszusammenhang vorgegebene — Eigen-

[13] Vgl. im vorhergehenden Teil A, Abschnitt I, Anmerkung 23.

kapitalrendite und nun zusätzlich auch die Gewinnansprüche der Fonds zu befriedigen.

Folglich muß die kalkulatorische (Mindest-)Eigenkapitalrendite, die in die Investitionsentscheidung eingeht, auch bei einer Gewinnabgabe in der Form zusätzlicher Beteiligungstitel so erhöht werden, daß für beide Eignergruppen zusammen mit dem relativ gleich gebliebenen Sachkapital eine höhere Gewinnsumme erwirtschaftet werden kann. Besteht also die von uns behauptete Renditenuntergrenze und sind keine „funktionslosen" Gewinne vorhanden, die ‚Stoßdämpferfunktionen' haben und nicht die Sparpläne der bisherigen Gewinnbezieher beeinflussen, so hat auch die Gewinnabgabe nach dem Wehner-Plan Kostencharakter, wenn sie die Mindestrendite der Alteigner angreift. Sie muß folglich auch dann in die kalkulatorische Eigenkapitalrendite eingerechnet werden, wenn sie nicht in derselben Periode zu Ausgaben führt.

(2) Die These von der Nichtüberwälzbarkeit einer allgemeinen gesetzlichen Gewinnbeteiligung ist weiterhin auf der Annahme aufgebaut, daß alle Unternehmen vor Einführung der Vermögensbildungsabgabe ihren gewinnmaximalen Preis bereits erreicht haben. Auch diese Prämisse bedarf einer differenzierten Betrachtung.

Denn auf den, wie viele meinen, vorherrschenden Oligopolmärkten ist der Absatzpreis nicht eindeutig durch die Kostenfunktionen und die individuellen Nachfragefunktionen des einzelnen Anbieters determiniert, sondern — wie bereits erwähnt — innerhalb bestimmter Grenzen durch die Reaktionsverbundenheit der Oligopolisten und den Grad preispolitischer Zusammenarbeit zwischen ihnen bestimmt. Es bleiben in der Regel Spielräume für Preiserhöhungen, die die Oligopolisten durch ‚abgestimmte' preispolitische Aktionen nutzen können. Gerade eine allgemeine, alle Anbieter in der gleichen Weise treffende Abgabe aber könnte sie veranlassen, ihre Preise in gemeinsamer Aktion zu erhöhen. Sofern das Gleichgewicht ihrer Preis- und Mengenrelationen zueinander innerhalb des „Unbestimmtheitsbereichs" und hinreichend weit vom Gleichgewichtspunkt der gemeinsam gewinnmaximalen Preisrelationen und Marktanteile der einzelnen Unternehmen liegt[14], könnte auch jeder Anbieter in der gemeinsamen Aktion seinen bisherigen Nettogewinn zurückerlangen. Ebenso können Monopolanbieter durch Abschöpfung etwa noch vorhandener preispolitischer Spielräume ihren früheren Nettogewinn nach Einführung einer Gewinnabgabe behaupten.

Bestehen also vor der Einführung der Gewinnabgabe bei den marktmächtigen Unternehmen preispolitische Spielräume, die wegen der neuen Abgabe genutzt werden, so hat die Gewinnbeteiligung die Folge,

---

[14] Vgl. Teil B, Abschnitt II, 4.2, Anmerkung 9.

daß gerade die marktmächtigen Unternehmen jene — freilich vorher unter dem möglichen Maximum liegenden — Gewinne behaupten können, die ihnen aus starken Marktstellungen und abgestimmter Preispolitik zufließen. Dagegen werden Kostendifferenzgewinne der Wettbewerbsanbieter, die auf Leistung für den Konsumenten beruhen, in jedem Fall gemindert, allerdings um den Preis verminderten Wettbewerbs und Wachstums. Höchstens können allen Wettbewerbsanbietern gemeinsam — also auch den Grenzanbietern — bei Überwälzungsversuchen im Monopolbereich aus der Nachfrageverlagerung von den Märkten der marktmächtigen Unternehmen zu den Konkurrenzunternehmen partielle Preiserhöhungsspielräume zuwachsen, die aber teilweise mit höheren Preisen für Vorprodukte bezahlt werden müssen.

Die These, auf der dieses Ergebnis gründet, daß nämlich marktmächtige Unternehmen in der Regel nicht ihr Gewinnmaximum anstreben, unter dem Eindruck einer Gewinnabgabe zugunsten der Vermögensbildung aber ihre preispolitischen Spielräume ausschöpfen werden, ist allerdings kritisch zu beleuchten: Daß marktmächtige Unternehmen nicht die gewinnmaximalen Preise setzen, wird meist damit begründet, daß mit niedrigeren als gewinnmaximalen Preisen die potentielle Konkurrenz neu hinzutretender Anbieter ferngehalten werden soll, so daß dieses Verhalten als Ausdruck langfristiger Gewinnmaximierung interpretiert werden kann[15].

Ist diese Begründung richtig, so sprechen zwei Argumente dafür, daß nach Einführung einer Gewinnabgabe marktstrategische Preisspielräume ausgeschöpft werden können, da die Vermögenspolitik die Eintrittsschranken erhöht:

— Denn eine Gewinnabgabe kann die Neigung ausländischer Unternehmen dämpfen, mit neu zu gründenden Tochtergesellschaften in die Märkte inländischer Produzenten einzudringen.

— Ferner können inländische Neugründungen erschwert werden, wenn, wie im Wehner-Plan vorgesehen, das Kapitalangebot am freien Kapitalmarkt dadurch verringert wird, daß die Unternehmen ihre Gewinnabgabe *unmittelbar* in Beteiligungskapital zugunsten der Arbeitnehmerfonds leisten müssen[16], so daß es nicht — etwa über erhöhte

[15] Zum Problem der markteintrittshemmenden Absatzpolitik vgl. *Bain*, Joe S.: Barriers to New Competition. Their Character and Consequences in Manufacturing Industries, Cambridge/Mass. 1956; *Sylos-Labini*, Paolo: Oligopoly and Technical Progress, Cambridge/Mass. 1962; *Rühmann*, Peter: Oligopolistische Preispolitik unter dem Einfluß der latenten Konkurrenz, in: Weltwirtschaftliches Archiv, Bd. 96 (1966 I), S. 287 ff.; *Gutowski*, Armin: Bemerkungen zur Theorie des eintrittsverhindernden Preises im Oligopol, in: Wirtschaft und Wettbewerb. Jg. 21 (Heft 11/12) (1971), S. 819 ff.

[16] Freilich würde das Angebot am Markt für Beteiligungskapital dann nicht zurückgehen, wenn die Fondsbeteiligungen ausschließlich aus bisher

Ausschüttungen — für Investitionen außerhalb bestehender Firmen zur Verfügung steht.

Das Gewicht dieser beiden Argumente darf freilich nicht überschätzt werden. Denn die Behauptung, daß preispolitische Spielräume aus Versuchen erklärt werden können, neue Anbieter vom Markteintritt abzuhalten, ist strittig. Dagegen spricht, daß bei voller Ausschöpfung des preispolitischen Spielraums finanzielle Reserven gelegt werden können, die eine mindestens ebenso große Abschreckung für potentielle Konkurrenten darstellen wie permanent niedrige Preise.

Damit sind für Individualmonopole preispolitische Spielräume nicht generell anzunehmen — zumindest nicht mit dem Hinweis auf marktstrategische Überlegungen. Auf den oligopolistisch organisierten Märkten ist ihre Existenz demgegenüber wegen der organisatorischen und wettbewerbsrechtlichen Schwierigkeiten abgestimmter Preispolitik der Oligopole eher zu vermuten. Für diese Marktform kann aber durchaus mit gemeinsamen erfolgreichen Überwälzungsversuchen gerechnet werden, da von einer Gewinnabgabe alle Unternehmen gleich getroffen werden, so daß auch ohne vertragliche Preisabsprache einzeln mit höheren Preisen vorpreschende Unternehmen die Gewißheit haben dürfen, daß die Konkurrenten ihnen folgen.

In der Frage der Überwälzbarkeit gewinnbezogener Abgaben zur Vermögensbildung und insbesondere der Chance, Marktmachtgewinne erfolgreich zu verteidigen, kommen wir damit zu folgendem Ergebnis:

— Abwälzbar ist in jedem Fall und für alle Marktformen die Belastung der *Normalgewinne*. Ob der Prozeß der Rückwälzung auf die Barlöhne über Investition und Beschäftigung einsetzt oder ob die Überwälzung in höheren Abgabepreisen gelingt, bei denen dann die Barlöhne hinter dem Produktivitätsfortschritt und dem realen Kaufkraftverlust zurückbleiben, ist von der konjunkturellen Lage zum Zeitpunkt der Einführung einer Abgabe abhängig. Die Konstanz der gesamtwirtschaftlichen Ausgabesumme, die den einkommenspolitischen Erfolg der Vermögenspolitik sichern soll, ist jedenfalls kein Hemmnis. Dieser von verteilungspolitischen Optimisten durchweg vorgetragene Hinweis auf den Kreislaufzusammenhang entspricht einer zu eng auf die Kreislauftheorie der Einkommensverteilung gegründeten Sicht, die den Blick auf das Anbieterverhalten verstellt.

— Überwälzbar in höheren Abgabepreisen sind allenfalls Belastungen der Marktmachtgewinne, sofern preispolitische Spielräume bestehen.

---

unverteilten Gewinnen geschaffen würden. Für diesen Fall ist aber der Zusammenhang zwischen unverteilten Gewinnen und Börsenkursen beziehungsweise Verkehrswerten von Beteiligungen einzubeziehen (Teil B, Abschnitt II, 2.3).

Dies ist zwar nicht generell für Individualmonopole anzunehmen, wohl aber für die vielfach vorherrschenden Oligopole mit nicht zu hohem ‚Organisationsgrad‘ ihres preispolitischen Zusammenspiels.

— Einschränkend wäre lediglich festzustellen, daß die Arbeitnehmer für Preiserhöhungen, die mit der Überwälzung einer Abgabe zugunsten ihrer Gewinnbeteiligung einhergehen, zu einem kleinen Teil durch die Gewinnbeteiligung entschädigt werden. Denn mit steigenden Gewinnen erhöhen sich auch die Bemessungsgrundlagen, an die die Gewinnbeteiligung anknüpft, so daß die Arbeitnehmer zum Beispiel bei einer zehnprozentigen Abgabe auch zehn Prozent der Preiserhöhung gleichsam an sich selbst zahlen[17].

---

[17] Diesem Argument wird beispielsweise von Rittig (vgl. *Rittig,* Gisbert: Über einige Hintergründe des Vermögensbildungsplans der IG-Bau-Steine-Erden; in: Leber, Georg (Hrsg.): Vermögensbildung in Arbeitnehmerhand. Dokumentation 3. Frankfurt 1966, S. 160 f.) großes Gewicht zugemessen. Dabei darf jedoch nicht übersehen werden, daß die Arbeitnehmer von erfolgreichen Überwälzungsversuchen natürlich nur im Maße des Abgabesatzes profitieren, aber als Konsumenten nach dem Anteil ihrer Konsumausgaben an den gesamtwirtschaftlichen Konsumausgaben belastet werden.

Teil C. Das Ergebnis

(1) In nahezu allen Plänen und Programmen zur Vermögenspolitik in der Bundesrepublik Deutschland wird seit den fünfziger Jahren bis heute eine Vermögensbildung der Arbeitnehmer aus ‚zusätzlichem' Einkommen, das heißt zu Lasten der Unternehmensgewinne, gefordert und bei allen drei vermögenspolitischen Verfahren — Sparförderung, Investivlohn und vermögenswirksame Gewinnbeteiligung — auch für erreichbar angenommen.

Ziel unserer Arbeit war es, die Realitätsnähe dieser Hoffnung unter den heute geltenden Bedingungen einer offenen Wirtschaft, in der

— die Arbeitnehmer bereits in nennenswertem Umfang freiwillig sparen,

— die Ersparnisse aus Gewinn nicht ausschließlich und nicht einmal mehr überwiegend innerhalb des Unternehmens verbleiben, sondern über den Kapitalmarkt angelegt werden, und in der

— keine unüberwindlichen Schranken für internationale Kapitalwanderungen bestehen,

zu untersuchen.

Jede Vermögenspolitik führt natürlich zu einer Einebnung der Einkommensunterschiede zwischen Arbeitnehmern und Kapitaleignern, wenn es ihr gelingt, über eine Erhöhung des Anteils der Arbeitnehmer an der laufenden Ersparnis den Anteil dieser Gruppe am *Vermögensbestand* zu erhöhen. Jedoch ist das Versprechen einer Vermögensbildung *aus zusätzlichem Einkommen* nicht erfüllt, wenn die Arbeitnehmer nur aus mehr Vermögen mehr Einkommen erhalten, der Anteil der Gewinne am Volkseinkommen aber trotz Vermögenspolitik unverändert bleibt, weil die Unternehmen vermögenspolitisch bedingte Gewinnlasten auf die sonst möglichen realen Barlohneinkommen abwälzen können.

Wir haben daher geprüft, ob eine primäre Gewinnbelastung zugunsten der Vermögensbildung der Arbeitnehmer auch zu einer endgültigen Traglast der Gewinnbezieher führt.

(2) Da unter den drei verteilungstheoretischen Ansätzen — Grenzproduktivitätstheorie, Monopolgradtheorie und Kreislauftheorie der Einkommensverteilung — nur die Kreislauftheorie in der Formulierung des

Kaldor-Modells die einkommenspolitischen Hoffnungen der meisten Vermögensbildungspläne — scheinbar — rechtfertigt, haben wir aus diesem Ansatz erweiterte Modelle formuliert, die es erlaubten, die Wirkungen der einzelnen vermögenspolitischen Verfahren auf die funktionelle Einkommensverteilung über den gesamtwirtschaftlichen Kreislauf zu verfolgen. Diese Modelle zeigten, daß die Vermögensbildung der Arbeitnehmer dann aus den Unternehmensgewinnen finanziert werden kann, wenn

1. das freiwillige Sparen der Arbeitnehmer als Gruppe nicht in gleichem Maße zurückgeht, wie die administrierte Vermögensbildung hinzutritt;
2. die ‚Sparquote aus Gewinn' nicht zurückgeht;
3. der Anteil der gesamten Investitionsausgaben am Volkseinkommen nicht zunimmt, aber auch die effektive Nachfrage nach Konsumgütern und Investitionsgütern im Inland durch Verlagerungen von Direktinvestitionen in das Ausland nicht so weit einbricht, daß die Beschäftigung zurückgeht und
4. die Produzenten angesichts der Belastung ihrer Gewinne ihre Absatzmenge nicht so weit einschränken, daß der Beschäftigungsstand gefährdet wird.

Bei der Betrachtung der beiden zuletzt genannten ‚Störvariablen' haben wir den reinen Kreislaufansatz der Einkommensverteilung verlassen und die Analyse des makroökonomischen Zusammenhangs um mikroökonomische Überlegungen ergänzt.

Wir sind dabei zu folgenden Ergebnissen gekommen:

Zu 1. Theoretische Überlegungen und eine empirische Analyse des Sparverhaltens der Arbeitnehmer in der Bundesrepublik Deutschland seit 1950 zeigen, daß beinahe vier Fünftel der Arbeitnehmerhaushalte in der Lage wären, freiwillige Ersparnisse zurückzunehmen, wenn ihnen die Vermögenspolitik Vermögen zuschwemmt. Schon auf dieser Ebene wird das einkommenspolitische Ziel der Vermögenspolitik weitgehend scheitern, wenn es nicht gelingt, mit der Einführung einer neuen vermögenspolitischen Maßnahme gleichzeitig neue Sparmotive oder Sparziele bei den Begünstigten zu wecken.

Zu 2. Die empirische Untersuchung des Sparens der Selbständigen aus entnommenen Gewinnen und der Unternehmen in der Form nichtentnommener Gewinne zeigte, daß die Selbständigen als Gruppe, bezogen auf ihre verfügbaren Einkommen, ähnliche Sparquoten realisieren wie die Unselbständigen als Gruppe. Da sie diese Ersparnisse am Kapitalmarkt anlegen und die Kapitalmarktrenditen engen internationalen Preiskontakt haben, besteht die Gefahr, daß eine vermögenspolitische Belastung der Gewinneinkommen Finanzinvestitionen in das Ausland abfließen läßt und daß gerade über den Abfluß von Finanzinvestitionen unter den Bedingungen ‚Vollbeschäftigung und elastisches Kreditsystem' Zahlungsbilanzprozesse ausgelöst werden, die zu einer Erhöhung der Gesamtinvestition führen und so die Gewinnquote auch gegen die Vermögenspolitik immun machen.

Zu 3. Die Einführung alternativer Investitionsfunktionen in unsere Kreislaufmodelle ergab, daß das einkommenspolitische Ziel der Vermögenspolitik durch alle drei Verfahren nur dann erreicht wird, wenn die Investitionsquote weder durch die gesamtwirtschaftliche Sparquote noch durch die funktionelle Einkommensverteilung beeinflußt wird. Die in sich plausible Annahme, daß sich die Investitionsquote an eine — durch die Vermögenspolitik hervorgerufene — höhere gesamtwirtschaftliche Sparquote anpaßt, läßt zwar die Umverteilung bei Investivlohn und Gewinnbeteiligung, wenn auch, gegenüber einer unveränderten Investitionsquote, in abgeschwächter Form, gelingen — bei Sparförderung dagegen scheitern. Doch ist diese Investitionsfunktion innerhalb reiner Kreislaufmodelle der Einkommensverteilung nicht befriedigend zu betrachten. Die nicht minder plausible Annahme, daß die Investitionsquote von der Gewinnquote abhängt, führte in unseren Modellen zu absurden Ergebnissen. Unsere Überlegung, eine Investitionsfunktion einzufügen, die einen Teil der Investitionsquote als autonom und einen Teil als gewinnabhängig annimmt, erlaubte für ein bestimmtes Verhältnis beider Teile zwar Folgerungen, die mehr einleuchteten. Und eine darauf aufbauende einfache Regressionsrechnung schien anzudeuten, daß ein Spielraum für eine Vermögensbildung der Arbeitnehmer aus Gewinn in der Bundesrepublik nicht besteht, doch war der mit dieser Funktion vermutete lineare Zusammenhang zwischen Gewinnquote und Investitionsquote nicht hinreichend signifikant.

Wir haben daher auf der Grundlage mikroökonomischer Überlegungen abgeleitet, daß eine Untergrenze der inländischen Kapitalrendite existiert, die durch den internationalen Zins- und Renditenzusammenhang gegeben ist und auch von der Vermögenspolitik nicht dauerhaft angetastet werden kann. Darüber hinausgehende Gewinnteile konnten als Marktlagengewinne und als Kostendifferenzgewinne interpretiert werden. Marktlagengewinne sind aber unter den heutigen Bedingungen kaum als dauerhafte

Finanzierungsquelle der Vermögenspolitik anzusehen und können wirksamer durch eine konsequente Stabilitätspolitik abgeschöpft werden. Kostendifferenzgewinne sind zwar dauerhaft. Es fehlt aber bisher an Verfahren, um sie so gezielt zu treffen, daß die Teile, die aus Marktmacht resultieren, abgeschöpft werden, die für Wachstum und Wettbewerb notwendigen Leistungsgewinne aber erhalten bleiben.

Aus unserer Vorstellung einer Renditenuntergrenze haben wir empirisch dann einen Spielraum der Einkommensverteilung abgeleitet, der genutzt werden könnte, wenn von den übrigen Variablen keine Störungen ausgehen.

Zu 4. Als sehr starre Schranke für die erhoffte Vermögensbildung aus ‚zusätzlichem' Einkommen erwies sich dann aber das Anbieterverhalten:

Zwar können bei Konstanz der gesamtwirtschaftlichen Einkommensverwendung die Unternehmen in höheren Preisen die früheren Nettogewinne nicht wiedererlangen. Doch verschlechtert der Versuch der Unternehmen, unter den durch die Vermögenspolitik veränderten Marktbedingungen ihr relatives Gewinnmaximum wiederzuerlangen, die Verhandlungsposition der Arbeitnehmer bei Tariflohnverhandlungen, so daß eine allgemeine Rückwälzung vermögenspolitischer Lasten für wahrscheinlich gelten kann.

(3) Unser Ergebnis, daß die funktionelle Einkommensverteilung wohl konstanter ist als vielfach optimistisch angenommen, bedeutet aber kein Plädoyer für ein vermögenspolitisches Laissez-faire. Denn die institutionelle Einkommensverteilung kann in der Marktwirtschaft langfristig nur gleichmäßiger werden, wenn die Vermögensverteilung gleichmäßiger wird. Lediglich die Hoffnung, die Gewinne als alleinige Quelle der Vermögenspolitik nutzen zu können, muß wohl begraben werden.

Tabellenanhang

Tabelle 5 A

Die Bereitschaft der Arbeitnehmer, vermögenswirksame Leistungen des Arbeitgebers anzulegen

Ergebnis einer Umfrage des Instituts für Sozialforschung und Sozialwirtschaft von Mai/Juni 1970[a]) im Auftrag des Bundesministers für Arbeit und und Sozialordnung

	Bereitschaft zur vermögenswirksamen Anlage	Wunsch nach Barauszahlung	Unentschieden
		in v. H.	
Hilfsarbeiter	77	19	4
Angelernte Arbeiter	76	21	3
Facharbeiter	83	15	2
Angestellte	84	15	1
Beamte	88	12	0
Arbeitnehmer	82	16	2
darunter			
mit Bruttomonatseinkommen			
bis 600	76	21	3
600 - 800	77	21	2
800 - 1 000	79	19	2
1 000 - 1 200	82	16	2
1 200 - 1 500	87	12	1
über 1 500	90	9	1

a) Antworten bei einer Stichprobenerhebung dieses Instituts unter 1 990 Arbeitnehmern im Mai/Juni 1970. Die Frage lautete: „Nehmen Sie einmal an, Ihr Arbeitgeber würde Ihnen zu Ihrem Lohn jährlich 312,— DM dazugeben. Würden Sie das Geld vermögenswirksam anlegen und damit die Sparvorteile in Anspruch nehmen oder würden Sie es sich lieber auszahlen lassen?"

Quelle: Brandt, Franz; Peter, Rudi; Werth, Manfred: Das Sparverhalten der Arbeitnehmer im Rahmen des Vermögensbildungsgesetzes. Eine empirisch-soziologische Studie im Auftrag des Bundesministers für Arbeit und Sozialordnung, Stuttgart usw. 1972, S. 53 (Tabelle V 3). (Schriftenreihe des Bundesministers für Arbeit und Sozialordnung, Heft 19.)

Tabelle 8 A: **Das Sparen der Unselbständigen in der Bundesrepublik Deutschland 1950 - 1970**

	Nettoeinkommen aus unselbst. Arbeit f) in Mrd. DM	Nettovermögenseinkommen der Arbeitnehmer a) f) in Mrd. DM	Verfügbare Einkommen der Arbeitnehmer b) in Mrd. DM	Ersparnis der Arbeitnehmer aus verfügb. Einkommen f) in Mrd. DM	Durchschnittl. Sparquote der Arbeitnehmer aus verfügb. Einkommen in v. H.	Sozialrenten, Unterstützungen, Pensionen u. ä. f) in Mrd. DM	Nettovermögenseinkommen der Rentner usw. a) f) in Mrd. DM	Verfügbare Einkommen der Rentner usw. b) in Mrd. DM	Ersparnis der Rentner usw. aus verf. Einkommen f) in Mrd. DM	Durchschnittl. Sparquote der Rentner usw. aus verf. Einkommen in v. H.	Verfügbare Einkommen der Unselbständigen b) c) in Mrd. DM	Ersparnis d. Unselbständigen f) in Mrd. DM	Durchschnittl. Sparquote d. Unselbständigen in v. H. d. verf. Einkom.
	(1)	(2)	(3) = (1) + (2)	(4)	(5) = (4) : (3)	(6)	(7)	(8) = (6) + (7)	(9)	(10) = (9) : (8)	(11) = (8) + (3)	(12) = (4) + (9)	(13) = (12) : (11)
1950 d)	35,8	0,2	36,0	0,9	2,5	11,7	0,1	11,8	0,2	1,7	47,8	1,1	2,3
1954 d)	57,5	0,6	58,1	3,2	5,5	17,7	0,2	17,9	1,1	6,1	76,0	4,3	5,7
1955 d)	65,3	0,7	66,0	3,4	5,2	19,9	0,2	20,1	1,0	5,0	86,1	4,4	5,1
1958 d)	84,6	1,3	85,9	6,2	7,2	30,8	0,4	31,2	1,9	6,1	117,1	8,1	6,9
1960	107,3	2,0	109,3	7,7	7,0	36,0	0,5	36,5	1,9	5,2	145,8	9,6	6,6
1961	119,9	2,6	122,5	9,0	7,3	39,2	0,7	39,9	2,1	5,3	162,4	11,1	6,8
1962	132,0	2,9	134,9	10,2	7,6	43,0	0,8	43,8	1,8	4,1	178,7	12,0	6,7
1963	141,0	3,3	144,3	12,9	8,9	45,7	1,0	46,7	2,6	5,6	191,0	15,5	8,1
1964	154,2	3,9	158,1	16,1	10,2	50,2	1,1	51,3	2,9	5,7	209,4	19,0	9,1
1965	171,6	4,5	176,1	19,5	11,1	55,9	1,4	57,3	4,3	7,5	233,4	23,8	10,2
1966	181,7	5,6	187,3	19,4	10,4	61,3	1,8	63,1	3,6	5,7	250,4	23,0	9,2
1967	180,8	6,5	187,3	20,3	10,8	67,5	2,2	69,7	3,4	4,9	257,0	23,7	9,2
1968 e)	190,8	7,3	198,1	25,2 e)	12,7	70,7	2,5	73,2	3,8 e)	5,3	271,3	29,0	10.7
1969 e)	210,5	8,5	219,0	26,3 e)	12,0	76,2	3,0	79,2	7,4 e)	9,7	298,2	33,7	11,3
1970 e)	241,7	11,0	252,7	31,6 e)	12,5	81,9	3,8	85,7	9,6 e)	11,7	338,4	41,2	12,2

Anmerkungen zu Tabelle 8A:

a) Für die Jahre 1961 bis 1963, 1965 bis 1967 und 1969 sind die Werte durch Fortschreibung mit

— der ‚jährlichen Wachstumsrate der Vermögenseinkünfte aller privaten Haushalte‘, jeweils multipliziert mit dem Verhältnis

— der ‚durchschnittlichen Zuwachsrate der Vermögenseinkünfte der Arbeitnehmerhaushalte zwischen 1960 und 1964, 1964 und 1968 beziehungsweise 1968 und 1970‘ zu

— der ‚durchschnittlichen Zuwachsrate der Vermögenseinkünfte aller privaten Haushalte‘ ermittelt, da die Quelle (DIW-Wochenbericht) nur Werte für 1960, 1964, 1968 und 1970 ausweist.

b) Einschließlich Vermögenseinkünfte.

c) Summe der Spalten (8) + (3).

d) Ohne Saarland und West-Berlin.

e) Berechnet auf der Grundlage der von Engels und Mitarbeitern geschätzten Sparquoten der Arbeitnehmer und der Selbständigen (bezogen auf die verfügbaren Einkommen zuzüglich der nicht-entnommenen Gewinne der Einzelunternehmen u. ä.); vgl. Tabelle 8 B (Anhang), Spalte (23).

f) Die Gewinne der Einzelunternehmen u. ä. sind hier in Anlehnung an Kaiser und und Zerwas ganz den Selbständigen zugerechnet, da wir vermuten, daß das Sparverhalten derjenigen Unselbständigen, die an Einzelunternehmen und Personengesellschaften beteiligt sind, eher dem der Selbständigen entspricht. Engels schätzt den Anteil der Unselbständigen an den Gewinnen der Einzelunternehmen u. ä. auf 20 v.H.; für Aussagen über Einkommensverteilung und die soziale Struktur der Vermögensbildung wäre dies zu berücksichtigen. Andererseits sind die Renteneinkommen und das Sparen der Nichterwerbstätigen ganz den Unselbständigen zugerechnet, da wir für das Sparen aus Renteneinkommen Verhaltensweisen vermuten, die eher denen der Unselbständigen als denen der Selbständigen entsprechen.

Quellen: Eigene Berechnungen auf der Grundlage: Kaiser, Walter; Zerwas, Arnold: Die Struktur des Sparens in der Bundesrepublik Deutschland von 1950 bis 1967. Statistisches Material und methodische Erläuterungen, Berlin 1970. Die Ergebnisse von Kaiser und Zerwas wurden auf der Grundlage der „Revidierten Reihen“ der Volkswirtschaftlichen Gesamtrechnung neu berechnet. Diese Revision hat vor allem zu wesentlich höheren Ausweisen der nicht-entnommenen Gewinne geführt; so kommen Kaiser und Zerwas auf der Grundlage der früheren Volkswirtschaftlichen Gesamtrechnung für die unverteilten Gewinne der privaten Unternehmen mit eigener Rechtspersönlichkeit für 1967 auf 2,8 Mrd. DM, wir — unter den gleichen Annahmen — auf der Grundlage der „Revidierten Reihen“ zu 6,2 Mrd. DM (vgl. Hamer, Günter: Revision der Volkswirtschaftlichen Gesamtrechnung, in: Wirtschaft und Statistik, Heft 2 (1970), S. 57 ff.); Engels, Wolfram; Sablotny, Herbert; Zickler, Dieter: Bildung und Verteilung des Volksvermögens in der Bundesrepublik Deutschland 1950 - 1970. Vorbericht über die Ergebnisse eines laufenden Forschungsvorhabens. Vervielfältigtes Manuskript, Frankfurt o. J.; DIW — Deutsches Institut für Wirtschaftsforschung: Die Vermögenseinkünfte der privaten Haushalte in der Bundesrepublik Deutschland, in: Wochenbericht 6/1971 v. 4. 2. 1971, S. 35 ff.; Statistisches Bundesamt (Hrsg.): Revidierte Reihen ab 1950, in: Fachserie N, Reihe 3; Statistische Jahrbücher 1958, 1961, 1968, 1973; Wirtschaft und Statistik: Zahlenteile 1958, 1961, 1962, 1967, 1968, 1972; Bretschneider, Joachim; Husmann, Jürgen; Schnabel, Fritz: Handbuch einkommens-, vermögens- und sozialpolitischer Daten. Tabellen und Kommentare, Köln 1970 ff.

Tabelle 8 B: **Das Sparen der Selbständigen in der Bundesrepublik Deutschland 1950 - 1970**

	Nettoeinkommen der Privaten aus Unternehmertätigkeit u. Vermögen a) in Mrd. DM	Nettovermögenseinkommen der Unselbständigen b) in Mrd. DM	Nicht-entnommene Gewinne aller privaten Unternehmen a) (einschl. Staatsanteil) in Mrd. DM	Verfügbare Einkommen der Selbständigen c) in Mrd. DM	Ersparnis d. Selbst. aus verf. Einkommen (ohne nicht-entn. Gewinne) c) in Mrd. DM	Durchschnittl. Sparquote d. Selbst. aus verf. Einkommen (ohne nicht-entn. Gewinne) in v. H.	Nicht-entnommene Gewinne der Einzelunternehmen u. ä. f) in Mrd. DM	Verfügbare Einkommen u. nicht-entn. Gewinne der Einzelunternehmen u. ä. in Mrd. DM	Ersparnis der Selbst. aus verf. Eink. u. nicht-entn. Gewinne der Einzeluntern. u. ä. f) in Mrd. DM	Durchschnittl. Sparquote d. Selbst. aus verf. Eink. u. nicht-entn. Gewinne der Einzeluntern. u. ä. f) in v. H.
	(14)	(15)	(16)	(17) = (14) − (15) − (16)	(18)	(19) = (18) : (17)	(20)	(21) = (17) + (20)	(22) = (18) + (20)	(23) = (22) : (21)
1950 d)	24,7	0,3	6,8	17,6	0,7	4,0	4,7	22,3	5,4	24,2
1954 d)	35,7	0,8	8,5	26,4	2,9	11,0	5,0	31,4	7,9	25,2
1955 d)	43,1	0,9	14,2	28,0	3,1	11,1	9,1	37,1	12,2	32,9
1958 d)	54,1	1,7	16,9	35,5	4,9	13,8	11,3	46,8	16,2	34,6
1960	69,1	2,5	22,4	44,2	5,7	12,9	14,2	58,4	19,9	34,1
1961	70,1	3,3	20,1	46,7	6,6	14,1	12,7	59,4	19,3	32,5
1962	70,1	3,7	17,4	49,0	6,9	14,1	11,0	60,0	17,9	29,8
1963	74,3	4,3	15,8	54,2	7,3	13,5	9,3	63,5	16,6	26,1
1964	83,2	5,0	19,6	58,6	9,4	16,0	11,9	70,5	21,3	30,2
1965	92,2	5,9	20,8	65,5	11,2	17,1	13,3	78,8	24,5	31,1
1966	95,6	7,4	20,4	67,8	11,2	16,5	12,7	80,5	23,9	29,7
1967	95,1	8,7	17,6	68,8	11,0	16,0	10,3	79,1	21,3	27,0
1968 e)	114,5	9,8	28,2	76,5	12,1 e)	15,8	16,9	93,4	29,0 e)	31,0 e)
1969 e)	120,4	11,5	20,3	88,6	14,1 e)	15,9	9,9	98,5	24,0 e)	24,4 e)
1970 e)	136,9	14,8	30,4	91,7	12,4 e)	13,5	18,9	110,6	31,3 e)	28,3 e)

a) Aus der Volkswirtschaftlichen Gesamtrechnung; die Größe „Nettoeinkommen der Privaten aus Unternehmertätigkeit und Vermögen" der Volkswirtschaftlichen Gesamtrechnung schließt die unverteilten Gewinne der staatlichen Unternehmen ein, soweit auf sie die Definition „Unternehmen" zutrifft; dazu zählen auch Bundesbahn und Bundespost sowie diejenigen öffentlichen Unternehmen, deren Einnahmen und Ausgaben nicht brutto im Haushalt der betreffenden Gebietskörperschaft gebucht werden. — b) Wie Anmerkung a) zu Tabelle 8 A (Anhang). — c) Einschließlich Vermögenseinkommen, aber ohne nicht-entnommene Gewinne der Einzelunternehmen u. ä. — d) Ohne Saarland und West-Berlin. — e) Vgl. Anmerkung e) zu Tabelle 8 A (Anhang). — f) Die Gewinne der Einzelunternehmen u. ä. sind hier in Anlehnung an Kaiser und Zerwas ganz den Selbständigen zugerechnet, da wir vermuten, daß das Sparverhalten derjenigen Unselbständigen, die an Einzelunternehmen und Personengesellschaften beteiligt sind, eher dem der Selbständigen entspricht. Engels schätzt den Anteil der Unselbständigen an den Gewinnen der Einzelunternehmen u. ä. auf 20 v. H.; für Aussagen über Einkommensverteilung und die soziale Struktur der Vermögensbildung wäre dies zu berücksichtigen. Andererseits sind die Renteneinkommen und das Sparen der Nichterwerbstätigen ganz den Unselbständigen zugerechnet, da wir für das Sparen aus Renteneinkommen Verhaltensweisen vermuten, die eher denen der Unselbständigen als denen der Selbständigen entsprechen.

Quellen: Siehe Quellenangaben zu Tabelle 8 A.

Tabelle 8 C: **Das ‚Sparen' der privaten Unternehmen in der Bundesrepublik Deutschland 1950 - 1970**

	Nettoeinkommen d. Privaten aus Untern.-tätigk. u. Vermögen a) in Mrd. DM	Dem Staat zurechenbare unverteilte Gewinne d. Untern. m. eig. Rechtspersönlichkeit b) in Mrd. DM	Bereinigte Nettoeinkommen d. Priv. aus Untern.-tätigk. u. Vermögen c) in Mrd. DM	Nettovermögenseinkünfte aller privaten Haushalte d) in Mrd. DM	Dividendeneinkommen aller priv. Haushalte in Mrd. DM	Nettogewinne aller priv. Unternehmen (ohne Staatsanteil) c) in v. H.	Unverteilte Gewinne d. priv. Unternehmen m. eig. Rechtspersönlichk. (ohne Staatsanteil) c) in v. H.	Nichtentnommene Gewinne der Einzelunternehmen u. ä. in Mrd. DM	Nichtentnommene Gewinne d. priv. Unternehmen (ohne Staatsanteil) insgesamt c) in v. H.	Durchschnittl. ‚Sparquote' d. privaten Unternehm. (ohne Staatsanteil) e) in v. H.
	(24) = (14)	(25)	(26) = (24) − (25)	(27)	(28)	(29) = (26) − (27) + (28)	(30)	(31) = (20)	(32) = (30) + (31)	(33) = (32) : (29)
1950	24,7	0,4	24,3	0,6	0,0	23,7	1,7	4,7	6,4	27,0
1954	35,7	0,6	35,1	1,6	0,2	33,7	2,9	5,0	7,9	23,4
1955	43,1	0,9	42,2	1,9	0,3	40,6	4,2	9,1	13,3	32,8
1958	54,1	1,0	53,1	3,6	0,6	50,1	4,6	11,3	15,9	31,8
1960	69,1	1,2	67,9	5,5	0,9	63,3	7,0	14,2	21,2	33,5
1961	70,1	1,1	69,0	7,0	1,2	63,2	6,3	12,7	19,0	30,0
1962	70,1	1,0	69,1	7,8	1,4	62,7	5,4	11,0	16,4	26,2
1963	74,3	1,0	73,3	8,8	1,4	65,9	5,5	9,3	14,8	22,5
1964	83,2	1,2	82,0	10,3	1,4	73,1	6,5	11,9	18,4	25,2
1965	92,2	1,1	91,1	12,1	1,5	80,5	6,4	13,3	19,7	24,5
1966	95,6	1,1	94,5	15,2	1,7	81,0	6,6	12,7	19,3	23,8
1967	95,1	1,1	94,0	17,6	1,5	77,9	6,2	10,3	16,5	21,2
1968	114,5	1,7	112,8	19,8	1,6	94,6	9,6	16,9	26,5	28,0
1969	120,4	1,6	118,8	22,9	1,8	97,7	8,8	9,9	18,7	19,2
1970	136,9	1,7	135,2	29,3	2,6	108,5	9,8	18,9	28,7	26,4

a) Wie Anmerkung a) zu Tabelle 8 B (Anhang). — b) Geschätzt für die Jahre 1950 bis 1958 mit 18 v. H. und für 1960 bis 1970 mit 15 v. H. der unverteilten Gewinne der privaten Unternehmen mit eigener Rechtspersönlichkeit (ebenso: Kaiser, Walter; Zerwas, Arnold: Die Struktur des Sparens in der Bundesrepublik Deutschland von 1950 bis 1967. Statistisches Material und methodische Erläuterungen, Berlin 1970, S. 41 f.). c) Ohne dem staatlichen Sektor zurechenbare unverteilte Gewinne (Spalte (25)). — d) Wie Anmerkung a) zu Tabelle 8 A (Anhang). — e) Nicht-entnommene und unverteilte Gewinne der Unternehmen (soweit sie nicht dem staatlichen Sektor zuzurechnen sind) bezogen auf die gesamten Nettogewinne der privaten Unternehmen (also einschließlich der entnommenen Gewinne der Einzelunternehmen u. ä., aber ohne die dem staatlichen Sektor zuzurechnenden unverteilten Gewinne).

Quellen: Siehe Quellenangaben zu Tabelle 8 A (Anhang).

Tabelle 11 A: **Erwerbstätigkeit, Bruttoeinkommen aus unselbständiger Arbeit und Unternehmerlohn (Alternative A) in ausgewählten Wirtschaftsbereichen[a]) in der Bundesrepublik Deutschland 1962 - 1971**

	Produzierendes Gewerbe (Energie und Bergbau, Verarbeitendes Gewerbe, Baugewerbe)						Handel, Kreditinstitute und Versicherungswesen						Ausgewählte Bereiche: Unternehmerlohn nach Alternative A b)
	Erwerbstätige			Bruttoeinkommen aus unselbständiger Arbeit a)	Bruttoeinkommen aus unselbständiger Arbeit pro Arbeitnehmer	Unternehmerlohn nach Alternative A b)	Erwerbstätige			Bruttoeinkommen aus unselbständiger Arbeit a)	Bruttoeinkommen aus unselbständiger Arbeit pro Arbeitnehmer	Unternehmerlohn nach Alternative A b)	
	Selbständige (in Tausend)	Mithelfende Familienangehörige (in Tausend)	Arbeitnehmer (in Tausend)	(in Mill. DM)	(in DM)	gesamt (in Mill. DM)	Selbständige (in Tausend)	Mithelfende Familienangehörige (in Tausend)	Arbeitnehmer (in Tausend)	(in Mill. DM)	(in Tausend)	gesamt (in Mill. DM)	(in Mill. DM)
	(1)	(2)	(3)	(4)	(5) = (4) : (3)	(6) = ((1) + (2)) × (5)	(7)	(8)	(9)	(10)	(11) = (10) : (9)	(12) = ((7) + (8)) × (11)	(13) = (6) + (12)
1962	753	198	11 889	99 610	8 378	7 967	735	241	2 636	20 150	7 644	7 460	15 427
1965	740	183	12 007	129 780	10 809	9 977	709	239	2 781	28 050	10 086	9 562	19 539
1966	730	188	12 119	137 660	11 359	10 427	700	235	2 858	31 200	10 917	10 207	20 634
1967	712	179	11 476	132 590	11 554	10 294	695	237	2 849	32 620	11 450	10 672	20 966
1968	676	167	11 483	144 070	12 546	10 576	677	228	2 875	35 000	12 174	11 018	21 594
1969	679	161	11 833	163 730	13 837	11 623	649	209	2 889	39 000	13 499	11 582	23 205
1970	670	154	12 111	195 810	16 168	13 322	639	204	2 976	45 170	15 178	12 795	26 117
1971	632	150	11 984	217 340	18 136	14 182	597	168	3 100	51 770	16 700	12 776	26 958

a) Energiewirtschaft und Bergbau, Verarbeitendes Gewerbe, Baugewerbe, Handel, Kreditinstitute und Versicherungsunternehmen (ohne Postscheckdienst und Postsparkasse, sowie ohne Vermittlung von Versicherungen und Wertpapiergeschäften). — b) Vgl.: Unternehmerlohn wird für jeden Selbständigen und mithelfenden Familienangehörigen ein in diesen Wirtschaftsbereichen (Vgl. a)) durchschnittlich erzieltes jährliches Bruttoarbeitseinkommen eines Unselbständigen unterstellt.

Quelle: Bundesanstalt für Arbeit (Hrsg.): Arbeitsstatistik 1972. Jahreszahlen über Wohnbevölkerung und Beschäftigung. Amtliche Nachrichten der Bundesanstalt für Arbeit, 21. Jahrg. Sondernummer Oktober 1973; statistische Jahrbücher 1971 und 1973. Eigene Berechnungen.

Tabelle 11 B: **Geleistete Arbeitsstunden, ‚arbeitszeitbereinigte Zahl der Selbständigen und mithelfenden Familienangehörigen'a) und Unternehmerlohn (Alternative B) in ausgewählten Wirtschaftsbereichenb) in der Bundesrepublik Deutschland 1962 - 1971**

	Produzierendes Gewerbe (Energie und Bergbau, Verarbeitendes Gewerbe, Baugewerbe)							Handel, Kreditinstitute und Versicherungswesen							Ausgewählte Bereiche b) gesamt
	Geleistete Arbeitsstunden pro Woche			Arbeitszeitbereinigte Zahl a) (in Tausend) der:			Unternehmerlohn nach Alternative B d) (in Mill. DM)	Geleistete Arbeitsstunden pro Woche c)			Arbeitszeitbereinigte Zahl a) (in Tausend) der:			Unternehmerlohn nach Alternative B (in Mill. DM)	Unternehmerlohn nach Alternative B d) (in Mill. DM)
	Selbständige	Mithelfende Fam.-angeh.	Arbeitnehmer	Selbständigen	Mithelfenden Fam.-angeh.	Selbständigen u. mithelf. Fam.-angeh.		Selbständige	Mithelfende Fam.-angeh.	Arbeitnehmer	Selbständigen	Mithelfenden Fam.-angeh.	Selbständigen u. mithelf. Fam.-angeh.		
	(14)	(15)	(16)	(17) = (14) : (1) × (16)	(18) = (15) : (2) × (16)	(19) = (17) + (18)	(20) = (5) × (19)	(21)	(22)	(23)	(24) = (21) : (7) × (23)	(25) = (22) : (8) × (23)	(26) = (24) + (25)	(27) = (11) × (26)	(28) = (20) + (27)
1962	50,9	44,5	42,8	896	206	1 102	9 233	54,0	45,2	43,7	908	249	1 157	8 844	18 077
1965	51,4	43,9	41,9	908	192	1 100	11 890	53,5	44,6	43,0	882	248	1 130	11 397	23 287
1966	51,7	43,2	41,6	907	195	1 102	12 518	53,7	45,0	42,5	884	249	1 133	12 369	24 887
1967	51,2	41,5	40,7	896	183	1 079	12 466	53,2	43,6	42,1	878	245	1 123	12 858	25 324
1968	51,5	40,8	41,2	845	165	1 010	12 671	53,5	43,1	42,0	862	234	1 096	13 343	26 014
1969	51,6	40,0	41,3	848	156	1 004	13 893	53,5	42,4	41,6	835	213	1 048	14 147	28 040
1970	52,0	39,5	41,2	846	148	994	16 071	53,6	42,3	41,4	827	208	1 035	15 709	31 780
1971	52,2	39,1	40,9	807	143	950	17 229	53,7	42,7	40,8	786	176	962	16 065	33 294

a) Die tatsächliche Zahl der Selbständigen und der mithelfenden Familienangehörigen wird mit dem Verhältnis der Zahl der geleisteten Arbeitsstunden von Selbständigen beziehungsweise mithelfenden Familienangehörigen zu der Zahl der geleisteten Arbeitsstunden von Arbeitnehmern multipliziert und ergibt so die ‚arbeitszeitbereinigte Zahl der selbständigen und mithelfenden Familienangehörigen'. (Die Daten über die geleisteten Arbeitsstunden sind das Ergebnis von Befragungen des Statistischen Bundesamtes im Rahmen des jährlichen „Mikrozensus".) — b) Siehe Anmerkung a) zu der Tabelle 11 A. — c) Die Daten über geleistete Arbeitsstunden gelten für die Gewerbezweige Handel, Verkehr und Nachrichtenübermittlung und sind hier auf Handel, Kreditinstitute und Versicherungswesen übertragen. — d) Als ‚Unternehmerlohn' wird für jeden selbständigen und mithelfenden Familienangehörigen ein in diesen Wirtschaftsbereichen (vgl. b)) pro geleistete Arbeitsstunde erzieltes Bruttoarbeitseinkommen eines Unselbständigen unterstellt.

Quellen: Siehe Tabelle A sowie: Ergebnisse des Mikrozensus in: Wirtschaft und Statistik. 1962 ff. Eigene Berechnungen.

Tabelle 11 C: **Bruttoverdienste leitender Angestellter der Leistungsgruppe II (mit beschränkter Dispositionsbefugnis)[a]) und Unternehmerlohn nach Alternative C in ausgewählten Wirtschaftsbereichen[b]) der Bundesrepublik Deutschland 1962 - 1971**

	Ø Bruttoverdienste leitender Angestellter der Leistungsgruppe II a), c) in DM		Anteil der Arbeitgeberbeiträge zur Sozialversicherung u. d. freiwilligen Sozialleistungen an der Ø Bruttolohn- u. Gehaltssumme aller Arbeitnehmer in v.H.	Vergleichbares jährliches Bruttoarbeitseinkommen eines Selbständigen d) in DM	Zahl der Selbständigen in den ausgewählten Wirtschaftsbereichen b) in Tausend	Unternehmerlohn der Selbständigen nach Alternative C e) in Mill. DM	Unternehmerlohn der mithelfenden Familienangehörigen nach Alternative C (und B) f) in Mill. DM	Unternehmerlohn gesamt nach Alternative C e), f) in Mill. DM
	monatlich	jährlich						
	(29)	(30) = (29) × 12	(31)	(32) = (30) + (31) × (30)	(33) = (1) + (7)	(34) = (33) × (32)	(35) = (18) × (5) + (25) × (11)	(36) = (34) + (35)
1962	1 160	13 920	14,1	15 883	1 488	23 634	3 629	27 263
1965	1 392	16 704	13,2	18 913	1 449	27 405	4 576	31 981
1966	1 483	17 796	13,6	20 214	1 430	28 906	4 933	33 839
1967	1 540	18 480	13,8	21 025	1 407	29 582	4 919	34 501
1968	1 612	19 344	14,4	22 134	1 353	29 947	4 919	34 866
1969	1 753	21 036	15,0	24 181	1 328	32 112	5 034	37 146
1970	1 946	23 362	15,3	26 930	1 309	35 251	5 550	40 801
1971	2 148	25 776	16,0	29 903	1 229	36 751	5 532	42 283

a) Die Leistungsgruppe II umfaßt „kaufmännische und technische Angestellte mit besonderen Erfahrungen und selbständigen Leistungen in verantwortlicher Tätigkeit mit eingeschränkter Dispositionsbefugnis, die Angestellte anderer Tätigkeitsgruppen einzusetzen und verantwortlich zu unterweisen haben. Ferner Angestellte mit umfassenden kaufmännischen oder technischen Kenntnissen.“ (Vgl. Bretschneider, J.; Husmann, J.; Schnabel, F.: Handbuch einkommens-, vermögens- und sozialpolitischer Daten. Tabellen und Kommentare Köln 1970 ff. Tabelle 32, Erläuterung). — b) Siehe Anmerkung a) zu Tabelle 11 A. — c) Geschätzt als das zwölffache der normalen Bruttomonatsverdienste. Prämien, Tantiemen, Weihnachts- und Urlaubszuwendungen und sonstige nicht monatlich anfallende Zahlungen sind nicht enthalten. — d) Einschließlich vergleichbarer gesetzlicher und freiwilliger Sozialleistungen der Arbeitgeber für die Arbeitnehmer. — e) Als Unternehmerlohn wird jedem Selbständigen ein geschätztes durchschnittliches Bruttojahreseinkommen männlicher kaufmännischer und technischer Angestellter der Leistungsgruppe II zugerechnet. (Spalte (32)). — f) Als Unternehmerlohn wird den mithelfenden Familienangehörigen ein ‚arbeitszeitbereinigtes‘ durchschnittlich in diesen Wirtschaftsbereichen erzieltes Arbeitnehmerarbeitseinkommen zugerechnet. (Vgl. Tabelle 11 B, Spalten (18) und (25).)

Quellen: Siebe Tabelle B; sowie: Bretschneider, J.; Husmann, J.; Schnabel, F.: Handbuch einkommens-, vermögens- und sozialpolitischer Daten. Tabellen und Kommentare, Köln 1970 ff. Tabellen C 15, C 32. Eigene Berechnungen.

Tabelle 12 A: **Das Sachvermögen in den Bereichen ‚Wohnungsvermietung', ‚Verkehr und Nachrichtenübermittlung' und ‚Sonstige Dienstleistungen' in der Bundesrepublik Deutschland 1967 - 1971**

	Gewerbliche Wirtschaft ohne Wohnungsvermietung und ohne Land- und Forstwirtschaft				Verkehr und Nachrichtenübermittlung Sonstige Dienstleistungen				Wohnungsvermietung Sachvermögen in Mrd. DM			Verkehr und Nachrichtenübermittlung, Wohnungsvermietung, sonstige Dienstleistungen Sachvermögen
	Nettoinlandsprodukt zu Faktorkosten	Zuwachs gegenüber Vorjahr	Sachvermögen zu Wiederbeschaffungspreisen	Zuwachs gegenüber Vorjahr	Nettoinlandspodukt zu Faktorkosten	Zuwachs gegenüber Vorjahr	Sachvermögen (geschätzt) a) Zuwachs gegenüber Vorjahr	Sachvermögen (geschätzt) a) Betrag	Bauten	darunter: Grund und Boden b)	Gesamt	
	in Mill. DM	in v.H.	in Mill. DM	in v.H.	in Mill. DM	in v.H.	in v.H.	in Mrd. DM				in Mrd. DM
	(14)	(15)	(16)	(17)	(18)	(19)	(20) = (19) / (17) × (15)	(21)	(22)	(23)	(24) = (22) + (23)	(25) = (21) + (24)
1967	300 050	—	728,3	—	55 140	—	—	143,5	414,0	138,0	552,0	695,5
1968	334 530	11,49	726,5	− 0,25	60 390	+ 9,52	− 0,21	143,2	428,6	142,9	571,5	714,7
1969	368 740	10,23	785,1	+ 8,07	66 150	+ 9,54	+ 7,53	154,0	470,7	156,9	627,6	781,6
1970	428 780	16,28	922,3	+ 17,475	76 210	+ 15,21	+ 16,33	179,1	552,5	184,2	736,7	915,8
1971	467 980	9,14	1 075,8	+ 16,64	87 060	+ 14,24	+ 25,92	225,5	642,6	214,2	856,8	1 082,3

a) Das Sachvermögen der Bereiche ‚Verkehr und Nachrichtenübermittlung' und ‚sonstige Dienstleistungen' ist für 1967 als Differenz aus der Berechnung des Sachvermögens, der Bereiche ‚Verkehr und Nachrichtenübermittlung', ‚Wohnungsvermietung' und ‚sonstige Dienstleistungen' lt. Tabelle 12 und des von Lützel (Statistisches Bundesamt) ermittelten Werts des Sachvermögens im Bereich ‚Wohnungsvermietung' für 1967 berechnet. (Ergänzt um Werte des Grund und Bodens). Die Werte der folgenden Jahre 1968 - 1971 sind berechnet durch Fortschreibung mit den Zuwächsen des Sachvermögens der gewerblichen Wirtschaft ohne ‚Wohnungsvermietung' und ohne ‚Land- und Forstwirtschaft' multipliziert jeweils mit dem Quotienten:

$$\frac{\text{Zuwachs des NIP in ‚Verkehr u. Nachrichtenübermittlung' u. ‚Sonst. Dienstleist.'}}{\text{Zuwachs des NIP in ‚Gewerbl. Wirtschaft' ohne, Wohnungsverm.' u. ohne, Land- u. Forstw.'}}$$

Diese Fortschreibung geht von der Annahme aus, daß das Verhältnis der Kapitalkoeffizienten der im Bereich ‚Verkehr und Nachrichtenübermittlung' sowie ‚Sonst. Dienstleistungen' zum Kapitalkoeffizienten der gewerblichen Wirtschaft (ohne ‚Wohnungsvermietung' und ohne ‚Land- und Forstwirtschaft') zwischen 1967 und 1971 sich nicht ändert. — b) Wert des Grund und Bodens = ein Drittel des Wertes der Bauten.

Quellen: Statistische Jahrbücher für die Bundesrepublik Deutschland 1971 und 1973; Statistische Beihefte zu den Monatsberichten der Deutschen Bundesbank. Reihe 2: Wertpapierstatistik. Heft 10/Oktober 1973; Brinkmann, Theodor: Umfang und Rendite des Produktivvermögens. Berichte des Deutschen Industrieinstituts zur Wirtschaftspolitik. 5 Jahrg. (1971) Nr. 8; Kirner, Wolfgang: Zeitreihen für das Anlagevermögen der Wirtschaftsbereiche in der Bundesrepublik Deutschland. (DIW-Beiträge zur Strukturforschung. Heft 5, hrsg. v. Deutschen Institut für Wirtschaftsforschung, Berlin); Lützel, Heinrich: Das reproduzierbare Sachvermögen zu Anschaffungs- und zu Wiederbeschaffungspreisen, in: Wirtschaft und Statistik. Heft 11, 1972, S. 611 ff.; eigene Berechnungen.

Literaturverzeichnis

I. Bücher, die im folgenden Literaturverzeichnis in Kurzform verwendet werden:

‚Lohnpolitik und Einkommensverteilung'. Hrsg. von *Arndt*, Helmut: Lohnpolitik und Einkommensverteilung. Berlin 1969. (Schriften des Vereins für Socialpolitik. N. F. 51.)

‚Materialien 5'. Hrsg. vom Institut für Städtebau, Wohnungswirtschaft und Bausparwesen. e. V.: Materialien zur Vermögensbildung in Arbeitnehmerhand. Thesen, Pläne, Gesetze. Bd. 5: 1946 - 1965 (Bonn 1965).

II.

Ando, Albert; *Modigliani,* Franco: The „Life Cycle" hypothesis of Saving: Aggregate Implications and Tests. Am. Econ. Rev. Vol. 53 (1963), S. 55 - 84.

Arnold, Karl: Die soziale Festigung unseres Volkslebens. Referat gehalten auf dem CDU-Bundesparteitag in Karlsruhe von 1951: In: „Materialien 5".

Bachmann, Herbert: Vermögensstreuung durch Tarifvertrag, in: „Materialien 5".

Bain, Joe S.: Barriers to New Competition. Their Character and Consequences in Manufacturing Industries, Cambridge/Mass. 1956.

Barone, Enrico: Grundzüge der Theoretischen Nationalökonomie. Mit einer Einführung von Josef Schumpeter, Berlin und Bonn 1935.

Barth, Hans J.: Gewinnbeteiligung mit begrenzter Haftung, in: Der Arbeitgeber 25. Jg. (April 1973), Heft 8, S. 352 ff.

Bartel, Karl; *Schillert,* Ulrich; *Willgerodt,* Hans: Vermögenspolitik am Scheideweg, in: Ordo. Jahrbuch für die Ordnung von Wirtschaft und Gesellschaft, Bd. 23 (1972), S. 183 - 305.

Bartel, Karl: Öffentliche Infrastruktur oder privates Vermögen. Die vermögenswirksame Schuldenpolitik als Mittel zur Lösung eines Zielkonflikts, Berlin 1975.

Bauernfeind, Heinz: Zur Diskussion um die Vermögensbildung, in: Der Betrieb. Beilage Nr. 14/69 zu Heft 25 v. 20. 6. 1969.

Baumol, William J.: Business Behavior. Value and Growth, New York 1959.

Bitz, Michael: Pläne und Maßnahmen zur Vermögensbildung. Eine Analyse ihrer Ziele und Funktionselemente, Köln 1971.

v. Böhm-Bawerk, Eugen: Kapital und Kapitalzins. 2. Abteilung. Positive Theorie des Kapitals, 3. Aufl., Innsbruck 1909.

Bössmann, Eva: Probleme einer dynamischen Theorie der Konsumfunktion, Berlin 1957.

Bohlen, Waltraud: Die volkswirtschaftlichen Auswirkungen von Vermögensbildungsplänen, Hannover 1969. (Schriften des Forschungsinstituts der Friedrich-Ebert-Stiftung).

Bolle, Michael u. a.: Zum Erlös-Kosten-Diagramm, in: Schneider, Erich (Hrsg.): Wirtschaftskreislauf und Wirtschaftswachstum. Carl Föhl zum 65. Geburtstag, Tübingen 1966. S. 183 ff.

Bombach, Gottfried: Möglichkeiten und Grenzen der Verteilungspolitik, in: ‚Lohnpolitik und Einkommensverteilung'.

— Preisstabilität, wirtschaftliches Wachstum und Einkommensverteilung, in: Schweizerische Zeitschrift für Volkswirtschaft und Statistik, 95. Jg. (1959), S. 16 ff.

— Die verschiedenen Ansätze der Verteilungstheorie, in: Schneider, Erich (Hrsg.): Einkommensverteilung und technischer Fortschritt, Berlin 1959, S. 95 ff. (Schriften des Vereins für Socialpolitik. N. F. Band 17).

— Das Problem der optimalen internationalen Arbeitsteilung bei unterschiedlicher Struktur der Steuersysteme, Düsseldorf 1962. (Schriftenreihe der Wirtschaftsvereinigung Eisen und Stahlindustrie- und Industriepolitik).

— Von der Neoklassik zur modernen Wachstums- und Verteilungstheorie, in: Kyklos. Bd. 18 (1965). S. 425.

Borner, Silvio: Die Überbeschäftigung. Ansätze zu einer theoretischen Klärung, Zürich und St. Gallen 1969.

Bosch, H.-D. (Bearb.): Zur Vermögenssituation der privaten Haushalte in der BRD. 2 Bände, Berlin 1972. (Untersuchung über das Spar-, Giro- und Kreditwesen).

Brandt, Franz; *Peter*, Rudi; *Werth*, Manfred: Das Sparverhalten der Arbeitnehmer im Rahmen des Vermögensbildungsgesetzes. Eine empirisch-soziologische Studie im Auftrag des Bundesministers für Arbeit und Sozialordnung, Stuttgart usw. 1972.

Break, G. F.: Income Tax Incentives to Work: An Empirical Study, in: Am. Ec. Rev. Vol. 47 (1957), S. 529 ff.

Bretschneider, Joachim; *Husmann*, Jürgen; *Schnabel*, Fritz: Handbuch einkommens-, vermögens- und sozialpolitischer Daten. Tabellen und Kommentare. Loseblattsammlung, 1970 ff.

Brinkmann, Theodor: Umfang und Rendite des Produktivvermögens, in: Berichte des deutschen Industrieinstituts zur Wirtschaftspolitik, Jg. 5 (1971), Nr. 8.

Brock, Burkhard: Vermögensbildung — Zuteilung oder Konsumverzicht, Köln 1971. (Untersuchungen Nr. 21 des Instituts für Wirtschaftspolitik an der Universität zu Köln).

Büttner, H. W.: Eigentumsstreuung über Sozialkapital, in: Sozialer Fortschritt, 7. Jg. (1958), Heft 4. S. 77 ff. Auch in: „Materialien 5".

Bundestag, Deutscher: Bericht der Bundesregierung über die Auswirkungen der Sparförderung. BT-Drucksache VI/3186, Bonn 1972.

Burgbacher, Fritz: Produktivkapital für Jeden, Köln 1970.

Cartter, Allan M.: Theory of Wages and Employment, Homewood (Illinois) 1959.

Chang, P. P.: Rate of Profit and Income Distribution in Relation to the Rate of Economic Growth. A Comment, in: The Rev. of Econ. Vol. XXXI (1964), S. 103 ff.

Claassen, Emile: Ein Beitrag zur Theorie der Zinsstruktur, Diss. Köln 1963.

Deist, Heinrich: Der Weg zu einer gerechten Vermögensbildung, in: Die neue Gesellschaft, Heft 6/1960.

— Probleme der Vermögensbildung. München 1961. (Kleine Schriften zur Sozialpolitik und zum Arbeitsrecht, 4. Folge, Heft 4).

Deutsche Angestellten-Gewerkschaft, Hauptvorstand (Hrsg.): Miteigentum der Arbeitnehmer. Eine Stellungnahme der Deutschen Angestellten-Gewerkschaft, Hamburg 1955, in: „Materialien 5".

Deutscher Sparkassen- und Giroverband (Hrsg.): Mitteilungen v. 11. 4. 1967.

Deutsches Institut für Wirtschaftsforschung (Hrsg.): Die Vermögenseinkünfte der privaten Haushalte in der Bundesrepublik Deutschland, in: Wochenbericht Nr. 6/1971, S. 35 ff.

— Einkommensschichtung sozialer Gruppen in der Bundesrepublik Deutschland 1950 bis 1970, in: Wochenbericht Nr. 34/1973 v. 23. August 1973, S. 299 ff.

Die Wirtschaftswoche: „Vom Vermögen und vom Unvermögen. Die verteilungspolitische Diskussion in der SPD", 27. Jg. Nr. 48, S. 73.

Duesenberry, James, S.: Income-consumption relations and their implications, in: Income, employment and public policy. Essays in honor of Alvin Hansen, New York 1948, S. 54 ff. (deutsche Übersetzung: Die Beziehungen zwischen Einkommen und Konsum und ihre Folgen, in: Streißler, Erich und Monika: Konsum und Nachfrage, Köln 1966, S. 277 ff.)

— The Determinants of Savings Behavior: A Summary in the Modern Economy. A Symposium, Minneapolis 1953, S. 195 ff.

— Income, Saving and the Theory of Consumer Behavior, 4. Neudr., Cambridge 1962.

Ehrenberg, Herbert: Vermögenspolitik für die siebziger Jahre, Stuttgart o. J.

Ehrlicher, Werner: Ansätze zu einer makroökonomischen Theorie der Marktformen, in: Jahrbücher für Nationalökonomie und Statistik, Bd. 178 (1965), S. 301 ff.

Elsner, Kurt: Wachstums- und Konjunkturtheorie, in: Ehrlicher, Werner u. a. (Hrsg.): Kompendium der Volkswirtschaftslehre, 2. Aufl., 1972.

Emnid-Institut: Einstellung, Meinungsbild und Verhaltenstendenzen der Bevölkerung zur vermögenspolitischen Auseinandersetzung, Bielefeld 1971, Band 2,3.

Engels, Wolfram; *Sablothny,* Herbert; *Zickler,* Dieter: Bildung und Verteilung des Volksvermögens in der Bundesrepublik Deutschland 1950 - 1970. Vorbericht über die Ergebnisse eines laufenden Forschungsvorhabens. Vervielfältigtes Manuskript o. J.

— *dieselben:* Das Volksvermögen. Seine verteilungs- und wohlstandspolitische Bedeutung. Frankfurt; New York, 1974.

Engels, Wolfram: Den Klassenkampf zementieren? In: Wirtschaftsrat der CDU e. V. (Hrsg.): Zur Zukunft unserer Wirtschaftsordnung, Die Freiheit erhalten! Bonn 1969, S. 167 ff.

— Konsumverhalten und Investitionsverhalten, in: Hax, Herbert (Hrsg.): Entscheidung bei Unsicherheit, Beiträge zur Theorie der Unternehmung, Köln und Opladen 1970.

Euler, Manfred: Ausgewählte Vermögensbestände privater Haushalte am Jahresende 1969. Ergebnis der Einkommens- und Verbrauchsstichprobe 1969, in: Wirtschaft und Statistik, Heft 12 (1970), S. 605 ff.

Euler, Manfred: Sparmotive, Sparziele und Sparneigung privater Haushalte. Ergebnis der Einkommens- und Verbrauchsstichprobe 1969, in: Wirtschaft und Statistik, Heft 2 (1971).

— Wertpapierbestände privater Haushalte am Jahresende 1969. Ergebnis der Einkommens- und Verbrauchsstichprobe 1969, in: Wirtschaft und Statistik, Heft 3 (1971).

Evangelische Kirche in Deutschland, Rat der (Hrsg.): Eigentumsbildung in sozialer Verantwortung — Eine Denkschrift zur Eigentumsfrage in der Bundesrepublik Deutschland, Hannover-Herrenhausen 1962.

Even, Johann: Unser Weg zur sozialen Neuordnung — Eigentumsbildung für den Arbeiter, Köln 1963. (Schriftenreihe des Kartellverbandes der Katholischen Arbeiter-Bewegung Deutschlands.)

Fellner, William; *Haley*, Bernhard F. (eds.): Readings in the Theory of Income Distribution, London 1950.

Fisher, Irving: The Nature of Capital and Income. New York 1906, Ders.: Die Zinstheorie, Jena 1932.

Föhl, Karl u. a.: Kreislaufanalytische Untersuchung der Vermögenspolitik in der Bundesrepublik Deutschland und der Beeinflußbarkeit ihrer Verteilung. Gutachten erstellt im Auftrage des Bundeswirtschafsministeriums, Tübingen 1964.

— Vermögensbildung im Wirtschaftswachstum. Verteilungswirkungen der Vermögensbildung, in: Gunzert, R.: Wachstum, Vermögensbildung, Stabilisierung. Professoren-Kolloquium der Adolf-Weber-Stiftung, Berlin 1967.

— Rüstows Erlös-Kosten-Diagramm, in: Ifo-Institut für Wirtschaftsforschung (Hrsg.): Gewinnbildung und Globalsteuerung im Wirtschaftswachstum. Hanns-Joachim Rüstow zu seinem 70. Geburtstag, Ifo-Studien, 16. Jg., (1970), S. 19 ff.

Föhl, Karl und *Hennies*, Manfred: Vermögensbildung in Arbeitnehmerhand, Pfullingen 1966. (Politik in unserer Zeit. Band 2.)

Folkers, Cay: Die Wirkungen einer verstärkten Beteiligung der Arbeitnehmer am Vermögenszuwachs auf die Verteilung des Vermögensbestandes, in: Finanzarchiv, Band 32 (1974), Heft 2, S. 195 ff.

Fricke, Dieter: Das Sparverhalten der privaten Haushalte in der Bundesrepublik Deutschland, Berlin 1972 (Beiträge zur Verhaltensforschung. Heft 14).

Friedman, Milton: A Theory of the Consumption Function, Princeton 1957.

Funk, Werner: Gewinnbeteiligung und Verteilungstheorie, Diss. Bochum o. J.

Gleitze, Bruno: Lohnpolitik und Vermögensverteilung, in: Sozialer Fortschritt, 6. Jg., 1957, S. 53 ff.

— Sozialkapital und Sozialfonds als Mittel der Vermögenspolitik, Köln 1968.

— Institutionelles Sparen über die Bildung von Sozialkapital. Referat gehalten vor der Evangelischen Akademie in Bad Boll, in: Spiegelhalter, Franz: Eigentumsbildung — Pläne und Möglichkeiten, Neuwied 1959. Auch in: ‚Materialien 5'.

Gruber, Utta: Vorüberlegungen zu einer Umverteilungsanalyse, in: Jahrbücher für Nationalökonomie und Statistik, Band 185 (1971), S. 130 ff.

Günthardt, Walter: Das Problem der Konstanz der Einkommensverteilung, Winterthur 1965.

Gutenberg, Erich: Untersuchungen über die Investitionsentscheidungen industrieller Unternehmen, Köln und Opladen 1963.

Gutowski, Armin: Bemerkungen zur Theorie des eintrittsverhindernden Preises im Oligopol, in: Wirtschaft und Wettbewerb, Jg. 21, (Heft 11/12) (1971), S. 819 ff.

Guttentag, Jack M.; *Cagan*, Phillip (Ed.): Essays on Interest Rates, Vol. I, New York 1969.

Guttentag, Jack M. (Ed.): Essays on Interest Rates, Vol. II, New York 1971.

Häussler, Erwin: Der Arbeitnehmer von morgen — Mit-Eigner und Mit-Träger in der Wirtschaftsgesellschaft, Stuttgart 1955 (Selbstverlag).

Haller, Heinz: Die Steuern, 2. Aufl., Tübingen 1971.

Hamer, Günter: Revision der Volkswirtschaftlichen Gesamtrechnung, in: Wirtschaft und Statistik, Heft 2 (1970).

Hamm, Walter: Eigentum, Vermögensbildung und ökonomische Freiheit, in: Pleyer, Clemens (Hrsg.): Festschrift für Rudolf Reinhardt zum 70. Geburtstag, Köln 1972, S. 425 - 435.

Hansen, Alvin: Keynes' Ökonomische Lehren. Ein Führer durch sein Hauptwerk, Stuttgart und Düsseldorf 1959.

Hansmeyer, Karl-Heinrich: Welche Kontroversen zeichnen sich in der Steuerreformdiskussion ab? In: Die Wirtschaftswoche, 25. Jg., (1971), Heft 15, S. 55.

Harrod, Roy F.: An Essay in Dynamic Theory, in: The Econ. Journal. Vol. 49 (1939), S. 14 ff.

— Second Essay in Dynamik Theory, The Econ. Journal. Vol. 70 (1969); deutsch: „Ein Essay zur dynamischen Theorie" und „Zweiter Essay zur dynamischen Theorie". Beide in: König, Heinz (Hrsg.): Wachstum und Entwicklung der Wirtschaft, Köln und Berlin 1968.

— Towards a Dynamic Economics, London 1948; (deutsch: Dynamische Wirtschaft, Wien-Stuttgart 1949).

Heidhues, Franz: Zur Theorie der internationalen Kapitalbewegungen. Eine kritische Untersuchung unter besonderer Berücksichtigung der Direktinvestitionen, Tübingen 1969 (Schriften zur angewandten Wirtschaftsforschung, Band 23).

Heinen, Edmund: Grundlagen betriebswirtschaftlicher Entscheidungen — Das Zielsystem der Unternehmung —, 2. Aufl. Wiesbaden 1971.

Hensler, Walter: Das Problem von Vermögensverteilung und Renten dargestellt an Peters „Klassenrente" und Preisers „Quasimonopol", Diss. Köln 1970.

Heuß, Ernst: Die Verbindung von mikroökonomischer und makroökonomischer Verteilungstheorie, Tübingen 1965 (Walter Eucken Institut. Vorträge und Aufsätze, Heft 11).

— Grenzproduktivitäts- und Verteilungstheorie in einer wachsenden Wirtschaft, in: Zeitschrift für die gesamte Staatswissenschaft, Bd. 120 (1964), S. 296 ff.

Hinkel, Karl: Beteiligung der Arbeitnehmer am Produktionsmitteleigentum, in: Gewerkschaftliche Monatshefte, 7. Jg. (1956), S. 407 ff.

Hoffmann, W. G.; *Grumbach*, F.; *Hesse*, H.: Das Wachstum der deutschen Volkswirtschaft seit der Mitte des 19. Jahrhunderts, Berlin usw. 1965.

Höhnen, Wilfried: Die vermögenspolitischen Gesetze und Maßnahmen in der Bundesrepublik Deutschland, Köln 1968.

— Vermögensbildung in Arbeitnehmerhand — eine systematische Bestandsaufnahme der verschiedenen Möglichkeiten, in: Das Mitbestimmungsgespräch, 15. Jg. (1967), Heft 9 - 12.

Huhle, Fritz: Sparwille und Sparfähigkeit als Komponenten der Spartätigkeit, in: Voigt, Fritz u. a. (Hrsg.): Beiträge zur Theorie des Sparens und der wirtschaftlichen Entwicklung, Berlin 1958. (Untersuchungen über das Spar-, Giro- und Kreditwesen, Bd. 1.)

Institut für Städtebau, Wohnungswirtschaft und Bausparwesen e. V. (Hrsg.): Materialien zur Vermögensbildung in Arbeitnehmerhand, Thesen, Pläne, Gesetze. Bd. 16: 2. Folge 1965 - 1968 (Bonn 1968).

Jaeger, Klaus: Zur Problematik der Gewinnbeteiligung der Arbeitnehmer als Mittel der Vermögenspolitik, in: Zeitschrift für Wirtschafts- und Sozialwissenschaften, 93. Jg. (1973), 6. Heft, S. 687 ff.

Jungsozialisten, Bundessekretariat (Hrsg.): Programm der deutschen Sozialdemokratie, Bonn 1963, in: ‚Materialien 5', S. 108 ff.

Kaiser, Walter; *Zerwas,* Arnold: Die Struktur des Sparens in der Bundesrepublik Deutschland von 1950 - 1967. Statistisches Material und methodische Erläuterungen, Berlin 1970 (Untersuchungen über das Spar-, Giro- und Kreditwesen, Band 50).

Kaldor, Nicolas: Alternative Theories of Distribution, in: The Review of Economic Studies. Vol. XXIII (1955/56), S. 83 ff.

Kaldor, Nicolas; *Mirrlees,* James A.: A New Modell of Economic Growth, in: Rev. of Econ. Stud., Vol. 29 (1962/63), S. 174 ff. (deutsch: „Ein neues Modell des wirtschaftlichen Wachstums", in: König, Heinz (Hrsg.): Wachstum und Entwicklung der Wirtschaft, Köln und Berlin 1968, S. 97 ff.)

Kalecki, Michael: The Distribution of the National Income, in: Readings in the Theory of Income Distribution, Philadelphia und Toronto 1949, S. 197 ff.

Katona, George: On the so-called Wealth Effect, in: Review of Economics and Statistics, Bd. 43 (1961).

Karl-Bräuer-Institut des Bundes der Steuerzahler: Vermögensbildung aus öffentlichem Wirtschaftsvermögen. Ein Beitrag zur vermögenspolitischen Diskussion, Wiesbaden 1972 (Heft 21).

Keynes, John M.: A Treatise on Money, Vol. I. The Pure Theory of Money, London 1930.

— The General Theory of Employment, Interest, and Money, London 1936.

Kirner, Wolfgang: Zeitreihen für das Anlagevermögen der Wirtschaftsbereiche in der Bundesrepublik Deutschland, Berlin 1968. (DIW-Beiträge zur Strukturforschung, Heft 5.)

Klug, Oskar: Volkskapitalismus durch Eigentumsstreuung. Illusion oder Wirklichkeit, Stuttgart 1962.

Kowalski, Leo: Einkommensverwendung, Einkommensverteilung und Vermögensverteilung, Tübingen 1967.

Krelle, Wilhelm: Bestimmungsgründe der Einkommensverteilung in der modernen Wirtschaft, in: Hoffmann, Walter G. (Hrsg.): Einkommensbildung und Einkommensverteilung, Berlin 1957, S. 55 ff.

— Preistheorie, Tübingen, Zürich 1961.

Krelle, Wilhelm: Verteilungstheorie, Tübingen 1972.

— Produktionstheorie, Tübingen 1969.

— Volkswirtschaftliche Kriterien zur Beurteilung von Kartellen, in: Schweizerische Zeitschrift für Volkswirtschaft und Statistik, Bd. 104 (1968), S. 239 ff.; wiederabgedruckt in Barnickel, Hans-H. (Hrsg.): Theorie und Praxis der Kartelle, Darmstadt 1972, S. 245 ff.

— Macht und ökonomisches Gesetz in der Verteilung, in: Watrin, Chr., Schneider, H. K. (Hrsg.): Macht und ökonomisches Gesetz, Berlin 1973, S. 77 ff. (Schriften des Vereins für Socialpolitik, N. F. 74/I.)

—; *Schunck*, Johann; *Siebke*, Jürgen: Überbetriebliche Ertragsbeteiligung der Arbeitnehmer. Forschungsauftrag des Bundesministeriums für Arbeit und Sozialordnung, Tübingen 1968.

Kromphardt, Jürgen: Kapitalbildung in Arbeitnehmerhand und Einkommensverteilung im Gleichgewicht, in: Zeitschrift für die gesamte Staatswissenschaft, Band 122 (1966), S. 247 ff.

— Institutionelle versus „funktionelle" oder „personelle" Einkommensverteilung. Bemerkungen zu H. J. Krupp: Funktionelle und personelle Einkommensverteilung, in: Jahrbücher für Nationalökonomie und Statistik, Band 181 (1967), S. 151 ff.

— Bemerkungen zu M. Neumanns Kommentar, in Zeitschrift für die gesamte Staatswissenschaft, Band 127 (1971), S. 748 ff.

— Sparquote der Arbeitnehmer und funktionelle Einkommensverteilung. Versuch eines abschließenden Beitrags zur Diskussion in dieser Zeitschrift, in: Zeitschrift für die gesamte Staatswissenschaft, Band 128 (1972), S. 534 ff.

Krupp, Hans-Jürgen: „Personelle" und „funktionelle" Einkommensverteilung, in: Jahrbücher für Nationalökonomie und Statistik, Band 180 (1967), S. 1 ff.

— Theorie der personellen Einkommensverteilung. Allgemeine Grundzüge und verteilungspolitische Simulationen, Berlin 1968.

Küng, Emil: Eigentum und Eigentumspolitik, Tübingen 1964.

Küster, Georg H.: Untersuchungen zur Einkommensverteilung im Wirtschaftswachstum, Berlin 1969.

Lübbert, Jens: Untersuchungen zur Theorie der gesamtwirtschaftlichen Einkommensverteilung, Tübingen 1964. (Kieler Studien. Forschungsberichte des Instituts für Weltwirtschaft an der Universität Kiel, Nr. 68.)

Lützel, Heinrich: Das reproduzierbare Sachvermögen zu Anschaffungs- und zu Wiederbeschaffungspreisen, in: Wirtschaft und Statistik, Heft 11 (1972), S. 611 ff.

Lutz, F. A.: Zinstheorie, 2. Aufl., Tübingen 1967.

Lydall, Harold: The life cycle in income, saving and asset ownership, in: Econometrica, Band 23 (1955), S. 144 ff.; deutsche — ausschnittsweise — Übersetzung: „Altersbedingte Veränderungen der Sparneigung", in: Streissler, Erich und Monika (Hrsg.): Konsum und Nachfrage, Köln 1966, S. 414 ff.

Maneval, Helmut: Vorratsinvestitionen und Konjunkturen in der Bundesrepublik. Vortrag gehalten in der Universität zu Köln im Sommer-Semester 1973. Vervielfältigtes Manuskript der Tabellenbeilage.

Meade, James E.: The Adjustment of Savings to Investment in a Growing Economy, in: Review of Economic Studies, Vol. XXX (1963), S. 151 ff.

— Efficiency, Equality and the Ownership of Property, London 1964.

Merx, Volker: Ausländerbeschäftigung und Flexibilität des Arbeitsmarktes der Bundesrepublik Deutschland, Köln 1972. (Untersuchungen Nr. 23 des Instituts für Wirtschaftspolitik.)

Mitra, Ashok: The Share of Wages in National Income, Den Haag 1954.

Modigliani, Franco; *Brumberg,* Richard: Utility Analysis and the Consumption Function: An Interpretation of Cross-Section Data, in: Kurihara, Kenneth K. (Ed.): Post-Keynesian Economics, 2. Aufl., 1962, S. 388 ff.; deutsche — gekürzte — Übersetzung: Nutzenanalyse und Konsumfunktion, in: Streissler, Erich und Monika: Konsum und Nachfrage, Köln 1966, S. 319 ff.

Molitor, Bruno: Vermögensverteilung als wirtschaftspolitisches Problem, Tübingen 1965.

Morgan, James: Factors related to Consumer Saving when it is defined as a Net-worth Concept, in: Klein, Lawrence (ed.): Contributions of Survey Methods to Economics, New York 1954, S. 9 ff.

— Analysis of Residuals from „Normal Regressions", Ebenda S. 157 ff.

Mückl, Wolfgang J.: Langfristige Probleme der Lohnpolitik und der Vermögensbildung in Arbeitnehmerhand, Tübingen 1971.

— Die Gewinnquote im Pasinetti-Modell. Zur Diskussion zwischen J. Kromphardt und M. Neumann, in: Zeitschrift für die gesamte Staatswissenschaft, Band 128 (1972), S. 252 ff.

Münnich, Frank: Die langfristige Entwicklung der funktionalen Einkommensverteilung, Meisenheim am Glan 1966.

v. Nell-Breuning, Oswald: Eigentumsbildung in Arbeitnehmerhand, in: Der Arbeitgeber, Heft 15/16 (1955), S. 526 ff., in: ‚Materialien 5'.

— Sparen ohne Konsumverzicht, in: Der Volkswirt, 11. Jg. (1957), S. 2052.

— Was „kostet" Vermögensbildung der Arbeitnehmer? In: Schneider, Erich (Hrsg.): Wirtschaftskreislauf und Wirtschaftswachstum. Carl Föhl zum 65. Geburtstag, Tübingen 1966, S. 115 ff.; wieder abgedruckt in: ders.: Aktuelle Fragen der Gesellschaftspolitik, Köln 1970, S. 118 ff.

— Rüstows Differentialgewinntheorie und die Vermögensbildung in Arbeitnehmerhand, in: Ifo-Institut für Wirtschaftsforschung (Hrsg.): Gewinnbildung und Globalsteuerung im Wirtschaftswachstum. (Zugleich Heft 1/2 (1970) der Ifo-Studien.)

Neumann, Manfred: Sparquote der Arbeiter und funktionale Einkommensverteilung. Ein Kommentar, in: Zeitschrift für die gesamte Staatswissenschaft, Band 127 (1971), S. 744 ff.

Niehans, Jürg: Die Wirkung von Lohnerhöhungen, technischen Fortschritten, Steuern und Spargewohnheiten auf Preise, Produktion und Einkommensverteilung, in: Schneider, Erich (Hrsg.): Einkommensverteilung und technischer Fortschritt, Berlin 1959, S. 9 ff. (Schriften des Vereins für Socialpolitik, N. F., Band 17.)

— Ein Beitrag zum Verständnis von Krelles Makromodell, in: Weltwirtschaftliches Archiv, Band 92/I (1964), S. 238 ff.

Oberhauser, Alois: Die wirtschaftlichen Auswirkungen und Grenzen des Investivlohnes, Paderborn o. J.

Oberhauser, Alois: Finanzpolitik und private Vermögensbildung. Eine theoretische und empirische Untersuchung, Köln-Opladen 1963.

— Der Investivlohn als Mittel der Vermögenspolitik, in: ‚Lohnpolitik und Einkommensverteilung', S. 273 ff.

Ortlieb, Heinz-Dietrich: Die Legende vom Volkskapitalismus, in: Hamburger Jahrbuch für Wirtschafts- und Gesellschaftspolitik, 7. Jg., Tübingen 1962.

Ott, Alfred E.: Sparen und Investieren — erneute Diskussion eines alten Problems, in: Bombach Gottfried (Hrsg.): Wachstum, Einkommensverteilung und wirtschaftliches Gleichgewicht, Berlin 1969, S. 27 ff.

o. V.: Der Anteil der öffentlichen Hand am Kapital der deutschen Aktiengesellschaften, in: Wirtschaft und Statistik, 1961, S. 282 ff. und 1966, S. 94 ff.

o. V.: Wertpapierbestände privater Haushalte am Jahresende 1969. Ergebnis der Einkommens- und Verbrauchsstichprobe 1969, in: Wirtschaft und Statistik, Heft 3/1971, S. 199 ff.

o. V.: Ausgewählte Vermögensbestände privater Haushalte am Jahresende 1969. Ergebnis der Einkommens- und Verbrauchsstichprobe 1969, in: Wirtschaft und Statistik, Heft 12/1970, S. 605 ff.

o. V.: Gesetz Nr. 64 der Militärregierung über die vorläufige Neuordnung der Steuergesetzgebung vom 22. Juni 1948 (Gesetz und Verordnungsblatt des Wirtschaftsrates des Vereinigten Wirtschaftsgebietes Nr. 14 vom 26. Juli 1948, Beilage 4.)

o. V.: „Viererprogramm zur sozial gerechten Vermögensbildung und Sparförderung der Erwerbstätigen", in: Studiengesellschaft für Eigentumsfragen e. V. (Hrsg.): Eigentumspolitische Beiträge Nr. 7/1970.

o. V.: Ahlener Programm der CDU vom Februar 1946, in: ‚Materialien 5'.

o. V.: Vermögenspolitik. Dokumentation, in: Die Sparkasse, Zeitschrift des Deutschen Sparkassen- und Giroverbandes e. V., Bonn, Heft 9 (1970), S. 279 ff.

Pasinetti, L.: Rate of Profit and Income Distribution in Relation to the Rate of Economic Growth, in: The Review of Economic Studies. Vol. XXIX (1962), S. 267 ff.

Peddinghaus, C. U.: Das Sparverhalten in der Bundesrepublik Deutschland 1960/61 im Lichte neuerer Verhaltenshypothesen, Diss. Basel 1964.

Pigou, Arthur C.: Economic Progress in a Stable Environment (1947), wiederabgedruckt in: Readings in Monetary Theory, London 1962, S. 241 ff.

Preiser, Erich: Konsumtivzins und Minderschätzung künftiger Bedürfnisse, in: Kyklos. Vol. II (1948), S. 160 ff.; wiederabgedruckt in ders.: Bildung und Verteilung des Volkseinkommens, Göttingen 1961, S. 262 ff.

— Bildung und Verteilung des Volkseinkommens. Gesammelte Aufsätze zur Wirtschaftstheorie und Wirtschaftspolitik, Göttingen 1957.

— Multiplikatorprozeß und dynamischer Unternehmergewinn, in: Jahrbücher für Nationalökonomie und Statistik, Band 167 (1955), S. 89 ff.; wiederabgedruckt in: ders.: Bildung und Verteilung des Volkseinkommens, Göttingen 1957, S. 124 ff.

— Erkenntniswert und Grenzen der Grenzproduktivitätstheorie, in: Schweizerische Zeitschrift für Volkswirtschaft und Statistik, Band 89 (1953), S. 35 ff.

Preiser, Erich: Wachstum und Einkommensverteilung, Heidelberg 1964. (Sitzungsberichte der Heidelberger Akademie der Wisenschaften. Philosophisch-historische Klasse, Jahrgang 1961/5. Abhandlung.)

— Wirtschaftspolitik heute. Grundprobleme der Marktwirtschaft, 2. Aufl., München 1969.

— Die ökonomische Problematik der Einkommensverteilung und Theoretische Grundlagen der Vermögenspolitik, in: Ders.: Wirtschaftspolitik heute. Grundprobleme der Marktwirtschaft, 2. Aufl., München 1969, S. 161 - 216.

Pross, Helge: Manager und Aktionäre in Deutschland, Frankfurt a. M. 1965.

Recktenwald, Horst: Steuerüberwälzungslehre, 2. Aufl., Berlin 1966.

Ringer, K. P.: Der Investivlohn, Zürich und St. Gallen 1970.

Rittig, Gisbert: Über einige Hintergründe des Vermögensbildungsplans der IG-Bau-Steine-Erden, in: Leber, Georg (Hrsg.): Vermögensbildung in Arbeitnehmerhand, Dokumentation 3, Frankfurt 1966.

Rowntree, Seebohm B.: Poverty. A Study of Town Life, London 1903.

Rudloff, Hartmut: Vermögensbestand, Sparverhalten und Wirtschaftswachstum. Ein Beitrag zur Theorie der Spar-Vermögen-Relation des privaten Haushalts, Berlin 1969. (Untersuchungen über das Spar-, Giro- und Kreditwesen, Bd. 47.)

Rühmann, Peter: Oligopolistische Preispolitik unter dem Einfluß der latenten Konkurrenz, in: Weltwirtschaftliches Archiv, Bd. 96 (1966 I), S. 287 ff.

Rüstow, Hanns-J.: Theorie der Vollbeschäftigung in der freien Marktwirtschaft, Tübingen 1951, S. 12 ff.

— Die gesamtwirtschaftliche Bedeutung des Unternehmergewinns. Eine Differentialgewinntheorie, in: Greiss, Franz u. a. (Hrsg.): Der Mensch im sozio-ökonomischen Prozeß. Festschrift für Wilfrid Schreiber zum 65. Geburtstag, Berlin 1969.

Rüstow, Hanns-J.: Investitionsquote, Wachstum und Gleichgewicht. Gutachten erstellt im Auftrage des Bundeswirtschaftsministeriums, Berlin 1970, S. 52 ff.

Sachverständigenrat zur Begutachtung der gesamtwirtschaftlichen Entwicklung: Expansion und Stabilität. Jahresgutachten 1966/67, Stuttgart und Mainz 1967.

— Stabilität im Wachstum. Jahresgutachten 1967/68, Stuttgart und Mainz 1967.

— Gleicher Rang für den Geldwert. Jahresgutachten 1972/73, Stuttgart und Mainz 1972.

Scheele, Erwin: Die makroökonomische Theorie der Einkommensverteilung, in: Jahrbuch für Sozialwissenschaften, Band 13 (1962), S. 333 ff. und Band 14 (1963), S. 141 ff.

— Theorie der Einkommensverteilung, in: Ehrlicher, Werner u. a. (Hrsg.): Kompendium der Volkswirtschaftslehre, Band 1., 3. Aufl., 1972, S. 288 ff.

Scheuner, Ulrich: Die überbetriebliche Ertragsbeteiligung der Arbeitnehmer und die Verfassungsordnung, Stuttgart, Köln, Berlin, Mainz 1972. (Schriftenreihe des Bundesministers für Arbeit und Sozialordnung, Heft 20.)

Schillert, Ulrich: Vermögensstreuung aus Unternehmensgewinnen, in: ORDO. Jahrbuch für die Ordnung von Wirtschaft und Gesellschaft, Band 23 (1972), S. 225 ff.

— ; *Molsberger*, Josef: Die Eigenkapitalversorgung kleinerer und mittlerer Unternehmen im Rahmen der Vermögenspolitik, Köln 1975. (Untersuchungen des Instituts für Wirtschaftspolitik, erscheint 1976.)

Schlesinger, Helmut: Geldvermögen und Geldschulden von privaten und öffentlichen Haushalten sowie Unternehmen in der Gesamtwirtschaft, in: Allgemeines Statistisches Archiv, 56. Band (1972), Heft 1, S. 69 ff.

Schmölders, Günter: Allgemeine Steuerlehre, 4. Aufl. 1965.

Schmucker, Helga: Der Lebenszyklus in Erwerbstätigkeit, Einkommensbildung und Einkommensverwendung, in: Allg. Stat. Archiv, Band 40 (1956), S. 8 ff.

Schneider, Dieter: Investition und Finanzierung, Köln und Opladen 1970.

Schneider, Erich: Income and Income Distribution in Macro-Economic Theory, in: International Economic Papers. Nr. 8 (1958), S. 117 ff. (Übersetzung von Einkommen und Einkommensverteilung in der makroökonomischen Theorie, in: Industria (1957).)

Scholz, Joachim: Vorläufer der heutigen Sozialpolitik im deutschen Schrifttum der ersten Hälfte des 19. Jahrhunderts, Kölner Diss. 1970.

Schreiber, Wilfrid: Soziale Ordnungspolitik heute und morgen. Betrachtungen zum Abschluß der Sozialenquête, Stuttgart o. J.

— Investieren, Sparen, Wirtschaftswachstum und Eigentumsbildung, in: Jahrbücher für Nationalökonomie und Statistik, Band 171 (1959), S. 251 ff.

— Das Auseinanderfallen von ordnungspolitischer Wünschbarkeit und persönlicher Motivation der Vermögensbildung, in: Stiller, Ekkehard (Hrsg.): Lohnpolitik und Vermögensbildung. Frankfurter Gespräch der List Gesellschaft. 29. - 30. November 1963, Basel und Tübingen 1964.

— Vermögensbildung in breiten Schichten, in ders.: Soziale Ordnungspolitik heute. Betrachtungen nach Abschluß der Sozialenquête, Stuttgart usw. 1968, S. 100 ff.

— Der Beitrag H.-J. Rüstows zur ökonomischen Theorie, in: Ifo-Institut für Wirtschaftsforschung (Hrsg.): Gewinnbildung und Globalsteuerung im Wirtschaftswachstum. Hanns-Joachim Rüstow zu seinem 70. Geburtstag, Ifo-Studien, 16. Jg. (1970).

— Sozialpolitische Perspektiven. Hrsg. v. Heinz Allekotte, Köln 1972 und die darin enthaltenen Aufsätze zur Vermögenspolitik.

Schumpeter, Josef: Theorie der wirtschaftlichen Entwicklung, 1. Aufl., 1912.

Siebke, Jürgen: Die Vermögensbildung der privaten Haushalte in der Bundesrepublik Deutschland. Forschungsauftrag des Bundesministeriums für Arbeit und Sozialordnung, Bonn 1971.

Statistisches Bundesamt (Hrsg.): Preise, Löhne, Wirtschaftsrechnungen — Fachserie M, Reihe 15/II, sowie Fachserie N, Reihe 3: Revidierte Reihen ab 1950.

Stiller, Ekkehard (Hrsg.): Lohnpolitik und Vermögensbildung. Basel, Tübingen 1964. (Veröffentlichungen der List Gesellschaft e. V.)

Stobbe, Alfred: Untersuchungen zur makroökonomischen Theorie der Einkommensverteilung, Tübingen 1962.

Stolberg, Klaus: Verteilungstheoretische Konzeptionen als Grundlagen und Ansatzpunkte der Vermögensbildungspolitik, Diss. Köln 1970.

Streißler, Erich: Wandlungen der Einkommensstruktur im Wirtschaftswachstum, in: ‚Lohnpolitik und Einkommensverteilung', S. 199 ff.

Sylos-Labini, Paolo: Oligopoly and Technical Progress, Cambridge/Mass. 1962.

Thore, Sten: Household Saving and the Price Level, Stockholm 1961.

Tiepelmann, Klaus: Vermögenspolitik und Unternehmenskonzentration. Ein Beitrag zur Entdeckung wirtschaftspolitischer Antinomien, Tübingen 1972.

Tinbergen, J.: Statistical Testing of Business Cycle Theories. A Method and its Application to Investment Motivity, Genf 1939.

Tobin, James: Asset Holdings and Spending Decisions, in: Am. Econ. Rev. (Papers and Proceedings), Vol. 42 (1952), S. 109 ff.

von Torklus, Rüdiger: Analyse der Kapitalausstattung der deutschen Unternehmen auf der Grundlage der Einheitswertstatistik, Berlin 1969. (DIW-Beiträge zur Strukturforschung, Heft 8.)

Walter, Helmut: Investitionen und technischer Fortschritt in der neueren Wachstumstheorie und die Problematik wirtschaftspolitischer Rezepte, in: Besters, Hans (Hrsg.): Theoretische und institutionelle Grundlagen der Wirtschaftspolitik. Theodor Wessels zum 65. Geburtstag, Berlin 1967.

Walter-Raymond-Stiftung (Hrsg.): Eigentum und Eigentümer in unserer Gesellschaftsordnung, Köln-Opladen 1960.

— Eigentum — Wirtschaft — Fortschritt, Köln 1970.

Weintraub, Sidney: An Approach to a Theory of Income Distribution, Philadelphia 1958.

— Theory of the Price Level, Output, Income Distribution and Economic Growth, Philadelphia, New York 1959.

Weisser, Gerhard: Art. „Vermögen und Vermögenspolitik“, in: Handwörterbuch der Sozialwissenschaften, Band 11, S. 163 ff.

Willgerodt, Hans: Das Sparen auf der Anklagebank der Sozialreformer, in: Ordo-Jahrbuch für die Ordnung von Wirtschaft und Gesellschaft, Band 9 (1957), S. 175 ff.

— Kapitalbilanz und Devisenströme, in: Greiß, Franz; Meyer, Fritz W. (Hrsg.): Wirtschaft, Gesellschaft und Kultur. Festschrift für Alfred-Müller-Armack, Berlin 1961, S. 455 ff.

— Flucht vor der Verantwortung und Elitenverschleiß als mögliche Gefahren für die Soziale Marktwirtschaft, in: Greiß, Franz; Meyer, Fritz W. (Hrsg.): Beiträge zur Ordnung von Wirtschaft und Gesellschaft. Festschrift für Alfred Müller-Armack, Köln 1966, S. 135 ff. (Wirtschaftspolitische Chronik des Instituts für Wirtschaftspolitik Köln, Jg. 1966.)

— Vermögen und Arbeitsangebot, in: Institut für Wirtschaftspolitik an der Universität zu Köln (Hrsg.): Beiträge zur Wirtschafts- und Sozialpolitik. Festgabe für Fritz W. Meyer, Köln 1967, S. 267 ff.

— Vermögensstreuung und die Mitbestimmung der Eigentümer, in: Wirtschaftspolitische Chronik, Köln 1972, Heft 2, S. 15 ff. (Institut für Wirtschaftspolitik der Universität zu Köln.)

—; *Bartel*, Karl; *Schillert*, Ulrich: Vermögen für alle, Düsseldorf und Wien 1971.

Wolters, Jürgen: Über den Zusammenhang von kurz- und langfristigem Zinssatz. Eine Spektralanalyse der westdeutschen Zinsstruktur, Zürich 1969.